완
역

서양사정

西 洋 事 情

서양사정 ^{완역}

西洋事情

후쿠자와 유키치
지음

송경호
김현
김승배
나카무라 슈토
옮김

여문책

차
례

「초편」

「외편」

「2편」

이 책은 후쿠자와 유키치福澤諭吉(1835~1901)의 『서양사정西洋事情』을 완역한 것이다. 에도 막부시대 말에 태어난 후쿠자와는 현재의 오이타 현大分縣에 있었던 나카쓰 번中津藩의 무사로 원래 난학蘭學을 배웠지만 점차 서양 사상을 수용하게 되면서 일본의 '문명개화'를 주창했던 인물이다. 그는 현재 게이오대학교의 전신인 게이오기주쿠慶應義塾를 1868년에 세웠으며, 1860년대부터 『서양사정』, 『학문의 권장』, 『문명론의 개략』과 같은 책을 집필하면서 메이지시대 일본의 지적 담론을 주도했던 계몽사상가이자 교육가다. 이러한 업적에 따라 후쿠자와는 이후 일본 메이지시대를 대표하는 인물로 손꼽히기도 했으며, 한때 일본 1만 엔권 지폐 초상화의 주인공이 되기도 했다.

또한 후쿠자와는 조선의 개화파에 사상적·정치적 영향을 미쳤던 인물로도 유명하다. 1881년(고종 18년) '조사시찰단'의 수행원이었던 유길준은 후쿠자와가 세운 게이오기주쿠에서 수학했다. 이듬해에 일어난 임오군란 이후 수신사로 파견된 박영효와 그와 동행한 김옥균을 필두로 한 개화당은 일본에서 후쿠자와와 긴밀히 교류하면서 조선의 개혁을 위해 그의 도움을 받고자 했다. 특히 그들은 귀국 후 조선에서 신문을 발행하고

자 했는데, 이 과정에서 이미 『시사신보時事新報』를 발행하고 있던 후쿠자와에게 인적인 지원을 받기도 했다. 또한 그는 1884년에 일어난 갑신정변이 삼일천하로 실패한 뒤 일본으로 망명한 개화당을 재정적으로 지원하기도 했다. 이런 점에서 그는 초기 개화파의 활동에 깊이 연루되어 있던 인물이라고 할 수 있으며, 개화당의 쿠데타 실패 이후 이에 대한 좌절감을 담아 "조선의 멸망을 축하한다"라는 제목의 글을 쓰기도 했다.

이런 배경에 따라 오늘날도 후쿠자와는 논쟁적인 인물로 간주되며 양극단의 입장에 따라 상반된 평가를 받는 인물이다. 그러나 적어도 후쿠자와가 당시 대표적 지식인 중 한 사람이었다는 점은 부정할 수 없다. 특히 『서양사정』은 후쿠자와의 명성을 일본에 알린 첫 번째 저작으로 발간 당시 일본에서 베스트셀러가 되어 「초편初編」만 25만 부가 팔린 것으로 유명하다. 당시 이 책이 워낙 유명했기 때문에 해적판도 다수 발간되었다고 한다. 후쿠자와는 애당초 『서양사정』을 총 두 편의 책으로 발간할 계획이었지만, 「초편」 발간 이후 서양 사회를 구성하는 기본 원리를 일본 사회에 소개할 필요성을 느끼면서 「외편外編」을 기획하게 되었다. 그 결과, 『서양사정』은 「초편」, 「외편」, 「2편二編」의 총 3책으로 구성되었다.

『서양사정』 「초편」을 집필할 당시 후쿠자와는 20대 후반에 불과했으며 도쿠가와 막부의 신하로서 막부 주도의 문명개화에 기대를 걸고 있었다. 그는 1859년 미일수호통상조약에 대한 답례로 미국에 파견된 막부사절단에 우연한 기회로 참여했고, 이를 계기로 나카스 번을 떠나 막부의 외국서적 번역소(幕府外國方, 璵書翰掛, 翻訳方)에서 근무하게 된다. 여기에서 그는 막부 공문서를 번역하면서 영어를 배우게 됐으며 1861년에는 분큐 유럽사절단文久遣歐使節의 일원으로 서양 각국을 견문할 기회도 얻었다.

이렇게 서양을 경험한 후쿠자와는 막부와 번 지배층의 핵심 인물이 되고자 했던 것으로 보인다. 그가 배운 '문명개국의 설說'을 일본에 도입해서 '대변혁'을 추진해보고자 하는 포부를 가졌던 것이다. 특히 그는 1865년 게이오 원년 이후 쇼군將軍을 정점으로 하는 강력한 개혁정부, 즉 '대군의 모나키monarchy'를 기대했는데, 넓은 맥락에서 『서양사정』은 서양 서적에 대한 발췌 번역임에도 위로부터의 개혁을 통해 일본 사회에 도입하고자 했던 후쿠자와의 포부를 투영하고 있다고 말할 수 있다.

1866년에 발간된 『서양사정』 「초편」은 앞서 언급한 그의 서양 경험을 바탕으로 집필되었다. 후쿠자와는 1860년에 미국에 갔을 뿐만 아니라 1862년부터 1년여 간 분큐유럽사절단의 통역관(傭通詞)으로 유럽(프랑스·영국·네덜란드·프러시아·러시아·포르투갈)을 시찰하고 돌아왔다. 『서양사정』 「초편」은 바로 그 기간 동안 후쿠자와가 작성한 일지인 『서양수장西航手帳』과 유럽에서 수집해온 자료, 그리고 막부가 소장하고 있던 서양 서적 등에 기초해 1866년부터 찬집纂輯한 것이다. 「초편」의 기획 의도는 후쿠자와가 머리말에서 설명하듯이 당대 일본에서 충분히 소개되지 못한 서양의 정치풍속을 나라별로 사기史記, 정치, 육해군, 재정출납의 네 항목으로 나누어 전달하는 데 있었다. 따라서 「초편」의 2권과 3권은 아메리카·네덜란드·잉글랜드의 세 나라를 네 항목을 중심으로 서술하고 있다. 다만 1권은 서양의 일반 현황을 주제별로 다루고 있으며, 특히 19세기 산업혁명 이후의 발전상에 주목하고 있다. 또한 비고의 첫머리에서는 서구를 좇아가야 하는 일본에 요구되는 서양 정치의 모습을 개략적으로 설명하고 있는데, 특히 '문명의 정치 6조'(29~30쪽 참조)는 그 요체에 해당한다. 조선의 근대를 추구했던 유길준은 이 6조를 『서

유견문』에 전재하면서 통치의 근본으로 소개하기도 했다.

「초편」의 아메리카·네덜란드·잉글랜드에 관한 서술은 다케우치 리키오竹内力雄(2013)의 연구에 따르면, 오른쪽 표와 같은 서양 서적을 참고한 것이다.[1]

한편 1867년에 출판된 「외편」은 후쿠자와가 이른바 '뇌중대소란'[2]을 겪은 이후 자신이 알게 된 새로운 서양 지식을 일본 사회에 전달하고자 하는 의도에서 갑작스럽게 기획되었다. 1867년 1월 군함 인수를 위한 사절단의 일원으로 재차 도미했던 후쿠자와는 미국에서 새로운 서양 서적을 입수했는데, 이는 버튼John Hill Burton의 *Political Economy for Use in Schools and Private Instruction*(PE)이다. 미타三田 연설[3] 제100회에서 스스로가 밝혔듯이, 이 책을 읽으면서 일시에 '뇌중대소란'을 겪은 그는 이 글들에서 새롭게 배운 서구 문명의 정수를 일본 사회에 바로 알리고 싶었다. 따라서 기존 출판 계획을 바꾸어서 이 책의 번역본을 「외편」으로 출판했다.

---

1   이하는 후쿠자와가 각각의 부분에서 참고한 것이라고 연구자들이 확인한 서양 원서의 목록이다. 『서양사정』은 후쿠자와가 이들을 참고해 발췌 번역하거나 저술한 것이기 때문에 편제가 서로 일치하지 않는 경우가 있다.

2   '뇌중대소란'은 후쿠자와가 「미타연설 제100회의 기록」에서 언급한 내용으로, 그가 재차 도미했던 시기 웨일랜드와 버튼의 책을 입수해서 이를 읽은 이후에 느꼈던 감정상태를 나타낸 표현이다. 즉 그는 이 글에서 자신이 전혀 알지 못했던 새로운 세상을 발견했으며, 이는 마치 뇌에 대소란을 일으킨 것과 같았다고 당시를 회상한다.

3   여러 사람에게 자신의 의사를 공개적으로 표명하는 수단으로서 연설과 토론은 전근대 일본에서는 낯선 문화였다. 후쿠자와와 그의 게이오기주쿠 문하생은 이런 새로운 문화를 메이지 초기부터 적극적으로 도입하고자 했으며, 이를 위해 게이오기주쿠의 캠퍼스였던 미타에서 정기적으로 연설회를 개최했는데, 이를 미타연설이라고 부른다.

	「초편」	영어 원문
아 메 리 카	사기	G. P. Quackenbos. *Illustrated School History Of The United Stats And The Adjacent Parts Of America*. A. M.: New York. D. Appleton & Co.
	정치	*A Dictionary, Geographical, Statistical, And Historical Vol. II* 의 The Government Of The United States
	육해군	*A Dictionary, Geographical, Statistical, And Historical Vol. II* 의 The Standing Army와 Naval Force
	재정출납	*A Dictionary, Geographical, Statistical, And Historical Vol. II* 의 Public Instruction
네 덜 란 드	사기	*Lippincott's Pronouncing Gazetteer*(1860)의 History Of The Kingdom Of Netherlands, The Statesman's Year-Book(1864)에 서 Reigning Sovereign Of Netherlands, 그리고 *A New American Cyclopaedia, XII* 의 History Of Netherlands
	정치	*A Dictionary, Geographical, Statistical, And Historical*(1854)의 Government Of Holland
	육해군	*Lippincott's Pronouncing Gazetteer* (1860)의 Army And Navy Of Netherlands
	재정출납	*Lippincott's Pronouncing Gazetteer* (1860)의 Government, & c.
잉 글 랜 드	사기	*A Dictionary, Geographical, Statistical, And Historical*(1854)의 Historical Sketch Of England And Wales
	정치	*Lippincott's Pronouncing Gazetteer* (1860)의 Government Of Empire
	육해군	*Lippincott's Pronouncing Gazetteer* (1860)의 Army And Navy
	재정출납	*A Dictionary, Geographical, Statistical, And Historical*(1854)의 British Empire
	부록	*A Dictionary, Geographical, Statistical, And Historical*(1854)의 Colonies Of British Empire

「외편」 역시 3권으로 구성되어 있다. 버튼은 19세기 중반 리처드 콥덴 Richard Cobden 등과 함께 자유무역을 옹호했던 자유주의자로 사상적으로는 스코틀랜드 계몽사상을 계승했던 인물이다. 그는 자유권을 바탕으로 자립한 인간들이 구성하는 경쟁적 사회가 문명의 근간이 된다고 생각했는데, 후쿠자와는 버튼의 이러한 주장에 깊은 인상을 받았고 '일신독립一身獨立' 또는 '독립자존獨立自尊'이라는 그의 모토 역시 버튼의 사상에서 영향을 받았다. 김연미(2003)의 연구에 따르면, 「외편」은 다음의 표와 같이 버튼의 책을 번역했다.

그 후 출판된 「2편」도 3권으로 구성되어 있다. 1권은 '인간의 통의'와 '징세론'을 다루고 있는데, 이는 「외편」에서 설명이 미진했던 부분을 보충하고 있다. '통의'란 'right'의 번역어로 아직 'right'의 번역어가 정착되기 이전에 후쿠자와가 썼던 용어다. 그는 「외편」에서 버튼의 'right'에 관한 논의를 번역했지만, 이 개념에 생소했던 일본인에게 그 실체를 분명히 설명해야 할 필요를 느꼈던 것으로 보인다. 따라서 블랙스톤William Blackstone의 글을 번역해서 이 권에 삽입했다. 블랙스톤은 18세기 영국 법률가이자 정치인으로, 그가 저술한 『잉글랜드법 주해Commentaries on the Laws of England』로 가장 잘 알려져 있다. 후쿠자와는 이 책의 축약판 일부를 번역했다. 또한 「외편」에서 이미 논한 정부의 직분을 좀 더 상술하기 위해 웨일랜드Francis Wayland의 『정치경제학의 요소Elements of Political Economy』를 번역했다. 미국 출생의 웨일랜드는 침례교 목사로 잠시 활동하다 1827년 브라운 대학의 총장으로 취임해서 교육 사업에 전념했던 인물이다. 그는 당대 지식인들 사이에서 유행하던 종교적 자유주의에 반대했지만 동시에 경제적으로는 자유방임주의 경제학을 주창했던

	PE	「외편」
1권	Introductory-Social Organization	인간
	The Family Circle	가족
	Individual Rights And Duties	인생의 통의와 그 직분
2권	Civilisation	세상의 문명개화
	Equality And Inequality-Distinction Of Ranks	빈부귀천의 구별
	Society A Competitive System	세상사람들이 서로 힘쓰며 다투는 일
	Division Of Mankind Into Nations	인민이 각국으로 나뉘는 것을 논하다
3권	Intercourse Of Nations With Each Other	각국 외교
	Origin Of Government	정부의 근본을 논하다
	Different Kinds Of Government	정부의 종류
	Laws And National Institutions	국법과 풍속
	Government Functions And Measures	정부의 직분
	The Education Of The People	인민의 교육
	The Nature Of Political Economy	경제의 총론
	Origin And Nature Or Property	사유의 근본을 논함
		근로에 구별이 있고 공헌이 상이함을 논함
		발명면허
		출판면허
	The Protection Of Property	사유를 보호하는 일
	Protection Of The Profits Or Fruits Of Property	사유의 이익을 보호하는 일

	「2편」	영어 원문
러시아	사기	*Lippincott's Pronouncing Gazetteer* (1860)와 *A New American Cyclopaedia XIV*
	정치	*A Dictionary, Geographical, Statistical, And Historical* (1866)
	육해군	*A Dictionary, Geographical, Statistical, And Historical IV* (1866)의 Navy Of Russia
	재정출납	*A Dictionary, Geographical, Statistical, And Historical IV* (1866)의 Finances Of Russia
프랑스	사기	*Lippincott's Pronouncing Gazetteer* (1866)의 *Name And History Of France*와 *A Dictionary, Geographical, Statistical, And Historical II* (1866), 그리고 *A New American Cyclopaedia VII*
	정치	*Lippincott's Pronouncing Gazetteer* (1866)의 Government Of France
	육해군	*Lippincott's Pronouncing Gazetteer* (1866)의 Government Of France와 Army And Navy
	재정출납	*Lippincott's Pronouncing Gazetteer* (1866)의 Government Of France와 Army And Navy와 Tax

자유주의자였다. 이런 점에서는 버튼과 입장을 같이했으며, 『정치경제학의 요소』는 그의 이러한 입장을 잘 드러내는 정치경제학 교과서였다. 그리고 2권과 3권은 「1편」에서 미처 다루지 못했던 러시아와 프랑스에 관한 내용을 검토하고 있다. 1~3권에 수록된 번역서의 자세한 내용은 14쪽의 표와 같다.

『서양사정』은 이상과 같이 일차적으로는 후쿠자와가 전근대 일본 사회에 서양적 근대를 소개하기 위해 당대 유행하던 서양 서적을 번역한 책이다. 이런 면에서 본다면 혹자는 이 책이 그 자체로 독창성이 없는 것이라 생각할지도 모른다. 물론 후쿠자와 자신도 이 책이 신문을 대신하는 글로서 후학의 업적을 기대한다고 머리말에서 겸손한 인사치레를 하고 있다. 그러나 『문명론의 개략』에서 밝혔듯이 그의 삶은 "마치 한 몸으로 두 인생을 사는 것과 같고, 한 사람에 두 몸이 있는 것"과 같았다. 즉 그는 일본이 전통사회에서 서구적 근대로 전환되던 시점의 인물이었고, 이 전환 과정의 번역은 동아시아에서 근대 사회를 형성하는 주요 개념을 구축하는 작업이었다. 개념사가 코젤렉Reinhart Koselleck의 표현을 빌리면 일본의 '말안장시대Sattelzeit'를 살았던 그는 일본 근대 사회를 주조해나가는 기본 개념을 만드는 작업을 했던 것이다. 이런 점에서 『서양사정』은 일본의 근대, 나아가 동아시아에서 근대 구축의 양상을 보여준다는 점에서 현재적 의미가 있다.

특히 그가 19세기 말 개화파에 끼친 영향을 고려한다면 이 책은 조선의 근대를 이해하기 위해 읽어야만 하는 필수불가결한 책이라고 할 수 있겠다. 1881년 '조사시찰단'의 수행원이었던 유길준은 임무수행 후 곧장 귀국하지 않고 후쿠자와의 게이오기주쿠에서 수학하면서 그에게 서양 지식을 배웠다. 그 후 갑신정변을 획책한 개화당과 얽힌 관계 때문에 가택연금 중인 처지에서 조선의 근대적 개혁의 청사진을 그리기 위해 『서유견문』을 집필했는데, 이 책이 저본으로 삼은 것은 바로 잘 알려진 대로 『서양사정』이다. 이런 점에서 『서양사정』은 단순히 일본뿐만 아니라 조선의 근대를 이해하고자 하는 연구자나 독자라면 지나칠 수 없는 글이 되었다. 따라서 동아시아 근대 형성에 관한 연구에서 『서양사정』은 자주 언급되고 있다.

하지만 이 책의 특성상 현대 일본어로 번역된 책도 없기 때문에 19세기 일본어를 읽을 수 있는 연구자가 아니라면 이 책의 원문에 접근할 수 없는 실정이다. 본 번역서는 이런 상황에서 19세기 원문을 직접 읽어보고자 하는 독자를 염두에 두고 출판된 책이다. 따라서 이 번역서는 원문을 직접 읽을 수는 없지만 동아시아 근대에 관심을 가진 학생이나 일반 독자층이 19세기 근대로의 전환을 읽어낼 수 있도록 최대한 원어를 살리고자 했다. 다만, 그러면서도 가독성을 염두에 두지 않을 수 없었다. 따라서 최대한 개념어들을 살리는 동시에 현대 한국어로 이해할 수 있는 문장으로 번역하고자 했다.

1. 『福澤諭吉全集』第一卷(東京: 岩波書店, 1958)에 실린 『西洋事情』을 저본으로 하되, 게이오대학교 도서관 디지털 갤러리(Digital Gallery of Keio University Library, http://project.lib.keio.ac.jp/dg_kul/index.html)에서 공개한 초판본 『西洋事情』(尙古堂, 1866)과 『福澤諭吉著作集』第一卷(東京: 慶應義塾大學出版會, 2002)에 실린 『西洋事情(抄)』를 참조했다.

2. 후쿠자와는 원문에서 본문 가운데 부연이 필요한 부분에 할주割註를 덧붙였다. 본 번역서에서는 원문의 뉘앙스를 최대한 반영하기 위해 이를 각주로 처리하지 않고 본문에 대괄호([ ])로 표시했다. 단, 특별히 할주가 긴 경우에는 화살표를 써서 본문 옆에 별도로 표시했다.

3. 후쿠자와 원문의 문투와 뉘앙스를 존중하고자 되도록 직역에 가깝게 번역했으며, 결과적으로 읽기에 다소 불편한 예스러운 만연체가 되었다. 다만 후쿠자와의 원문이 대단히 많은 쉼표와 긴 문장으로 구성되어 있기 때문에 가독성을 높이기 위해 부득이하게 원문의 문장을 잇거나 자르는 등 재구성한 부분이 있다.

4. 개념어를 현대어로 의역하고 괄호 안에 원문을 병기하는 것을 번역 원칙으로 삼았다. 단, 당대의 뉘앙스를 그대로 살릴 필요가 있다고 판단한 일부 개념어의 경우에는 특별히 원문을 살려두고 역주에서 그 의미를 설명했다. 따라서 괄호 안의 한자는 원문의 한자이며 그 앞의 현대어는 번역자의 의역으로 간주해도 무방하다.

5. 후쿠자와는 원문에서 당대에 생소했던 외국어를 낫표(「 」) 안에 표기하거나 밑줄 표시를 해두었다. 이에 따라 본 번역서에서도 원문의 뉘앙스를 반영하기 위해 해당 외국어가 제일 처음 나온 경우에만 큰따옴표를 붙였다.

6. 후쿠자와가 번역어를 사용하지 않고 외국어 발음을 일본어 가나仮名로 표기한 경우 본 번역서에서도 해당 발음을 한국어로 표기했으나, 원어에 대한 현행 외래어표기법을 준수해 재구성했다.

7. 후쿠자와가 일찍이 네덜란드어를 학습한 경험이 있기에 외국어를 네덜란드식으로 읽은 경우가 있으며, 또한 『서양사정』 작성 당시 참고한 자료 중 영어 자료가 많았기 때문에 외국어 발음 표기가 오늘날과 다른 경우가 종종 있다. 이 경우 후쿠자와 원문의 뉘앙스를 최대한 반영하기 위해 외국어에 대한 영어 발음을 그대로 표기했으나, 현행 외래어표기법을 준수해 재구성했다.

8. 특히 외국 지명과 인명의 경우 후쿠자와가 간략히 외국어 발음을 일본어 가나로 표기한 경우가 많았는데, 이 경우 번역자가 추가적인 연구를 통해 최대한 정확한 명칭을 찾아 괄호 안에 병기했다. 다만 후쿠자와가 표기한 발음과 외국어 간에 차이가 크거나 해당 가나가 지칭하는 바가 명확하지 않은 경우에는 역자 주를 통해 설명을 덧붙였다.

9. 나아가 본문과 원주의 내용 가운데 후쿠자와가 영문 텍스트를 잘못 번역하거나 사실관계에 부합하지 않는 서술을 한 부분이 있으나, 이는 원문대로 번역하되 역자 주를 통해 설명을 덧붙였다.

10. 이 외 번역에 관한 모든 문제에 대해서는 송경호에게 연락주시기 바란다(ecopower@yonsei.ac.kr).

번역어 목록

원어	번역어
인민	
名代人	대표자
代人	대리자
民情	민심
民	백성
民庶	서민
世人	세상사람
市人	시민
國人, 國民	국민
土人	원주민
夷民, 野民	야만족
買奴	노예
衆人	대중
小民, 下民, 庶人	평민
平人	일반인
경제	
港運上	관세
運上	세금
運上所役人	세무 관리
所入	수입
手形	어음
爲替問屋	외환 거래소
爲替手形	외환 어음
通用金	유통화폐
銀坐手形	은행어음
兩替屋手形	환전소 어음
爲替手形	외환 어음
分頭稅	인두세
商賈	상업, 상고
地稅	토지세
證印稅	증명세
質人	저당
所出	지출

원어	번역어
通債	채권
종교	
法王, 法皇	교황
寺院, 寺	교회
僧徒	사제
合衆寺院	성공회
僧官	성직자
僧	수도사
耶蘇宗, 耶蘇敎	예수교
宗旨	종교
宗門	종파
天王敎	천주교
국명·지명	
日耳曼	게르만
大不列顚	그레이트브리튼
希臘	그리스
荷蘭	네덜란드
亞多喇海	대서양
嗹國	덴마크
羅甸語	라틴어
魯西亞	러시아
龍動	런던
羅馬	로마
別林	베를린
白爾義	벨기에
不列顚	브리튼
瑞典	스웨덴
瑞西	스위스
蘇格蘭	스코틀랜드
亞喇伯	아라비아
亞米利加	아메리카
阿爾蘭	아일랜드
亞非利加	아프리카

원어	번역어
西班牙	에스파냐
墺太利亞	오스트레일리아
墺地利	오스트리아
印度	인도
伊多利	이탈리아
英吉利, 英蘭	잉글랜드
爪哇	자바
土耳格	터키
巴理斯	파리
彼得堡	페테르부르크
葡萄牙	포르투갈
仏蘭西	프랑스
普魯士	프러시아
인명	
閣立, 閣龍	콜럼버스
第一世拿破崙	나폴레옹 1세
歷山王	알렉산더 왕
華盛頓	워싱턴
沙多·華盛頓	조지 워싱턴
영토	
我邦, 本邦	우리 나라
所領	식민지
所轄地	관할지
入用	비용
釆地	식읍
版圖	영토
首府	수도
都府, 府	도시
諸邦	각국
군대	
權威, 威權	권위
武備	국방
兵力	병력, 무력, 군사력
帆前	범선
甲比丹	캡틴
水師提督	해군제독
手傳士官	견습장교
稽古士官	사관후보생
水夫	선원
甲鉄艦	철갑함

원어	번역어
和睦	화친
兵端	전쟁의 단초
과학	
瓦斯	가스
越列機, 越列機篤兒	일렉트릭
기타	
國中	국내
學	학문, ~학
文學	학문
工夫	연구
小引, 提言, 例言	머리말
國帝	황제
社中	단체
吏人	관리
徒黨, 黨與, 黨	도당
黨類	당파
奉行	관리
取締	단속
役徒, 使人足	인부
力役	노동자
出奔	도망
入劄	투표
放逐	추방
割合	비율
飛脚	우편
仲間	단체
飛脚印	우표
飛脚屋	우체국
飛脚場	우편장
飛脚船	우편선
文庫	도서관
囚俘	포로
仕掛	장치
撰擧	선거
小吏	아전
趣意	취지
沒入	몰수
蠻野	야만
孌人	간신
嗣子	후사

「초편」

—

제 1 권

○ 서양 서적(洋籍)이 우리 나라[1]에 들어온 지 벌써 오래되었고, 이를 번역한 것 역시 적지 않다. 그리하여 궁리窮理[2]·지리·병법·항해술 등의 여러 학문이 날로 열리고 다달이 밝아져 우리 문명의 정치에 도움을 주고 국방(武備)의 부족함을 메워주니, 그 이익이 어찌 크지 않겠는가? 그러나 내가 가만히 생각하건대, 오직 해외의 학문(文學)과 기예技藝만을 강구할 뿐 각국의 정치풍속이 어떠한지를 자세히 알지 못한다면, 설령 그 학문과 기예는 얻었을지언정 그 경국經國의 근본은 살피지 않은 것이기에, 실용實用에 이익이 없을 뿐 아니라 오히려 해를 초래함도 가늠할 수 없을 것이다.

　　본디 각국의 정치풍속을 살피기 위해서는 그 역사를 읽는 것만 한 것이 없다. 그러나 세상사람은 앞서 언급한 지리 이하의 여러 학문을 빨리

1　이하 '우리'는 맥락에 따라 다르게 해석할 수 있다. 외국인이 자신의 나라를 말하는 경우에 해당하기에 '우리나라'가 아니라 '우리 나라'의 형식으로 표기했다.

2　일반적으로 이치나 도리를 밝히기 위해 깊이 연구하는 것을 가리킨다. 단, 여기서는 자연과학의 여러 분야를 총칭하는 의미로 이해할 수 있다.

배우기만 원하기 때문에 역사를 읽는 자가 매우 드물다. 실로 학자의 결점이라 하겠다. 나는 요즘 잉글랜드와 아메리카에서 출판된 역사지리지 몇 권을 살펴보며 그중에 서양 열국을 다룬 조목을 발췌해 번역했다. 각 조목마다 반드시 요지를 들어서 이를 사기史記, 정치, 육해군, 재정출납의 네 가지 항목으로 구성했다.

사기에서는 시세의 연혁을 보여주고, 정치에서는 국체國體[3]의 득실을 밝히며, 육해군에서는 국방의 강약을 알려주고, 재정출납에서는 정부의 빈부를 보일 것이다. 아마도 세상사람이 이 네 항목을 알게 되면, 이를 통해 외국의 대략적인 형세와 실정을 이해할 수 있을 것이다. 그리고 이에 따라 그들을 과연 적으로 볼 것인지 아니면 친구로 볼 것인지를 분별할 수 있을 것이다. 친구와 교류할 때는 문명에 따르고 적과 마주할 때는 병법서에 따를 때, 비로소 문무文武 각각이 쓰여야 할 바를 그르치는 일이 없지 않겠는가? 이것이 내가 이 책의 목적으로 삼은 바다. 세간의 해방가海防家[4]들이 함부로 이야기하는 바와 같이, 저들을 알고 후에 저들을 물리치고자 하는 취지만은 아닌 것이다.

○ 본문에서 우리 나라와 교류하는 나라들을 먼저 다루는 이유는 단지 그 가까움을 고려한 것일 뿐이다. 또한 그 외 다른 각국의 조목도 이어서 번역할 것이다.

---

3 국가체제 또는 정치체제를 의미한다.
4 해안을 방어해 외국선을 물리쳐야 한다고 주장한 사람들을 가리킨다.

○ 본편의 번역은 올해 3월부터 공무 중에 틈틈이 수행한 것으로, 6월 하순에야 비로소 초편을 탈고했다. 이를 교정하는 과정에서 혹자가 내게 이렇게 말했다. 이 책은 괜찮은 부분은 괜찮지만 문체가 간혹 우아하지 않은 것 같다. 만일 이를 모 유학자 선생께 맡겨 교정했더라면 한층 선미해져 족히 영세永世의 보감寶鑑이 되기에 충분할 것이다. 이에 내가 웃으며 다음과 같이 대답했다. 그렇지 않다. 서양 서적을 번역할 때 한문의 멋스러움에만 주의를 기울이는 것은 번역의 취지에 크게 반하는 것이다. 다시 말해 본편에서 문장의 체재體裁를 꾸미지 않고 속어를 쓰려고 노력한 것은 오직 의미 전달을 주목적으로 삼았기 때문이다. 그런데 지금 이를 모 선생께 맡긴다 하더라도 구태여 어려운 문자를 써서 독자를 곤란케 할 뿐이다. 게다가 유학자 류가 완고한 소견을 가지고 원서에 담긴 실정(情實)을 오인하는 것 역시 생각하지 않을 수 없다. 이야말로 내가 결코 원하지 않는 바다.

게다가 오늘날 학문이 융성해 세상사람 중에 서양 서적을 공부하는 자가 날로 늘어나고 있다. 아마도 몇 년 뒤에는 그 사람들이 모두 원문을 이해하게 되어 이 책과 같은 것들은 틀림없이 창 아래 빈 술병처럼 낡은 종이에 불과하게 될 것이다. 또한 내 본래의 뜻 역시 감히 불후不朽하기를 꾀한 것이 아니라 필경 단지 한때의 신문 대용으로 제공하는 것일 뿐이다. 이런 연유로 불과 며칠 만에 급히 작성해 소홀하게도 빠진 부분이 많다는 죄를 씻을 길은 없겠지만, 독자들께 바라건대 나의 뜻에 집중하되 문체에 구애받지 않음으로써, 취지(主意)의 대강을 놓치지 않는다면 크나큰 기쁨이겠다.

○ 본문 중 각국 부분에 게재된 네 항목은 그 나라에만 한정된 사건이다. 그러나 또한 서양 공통의 제도·풍속이 있으니 우리 나라의 풍속(國俗)과 다른 점이 많다. 지금 그 대강을 아래에 조목마다 열거하고 건마다 설명해 본편의 비고로 삼았다. 이 비고는 지난 분큐文久 신유년辛酉年[5], 내가 유럽에 가서 실제 견문한 바를 손으로 기록한 것과 경제론經濟論[6]등 여러 책을 인용해 편집한 것이다. 단, 나의 유럽 여행이라고 하는 것이 고작 1년 남짓한 것으로 본래 한시적인 관광觀光[7]에 불과한 것이었기 때문에 그 나라의 사정을 자세하게 탐색할 여유는 없었다. 따라서 전문傳聞의 오류, 사건의 누락 등이 없을 수 없다. 이와 같은 사항에 대해서는 다만 박식한 후학의 정정訂正을 기다릴 뿐이다.

게이오慶應 2년 병인丙寅[8] 7월

후쿠자와 유키치 씀

---

5 1861년이다.

6 전통적으로 '경제'는 '경세제민經世濟民'을 의미했지만, 후쿠자와는 이를 'economy'의 번역어로 쓰고 있다.

7 오늘날의 '여행'이라는 의미라기보다 '문물을 살핀다'는 의미로 볼 수 있다.

8 1866년이다.

정치

○ 정치에는 세 가지 형태가 있다. 입군立君[모나키monarchy]은 예악정벌
禮樂征伐[9]이 한 명의 군주에게서 나오는 것이다. 귀족합의[아리스토크라시
aristocracy]는 국내의 귀족·명가名家가 함께 모여 국정을 행하는 것이다.
공화정치[리퍼블릭republic]는 문벌·귀천을 불문하고 인망이 두터운 자
를 세워 대표로 삼아 국민 일반과 협의해 정치를 행하는 것이다. 또한 입
군정치에는 두 가지 구별이 있다. 즉 군주 한 사람의 뜻에 따라 일을 행하
는 것을 입군독재[데스포트despot]라 한다. 러시아와 중국[10] 등의 정치가
이에 해당한다. 나라에 두 왕은 없다고 하지만 일정한 국률國律[11]이 있어

---

9 질서를 유지하기 위한 예법·문화·군비체제 등을 말한다.

10 후쿠자와는 '중국中國'이 아닌 '지나支那'라는 표현을 의도적으로 쓰고 있다. 여기서는 독자의 편의를
위해 중국으로 번역했다.

11 헌법을 말한다.

군주의 권위(威權)를 억제하는 것을 입군정률立君定律[컨스티튜셔널 모나키 constitutional monarchy]이라 한다. 오늘날 유럽 각국에서 이 제도를 쓰는 곳이 많다.

○ 이런 세 가지 형태의 정치 각각은 그 취지를 달리하지만, 한 나라의 정치에서 이를 겸용하는 경우도 있다. 즉 잉글랜드의 경우, 혈통에 따라 군주를 세우고 왕명에 따라 국내에서 호령한다는 점에서는 입군의 체재다. 국내의 귀족들이 상원에 모여 정사를 의논한다는 점에서는 귀족회의의 정치다. 문벌을 불문하고 인망이 두터운 자를 선거해 하원을 세운다는 점에서는 공화정치다. 따라서 잉글랜드의 정치는 세 가지 형태의 정치를 혼용한 일종의 무류無類의 제도인 셈이다.

또한 입군독재라고 불리는 정치에서도 사실상 생사여탈의 권한[12]을 한 사람이 손에 쥔 경우는 없다. 러시아 황제의 경우 인민이 그를 신과 같이 존앙한다지만, 역시 한 사람의 사사로운 뜻(私意)으로 국정을 마음대로 할 수 있는 것은 아니다. 또한 공화정치라 하더라도 때로는 유명무실한 경우도 있다. 1848년 프랑스의 공화정치는 그 법률의 가혹함이 당시 입헌독재라고 칭해지던 오스트리아보다 훨씬 심했다. 순수한 공화정치로서 사실상 인민의 대표자들이 함께 모여 국정을 의논하고, 조금도 사사로움이 없는 것은 아메리카합중국이 최고다. 아메리카는 건국 이래 이미 100년

---

12 원전에는 단순히 '권權'이라고 되어 있다. 후쿠자와는 『서양사정』 전반에 걸쳐 '권'을 매우 다양한 의미로 쓰고 있다. 다만 권리와 권력 등에 대해서는 별도의 용어를 쓰고 있기 때문에 이를 명확히 구분하고 일관성을 부여하기 위해 대부분의 '권'을 '권한'으로 번역했다.

가까이 지났지만 결코 국법이 깨어진 적이 없다.

○ 유럽 정치학자(政學家)의 설에 따르면, 무릇 문명의 정치라고 하는 것에는 6조의 요결이 있다고 한다. 이는 다음과 같다.

제1조. **자주임의**自主任意 국법이 관대해 사람을 속박하지 않고 사람들이 스스로 좋아하는 바를 하니, 사士를 좋아하는 자는 사士가 되고 농農을 좋아하는 자는 농農이 된다. 사농공상士農工商 간에 조금도 구별을 두지 않으니, 본디 문벌을 논하는 일 없고 조정朝庭의 지위를 가지고 사람을 경멸하지 않는다. 상하·귀천이 각각 그 소임을 얻어 조금도 타인의 자유를 방해하지 않으면서 천품의 재능을 펼치게 하는 것을 그 취지로 한다. 귀천의 구별은 단지 공무에 한해 조정의 지위를 존중하는 것일 뿐이다. 그 외에는 사농공상의 구별이 없으니, 문자를 알아 이치를 논하고 마음을 닦는 자를 군자로 삼아 이를 존중하고, 문자를 알지 못해 육체노동을 하는 자를 소인으로 여길 뿐이다.▸

▸ 본문의 자주임의와 자유라는 글자는 제멋대로 방탕해(我儘放盪) 국법도 두려워하지 않는다는 의미가 아니다. 그 나라에 사는 모든 사람과 교제할 때, 신경 쓰거나 걱정하지 않고 자기 능력만큼 충분히 할 수 있다는 취지다. 영어에서 이를 "프리덤freedom" 혹은 "리버티liberty"라고 한다. 아직 적당한 번역어가 없다.

제2조. **신교**信敎 사람들이 귀의한 종교를 받들어 정부에서 이를 방해하지 않음을 말한다. 예로부터 종교논쟁으로 인심이 동요되고 나라가 멸망해 인명을 해친 사례가 적지 않다. 잉글랜드에서도 하노버Hannover가의 치세 이래로 모두 "프로테스탄트Protestant" 종교를 섬기게 되어, 한때 국내에 명령을 내려 다른 종교를 금지하기도 했다. 그러나 아일랜드인의 경

우 예로부터 천주교를 믿었기에 정부의 명을 따르지 않았는데, 이에 따라 다시 법을 고쳐 종파는 사람들의 뜻에 맡기는 것으로 정했다. 그러나 정부는 본래 프로테스탄트를 받들게 하려는 뜻을 가지고 있었기 때문에, 교회를 크게 건립하거나 다른 종교의 교사를 배척하면서 프로테스탄트 교사에게 많은 녹봉을 지급하는 등 걸핏하면 인심을 거슬렀다. 또한 근래에는 어떤 법을 세워, 국정에 관여하는 대신大臣은 프로테스탄트 종파의 사람이 아니면 재능과 덕이 있는 자라 하더라도 발탁하는 일이 없었다. 위와 같은 이유로 천주교에 귀의한 자가 일가를 거느리고 다른 나라로 이주하는 경우도 있다고 한다. 이는 곧 정부가 신교의 취지를 저버린 일례다.

제3조. 기술과 학문을 장려해 새로운 발명의 길을 여는 것.

제4조. 학교를 세워 인재를 교육하는 것.

제5조. **보임안온**保任安穩　정치가 일정해 변혁하지 않고 호령號令은 반드시 믿음이 있고 속임이 없으며 사람들은 국법에 의지해 편안히 산업을 경영함을 말한다. 예컨대 국채를 갚지 않거나 유통화폐의 지위를 낮추거나 상인회사의 법을 깨뜨리거나 외환 거래소가 파산하는 등의 일은 모두 그 정치가 보임의 취지를 저버린 것이다. 오늘날 프랑스 황제가 소유한 금을 잉글랜드의 외환 거래소에 맡겼다고 하는 것 역시 그 제도가 견고해 신뢰할 수 있다는 한 가지 증거인 셈이다.

제6조. 인민이 굶주림과 추위를 걱정하지 않게 하는 것. 즉 병원과 구빈원 등을 세워 빈민을 구하는 것을 말한다.

징세법

○ 서양 각국은 공작工作과 무역으로 국가를 일으켰으니, 그 징세법도 일본·중국 등의 제도와 다르다. 여기서는 잉글랜드의 세법을 일례로 든다.

관세 세입歲入 중 가장 많은 부분을 차지한다. 그중에 주류·담배세가 가장 무겁다. 1852년 관세액은 3,117만여 "파운드"였는데, 세무 관리의 급여와 불시 포상(褒美) 등 여러 잡비를 합쳐도 65만 파운드에 못 미쳤다. 징세법이 얼마나 간편한지 미루어 알 수 있다.

국내 산물과 관허의 세금 국내의 모든 산물에서 세금을 징수하는 것은 아니다. 또한 물품에 따라 세금의 가볍고 무거움이 있다. 세금을 매기는 상품은 대개 주류, 누룩, 담배, 종이, 비누, 양초, 석탄, 목재, 유리 등이다. 예컨대 맥주 100통[대략 7말들이]을 빚었을 경우 1파운드 11"실링"의 세금을 내고, 1,000통 이하를 빚었을 경우에는 2파운드 2실링, 4만 통 이상을 빚었을 경우에는 78파운드 15실링을 납부한다.

○ 관허의 세금이라는 것은 상업의 종류에 따라 관부官府의 면허를 취득해 별도의 세금을 내는 것을 말한다. 다시 말해 술을 팔고, 누룩을 팔고, 담배를 만드는 것, 찻집, 요릿집, 마차를 가지고 가업을 하는 자[에도의 가마꾼과 같다] 등이 이에 해당한다. 또한 겨울 동안 사냥 면허를 받는 데에도 정해진 세금이 있다.

증명세 옥택屋宅의 대차, 금·은과 관계된 계약서, 환전소 어음, 외환 어음, 부채, 저당, 화물 양도, 도제(弟子入職人)[직인職人[13] 등이 연한을 정해 제자가 됨을 말한다], 혼인, 이혼, 유언, 임관, 화재보험, 해상보험, 신문 출판, 금전 수취 등 문서를 쓸 때는 모두 관부의 날인을 받아서 후일의 증명으로 삼으니, 그 증명도장의 세금으로서 일정한 금액을 납부한다.

예컨대 금전과 관계된 일을 약속할 때 그 금액이 20파운드로서 계약서의 글자 수가 2,160자 이하일 경우 증명세는 2실링 반을 납부하고, 부채와 저당의 금액이 250파운드에서 300파운드일 경우 증명세 7실링 반을 납부하며, 300파운드 이상은 100파운드가 증가할 때마다 2실링 반을 납부하는 등 각각 일정한 법(定法)이 있다. 만약 관부의 증명도장을 받지 않고 사적으로 증서를 주고받았을 경우, 후일 논쟁이 일어나도 관에 재판을 청원할 수 없다. 게다가 이런 경우에는 정부를 속인 죄를 물어 과태료를 부과함을 법으로 한다.

토지세·가세家稅 **등** 토지세는 도시와 시골의 구별 없이 오직 토지의 넓고 좁음과 좋고 나쁨을 기준으로 정한다. 그 법은 대략 세입歲入의 25분의 1을 징수하는 것을 기본 규칙(基則)으로 한다. 예컨대 지금 도시나 시골에 한 구역의 토지가 있고 그 매매가가 1,000파운드라고 하면, 이를 다른 사람에게 빌려줄 경우 그 지대를 토지 본래 가격의 100분의 3에서 100분의 4, 즉 30~40파운드로 하는 것이 통상적인 법(通法)이다. 정부에 납부하는 25분의 1이라는 것은 다시 말해 이 30~40파운드의 25분의 1인 것이다. 이는 토지를 타인에게 빌려줄 경우의 법이며, 만약 자기 소유의 토지에 집

---

13 자기의 손재주로 물건 만드는 일을 직업으로 하는 사람이나 수공업자 길드 소속의 기술자를 말한다.

을 짓거나 스스로 경작하는 자는 정부에서 관리를 파견해 그 땅을 감정한 후 다른 사람에게 빌려줬을 경우 한 해에 취득할 수 있는 지대의 금액을 설정하고 그 25분의 1을 정부에 납부하는 세금으로 정한다. 가세의 법도 토지세와 전혀 다를 바가 없다.▶

▶ 토지세·가세 모두 정해진 법(定法)은 25분의 1이지만, 구빈원에 들어가는 비용 등이 있어 대략 20분의 1의 비율이라고 한다.

○ 토지세·가세 외에 하인, 개, 말, 차車 등에 매기는 세금이 있다. 18세 이상의 하인 한 명을 부리면 그 주인에게 1파운드 1실링의 세금을 내게 한다. 18세 이하일 경우에는 10실링 반을 내게 한다. 두 마리 말이 끄는 사륜차 한 대를 소지하면 그 세금이 3파운드 10실링이고 한 마리 말이 끄는 것은 15실링이다. 말 한 마리의 세금은 10실링이고 개 한 마리의 세금은 12실링이다.

가산세家産稅 사업을 하거나 학문을 가르치는 등의 일로 가산을 경영하는 자는 한 해 소득의 이윤 중에 25분의 1을 관에 내게 하는데, 이를 가산세라고 한다. 또한 임관한 자는 그 급여를 가산으로 삼기 때문에 세금을 내는 것이 상인과 다르지 않다.

우표 서양 각국에서 우편의 권한은 모두 정부에 속하며 상인이 우체국을 차리는 경우는 없다. 따라서 외국과 문서로 소통하는 자는 물론이고, 국내에서도 사적으로 서한을 보낼 수 없다. 반드시 정부의 우표를 써야 하는데, 법에 따라 정부에서 우표라고 명명한 인지印紙를 만들고 정가를 매겨 이를 판매한다. 사람들이 서한을 보낼 때는 거리의 멀고 가까움과 서한의 무게에 따라 각각에 해당하는 인지를 사서 봉투 상단에 붙이고 우체국에 맡기는데, 그러면 바로 상대방에게 배달된다. 이 우체국이라는 것은 우표를 파는 이른바 정부의 우편장은 아니다. 대개 도시 안에 하나의 정町[14]마다 상자[15]를 집 밖에 내놓은 집이 있는데, 이 상자에 서한을 넣어 어느 정도 모이면 한꺼번에 이를 여러 곳으로 보낸다. 단, 그 우체국은 정부의 우편장에 속하는 것으로 서한을 배달하는 품삯은 정부에서 받는다.

○ 우표의 크기는 약 7~8푼[16] 정도로 가격에 따라 색이 다른데, 오늘날 전 세계에 우표는 대략 2,400종이 있다고 한다. 각국 상호간에 우편 조약을 맺어 쌍방의 편리를 도모한다. 예컨대 프랑스에서 잉글랜드로 서한을 보내는 자는 프랑스에서 8"수sous"짜리 우표를 쓴다. 프랑스의 우편장에서 런던 항까지 이를 보내면서 프랑스 정부가 4수를 취하고 런던 항에서 잉글랜드 각지로 보내기 때문에 잉글랜드 정부가 2수를 취하니 도합 6수다. 우표의 원가 8수에서 6수를 뺀 나머지 2수를 운송 품삯과 잡비로 한다. 따라서 프랑스와 잉글랜드 간에 문서로 소통할 경우 우표 가격의 4분의 3은 양국 정부의 이윤이 되는 셈이다[수는 프랑스 화폐의 이름으로 부록에 나온다].[17]

---

14 일본의 행정구역인 시市, 구區, 정町, 촌村에서 '정'을 말한다.

15 우체통을 말한다.

16 푼은 길이의 단위로, 1치를 10으로 나눈 그 하나다. 약 0.3센티미터다.

17 수는 옛 프랑스의 화폐단위다. 12드니에denier가 1수, 20수가 1리브livre와 같다.

국채

○ 서양 각국의 빈부가 같지 않지만, 태평한 때는 세입과 세출이 대개 서로 평균하는 것이 통상이다. 만약 전쟁으로 비상시의 비용이 필요할 때 국내에 영令을 내려 정부에서 어음을 발행하고 국민에게 돈을 빌리는 경우가 있는데, 이를 국채라고 한다. 영을 내린다고는 하지만 반드시 부유한 상인(富商大賈)에게 돈을 내게 하려는 취지는 아니다. 오직 사람들의 뜻에 맡기니, 내고 싶어 하지 않는 자는 제외하고 묻지 않는다. 또한 타국 사람이라도 돈을 내려는 자가 있으면 거부하지 않고 빌린다. 대개 서양 각국 정부 중에 국채가 없는 곳이 없다. 잉글랜드에서는 예로부터 국채가 점차 증가해 1862년에는 그 금액이 8억 9,400만 파운드에 이르렀다. 그 이자를 1년에 3푼의 비율로 했으니 2,682만 파운드다.▶

정부는 매년 이 이자를 갚을 뿐 원금을 돌려주는 경우는 극히 드물다. 돈을 빌려준 자도 정부의 어음을 소지해 매년 3푼의 이자를 얻으니 흡사 현금

▶ 국채의 이자는 대략 3푼에서 3푼 반이 통상이다. 4푼 이상의 이자는 대단히 드물다.

과 다르지 않기 때문에 구태여 원금을 돌려받으려 하지 않는다. 따라서 이 어음은 나라 전체에서 서로 매매되어 현금의 대용이 되니 지폐와 마찬가지다. 그러나 그 나라의 정체政體, 빈부, 이자의 높고 낮음에 따라 어음 가격은 각국이 동일하지 않다. 정부가 매년 반드시 이자를 지불하다가 만기가 되어 원금까지 돌려줄 경우에는 어음의 시세가 당연히 높아진다. 정부가 가난해 원금을 돌려주지 못하는 것은 물론이거니와 매년 이자조차 충분히 지불할 수 없는 경우, 또는 이자를 주고 원금을 돌려주더라도 그 국가의 정치와 법(政法)이 자주 변혁되어 국채가 모두 무용지물

이 된 전례가 있는 나라인 경우에는 어음의 가치가 당연히 낮아진다. 아래에 두세 가지 예를 든다. 단, 이 시세는 분큐 임술년[18] 여름의 신문에 나온 것이다.

	국채	이자	어음가치
잉글랜드	8억 9,400만 파운드	3푼	93▶
프랑스	95억 2,900만 "프랑franc"	3푼	70
네덜란드[19]	10억 3,500만 "휠던gulden"	4푼	101

▶ 액면가 1,000냥의 어음을 사적으로 매매할 경우 930냥이 된다.

○ 네덜란드의 경우 어음의 시세가 원가보다 높다. 그 이유는 이자도 타국보다 높은 데다가 그 정부가 때에 맞춰 원금을 돌려주며 국채가 무용지물이 된 전례가 없기 때문이다. 작년에도 역시 원금 700만 휠던을 돌려주었다고 한다.

	국채	이자	어음가치
러시아	16억 2,000만 "루블"	3푼 4리	70
포르투갈	그다지 많지 않다.	3푼	46
에스파냐	금액이 대략 잉글랜드의 3분의 1이다.	3푼	5▶

▶ 1,000냥의 어음을 사적으로 매매할 경우 겨우 50냥이 된다. 에스파냐 정부가 가난하다는 것을 미루어 알 수 있다.

---

18 1862년이다.

19 하란荷蘭은 본래 네덜란드 중서부 지방의 홀란트Holland의 음차지만, 후쿠자와는 원문에서 네덜란드를 '하란荷蘭' 또는 '하란국荷蘭國'으로 표기하는 한편, 홀란트를 '호루란도ホルランド'라고 표기해 양자를 구별한다. 이에 따라 여기서는 하란을 네덜란드로 번역했다.

지폐

○ 대개 서양 각국은 모두 지폐를 쓴다. 단, 그 가격이 50냥 혹은 100냥 이상이 되는 것은 은행 어음이라고 한다. 지폐라고 하면 값이 1~2냥 정도로 시중의 일상적인 매매에 쓰이는 것이다. 프랑스·잉글랜드·네덜란드 등에서는 지폐가 없고 은행 어음만 쓴다. 모든 지폐와 어음은 정부(官)의 은행에서 나온다. 이 은행에는 본래 지폐와 어음만큼의 현금을 비치하는 것이 이치인데, 어떤 법이 있어 반드시 원금을 갖추지는 않되 지폐와 어음을 상환하는 것에 지장이 없도록 했다. 그 법은 누구라도 돈을 빌려주려고 하는 자가 있다면, 정부의 은행은 통상(通法) 3~4푼의 이자로 이를 빌려 지폐국의 원금으로 삼는다. 따라서 정부에서는 원금을 마련할 필요가 없다. 돈 주인이 예치한 돈의 반환을 원할 때는 즉시 그 원금과 이자를 돌려준다. 단, 입출금 수수료로 원금의 2리釐 5모毛[400분의 1]를 관에 납부한다. 이는 정부가 세운 은행에 관한 법이며, 상인이 은행을 세워 어음을 발행할 수도 있는데 그 법은 정부가 세운 은행의 경우와 같다. 다만 다른 점이 있다면 상인이 발급한 어음은 그 통용을 사람들의 뜻에 맡기니 만약 이를 가지고자 하지 않는다면 억지로 통용시킬 수 없다. 정부의 어음은 그렇지 않고 완전히 현금과 마찬가지여서 국내의 인민이 통용을 거부할 수 없다.

상인회사

○ 서양의 풍속에서는 큰 사업을 할 때 일개 상인의 힘으로 다 할 수 없는 경우 5~10명이 단체를 결성해 그 일을 함께하는데, 이를 상인회사商人會社라고 한다. 이미 상사商社를 결성했다면 사업 계획, 필요한 원금, 매회계연도의 배당 등을 모두 문서로 작성해서 세간에 포고하고 "악시옹action"[20]이라는 어음을 팔아 돈을 모으는데, 그 방법은 다음과 같다. 예컨대 사업 원금으로 100만 냥이 필요할 경우, 어음 100만 매를 만들고 1매의 가격을 1냥으로 정해 자국인이든 타국인이든 이 어음을 산 자에게는 상사가 매년 4~5푼의 이자를 지급하고, 게다가 만약 그 사업이 번창해 이윤이 많아지면 앞서 언급한 이자 외에 별도의 배당을 부여할 수 있다고 약속한다. 만약 상사에서 신속하게 돈을 모으기를 바랄 경우에는 정가 1냥의 어음을 3보步 혹은 3보 2주朱[21]에 파는 일도 있다. 어음을 산 자는 상사에 아무 때나 원금을 돌려달라고 할 수는 없지만, 만약 일시적으로 돈이 필요한 경우 세간을 상대로 어음을 팔 수 있다. 게다가 그 사업이 매우 번창해 매년 정해진 이자 외에 별도의 배당이 많으면 어음 가격도 당연히 올라가기 때문에, 처음 100냥에 어음 100매를 산 자도 세간의 매매 시세에 따라 130~140냥에도 팔 수 있다. 상인회사를 결성할 때 정부에 신고해 관허를 받지 않으면 할 수 없는 일이 있다. 즉 철로를 부설하

---

20 주식을 의미한다.
21 에도시대의 화폐단위다.

고 전신선을 깔고 배가 다닐 수 있는 운하를 파는 등의 일인데, 이는 모두 그 나라의 땅에 관한 것이다. 이런 종류의 일을 하려는 자는 먼저 정부에 청원해 관허를 받은 후에야 비로소 어음을 팔 수 있다. 관허를 받은 상사는 파산할 수 없다. 만약 이 상사가 파산했을 때는 판매한 어음의 대금을 정부가 보상하는 것이 법이다. 따라서 처음에 상사가 정부에 청원할 때도 그 원금에 상당하는 담보가 없을 경우에는 상사를 결성하고 어음을 파는 것을 관에서 허가하지 않는다.

○ 또한 상사 자체의 원금이 있지만 사업을 시작하기에는 모자랄 때, 그 부족분만큼만 어음을 만들어 돈을 모으는 경우도 있다. 그 방식은 이렇다. 어음을 산 자에게 정해진 이자를 지급하고 매년 별도의 배당을 부여하는 것은 앞서 언급한 것과 다르지 않지만, 이 상사는 일단 돈을 모아 일을 시작하게 되면 그때부터 매년 어음의 원금을 돌려준다. 예컨대 어음 1,000매를 팔았다면 매년 50매씩 원금을 지급해 20년이면 원금을 모두 변제하고 사업의 지분이 모두 상사에 귀속되는 것이다. 어음의 원금을 지급하는 방법은 다음과 같다. 어음 1,000매가 있을 경우 1,000매에 번호를 붙이고 매년 제비를 뽑아 그 제비에 당첨된 자는 최초의 액면가만큼만 돌려받고 상사의 조합을 떠난다. 따라서 이 어음을 세간의 누군가에게서 원금보다 비싸게 산 사람이 있는데, 만약 이를 구매한 해 혹은 그 이듬해에 앞서 언급한 제비에 당첨되어 어음의 액면가만 돌려받고 상사의 조합을 떠나게 된다면, 비싸게 산만큼 그자의 손해가 되는 것이다.

이것이 서양 각국에서 행해시는 상사의 통상적인 법(通法)의 대략이다. 상선을 건조해 외국과 교역하고 우편선으로 전 세계에 왕래하고 외환 거래소를 세워 각국과 서로 거래하고 철로를 부설하고 제조국을 세우며 가스등을 설치하는 등의 사업에서부터 국내의 여러 사업에 이르기까지 모두 이 상사가 하는 바다.

외교

○ 서양 각국은 그 풍속이나 언어에 각각 차이가 있지만, 새로 개국한 중국·일본의 풍속과 서양의 풍속이 상이한 것만큼은 아니다. 각국이 외교하는 모양을 비유하면, 일본의 제후국 간에 서로 외교하는 것과 매한가지다. 각국의 인민은 피차 왕래하고 상업하는 것은 물론이고 혼인도 한다. 그 군주 역시 서로 친분을 맺어 길흉을 축하하거나 애도하며 어려운 일은 서로 돕는 풍속이 있다. 그러나 원래 모두 독립된 나라로 제도가 똑같지 않기 때문에 다툼의 단초를 막기 위해 각국이 서로 약속을 맺어 친목을 견고히 하고 교역을 편리하게 하는 것을 조약이라고 한다. 일단 조약을 맺으면 이 나라에서 저 나라로 전권을 가진 한 사람을 파견해 그 수도에 머무르게 하고 외교의 사무를 상의하게 하는데, 이 사람을 "미니스터minister"[22]라고 한다. 미니스터의 직무는 조약의 대의에 근거해 양국의 친목을 보전하는 것을 취지로 한다. 따라서 외교상 다툼의 단초가 생겨나 화친이 깨어진 경우에도 이를 주선해 다시금 평화를 만회하는 것

---

22 대사大使를 가리킨다.

이 미니스터의 업무인 것이다. 또한 외국의 교역장에서 자국 상인을 단속하고 교역 일을 주선하기 위해 관리를 한 사람씩 두는데, 이를 "콘술 consul"[23]이라고 한다. 따라서 한 나라에 파견하는 미니스터는 한 명이지만, 콘술의 수는 그 나라의 교역장 수에 준해 많고 적음이 있다.

군사제도

○ 옛날 유럽 각국은 봉건세록封建世祿의 제도에 따라 신하를 길러냈으며, 각국의 제왕은 서로 공격하고 국내의 귀족은 서로 싸웠다. 오로지 무武를 중시해 문文에 힘쓰지 않았으니 문자를 아는 자는 오직 사제뿐이었다. 대체로 국내의 사람 중에 기사가 아닌 그 이하의 사람들은 학문(文)을 대단히 경시했다. 게다가 그들은 전투에서도 창칼에 홀로 대적하는 것을 공명으로 삼았으니 소위 병법이라는 것도 없었다. 그 전법戰法은 무인 계급을 셋으로 나누어, 귀족은 반드시 말에 타 무겁고 큰 병기를 들고 그 다음가는 자는 가볍고 편한 병기를 드는 것이었다. 경보병으로 전투를 시작하고 중장기병으로 이를 뒷받침했다. 세 번째 계급은 보병으로, 그 병기는 창·칼·활·화살이었다.

1300년대에 화기火器를 발명해 전쟁에 쓰게 되자 유럽의 군사제도가 일변했다. 각국의 귀족 등은 화기를 비천한 도구로 여기고 이를 멸시해

---

23 영사領事를 가리킨다.

휴대하지 않았다. 하지만 전투에서 적에게 접근할 수 없었고 100보 밖에 있어도 작은 탄환 하나에 죽기도 했다. 이때부터 세상사람은 필부의 용맹함을 귀하게 여기지 않고 지략과 전술을 중시하니 귀족무인의 세력이 크게 쇠퇴했다. 그러나 귀족 등은 여전히 태만한 습속에 젖어서 몸소 사물을 연구하는 것을 좋아하지 않았다. 이에 한 법을 세워 급여를 주고 사람을 고용해 새로 발명된 포술을 배우게 하고 전투에 썼는데, 이것이 병졸의 시초다. 병졸은 영어로 "솔저soldier"라고 하는데, 솔저란 급여를 받는다는 의미다.

이처럼 화기의 발명에 따라 마침내 병졸을 고용하는 법을 세우면서 예로부터 내려온 세록의 제도가 점차 사라지고 나아가 문무의 직무가 비로소 나누어지게 된 것은 단지 병비兵備의 개정일 뿐 아니라 국정의 일대 변혁이라 할 수 있다. 이후에는 오직 병졸의 많고 적음에 따라 나라의 강약을 다투었기 때문에 태평한 때에도 급여를 주고 병졸을 길러내는 것이 풍속이 됐다. 1450년 프랑스 왕 샤를 7세Charles VII가 잉글랜드와의 전쟁에서 승리한 뒤 후환을 걱정하며 온 나라의 귀족에게 명령해 평상시에도 병졸을 갖추게 했는데, 이것이 상비병의 시초다. 이때부터 각국에서도 이 법에 따라 오늘날에 이르기까지 모두 상비병을 갖추고 있다.

병졸은 그 기량을 다듬지 않으면 급여를 받을 수 없기 때문에 모두 다투어 기량을 단련한다. 또한 병졸을 지휘하는 장수도 새로운 용병술을 발명해 적을 이기려고 했기 때문에 한가한 때도 병졸을 모아 전쟁을 연습했는데, 이것이 훈련의 시초다. 훈련의 법을 세운 것은 1500년대 말 네덜란드 합중정치의 대통령 마우리츠Maurits van Nassau가 시초다.

위와 같이 상비병을 두어 평시에 훈련을 게을리 하지 않았지만, 보병·

기병·운용의 법이 아직 정비되지 않아서 전쟁 시에 자칫하면 혼잡을 낳는 일이 있었다. 1600년대 초 스웨덴 왕 구스타브Gustav II Adolf는 측량학에 통달하고 병사를 부리는 재략이 풍부했다. 각 병과의 운용법을 세우고 소총대를 개정해 인원을 밀집시켜 세워 동시에 발포하는 방식을 발명했으며, 종래의 경포대輕砲隊에 중포重砲를 더하고 폐지된 기병을 다시 부활시켜 보병·기병·포병 3병의 활용법을 처음으로 정비했다.

구스타브 이후에는 각국에서 화기의 숫자가 날마다 증가하고 그 용법도 점차 성대해졌으니 천하의 이기利器 중에 철포보다 뛰어난 것이 없었다. 1750년경 프로이센 왕 프리드리히 2세Friedrich II는 문무를 겸비한 뛰어난 재주를 갖추고 세상에 나와 구스타브가 남긴 업적을 계승했으니, 오로지 화기火器에 뜻을 두고 새로운 방식(新規)을 궁리(工夫)해 옛 법의 부족한 부분을 보완했다. 이에 따라 수년 만에 프로이센의 군법軍法[24]이 급격히 진보했고 그 위명을 유럽 전체에 떨치니 이를 두려워하지 않는 자가 없었다.

이후 각국이 모두 프로이센의 방식을 채용해 세상의 군사제도가 더욱 일변하게 됐다. 이때 산수와 측량의 학문이 점차 밝아져 부대 운용의 방법을 다듬을 때도 수학의 이치에 근거해 그 더딤과 빠름을 정했다. 아마 악기를 울리면서 병졸의 보법을 다듬은 것도 프리드리히 때부터 시작되었을 것이다. 보병의 진열은 전후 세 명이 나란히 서서 횡진을 형성했으며, 소총에 탄알을 넣는 철봉을 조립하고 총구의 형태를 개선하고 구약口

---

24 군대를 운용하는 방식. 오늘날과 같이 '군대의 형법'이라는 의미가 아니라는 점에 주의해야 한다.

藥[25]을 쓰지 않음으로써 급발의 편리성을 크게 증대시켰다. 또한 야전포를 가볍고 편리하게 하고 기병의 갑주를 가볍게 했으니, 전투 방법(法)이 모두 맹렬함과 신속함을 취지로 한 것이었다. 기마로 대포를 끄는 것도 당시의 발명이다. 단, 산병散兵[26]을 활용한 것은 아메리카합중국의 독립군이 시초다. 당시 전쟁터에는 산림이 많아 아메리카인이 산병을 활용해 여러 차례 잉글랜드인을 괴롭혔다고 한다.

프리드리히 2세 이후에 천하의 군사제도를 새롭게 바꾼 자는 1800년대 초 프랑스 황제 나폴레옹Napoléon Bonaparte이다. 이전까지 유럽의 군대는 단지 인원을 전장에 내몰기만 했으니, 마치 사물死物을 이용하는 것과 같은 폐단이 없지 않았다. 나폴레옹은 이에 주의해 국내의 사람들을 모조리 병무兵武에 동원했는데, 국민 스스로가 나라를 위해 싸운다는 취지로 법을 세우고 장수를 사랑하고 병졸을 자애하며 공이 있는 자에게 상을 줄 때는 일확천금도 아끼지 않았다. 이에 따라 사람들이 모두 보국진충報國盡忠의 마음을 품고 전투에 임해 죽음을 돌아보지 않았다. 이를 나누어 산병이 형성되면 한 사람 한 사람이 힘을 다하고 이를 합쳐서 밀집대형을 형성하면 앞을 다투어 적에게 향하니, 병사를 씀이 수족과 같아 나아가고 물러날 때 생각대로 되지 않는 바가 없었다. 이것이 나폴레옹이 놀라운 기세로 유럽 전체를 압도한 이유다. 현재 서양 각국의 병법은 모두 나폴레옹을 따른 것이라 한다.

---

25 총구에 넣는 화약을 말한다.

26 소규모 부대skirmisher를 가리킨다.

이는 서양의 군사제도 연혁의 대략이다. 자세한 내용은 『삼병활법三兵
活法』 등 여러 서적을 보는 게 좋을 것이다.

학문과 기술

○ 고대 그리스의 학문이 한 차례 쇠퇴한 뒤 이를 회복시킨 자는 아라비아인이니, 그 분과로 오로지 측량학·의학·이학理學에 힘썼다.▶ 이후 유럽 각국에서 학문과 기술이 열린 것은 모두 아라비아인의 은혜라고 할 수 있다. 1200년대 중반 잉글랜드의 사제인 로저 베이컨Roger Bacon이라는 자가 있었

▶ 서양 학문의 큰 취지는 만물의 이치를 탐구해 그 쓰임을 밝히고 사람들로 하여금 타고난 지력을 다하게 해서 인생의 편리함을 이루는 데 있다. 덕을 닦고 행실을 바르게 하는 도道와 같은 것에는 별도의 가르침이 있어 이를 지도한다고 한다.

다. 박식하고 재능이 많아 예로부터 받들어온 궁리窮理의 도道가 부족하다고 여기며 처음으로 실험의 설說을 주장해 천문시학天文視學[광선의 성질을 논해 안경과 망원경 등의 조립을 설명하는 학문분과], 화학[만물의 성질을 탐색해 이를 분석하고 조합하는 학문분과], 의학, 기계학 등의 대략大略을 발명했으니, 그 시대의 대학자로 불렸다. 하지만 당시는 아직까지 미개한 시대였기 때문에, 이런 대학자라 하더라도 불로장생의 약을 조제하거나 여러 종류의 금속을 황금으로 변화시키고자 힘썼으며, 별의 운행을 보고 길흉을 점쳤다는 등의 기담도 있었다.

○ 이때부터 1400년대까시는 세상의 학자들이 시가詩歌를 음미하고 소설을 좋아해 실학實學에 힘쓰는 자가 적었다. 1423년 활판인쇄의 발명 이

후에도 학문이 크게 진보해 경학經學·성리性理·시가·역사학은 아름다움을 이루었지만, 오직 궁리학窮理學에 한해서는 그렇지 않았다. 세상사람이 모두 옛 성현 아리스토텔레스Aristotle[기원전 300년대의 그리스의 대학자]의 학파에 심취해 기이한 신설神說을 주창하고 유용한 실학을 지향하는 자가 없었으니, 1600년경까지도 그런 형세가 만연했다. 이때 프랜시스 베이컨Francis Bacon, 데카르트René Descartes 등 현자(賢哲)가 세상에 나타나 시험의 물리론을 주창하며 예로부터의 공허한 논의를 배척했다. 1606년에는 이탈리아의 갈릴레오Galileo Galilei가 처음으로 지동설을 세웠으며, 1616년에는 잉글랜드의 의사 하비William Harvey가 인체 혈액순환의 이치를 밝히는 등 세상의 학풍이 점차 실제實際로 향하게 됐다.

1600년 말 잉글랜드의 대가 뉴턴Isaac Newton이 천고불세출千古不世出의 뛰어난 재능을 가지고 날로 새로워지는 세상에 태어났다.[27] 나이는 아직 24세에 불과했지만 하늘(大空)에 작용하는 인력引力의 이치를 밝혔고 [지구의 인력은 이전에도 이미 밝힌 일이 있었다] 광선의 쓰임새를 설명하고 색깔의 근원을 밝혔으니, 자연의 이치가 명료하지 않은 바가 하나도 없었다. 그가 저술한 『프린키피아』[28]라는 제목의 책은 궁리학의 핵심(大本)을 설명한 것으로 세상의 학자들은 모두 이를 으뜸으로 꼽는다. 이때부터 서양의 학풍이 면목을 새롭게 바꾸었으니, 걸출한 이들이 무리지어 나와 뉴턴의 유업을 계승하고 절차탁마해 오늘날의 성대함에 이르게 됐다.

---

27 저자의 착오다. 실제 뉴턴의 생일은 구력 기준으로 1642년이고 신력 기준으로는 1643년이다.

28 『자연철학의 수학적 원리Philosophiae Naturalis Principia Mathematica』(1687)를 말한다.

1700년대 초부터 현재까지 대발명이라고 부를 만한 것으로 증기기관, 증기선, 증기차, 전신기, 우두, 마포麻布와 면포綿布의 염색방법, 방적기와 방직기, 분필, 갈바니Luigi Galvani의 도금과 그 모형, 피전선避電線, 가스광, 열기구 등이 있다. 그 외에 일렉트릭electric[29], 갈바니의 논설, 시학視學, 천문학에 관해 개정을 더함으로써 새로운 기계를 발명하게 된 일은 모두 열거할 수 없을 정도다.

학교

○ 서양 각국의 도시는 물론이고 촌락에 이르기까지 학교가 없는 곳이 없다. 학교는 정부에서 세워 교사에게 급여를 주고 사람을 가르치는 곳이지만, 혹은 평범한 사람이 단체(社中)를 만들어 학교를 세우고 가르치는 곳도 있다. 사람이 태어나서 6~7세가 되면 남녀 모두 학교에 들어간다. 학교에 기숙하는 자도 있고 집에서 먹고 자면서 매일 학교에 다니는 자도 있다. 처음으로 들어가는 학교를 소학교라 하는데, 우선 문자를 배우고 차츰 자국의 역사, 지리, 산술, 천문, 궁리학의 기초, 시, 그림, 음악 등을 배운다. 이렇게 7~8년을 배워 여러 학문이 차츰 성숙해지면 다시 대학에 들어간다. 이 학교에서도 배우는 과목은 이전과 다르지 않지만 약간 더

---

29 후쿠자와는 우리에게 익숙한 전기電氣가 아니라 당시 쓰이던 월렬기독아越列機篤兒나 월렬기越列機라는 표현을 쓰고 그 위에 '일렉트릭electric'이라고 발음을 표기했다. 여기서는 번역어가 없던 시절에 발음을 한자로 표현했던 당시의 뉘앙스를 전하기 위해 이하 일렉트릭으로 표기했다.

높은 가르침을 받는다. 또한 여기에서는 여러 과목을 모두 배우는 것이 아니라 각자가 뜻을 둔 한두 개 과목을 연구한다. 또한 잠시 여기에 들어 왔다가 군인이 되고자 군사학교(兵學校)로 옮기거나 의사가 되고자 의학교(醫學校)로 옮기기도 하고, 오로지 하나의 학업에만 힘쓰는 자도 있다. 위와 같이 6~7세부터 처음으로 배우기 시작해 18~20세면 학업을 완수하는 연령이 된다. 이것이 대학교와 소학교에 들어가는 일반적인 순서지만 한 학교에서 대학교와 소학교를 겸하는 경우도 있다. 런던의 "킹스 칼리지King's College London"[런던에서 가장 큰 학교의 이름] 같은 곳은 학생 수가 500여 명인데 상급반은 대학교의 가르침을 받고 하급반은 소학교의 가르침을 받는다.

○ 매일 수업이 있는 날은 아침 9시에 시작해서 12시에 끝나고 점심 식사 후 오후 2시에 시작해서 저녁 5시에 끝난다. 7일마다 하루를 쉬는데 기숙생들은 모두 집에 돌아간다. 학교의 법은 매우 엄정하니, 수업 중에는 말을 하거나 손가락으로 쿡쿡 찌르는 장난을 쳐서는 안 되며 법을 어기는 자에게는 벌을 준다. 하지만 쉬는 시간에는 마음대로 노는 것을 금지하지 않는다. 이에 학교 주변에는 반드시 놀이터를 설치해 꽃과 나무를 심고 샘물을 끌어와 마음껏 뛰어놀 수 있는 곳으로 만든다. 또한 놀이터 중에 기둥을 세우고 사다리를 걸쳐놓고 그물을 치는 등의 설비를 해놓고 학동들이 기둥과 사다리에 올라가거나 그물망을 건너는 활동을 하도록 한다. 이런 오금지희五禽之戱[30]를 통해 사지를 움직여서 고된 배움에 따른 우울함을 해소하고 신체의 건강을 유지하게 한다.

○ 한 해의 학비는 각국이 대동소이하지만, 학교의 좋고 나쁨과 수업을 받는 과목의 많고 적음에 따라 다르다. 또한 가난해서 자녀를 교육시키지 못하는 자에게는 학비 없이 수업을 받을 수 있게 하는 일종의 학교가 있다. 이 학교의 학비는 세금처럼 국민이 내도록 하는 것도 있고, 뜻있는 사람이 결사(會社)를 세워 스스로 돈을 내거나 나라의 부자들을 설득해서 돈을 모아 가난한 자를 위한 학교(貧學校)를 세우는 경우도 있다.

○ 유럽에서 학문이 제일 번성한 곳은 프로이센이다. 국내의 인민 중 대개 문자를 모르는 자가 없다. 베를린Berlin[프로이센의 수도]에서는 감옥 안에도 학교를 세워 3~4일마다 죄인을 불러내어 가르친다. 그 밖의 경우 역시 이로 미루어 알 수 있을 것이다.

신문

○ 신문은 한 회사가 새로운 사정을 탐색하고 이를 기술해 세간에 포고하는 것이다. 즉 그 나라 조정의 평의評議, 관명官命의 공고, 관리의 진퇴, 거리의 풍문, 외국의 형세, 학문과 예술이 날로 새로워지는 경향, 교역의 성쇠, 경작의 풍흉豊凶, 물가의 고저, 민간의 고락, 생사존망, 기이한 이야기 등 사람의 눈과 귀에 새로운 것을 모두 조목조목 기재하고 삽화를 첨

---

30 도가에서 다섯 종류의 짐승의 자세를 모방해 만든 양생법이다.

부하니 분명하고 상세하지 않은 바가 없다. 집회를 안내하거나 개업점의 이름을 널리 알리거나 분실물을 탐색하고 습득물의 주인을 찾는 등 자질 구레한 일도 모두 신문사에 의뢰해 그 경위를 기술한다. 따라서 방에 칩 거해 밖을 보지 않고 만리타향에 살면 고향의 소식을 듣지 못한다고 하 지만, 신문을 한번 보면 세간의 실상이 일목요연하게 모사摹寫되어 있으 니 마치 실제로 그 일을 접한 것과 같다. 서양인은 신문을 보는 것을 인간 의 쾌락 중 하나로 여겨 이를 읽느라 식사도 잊는다고 하는데, 이 역시 납 득이 간다. 무릇 세상에 고금의 책이 많다고는 하지만 견문을 넓히고 사 정을 밝히며 세상에서 처신하는 도리를 연구하는 데 신문을 읽는 것만 한 것이 없다.

○ 신문은 매일 출판하는 것도 있고 7일에 한 번 출판하는 것도 있다. 서 양 각국, 그리고 해외라도 서양인이 거류하는 땅에서는 반드시 이를 출판 하는 곳이 있다. 이를 가장 활발하게 행하고 있는 곳으로 잉글랜드의 런 던과 아메리카의 뉴욕이 천하제일이다. 런던에서는 만국의 새로운 소식 을 모아 자국의 새로운 소식과 함께 기재해 전 세계에 포고하는데, 이것 이 이른바 런던 신문이다. 신문의 보고는 신속함을 취지로 하니, 증기기 관으로 판을 찍어 한 시간에 1만 5,000매를 만들 수 있다. 제본이 끝나면 증기차와 증기선 등의 급편急便으로 여러 곳에 보내는데, 그 신속함이 사 람들의 눈과 귀를 놀라게 한다. 한 가지 예를 들면 일찍이 런던의 의사원 에서 밤새 큰 의논이 있어 새벽 제4시[7시]에 끝났는데, 즉시 회의의 경위 를 기술하고 출판해 전국에 포고하니 같은 날 제12시[9시]에 100리 밖의 브리스틀Bristol에 도달했던 일도 있다.

○ 신문의 논조는 나라마다 그 사람들의 의견을 좇으니 편파가 없다고는 할 수 없다. 그러나 본래 관청의 허가를 받아 출판하는 것으로 그 논의의 공평함을 취지로 하니, 나라의 정사政事를 시비是非하고 인물을 비난하는 것도 문제되지 않는다. 세상사람이 모두 이를 중시하니, 그 큰 논의(大議論)에 따라서 일시에 인심이 기울어지고 정부의 평의評議 역시 이에 따라 변혁되는 경우가 있다. 예컨대 이 나라에서 전쟁을 일으켜 저 나라를 치고자 하는 평의가 있을 때, 저 국민이 시비곡직을 변론해 이를 신문에 기재해서 세상에 포고한다면 전쟁을 막는 데 일조할 수 있는 것이다.

도서관

○ 서양 각국의 도시에는 도서관이 있으니, "비블리오테크bibliotek"라고 한다. 일상적인 서적과 도서부터 오래되고 진귀한 책에 이르기까지 만국의 책이 모두 갖추어져 있고 사람들이 와서 마음대로 이를 읽을 수 있다. 다만 매일 서고 안에서 읽을 뿐 집에 가지고 가는 것은 허락하지 않는다. 런던의 도서관에는 서적이 80만 권 있고 페테르부르크[러시아의 수도]의 도서관에는 90만 권, 파리의 도서관에는 150만 권이 있다. 프랑스인이 말하길 파리 도서관의 서적을 일렬로 늘어놓으면 길이가 7리[31]는 될 것이라고 한다.

---

31 당시 일본의 리는 한국의 리의 10배다. 즉 1리가 4킬로미터 정도다.

○ 도서관은 정부에 속하는 것도 있고 국내 일반에 속하는 것도 있다. 외국 서적의 경우에는 이를 구매하고 자국 서적은 국내에서 새롭게 출판하는 자가 한 부를 도서관에 납부하게 한다.

병원

○ 병원은 가난해서 아파도 치료를 받을 수 없는 자를 위해 설치한 것이다. 정부가 세우는 경우도 있고 사적으로 결사(會社)를 결성해 세우는 경우도 있다[잉글랜드와 합중국[32]에는 이 방법에 따라 세워진 병원이 가장 많다]. 사적으로 세우는 경우에는 그 단체(社中)가 귀족(王公貴人)이나 부유한 상인을 설득해 기부를 받고, 병원이 완성된 이후에도 매년 정해진 기부액을 모아 오래도록 병원을 유지한다. 또한 병원에 가는 자 중에 극빈자는 전혀 비용을 지불하지 않지만, 다소 재산이 있는 자는 빈부에 따라 의료비를 지불한다. 각국의 도시에 병원이 없는 곳이 없다.

○ 병원법은 각국이 대동소이한데, 아래에 프랑스 병원법을 제시한다. 파리에는 크고 작은 병원이 13개소 있다. 한 병원에 의사는 각각 8~15명이 있고 가장 큰 병원에는 30명이 있다. 간호사는 남녀로 구성되어 있는데 남자는 남자 환자를 담당하고 여자는 여자 환자를 담당한다. 환자

---

32 아메리카합중국, 즉 미국을 말한다.

50명을 간호사 10명이 돌보는 것을 정해진 원칙(定則)으로 한다. 또한 "논 nonne"이라고 하는 자도 있는데, 나이 들거나 젊은 여성으로 불행한 일을 당했거나 다른 사유가 있어 자발적으로 신명神明에 맹세해 일정 기간 동안 환자를 도와주기로 약속한 자들이다. 그 기간 동안에는 남녀의 교제를 끊고 순결을 지키니 우리 나라의 비구니와 같은 이가 병원에 들어간 셈이다. 따라서 이 논은 환자를 돌볼 때 남녀를 구별하지 않기 때문에 침상에 접근하는 것에 문제가 없다. 또한 논은 원래 자발적으로 원해서 병원에 들어간 것이기 때문에 급여를 받지 않으며, 단지 옷과 음식을 받을 뿐이다. 병원에 머무는 기간에는 한정이 없고 오늘 병원에 들어갔더라도 뜻에 반한다면 내일 나갈 수도 있다.

○ 13개소의 병원이 각지에 소재하지만, 왕궁 근처에 관청이 있어 정부(官)에서 관리를 두고 모든 병원을 관할한다. 이에 도시의 인민 중 병원에 가려는 자는 우선 그 관청에 가서 허가를 받은 후에 병원에 들어간다.

○ 병원의 비용을 모두 정부에서 지출하는 경우는 없다. 처음 이를 세울 때는 도시에 명을 내려 집집마다 빈부에 따라 돈을 내게 하고, 그 후 병원을 수리하거나 환자에게 주는 약품비와 의복비, 하인(婢僕)의 급여 등의 비용은 다음과 같은 법에 따라 모금한다.

  1. 도시 사람들이 각각 자기 뜻에 따라 병원에 돈을 납부한다. 우리 나라에서 사원에 기부하는 것과 같다.
  2. 도시의 연극, 구경거리, 그 외 유락遊樂으로 이익을 얻는 자는 얻은 돈

의 10분의 4를 병원에 납부하게 한다.

3. 아직 심하게 빈곤한 것은 아니지만 자기 집에 의사를 불러올 능력이 없어서 병원에 들어간 자에게는 치료비로 하루에 2프랑 혹은 4~5프랑을 납부하게 한다.

4. 정부에서 전당포를 설치해 담보를 취한다. 그 법은 1년을 기한으로 하며 이자로 6푼을 거둔다. 물건을 전당포에 맡긴 자가 기한이 되어서도 돈을 갚지 않으면 그 물건을 경매한다. 예컨대 처음 100냥을 빌리면서 맡긴 물건이 경매로 130냥이 되면 100냥에 대한 1년 이자인 6냥을 빼고 24냥이 남는데, 이를 병원의 비용으로 하는 것이다.

5. 서양 각국에는 양자養子의 법이 없다. 따라서 부모와 처자가 없는 자가 사망하면 그 가산은 모두 가까운 친척에게 돌아간다. 만약 친척도 없어 가산이 돌아갈 곳이 없는 경우에는 이를 정부에서 거두어 병원의 비용에 포함시킨다.

이것이 프랑스 병원의 통상적인 법(通法)이지만, 육해군 병원의 경우에는 그 비용이 모두 정부에서 나온다.

구빈원

○ 노원老院이라고 하는 것도 있고 유원幼院이라고 하는 것도 있는데, 이를 총칭하면 구빈원이다. 노인과 유아 또는 신체가 불구이거나 허약한 자가 빈곤해 생계를 유지할 수 없을 때 그들을 구빈원에 넣는다. 노인은 죽

을 때까지 여기서 부양하고, 유소년은 학문과 기술을 가르쳐 18~20세가 되어 생계의 방도를 알게 됐을 때 이곳을 나간다. 중년이라도 빈곤이 극심할 때는 잠시 구빈원에 들어가 급한 불을 끄고 생계의 방편을 구해 다시 나가는 자도 있다. 또한 가난한데 자식을 낳아 양육할 때 매일의 직업에 방해가 되어 이 때문에 궁핍해지는 경우에는 낮에만 자식을 구빈원에 맡겨두고 밤에는 집에 데리고 돌아가는 자도 있다.

○ 구빈원 중에 고아원이라고 하는 것도 있는데, 부모 없는 가난한 아이들만을 모아 양육하는 곳이다. 또한 기아원棄兒院이라는 것도 있는데, 가난해 자식을 키울 수 없는 자 또는 가난하지 않더라도 몰래 정을 통해 자식을 낳아 이를 공개할 수 없는 자는 모두 그 자식을 기아원에 버린다. 본래 서양에서는 불륜(密通)을 엄금하지만 약을 써서 낙태한 자는 그 죄가 불륜보다 무겁다. 물론 자식을 공공연히 버릴 수는 없지만 자식을 버리는 것을 보더라도 이를 비난하지 않는다. 기아원 밖에 방울이 있어서 자식을 버리는 자가 문 밖에 자식을 놓고 방울을 울리고 떠나면 기아원에서 사람이 나와 아이를 거두고 버린 자를 묻지 않는다. 일단 기아원에 들어가면 의복을 주고 유모를 붙여 정성껏 양육하고 점차 성장하면 재능에 맞춰 학문과 기술을 가르쳐 생계의 방편을 알게 되면 내보낸다. 기아원은 러시아에서 가장 중요하게 여기니, 기아원의 비용이 모두 정부에서 나오고 기아 양육의 법이 매우 잘 갖춰져 있다. 이는 아마도 러시아의 땅이 넓고 인구가 적기 때문일 것이다.

○ 구빈원은 정부가 세우는 경우도 있고 일반인이 사적으로 결사(會社)를

맺어 세우는 경우도 있다. 런던 도시 전체에 크고 작은 구빈원이 40개소 있다. 가장 큰 구빈원에는 400~500명을 수용할 수 있다. 40개소 중에 정부에 속하는 것은 불과 4~5개소뿐이다. 정부에 속하는 구빈원의 비용은 도시 전체의 집마다 부과하는 정식 가세 이외에 구빈원세라는 돈으로 충당한다. 사적으로 결사를 맺어 구빈원을 세우는 법은 병원을 세우는 법과 같다. 2~3명의 부자가 협력해 구빈원을 세우고자 할 경우에는 그 취지를 서술해 신문에 기재하고 널리 포고해서 세상사람에게 단체(社中)에 참여해달라고 요청한다. 세간에서 그 신문을 읽은 부유하고 인자한 자가 단체에 들어가 매년 약간의 돈을 지불하겠다고 약속한다. 만약 이 돈이 구빈원을 세우기에 부족하다면 다시 부귀한 사람들을 설득해 기부를 요청하고 구빈원이 세워지게 되면 대표를 세워 이를 관리하게 한다.

이때부터 매년 비용이 그 단체에서 나오게 되는 것이다. 구빈원에서 양육하는 자라도 나태하게 일상을 허비하지 않게 하니, 남자는 바구니를 만들거나 새끼줄을 꼬고 여자는 세탁을 하거나 "메리야스meias"를 뜨는 등 각기 상응하는 수작업을 하게 해 그 이윤을 구빈원의 비용에 보탠다. 또한 구빈원 단체에서 매년 한 번 크게 회식을 하는 관례가 있다. 회식에 앞서 며칠 동안 신문에 모일 모처에서 구빈원 단체의 모임을 개최하니 누구라도 와서 함께 회식할 수 있다고 포고한다. 세상사람이 이 신문을 보고 그중 뜻 있는 자는 회식에 가서 함께 먹고 마시고 각자 자기 뜻에 따라 다소의 돈을 내고 돌아간다. 이 돈 또한 한 해의 비용이 되는 것이다.

농아원

○ 농아원(啞院)은 농아(啞人)를 가르치는 학교다. 농아 수백 명을 모아서 어학·산술·천문·지리학 등을 가르치는 것은 보통의 학교와 다르지 않으니, 그 방법은 다음과 같다. 처음 농아원에 들어가는 자에게는 손가락으로 "에이A, 비B, 시C" 26글자의 기호를 표시하는 것을 가르친다.▶ 그리고 다른 사람이 말할 때 입술, 혀, 치아, 목구멍의 움직임을 보고 만져 그 움직임을 모방해서 음성을 내는 방법을 배우게 한다. 일단 음성을 내는 방법을 배우면 다른 사람의 말은 귀로 들을 수 없지만 입술, 혀, 치아, 목구멍의 움직임을 보고 그 말을 이해하고 함께 담화할 수 있게 되는 것이다.▶▶

▶ 손가락의 모양을 여러 가지로 해서 문자의 기호를 표하는 모습은 일본인이 가위바위보를 하는 손짓과 비슷하다.

▶▶ 농아는 천성적으로 음성을 내는 기관이 구비되어 있지 않은 것은 아니며, 단지 귀가 불구여서 다른 사람의 언어를 듣고 이를 모방해 오음五音을 조화할 수 없을 뿐이다. 그 증거로 기뻐서 웃고 슬퍼서 우는 목소리는 농아라고 해도 일반인과 다르지 않다.

맹원

○ 맹원盲院에서 가르치는 방법도 대체로 농아원과 같다. 맹인에게 독서를 가르치기 위해 종이에 철凸자를 새기고, 지도 등은 바늘로 종이에 구멍을 뚫어 바다와 육지의 모양을 그려서 손가락 끝으로 이를 만지게 한다. 산술에도 별도의 기계가 있는데 그 모양이 산가지(算木)와 같다. 이를 이용하면 가감승제加減乘除부터 천문측량天文測量의 어려운 셈에 이르기

까지 이루지 못할 것이 없다. 이 밖에도 맹인은 남녀 모두 음악을 배운다. 또한 남자는 수작업으로 베를 짜고 바구니를 만들며 여자는 메리야스를 짜서 그 물품을 시장에 팔아 맹원의 비용에 보탠다. 잉글랜드에서 맹원에 들어가는 자는 나이에 상관없이 가르침을 받는 것을 6년으로 제한한다. 그 기간 중에 학업을 대체로 완수하게 되었더라도 빈곤해서 생계를 유지하기 어려운 자는 계속해서 원내에 머무르고 양육받는 것을 허용한다. 다만 연한보다 길게 양육되는 자는 수작업을 하지 않으면 안 된다.

○ 맹원도 다른 여러 원과 마찬가지로 부자는 학비를 지불해야 하지만 가난한 자는 이를 지불하지 않아도 들어갈 수 있다.

정신병원

○ 정신병원(癲院)은 발광하는 자를 양육하고 치료하는 병원으로 환자 한 명마다 방 하나를 할당한다. 증세가 가벼운 자는 낮 동안 방에서 나와 원내에서 보행하거나 정원에서 놀면서 꽃을 따고, 노래하고 춤추며 공놀이를 하고 그림을 그리는 자도 있으며 음악을 하는 자도 있다. 병원 내부는 특히 청초한 것이 다른 원들과 다른데, 여러 곳에서 작은 새를 키우고 금붕어를 기르며 분재를 두는 등 모두 한가하고 고요한 분위기를 마련해 사람의 마음을 즐겁게 하는 것을 주목적으로 한다. 정신병원은 정신병자 (發狂人)를 치료할 뿐만 아니라, 광심狂心으로 사람을 죽였거나 불을 질러 집을 태운 자 등도 모두 이곳에 들어간다. 다만 광심이라 하더라도 죽을

죄를 범한 자는 그 병이 안정된 이후에도 밖에 내보내지 않고 정신병원 안에서 여생을 보내게 한다. 임술년 여름 내가 런던의 정신병원을 방문했을 때도 그런 부류의 정신병자(狂人) 세 명을 봤다. 한 명은 국왕을 시해하려 했고 다른 한 명은 부친을 죽였으며 다른 한 여자는 세 자식을 자기 손으로 죽였다고 한다.

특수학교

○ 특수학교(癡兒院)는 태어날 때부터 지혜가 부족한 아동을 가르치는 학교다. 독서와 산술 등을 가르치는 것도 보통의 학교와 다르다. 글에는 모두 큰 글자를 쓰고 말을 가르칠 때도 그림으로 이해시킨다. 예컨대 '개'라는 글자를 가르치기 위해 개 그림을 그리고, '사다'라는 말을 가르치기 위해 물건을 사는 모습을 그린 뒤 그림 옆에 '사다'라는 말을 붙여 몇 번이고 이를 읽혀 차츰 이해시켜서 마침내 독서를 할 수 있게 한다. 산술을 가르칠 때도 처음에는 모형을 가지고 한다. 여러 기구가 있지만 여기서는 그중 하나를 예로 들겠다. 교사가 작은 구슬 여러 개를 손에 들고 두 개를 꺼내 특수아동(癡兒)에게 보여주면서 이 구슬이 몇 개인지 물어보면 두 개라고 대답한다. 거기에 두 개를 더해 몇 개인지 물어보면 네 개라고 대답한다. 또한 네 개에 세 개를 더하면 몇 개가 되는지, 세 개를 더하고 한 개를 빼면 몇 개가 되는지, 그 총수를 2로 나누면 몇 개가 되는지를 묻는다. 일문일답으로 단계적으로 지도해 결국에는 사물의 수를 알게 되고 계산도 할 수 있게 되는 것이다. 독서와 산술 외에도 우리 나라의 지혜의 고

리나 지혜의 판[33] 같은 것을 가지고 놀게 해 궁리(工夫)[34]하는 법을 가르친다. 지혜의 판 중에 가장 간단한 것으로, 넓은 판에 모나거나 둥글거나 굴곡진 구멍을 뚫고 이 구멍에 맞아 들어가는 작은 판을 만들어 이를 구멍에 끼우게 해서 모나거나 둥글거나 굴곡진 것을 분별하는 궁리를 하게 한다. 이 외에 여아에게는 노래와 춤을 가르치고 남아에게는 나무를 타거나 사다리에 올라가게 하는 등 훈련을 하게 해서 신체를 건장하게 한다.

○ 이 학교가 있는 나라는 현재 프랑스·네덜란드·프로이센뿐이며, 다른 나라에서는 아직 이를 세우지 않았다고 한다.

박물관

○ 박물관은 전 세계의 산물, 오래된 물건, 진귀한 물건을 모아 사람들에게 보여줌으로써 견문을 넓히기 위해 세운 것이다. "미네랄로지컬 뮤지엄 mineralogical museum"이라는 것은 광물을 모아놓은 건물이다. 전 세계 금석의 종류를 모두 모아 각각 이름을 표시해서 사람들에게 보여준다. "주올로지컬 뮤지엄zoological museum"이라는 것은 금수와 물고기, 벌레 종류를 모아놓은 곳이다. 금수는 가죽을 벗긴 뒤 가죽 안에 어떤 물질을 채

---

33 지혜의 고리智惠の輪는 캐스트퍼즐, 지혜의 판智惠の板은 칠교판과 유사한 것이다.
34 여기서 '공부工夫'는 여러 가지로 궁리하고 고안한다는 의미다.

위 넣어 형태를 보존하고 물고기와 벌레는 약품을 써서 그대로 말려 굳히니, 모두 살아 있는 것을 보는 듯하다. 작은 물고기와 벌레는 알코올에 담그는 것도 있다.

○ 또한 동물원과 식물원이라는 것도 있다. 동물원에서는 살아 있는 금수와 물고기, 벌레를 기른다. 사자, 코뿔소, 코끼리, 호랑이, 표범, 곰, 큰곰, 여우, 삵, 원숭이, 토끼, 타조, 독수리, 매, 두루미, 기러기, 제비, 참새, 큰 뱀, 두꺼비 등 전 세계의 진귀하고 기이한 모든 금수 중에 동물원에 없는 것이 없다. 이를 기르기 위해서는 각각 그 습성에 따라 먹이를 주고 온도와 습도를 마련한다. 바닷물고기도 유리 수조에 넣고 때때로 신선한 바닷물을 제공해 살아 있게 한다. 식물원에서도 전 세계의 수목, 풀과 꽃, 수초 종류를 심고, 따뜻한 나라의 초목을 기르기 위해 커다란 온실을 만들어 철관을 깔고 관 안에 증기를 통하게 해서 온기를 얻는다. 이에 온실 안은 추운 겨울에도 상시 80도[35] 이상의 온기가 있어 열대지역 각국의 초목도 잘 번식한다.

○ "메디컬 뮤지엄medical museum"이란 오직 의술에 관한 박물관으로, 인체를 해부하거나 해골을 모으거나 태아를 가져오고, 희귀병으로 사망한 자가 있으면 그 환부를 절취해 경험을 남겨 후일을 도모한다. 이 박물관

은 대개 병원 내에 있다.

박람회

○ 위 조목처럼 각국에 박물관을 설치해 전 세계의 옛 물품을 모은다고 하지만, 각국의 기술과 공작이 나날이 발전해 다양한 발명품이 나오고 또 새로워지고 있으니, 이에 따라 왕년에는 드물고 진기한 물건이라며 귀중히 여겼던 것도 오늘날에는 진부한 것에 속하고, 어제의 이기利器가 오늘의 장물長物[36]이 되는 일도 적지 않다. 이에 서양의 큰 도회에서는 수년마다 산물産物의 대회를 열고 전 세계에 포고해 각각 그 나라의 이름난 산물, 편리한 기계, 옛 물건과 기이한 물품을 모아 만국의 사람들에게 보여주는 일이 있으니, 이를 박람회라고 한다. 당시 세상에 나온 여러 종류의 증기기관, 일렉트릭, 갈바니의 기계, 화기, 시계, 용토수龍吐水, 농기구, 마구馬具, 인공 섬, 군함, 건물 등의 모형, 의복, 모자와 신발, 문방구, 화장도구, 고대의 명기, 서화 등 일일이 열거할 수 없을 정도다. 이를 개략하면 인간의 의식주에 반드시 필요한 물건 중에 갖추지 못한 것이 없다고도 할 수 있다. 이처럼 수많은 물품을 하나의 큰 건물 안에 배열해 5~6개월간 사람들에게 관람하게 하고 물품의 주인이 사용법을 설명한다. 사람들이 이를 보고 사고자 하면 곧바로 박람회장에 있는 물건을 가질 수는 없

---

36 여분으로 지니고 있는 물건이라는 뜻으로 여기서는 필요하지 않은 물건이라는 의미다.

지만 이를 생산하고 제조하는 곳에서 정가로 구매할 수 있다. 또한 박람회가 끝나면 그 박람회에 출품한 물품을 경매로 매매하는 경우도 있다.

○ 도시에서 박람회가 열리는 동안에는 각국 사람들이 모두 여기로 몰려들기 때문에 일시에 도시가 번창하게 된다. 1862년 런던에서 박람회를 열었는데 입장객이 매일 4만~5만 명 이상이었다[다음 묘년卯年[37]에는 프랑스 파리에서 이를 연다고 한다].

○ 박람회는 원래 서로 가르치고 배우는 것을 취지로 하니, 상호간에 다른 쪽의 장점을 취해 자신의 이익으로 삼는 것이다. 비유하면 지력智力과 연구(工夫)를 교역하는 것과 같다. 또한 각국 고금의 물품을 보면 그 나라의 연혁과 풍속, 인물의 지혜로움과 어리석음도 고찰할 수 있기 때문에 어리석은 자는 스스로 노력하고 지혜로운 자는 스스로 경계하니, 이에 따라 세상의 문명에 도움이 되는 일이 적지 않다고 한다.

증기기관

○ 증기란 수증기(蒸氣)다. 수증기에 힘이 있다는 것은 놋쇠 솥, 가마솥, 쇠 주전자에서 물을 끓일 때 그 뚜껑이 들썩이는 것을 보면 알 수 있다. 만

---

37 1867년이다.

약 한 홉의 물을 끓이고 점차 화력을 강하게 해서 완전히 증발하게 되면 1석石 7두斗[1]의 증기가 된다. 다시 말해 1,700배의 부피인 셈이다.[38] 증기기관이란 이렇듯 엄청나게 팽창하는 증기를 붙들어 밀폐된 용기 안에 넣고 그 추동력으로 기관을 움직이게 하는 것인데, 그 대략은 다음과 같다. 밀폐한 가마솥에 석탄으로 뜨거운 물을 데우고 가는 관을 거쳐 그 증기를 "실린더cylinder"라는 통으로 옮긴다. 이 통은 물대포 같은 장치로서 통 내부에 들어맞는 날(鍔)[39]이 있다. 이 날에 막대기(心棒)[40]를 붙이니, 막대기는 통의 외부에서, 날은 통의 내부에서 앞뒤로 움직인다. 증기가 팽창하는 힘이 통 내부의 날을 압박해 앞뒤로 움직이는데, 그 힘을 막대기에 전달하면 이것이 기관운전의 근간이 된다. 일단 막대기가 움직이게 되면 여러 장치에 차례로 힘을 옮기니, 상하좌우로 전진과 후퇴, 회전이 생각대로 되지 않는 바가 없다.

○ 증기기관의 힘은 실린더의 크기에 따라 강약이 있는데, 이 강약을 말의 힘에 견주어 계산하니 이른바 증기의 마력馬力이다. 1마력이란 3만 3,000파운드의 무게를 1분에 1"피트"의 높이로 올릴 수 있는 힘을 말한다.

○ 서양도 옛날에는 물건을 제조할 때 모두 사람의 힘을 썼으니 우리나라나 중국 등과 다를 바 없었다. 1720년 게르만 사람 로이폴트Jacob

---

38 한 홉은 0.18리터이며 그 1,700배는 약 306리터에 해당한다.

39 피스톤을 말한다.

40 커넥팅 로드connecting rod를 말한다.

Leupold가 증기로 사람의 힘을 대신하는 설說을 제기했고, 뒤이어 1769년에서 1785년 사이에 잉글랜드인 와트James Watt가 처음으로 증기기관을 크게 이루었다. 이후 잉글랜드와 아메리카 등 각국에서 연구(工夫)를 거듭해 그 장치를 개선하고 용법을 확대시켰다. 예컨대 강을 준설하고, 물을 모두 퍼내고, 논밭을 갈고, 산을 뚫고, 동철銅鐵의 원석을 제련하고, 목재를 다듬고, 철물을 제작하고, 목재품木材品을 만들고, 모면毛綿을 방적하고, 베를 짜고, 종이를 만들고, 판을 찍고, 설탕을 만들고, 메밀가루를 가는 등 크고 작은 공작 모두 증기를 쓰지 않는 것이 없다. 직인은 단지 기관의 운전에 집중할 뿐이어서 이전처럼 손발을 수고롭게 하지 않고도 한 사람의 힘으로 수백 명의 일을 이루니, 그 비용은 적지만 제작품은 훌륭하다. 증기기관이 한번 세상에서 쓰인 이래로 전 세계에서 이에 따라 공작과 무역의 방식이 일변했다고 한다.

증기선

○ 증기선은 아메리카합중국에서 발명한 것이다. 1780년경부터 연구(工夫)를 시작해 여러 번 시행착오를 거쳤지만 별다른 성과를 거두지 못했다. 1807년 뉴욕[합중국의 도시]의 풀턴Robert Fulton이라는 사람이 120마력의 증기선을 만들어 처음으로 크게 성공했고 이를 시험해 32시간 동안 120리裏[41]를 달렸는데, 이것이 증기선의 시초다. 이후 그 용법이 점차 세상에 널리 알려져 처음에는 천선川船이나 내해의 도선渡船으로 쓰이다가 점차 이를 개선해 드디어 군함, 상선, 우편선이 됐다. 만 리의 대양을 왕래

하며 폭풍과 격랑의 어려움을 이겨내고 공격과 방어의 세력을 강하게 하며 무역의 편리함을 증대시켰으니, 항해자의 용기가 옛날의 백배가 됐다.

○ 증기선에서 쓰는 기관도 그 대략은 육상의 공장에서 쓰는 것과 다르지 않다. 배를 세 부분으로 나누어 선미와 뱃머리를 하적 장소로 삼고 선복船腹에 기관을 설치하고 배의 양측에 바퀴를 달아 이 바퀴를 회전시켜 배가 나아가는데, 이를 양륜 증기선이라고 한다. 증기를 때는 석탄의 연기는 갑판 위에 돌출된 굴뚝에서 나온다.

○ 양륜선은 풍랑으로 배가 기울 때 한쪽의 바퀴가 물에서 떨어져 배의 운행을 막을 때가 있었다. 그래서 또다시 연구(工夫)해, 증기기관에서 선미까지 커다란 철제 회전축을 관통시켜 그 회전축의 끝부분에 우근羽根[42]을 붙이고, 배의 조타기와 선미 사이에서 이를 회전시켜 양륜의 대용으로 삼는 것을 발명했다. 이 우근은 원래 나선의 원리를 바탕으로 만들어진 것으로 그 모양은 어린이의 장난감으로 쓰는 톤보蜻蛉[43]와 같으니, 따라서 이를 나선 방식의 증기선이라고 한다. 대양을 항해할 때는 나선 방식의 증기선이 편리하기 때문에 근래에는 양륜선을 만드는 경우가 적다.

---

41 후쿠자와의 착오로 보인다. 에도시대의 계산법에 따르면 120리는 293마일, 혹은 471킬로미터에 해당한다. 그러나 실제로 풀턴의 증기선은 150마일, 혹은 약 241킬로미터를 달렸다고 하므로 정확히는 그 절반인 61리라고 해야 한다.

42 스크루를 말한다.

43 일본의 전통 장난감인 다케톤보竹蜻蛉를 말한다.

○ 증기선의 운행은 증기기관의 크기에 따라 빠르고 느림이 있다. 대략 만 하루 밤낮에 120~130리나 340~350리를 달린다. 그중 가장 가볍고 빠른 것이 우편선인데, 우편선은 상품을 싣고 승객을 태워 여러 곳으로 왕래한다. 보통 돛을 쓰지 않고 증기만으로 달리니, 바람이 순풍이건 역풍이건 출발하고 도착할 때 약속한 날짜를 반드시 지킨다. 유럽에서 일본과 중국 등을 왕래하는 것은 잉글랜드와 프랑스 상사의 배로서, 왕래하는 동안 여러 곳의 항구에 기항해 배를 바꿔 짐을 싣고 이곳저곳에 도달하는데, 기일을 지키지 못하는 경우가 없다. 일본에서 유럽 땅까지는 바닷길로 대략 60일이면 도착할 수 있다.

증기차

○ 증기차란 증기기관의 힘을 빌려서 달리는 차다. 기차 한 량에 증기기관을 설치하고 이것을 기관차라고 하는데, 기관차 한 대로 다른 차 20대나 30~40대를 견인할 수 있다[한 대의 차에는 24명이 탈 수 있다]. 이것은 무겁고 견고한 네 개의 철륜으로 달리기 때문에 일반적인 길을 갈 수 없다. 그래서 반드시 길을 평평하게 하고 차바퀴가 접하는 곳에 폭 2촌ᵈ 두께 4촌 정도의 철선 한 쌍을 깔아 항상 이 위를 왕래하니, 이를 철도라고 한다.▸ 철륜으로 철도를 달리는데, 기관차가 크고 무겁지만 이를 움직이는 것은 매우 용이하다. 이 차를 증기력으로 견인하기 때문에 그 신속함은 증기선에 비할 바가 아니다. 분큐 임술년⁴⁴ 가을 내가 러시

▸ 철도를 만드는 비용은 지형의 험한 정도에 따라 다르다. 일본의 셈법으로 대략 평균해 1리에 2만 7,000~8,000냥이라고 한다.

아의 페테르부르크에서 프랑스 파리에 이르렀을 때 그 거리가 일본의 셈법으로 750리 남짓했는데, 이 길을 21시간 만에 달렸다[휴식 시간은 제외]. 이 증기차가 대단히 빠른 것도 아니었다. 잉글랜드에서 가장 빠른 급행열차는 한 시간에 50여 리를 달린다.

○ 증기차의 발명도 증기선과 대략 동시대지만, 이를 실제 이용한 것은 증기선보다 늦다. 1784년 윌리엄 머독William Murdock이 처음으로 증기차를 제조했지만 작고 가벼운 장난감일 뿐이었다. 이후 20년 동안 이를 개선한 사람이 없었는데, 1802년 리처드 트레비식Richard Trevithick이 증기기관 연구(工夫)를 크게 이루었지만 아직 이를 실용화하지는 못했다. 1812년 잉글랜드인 조지 스티븐슨George Stephenson이 증기차를 만들어 석탄을 운송했으니, 이것이 증기차의 시초다. 단, 아직 철도는 없었다. 1825년 그의 연구 덕에 스톡턴Stockton에서 달링턴Darlington 사이에 철도가 놓였다[일본의 셈법에 따르면 2~3리 정도에 해당한다]. 이것이 세계 최초의 철도다. 이때부터 유럽 각국과 아메리카에서 모두 그 방법을 배워서, 국내를 종횡하는 철도를 놓고 차를 제조하는 것이 매년 증가했다. 승객을 태우고 화물을 운송하고 동서남북으로 달리는데, 마치 육로를 달리는 배와 같아서 1,000리도 멀다 하지 않는다. 증기차의 원리가 세상에 쓰인 이후, 각지의 산물 중에 있고 없는 것을 교역해 물가가 평균을 이루고 도시와 시골의 왕래가 편리해져서 인정人情이 서로 통하니, 세간의 교제가

---

44 1862년이다.

순식간에 새롭게 바뀌었다. 서양인이 말하길, 근래에는 서양 각국의 사람들이 여행 중에 부모와 처자식의 병환 소식을 듣고 길이 멀어서 임종에 때 맞춰 도착하지 못했다는 식의 세상물정 모르는 이야기는 들은 바가 없다고 한다.

전신기

○ 전신기傳信機란 일렉트릭의 기력氣力으로 먼 곳에 소식을 전하는 것을 말한다. 일렉트릭의 힘은 예로부터 중국인이 전혀 모르는 바였기에 자연히 우리 국민의 눈과 귀에도 익숙하지 않다. 이를 간략하게 설명하는 것은 매우 어렵기 때문에 지금 여기에서는 일렉트릭의 힘의 성질을 논하지 않고 오직 그 작용의 대략을 적을 뿐이다. 단철鍛鉄에 일렉트릭의 기력을 통하면 단철이 자석력을 일으켜 다른 철편鉄片을 끌어당기고 기력의 유통을 끊으면 이를 놓는데, 전신기는 이 원리에 근거해 만든 것이다. 여기에 일렉트릭의 장치를 두고 저기에 단철의 장치를 두어 이쪽과 저쪽 사이에 동선銅線을 깐다. 이 선에 일렉트릭의 기력을 통하게 하면 거리의 멀고 가까움에 상관없이 그 기력이 순식간에 단철에 통해 다른 철편을 끌어당기는데, 마찬가지로 그 기력의 유통이 끊기면 곧 또 이를 놓는다. 이렇게 한 번씩 통하고 끊음으로써 철편을 마음대로 움직일 수 있는 것이다. 일단 철편이 움직이게 되면 그 움직임을 바늘 끝에 전해 종이에 이·로·하[45]의 기호를 표시하는데 이를 이용해서 소식을 전할 수 있다. 그 신속함은 천만 리라도 한순간에 도달한다. 여러 곳에 선을 통하게 하기 위해서는

◀ 일본에서 1리당 선을 통하게
하는 비용은 육상의 경우 대략
300냥이고 물 밑을 통하는 경
우는 4,000냥이다.

선이 지나가는 길의 30~40간間[46]마다 기둥을 세워 높이 8~9척尺[47]인 곳에 선을 건다. 물 밑에 가라앉히는 경우 선의 외부를 덮어 물을 차단한다.◀ 오늘날 서양 각국의 바다와 육지에 종횡으로 선을 깔아놓은 것이 마치 거미줄과 같다. 새롭고 긴요한 소식을 서로 소통할 때 1,000리 바깥의 사람과 대화할 수 있으니, 공적인 일이든 사적인 일이든 그 편리함은 굳이 말할 것도 없다. 서양인의 말에 전신기의 발명으로 세계가 좁아졌다고 하는 것 역시 과언은 아니다.

○ 옛날 서양에서 급보를 전하는 법은 단지 신호로 사변事變을 알리는 것뿐이었다. 1600년대 초부터 그 신호에 일의 사정을 알리는 장치를 마련했으니, 높은 곳에 초소를 짓고 망원경으로 서로 신호를 보아 먼 곳까지 보고하는 방법을 발명한 것이다. 1700년대 말에는 이 방법이 더욱더 정교해져서 각국이 일반적으로 이를 이용했다. 일렉트릭의 힘을 전신에 이용한 것은 1774년 프랑스인 레사주Georges-Louis Le Sage의 연구(工夫)였다. 이 사람이 처음으로 그 장치를 제작했고 이후 일렉트릭의 학문이 점차 열림에 따라 전신기도 개선됐지만 이를 대형화해 실제 실행하는 법은 알지 못했다. 1837년 아메리카인 모스Samuel Finley Breese Morse가 5년 동안의 시험을 통해 대발명을 이루어 이를 실제로 시험하려 했는데 가

---

45 이イ·로ロ·하ハ는 중세 일본어 가나의 배열순서로서 한국어의 가·나·다에 해당한다.

46 1간이 약 1.8미터이므로 30~40간은 약 54~72미터에 해당한다.

47 1척이 30.303센티미터이므로 8~9척은 242~273센티미터에 해당한다.

난해서 자금이 없었다. 그래서 합중국 정부에 청원해 3만 "달러"를 받아 1844년 워싱턴Washington[합중국의 수도] 부府에서 볼티모어Baltimore 부까지 17~18리 사이에 선을 통하게 해서 양쪽 도시의 소식을 서로 전했는데, 이것이 전 세계 전신선의 시초다. 해저 전신선은 1851년 잉글랜드의 도버Dover[잉글랜드 남안의 땅]에서 프랑스 해안에 연결된 것이 최초다. 이후 이 방법을 배워 여러 곳의 해저에 선을 깔았다. 1858년에는 대서양을 횡단해 아메리카와 잉글랜드 사이에 선을 깔았는데, 그 길이가 일본의 셈법으로 대략 1,000리에 가깝다. 다만 이 전신선은 성공 후 어긋나 그 기능을 하지 못했기 때문에 이를 폐기하고 가까운 시일에 다시 부설할 것을 계획하고 있다고 한다.

가스등

○ 석탄을 솥 안에 넣고 밀폐해서 찌면 석탄이 기체를 내뿜는다. 이 기체는 탄화수소가스라는 것으로 여기에 불을 붙이면 공기와 결합해 연소되는데, 그 빛이 기름이나 초의 불빛보다 밝다. 1798년 잉글랜드에서 처음으로 가스등을 이용하는 방법을 연구(工夫)했고 이후 그 용법이 마침내 성대해져서, 각국의 사람들이 상사를 결성해 가스를 제조하고 이를 시중에 내다팔았다. 그 장치의 대략은 큰 솥에 석탄을 쪄서 가스를 모으고 길가의 지하에 철관을 묻어 가스를 제공하는 것인데, 관과 관을 연결하고 도시를 종횡으로 연결하니 우리 나라의 수도水道와 마찬가지다. 이 철관에서 작은 관을 가지 쳐서 도시의 집집마다 가스를 끌어들이고 불을 붙

여 등燈으로 쓴다. 또한 길가와 다리 위 여러 곳에 가스등을 설치해서 오가는 것을 비추니 밝기가 대낮과 같다. 오늘날 서양 각국에는 초를 들고 밤에 다니는 사람이 없다.

부록

○ 서양에서는 태양력을 쓰고 평년은 365일로 정했다. 따라서 여러 해가 지나면 우리 나라의 월일과 한 달 가까이 차이가 생기는 경우도 있고, 정확히 양쪽의 월일이 부합할 때도 있다. 어느 쪽이든 우리 나라의 윤달의 유무에 따라 그렇게 되는 것이다.

○ 하루 밤낮은 24시로 나누는데 자오子午[48]를 12시로 하고 그다음은 다시 1시가 된다. 따라서 서양의 한 시간은 우리 나라의 반시半時[49]인 셈이다. 시간의 순서는 다음과 같다.

제1시[우리의 9시 반] 제2시[우리의 8시] 제3시[우리의 8시 반] 제4시[우리의 7시] 제5시[우리의 7시 반] 제6시[우리의 6시] 제7시[우리의 6시 반] 제8시[우리의 5시] 제9시[우리의 5시 반] 제10시[우리의 4시] 제11시[우리의 4시 반]

---

48 일본에서 자子는 밤 12시경, 오午는 낮 12시경을 말한다.

49 당시 일본에서는 약 한 시간이 반각半刻, 약 두 시간이 일각一刻이었다.

한 시간을 60으로 나눠 이를 1분minute이라고 하고, 1분을 60으로 나누어 이를 1초second라고 한다. 1초는 대략 맥박 한 번의 움직임과 같다.

○ 사물의 큰 수를 기록하는 데 있어 억이라고 하거나 조라고 하는 등 여러 설이 있어 일정하지 않다. 지금 이 책에서 사물의 수는 일, 십, 백, 천, 만, 십만, 백만, 천만, 일억, 십억, 백억으로 열 배씩 세어 올라가는 것이다.

○ 차갑고 뜨거움에 관해 몇 도다 하는 것은 물이 어는 차가움을 32도로 하고 물이 끓어오르는 뜨거움을 212도로 규정해서 그 사이의 도수로 차갑고 뜨거움을 측정하는 것을 말한다.[50] 대략 봄과 가을의 기후는 50~60도이고 여름의 더위는 80도 이상인데 100도에 이르는 경우는 드물다.

○ 잉글랜드와 아메리카의 1피트는 우리의 1척을 조금 넘고 1"인치"는 피트의 12분의 1이기 때문에 8푼 3리를 조금 넘는다.

잉글랜드와 아메리카에서 육상의 1리는 우리의 14정町 43간에 조금 못 미친다.

잉글랜드와 아메리카에서 해상의 1리는 우리의 16정 57간을 조금 넘는다.

---

50 화씨온도에 대한 설명이다.

○ 프랑스의 1"메트르mètre"는 우리의 3척 3촌에 조금 못 미친다.

잉글랜드와 아메리카의 1파운드는 우리의 121문匁을 조금 넘는다.

잉글랜드와 아메리카의 1"톤"은 우리의 271관목貫目을 조금 넘는다. 즉 쌀 6석 7두 7승升여의 무게다.

○ 합중국의 1달러는 우리의 3보步에 해당한다. 오늘날 우리 나라의 무역장에서 거래되는 달러도 대략 합중국의 달러와 마찬가지다. 이 달러는 합중국의 이웃나라인 "멕시코"의 통용화폐다.

합중국의 1"센트"는 달러의 100분의 1이다.

○ 네덜란드의 1휠던은 우리의 18문에 해당한다[금金 1냥 60목目에 상당].

○ 잉글랜드의 1"파운드 스털링pound sterling"[이 책에서는 단지 파운드로 한다]은 우리의 3냥에 해당한다.

잉글랜드의 1실링은 우리의 9문에 해당한다.

잉글랜드의 1"페니"는 우리의 7푼 5리에 해당한다.

○ 프랑스의 1프랑은 우리의 8문에 해당한다.

프랑스의 1수는 우리의 4푼에 해당한다.

○ 통용화폐의 환율은 그 당시의 시세에 따르니 일정치 않다. 위에 조목별로 기입한 것은 단지 그 대략일 뿐이다.

○ 본편은 오직 잉글랜드와 아메리카의 서적을 번역한 것이기 때문에 도량은 모두 양국의 제도를 썼다. 간혹 다른 나라의 도량을 언급할 때는 그 옆에 할주를 붙여 이를 구별했다. 각국 도량의 비례는 『서양도량고西洋度量考』라는 제목의 간행 서적에 수록되어 있으니, 이를 참고하라.

「초편」 제1권 끝

「초편」

|

제 2 권

아메리카합중국

사기

1492년 에스파냐의 선장 콜럼버스Christopher Columbus가 아메리카국을 발견한 이후, 유럽 각국의 정부와 상사商社는 그 경로를 따라 앞 다투어 함선을 보내 각지를 탐색하고 이익이 되는 지방을 발견하면 인민을 옮겨 그 땅을 본국의 식민지(所領)[1]로 삼았다. 지금의 합중국 땅은 1760년경에는 잉글랜드 관할의 13개 주州였다. 1765년 잉글랜드 의사원의 의결(定議)에 따라 13개 주에서 쓰는 모든 물품에 대해 증명세를 징수한다는 법령을 내렸다. 이 법령은 각 주가 따르지 않아 바로 폐지됐지만 그 후 다른 여러 가혹한 법을 세워 세금을 징수했다. 주민州民이 이를 견딜 수 없어 여러 번 청원했지만 소용이 없었고 실망한 나머지 주 일반의 이익을 도모

---

[1] 소령所領은 식민지라는 번역어가 정착되기 전에 사용된 'colony'의 번역어다. 식민지와는 달리 중립적인 의미에서 영유지에 가까운 표현이지만 여기서는 독자의 편의를 위해 부득이 식민지로 표현했다.

하기 위해 각 주에서 인물을 추천(推擧)했다. 1774년 9월 4일 필라델피아 Philadelphia에서 회동하고 여러 번 상의해서 잉글랜드 정부의 공평한 처치를 얻고자 청원했다. 그러나 이 역시 듣지 않고 오히려 더욱 폭위暴威를 휘둘렀으며, 게다가 정부의 법령에 거역하는 자는 힘으로 제압해야 한다며 본국에서 군대를 보냈다. 이러한 추세에 따라 주민州民은 정부의 명령에 따르지 않자니 싸울 수밖에 없고 명령에 따르자니 가혹한 법에 속박되어 종신토록 노예가 될 수밖에 없었다. 전쟁과 화친의 두 논의가 시급한 문제로 떠올랐는데 인심의 향방이 결국 전쟁론으로 귀결되어 은밀히 콩코드Concord에 무기를 모았으니, 그때가 1775년 4월이었다. 잉글랜드의 장군 게이지Thomas Gage는 이 소식을 듣고 4월 19일 지휘관 핏케언 John Pitcairn으로 하여금 부대 하나를 지휘해 콩코드로 향하게 했는데, 도중에 렉싱턴Lexington에서 무기를 휴대한 자를 봤다. 이에 무기를 내려놓으라고 명령했지만 응하지 않자 바로 발포해 몇 사람을 죽였고, 콩코드에서도 싸워 쌍방에 사상자가 많았다. 이때부터 혈전이 시작되어 결국 수년간의 소란에 이르게 된 것이다.

○ 날이 아직 저물지 않았을 때 근방의 교회에서 일시에 종이 울리자 이를 신호로 무리지은 사람들이 모두 무기를 들었으니, 보스턴Boston에 모인 자만 100명 정도로 추산된다. 6월 17일 벙커힐Bunker Hill 전투에서 아메리카인 1,500명이 잉글랜드 병사 3,000명과 접전해 세 번 적을 물리쳤지만, 결국 아군[2]이 불리해 찰스타운Charlestown으로 후퇴했다. 이때 아군 용장 워런Joseph Warren이 전사했는데, 아메리카인 전사자는 450명이었으며 죽인 잉글랜드인은 1,000여 명이었다. 벙커힐에서의 전투 이후

워싱턴George Washington을 추대해 총독장군으로 삼고 보스턴에서 회동했던 의사관議事官과 병졸을 대주大州의 군세Continental Army라고 이름 지었다. 7월 1일부터 워싱턴이 전군의 지휘를 맡아 먼저 보스턴으로 향했으니, 이듬해 3월 잉글랜드 장군 하우William Howe가 보스턴을 떠난 뒤로 그 근방에 적국의 병사가 없었다.

○ 렉싱턴과 벙커힐에서 치른 접전에 따라 인심이 더욱 의지를 군건히 해 항전을 결심하게 됐다. 때마침 1776년 봄 잉글랜드 왕이 전력을 다해 아메리카인을 정벌하고 제압해야 한다는 명을 내렸다는 보고를 입수했고, 각 주 일반이 이에 격분해 합중독립의 뜻을 품게 됐다. 6월 9일 회동해 협의하기를, 합중의 각 주가 마땅히 독립해야 한다는 이치에 따라 독립하고 잉글랜드와 외교를 끊고 그 지배를 받지 않으며 마땅히 이와 이별해야 할 이치에 따라 이별한다는 대론大論을 발표했다. 이어서 독립의 격문을 작성하기 위해 제퍼슨Thomas Jefferson, 애덤스John Adams, 프랭클린Benjamin Franklin, 셔먼Roger Sherman, 리빙스턴Robert Livingston의 다섯 명을 추대해 문장을 짓는 직무를 맡겼다. 6월 28일 제퍼슨이 초고를 만들어 이를 평의소評議所[3]에 제출했고 7월 1일까지 책상 위에 올려두고 다섯 명이 증보·수정해 그 문장을 확정한 뒤 각 주의 대표자(名代人)[4]에

---

2 후쿠자와는 원문에서 아메리카를 아군, 잉글랜드를 적국으로 표기하고 있다.

3 5인 위원회Committee of Five를 말한다.

4 엄밀하게 말하면 대리자delegation라고 할 수 있지만, 본문에서 후쿠자와가 대리자와 대표자representative를 구분하지 않고 모두 명대인名代人이라는 표현을 쓰기 때문에 번역어를 대표자로 통일했다.

게 제시했다. 이에 동의한 것이 9개 주, 이를 거부한 것이 2개 주였다. 이에 따라 다시 대중 일반과 상의한 결과, 독립론에 동의하는 사람들이 많았을 뿐만 아니라 7월 4일에 각 지방에서 독립론을 주장하는 자들이 봉기해 운집했으니, 마침내 13개 주가 같은 뜻으로 마음을 정해 독립불기獨立不羈의 나라라고 칭했다. 이후 병사를 더 모집해 잉글랜드군과 싸워 서로 승패가 있었으며, 1778년 2월에는 프랑스와 조약을 맺음으로써 항전의 조력을 얻었다.

○ 소란이 시작된 지 7년 동안 29번 싸워서 때로는 이기고 때로는 졌지만, 1781년 요크타운Yorktown에서의 한 번의 전투로 일을 마무리하게 됐다. 10월 19일의 전투에서 워싱턴은 1만 6,000명의 병사를 지휘해 잉글랜드의 장군 콘월리스Charles Cornwallis와 접전 끝에 크게 이겼는데, 적병 550명을 살상했고 7,247명을 생포했으며 콘월리스도 항복했다. 이때부터 잉글랜드군은 힘을 잃고 결국 화친을 제의했으니, 1783년 1월 20일 가조약을 맺었으며 이듬해 9월 3일 본 조약(本約)을 교환해 합중국의 불기독립不羈獨立을 널리 포고했다.

1776년 7월 4일 아메리카 13주 독립의 격문

인생의 부득이한 시운 속에서 일족의 인민이 다른 나라의 정치에서 이탈해 물리천도物理天道의 자연에 따라 전 세계 만국과 나란히 서서 별개의 한 나라를 세울 때는 그 건국의 이유를 서술하고 인심을 살펴 포고하지 않을 수 없다.
　　하늘이 사람을 낳는 것은 억조 모두가 매한가지로 그에게 부여된 움직일 수 없는 통의通義[5]가 있다. 즉 통의란 사람이 스스로 생명을 보전하고 자유를 구하고 행복을 기원하는 부류의 것으로서 타인이 이를 어떻게 할 수 없는 것이다. 인간이 정부를 세우는 이유는 그 통의를 확고히 하기 위한 취지로서, 정부라는 것은 그 신민을 만족시킬 때 비로소 참으로 권위가 있다고 말할 수 있는 것이다. 정부의 조치가 이 취지에 반할 때는 곧 이를 변혁하거나 타도하고, 나아가 그 큰 취지에 의거해 사람의 안전과 행복을 보전할 수 있는 새로운 정부를 세우는 것 역시 인민의 통의다. 이는 우리가 변론할 필요조차 없는 명료한 것이다.

● 인순고식因循姑息[6]의 뜻에 따라 생각하면, 예로부터 내려온 정부를 잠깐의 경솔한 거동으로는 바꾸기 어렵다고 생각할 것이다. 그러나 동일한 인민을 대상으로 강탈을 자행하고 나쁜 풍속(惡俗)을 고치려 하지 않는다면, 결국에는 자주자재自主自裁의 특권으로 나라 안을 괴롭히게 된다. 따라서 이러한 정부를 폐지하고 차후의 안전을 확고히 하는 것은 사람의 통의이며 직장職掌[7]이다.

● 오늘날 우리 각 주는 바로 이러한 어려움에 시달리고 있으니, 예로부터 내려온 정부의 법을 변혁하는 것은 각 주 일반이 하지 않을 수 없는 급무다. 잉글랜드 왕의 행태를 논하면 어질지 못하고 참혹하다는 것 외에 달리 표현할 방법이 없으니, 오로지 폭정으로 우리 각 주를 억압했다. 지금 이 사실을 열거하고 이를 세계에 포고해 그 현명한 논의(明論)를 기다릴 것이다.

잉글랜드 왕은 세상 일반의 이익을 위해 불가결한 좋은 법을 채용하지 않았다.

● 시급한 사건이 일어났을 때 그 지방의 관리가 법을 세우고자 해도 잉글랜드 왕이 이를 금지하니, 왕의 면허[8]를 얻지 않고서는 이를 시행할 수 없었다. 게다가 이처럼 시행을 금지해놓고 왕은 이를 망각해 마음 쓰는 일이 없었다.

● 잉글랜드 왕은 주 내 일반에 적당한 법령을 세우는 것을 거부하고 인민으로 하여금 국법을 회의하게 하는 통의를 깨뜨렸다. 이 통의는 인민에게는 매우 귀중한 것이며 폭정을 행하고자 하는 자가 두려워하는 바다.

● 잉글랜드 왕이 국법을 회의할 장소를 불편한 먼 곳에 설치해 인민이 의논하는

것을 막았다. 이는 사람들을 분주하고 피곤하게 만들어 여지없이 그 법에 따르게 하고자 했기 때문이다.

● 잉글랜드 왕이 과단을 내려 인민의 통의를 깨뜨리고자 계속해서 국민의 회의 국會議局을 폐지했다.

● 잉글랜드 왕이 회의국을 폐지하고 재건을 거부하니, 이에 따라 국정을 의논하는 권한이 자연스럽게 국민에게 돌아왔고 본국[9]은 내외의 위해를 뒤집어쓰게 됐다.

● 잉글랜드 왕이 우리 각 주에서 인구의 번식을 막으려고 외국인 귀화의 법을 폐지해 이주를 금지했고 토지분배의 새로운 법을 세웠다.

● 잉글랜드 왕이 이 나라에 재판의 권한을 부여하는 것을 거부하며 재판국裁判局[10]을 폐지했다.

● 잉글랜드 왕이 특권을 제멋대로 휘둘러 관직과 작위를 주거나 빼앗고 봉록을 줄이거나 늘렸다.

● 잉글랜드 왕이 새롭게 관리를 임명해 이 나라에 보내니, 국내에 무리지어 우리 주의 백성을 괴롭히고 고혈을 빨아먹게 했다.

● 잉글랜드 왕이 우리의 중의衆議에 반해 평시에도 주 내에 상비병을 두었다.

● 잉글랜드 왕이 문무 양국을 나누어 무국武局을 문국文局 위에 두었다.

● 잉글랜드 왕이 우리 법률에 반해, 우리 정치와 다른 일종의 정치로 우리 인민을 제압하고자 도당을 결성했고 그 당이 결정한 그릇된 법을 허했다.

● 생각하건대 그 취지를 살펴보면 다음과 같다. 우리 국내에 대군을 보내고자 함이다. 군을 보내어 우리 주민州民을 살해한다 해도 공론을 늘어놓아 그 죄를 면하고자 함이다. 우리 나라와 전 세계 간의 무역을 단절시키고자 함이다. 우리 주의 백성이 승복할 수 없는 세금을 거두고자 함이다. 우리를 해외에 보내 망령되이 해를 가하고자 함이다. 우리 근방 한 주의 땅을 점해 그 주 내에 원래 잉글랜드

의 관대한 법률을 폐지하고 자주자재의 정치를 시행하고, 점차 그 경계를 넓혀 마침내 그 선례를 가지고 우리 각 주 역시 독재의 정치에 속하게 하고자 함이다. 우리 주민이 스스로 법령을 의정할 수 있는 권한을 박탈하고 국왕의 도당이 우리를 제어하는 권병權柄[11]을 쥐게 해 이를 일반에 포고하고자 한다.

● 잉글랜드 왕은 우리 주민의 보호를 폐지하고 우리 각 주를 향해 군대를 보냈기 때문에 스스로 각 주를 지배하는 권한을 포기한 것이다.

● 잉글랜드 왕은 우리 근해를 노략하고 우리 해안을 약탈하며 우리 도시를 불태우고 인민의 생명을 해쳤다.

● 잉글랜드 왕은 사람을 죽이고 나라를 멸망시키는 폭정을 이루고자 오늘날 외국의 대군을 고용해 우리 나라에 보냈다. 그 불의참혹不義慘酷은 옛날의 오랑캐조차 행하지 않는 바로 어찌 문명의 세상에 나와 사람 위에 선 자의 거동이라 하겠는가.

● 잉글랜드 왕은 바다에서 우리 나라 사람을 포로로 잡아 강제로 그에게 무기를 주고 그 본국을 향해 자신의 친척과 친우를 토벌케 했다.

● 잉글랜드 왕은 우리 각 주에서 내란을 일으키게 해 우리 주 내의 인민을 인도의 야만인(野人)과 마찬가지로 다스리려 했다. 하지만 인도인의 살벌하고 어질지 못한 전쟁과 우리의 전쟁을 같은 것으로 논할 수 있겠는가.

가혹한 법령을 내릴 때마다 우리는 말을 낮추어 엄숙하게 청원했지만 일찍이 이를 듣지 않았다. 다시 청원하면 또다시 참혹하고 지독하게 이를 보복하니, 하나의 법령이 나올 때마다 그것이 폭정임을 증명하기에 충분했다. 이런 폭군은 자유롭고 관대한 인민 위에 둘 수 없다.

또한 우리는 우리 본국[12]인 잉글랜드의 인민에게도 주의하지 않을 수 없다. 잉글랜드 인민이 법을 의논해 우리 각 주에 도에 어긋난 정치를 가하는 것에 대해서는 우리가 계속해서 충고했다. 옛날 우리가 잉글랜드를 떠나 이 나라로 이주했을 때의 경황을 설명하고 잉글랜드인 일반의 올바른 논의를 구하고 골육의 연緣에 따라 간절히 말하기를, 이처럼 폭정을 자행하면 결국 쌍방의 외교도 단절될 것이기 때문에 이를 변론주선辯論周旋해야 한다고 반복해서 청했다. 하지만 잉글 랜드 인민도 마찬가지로 눈과 귀가 멀어 일찍이 올바른 논의를 주창하지 않았고 골육의 연도 돌아보지 않았다. 이에 우리는 할 수 없이 외교를 단절하고 잉글랜드 인 보기를 마치 타국인을 대우하는 것처럼 하니, 전시에는 적으로 삼고 평시에는 벗으로 삼아야 할 것이라고 결의했다.

따라서 아메리카합중국의 대표자(名代人)인 우리는 그 논설의 옳고 그름을 전 세계의 공정한 평가에 맡기기 위해 여기에 회동해 주 내 양민[13]의 이름을 대신하 고 주 내 양민의 권한을 빌려 엄숙히 다음 건을 포고한다. 합중국 각 주는 마땅 히 독립해야 한다는 이치에 따라 독립하고 잉글랜드와 외교를 끊고 잉글랜드의 지배를 받지 않는다. 마땅히 이와 이별해야 한다는 이치에 따라 이와 이별해 이미 불기독립의 나라가 됐기 때문에 전쟁을 하거나 화친을 의논하거나 조약을 맺거 나 무역을 하는 등 독립국으로서 행할 수 있는 모든 사건에 대해서는 우리 나라 역시 이를 시행할 전권을 가진다.

● 위 포고의 취지는 우리가 천도天道의 도움을 굳게 믿고 행복과 영예를 모두 이 거사에 거는 것이니, 죽음으로 이를 시킬 것이다.

13주의 대표자 48명 조인

---

5 '권리right'의 번역어다.

6 할머니나 아이의 뜻을 따른다는 것으로, 낡은 관습이나 폐단을 벗어나지 못하고 당장의 편안함을 취한다는 의미다.

7 '의무duty'의 번역어다.

8 후쿠자와는 상업과 관련된 면허뿐만 아니라 왕의 승인이나 허락 등에 대해서도 모두 '면허'라는 표현을 쓰고 있다. 이하 원문의 뉘앙스를 살리기 위해 직역했다.

9 미국the State을 말한다.

10 법원을 말한다.

11 권력으로써 사람을 마음대로 좌우할 수 있는 힘을 말한다.

12 잉글랜드를 말한다.

13 '좋은 인민good people'의 번역어다.

○ 합중국이 독립을 포고한 이래 오로지 국내 일반의 이익을 도모하고 동맹의 정의定議[14]를 국법으로 삼았다. 마침내 수년간의 전쟁이 끝나고 전국이 태평한 상태로 돌아가자 무역·상업·기술·공업도 예전으로 돌아갔다. 그러나 이때 그 법률이 불편한 점이 있었으니, 1787년 5월 각 주의 대표자(名代人)가 필라델피아에서 회합해 국가의 정체를 정했는데, 이것이 곧 오늘날의 합중정치다. 워싱턴은 소란의 초기부터 아메리카군을 지휘한 인물로서, 그를 추대해 대통령으로 삼으니 1789년 4월 30일 뉴욕New York에서 대통령에 취임하게 됐다.

○ 워싱턴은 대통령으로 취임한 이후 나라의 지출을 절약하고 과세를 공평하게 했으며 국내의 경제를 닦아 부국의 기초를 세웠고 외국과의 외교를 두텁게 해 신의를 잃지 않았다. 당시 유럽 각국에서 전쟁이 있었지만 합중국은 확실히 중립을 지켜 결코 관계되는 일이 없었다. 재직 8년간 안팎으로 평화로웠으며 엘몬트Elmont, 켄터키Kentucky, 테네시Tennessee의 3개 주가 합중국의 영토로 귀속됐다.

○ 1797년 워싱턴이 대통령직에서 물러나고 존 애덤스가 뒤이어 대통령으로 취임했다. 앞서 우리 정부[15]가 외국과의 외교에서 중립을 지키고 타국을 돕지 않았기 때문에 프랑스인이 분개해 합중국의 무역을 방해하거

---

14 연합과 영속적 연방에 관한 규약Articles of Confederation and Perpetual Union을 말한다.
15 미국 정부를 말한다.

나 군대를 일으켜 공격하려는 정세가 있었다. 이에 대통령 애덤스는 육군을 정비하고 해군을 증편했으며 워싱턴을 육군총독으로 임명했는데, 그 후 워싱턴이 병으로 죽었고 운 좋게도 프랑스와의 관계 역시 평온해졌다. 1801년 애덤스가 대통령직에서 물러나고 제퍼슨이 뒤이어 대통령이 됐는데, 그 후 프랑스와 약속해 1,500만 달러를 주고 그 영지인 루이지애나 Louisiana 주를 합중국에 병합했다.

○ 제퍼슨은 재직하는 동안 성대하게 정치를 시행했으니, 무역에 힘쓰고 외교를 닦아 합중국의 위명이 유럽 각국에 울려 퍼지게 됐다. 그런데 잉글랜드인은 앞선 아메리카 소란의 시기에 계속해서 대패했기에 용기를 잃었을 뿐만 아니라, 건국 후에는 아메리카의 무역이 점차 성행하는 것을 보고 질투심이 생겨났다. 힘으로 적대하는 것은 가능하지 않지만 은밀히 분노하며 종종 아메리카인을 능욕하는 일이 있었다. 아메리카인이 이를 참지 못해 마침내 1812년 대통령 매디슨James Madison 재임기에 군대를 일으켜 잉글랜드와 교전했고, 1815년 다시금 화친해 조약을 맺었다. 이 전쟁에서 합중국의 군비는 대략 1억 달러, 병사를 잃은 것이 약 3만 명에 달했다. 잉글랜드와의 전쟁이 끝나려고 할 즈음에 알제리Algeria◀의 해적이 아메리카의 무역을 방해하고 상선을 약탈했다. 이에 1815년 5월 수군제독 디케이터Stephen Decatur Jr.가 군함을 통솔해 지중해에 진입함으로써 알제리의 죄를 벌하고자 했으니, 얼마 지나지 않아 그들이 죄를 자복하고 보상금을 내어 화친을 맺었다.

◀ 지중해 남쪽에 있는 아프리카 대륙의 일국으로서 후에 프랑스의 식민지가 됐다.

○ 매디슨 재임기에 오하이오Ohio와 인디애나Indiana의 2개 주가 영토에 편입됐다.[16]

○ 1817년 제임스 먼로James Monroe가 매디슨에 뒤이어 대통령이 됐다. 먼로 재임기에는 평화로워 외국과의 전쟁은 없었고, 단지 세미놀Seminole의 원주민과 작은 전투 하나가 있었을 뿐이다. 1819년 에스파냐인이 동서東西 플로리다 땅과 근방의 부속 도서를 모조리 합중국에 양도했다.[17]

○ 먼로 재임기에 미시시피Mississippi, 일리노이Illinois, 앨라배마Alabama, 메인Maine, 미주리Missouri의 5개 주가 영토에 편입됐다. 1820년 미주리 주를 병합할 당시 처음으로 노예론을 발표했는데, 주 내의 남북부에서 그 주장에 대해 불일치가 있었다. 이에 따라 1822년 의결을 내려 남방의 독립을 허했다.▶

▶ 노예론이란 예로부터 합중국의 남부에서 아프리카 대륙의 흑인노예를 사서 종신노예로 사역시킨 풍습이다. 반면 북부의 정론에 따르면 흑인노예라도 동일한 인류로서 이를 소나 말처럼 사역시키며 사람의 사람으로서의 통의를 허락하지 않는 것은 천리天理에 어긋나는 것이기 때문에 그 풍습을 개정하려 했다. 하지만 남부에서는 예로부터의 습속을 갑자기 개혁하면 경작 등의 산업에 불편하기 때문에 이를 듣지 않았다. 이에 따라 남북 사이에 불화가 발생한 것이다. 이후 수십 년이 지나 1862년 다시금 이 논의를 제기해 마침내 내란이 일어났으니, 4년간 남북부의 대전쟁에 이르게 된 것도 징조가 이미 그때부터 있었던 것이다.

---

16 실제로 오하이오는 1783년 파리 조약에 따라 잉글랜드에서 미국으로 할양됐으며, 제퍼슨 재임기인 1803년에 주로 편입됐다. 인디애나는 같은 해에 미국이 프랑스로부터 구입했으며, 매디슨 재임기인 1812년에 주로 승인됐다.

17 이는 플로리다 영토를 미국에 할양하기로 한 애덤스-오니스 조약Adams-Onís Treaty의 내용을 가리키는 것으로, 이 조약은 1819년 체결되어 1821년 발효됐다. 플로리다가 미국의 주로 승인된 것은 1845년이다.

○ 1825년 먼로가 대통령직에서 물러나고 퀸시 애덤스John Quincy Adams가 대통령이 됐는데, 재임기 동안 태평해서 기록할 만한 것이 없다. 1829년 애덤스가 대통령직에서 물러나고 잭슨Andrew Jackson이 뒤이어 대통령에 취임했다. 당시 세법에 관한 일 때문에 남부가 난을 일으켜 1831년부터 이듬해까지 소란이 있었다. 이 외에 아메리카 원주민과 전투한 것이 두 차례 정도고 아칸서스Arkansas, 미시건Michigan 2개 주를 합중국에 병합했다.◀ 1837년 잭슨이 대통령직에서 물러나고 마틴 밴 뷰런Martin Van Buren이 뒤를 이었다. 뷰런 재임기에 캐나다Canada[합중국의 북쪽 국경에 있는 잉글랜드 관할지]인이 난을 일으켰는데, 합중국 인민이 이를 도우면서 잉글랜드와 아메리카 정부 사이에 불화가 생겨 거의 전쟁에 이르렀다. 1841년 뷰런이 대통령직에서 물러나고 해리슨 William Henry Harrison이 뒤를 이었지만 대통령직 취임 이후 1개월 만에 사망했고 부통령 타일러John Tyler가 이어서 대통령이 됐다. 타일러 재임기에는 세법을 개혁했고 텍사스Texas와 플로리다Florida의 2개 주를 합중국에 병합했다.[18] 1845년 타일러가 대통령직에서 물러나고 제임스 포크James Knox

◀ 원주민이란 본래의 아메리카 인종이다. 콜럼버스가 이 나라를 발견한 후 유럽 각국의 사람들이 여기로 이주하면서 시종일관 원주민과 화평하지 않고 걸핏하면 전투를 일으켰다. 그러나 종래 이 원주민은 풍속이 야만적이고 천박해 오직 강하고 용맹하기만 할 뿐 학문과 기술을 알지 못하니 애초에 유럽인에게 대적할 수 없었다. 합중국이 독립하고 난 이후 오히려 더욱 배척당해 산과 들로 숨어들어 고기잡이와 사냥을 업으로 삼았으며 결코 해안의 땅으로는 나올 수 없었다. 때때로 도당을 결성해 산에서 나와 합중국 내지內地를 침범하는 일이 있다고 한다.

---

18 미국에 의한 텍사스 공화국 병합 조약은 타일러 재임기인 1844년 초안이 작성됐지만, 1845년 포크 재임 중에 체결됐고, 그해 주로 승인됐다. 병합 조약은 1846년에 발효됐다. 여기서 플로리다 병합에 대한 언급은 영토로서의 편입이 아니라 주로서의 편입을 가리킨다.

Polk가 뒤이어 대통령에 취임했다. 이때 멕시코[합중국의 남쪽 국경에 있는 나라의 이름. 이 나라도 합중정치다]와 전쟁에 이르렀는데, 이 전쟁은 텍사스 주를 합중국에 병합한 사건 때문에 일어난 것이다. 육군총독 테일러 Zachary Taylor가 소수의 병력을 이끌고 텍사스 주州로 넘어가 멕시코 국경에 임시 진지를 구축했고 1846년 5월 멕시코의 군대와 두 번 전투해 서로 승패가 있었다. 그 후 여러 번 접전해 마침내 부에나 비스타Buena Vista라는 곳에서 큰 이익을 얻었으니, 당시 적군의 수가 아군보다 네 배나 많았다. 그 기세를 타고 멕시코와 조약을 맺어 캘리포니아California 와 뉴멕시코New Mexico 지역을 합중국에 병합했다. 또한 당시 아이오와 Iowa, 위스콘신Wisconsin의 2개 주도 영토로 편입했다.[19]

○ 1848년 포크가 대통령직에서 물러나고 테일러 장군이 후임으로 임명됐다. 테일러 재임기에는 캘리포니아 지방에서 금광을 발견했고 태평양 해안을 개척해 새롭게 관할지를 확장했다. 1850년 7월 9일 테일러 대통령이 급환으로 사망하자 부통령 필모어Millard Fillmore가 대신해 대통령에 취임했다. 필모어 재임기에 캘리포니아를 한 개의 주로 정했다. 1853년 필모어가 사망하고 프랭클린 피어스Franklin Pierce가 대통령에 취임했으니, 즉 워싱턴에서 시작해 14대째 대통령이었다.

_____

19 아이오와와 위스콘신은 각각 1838년과 1836년 준주가 됐으며, 각각 1846년과 1848년, 즉 포크 재임기에 주가 됐다.

정치

1787년에 의정한 합중국의 정치는 국민이 집회해 국정을 의논하는 것을 취지로 하니, 국법을 의정하는 권한은 의사원에 있다. 의사원은 상하 두 개로 나뉘는데, 상원의 의사관議事官은 각 주의 평의관評議官으로서 선거를 통해 한 주당 두 명씩을 배출하며 인원수는 62명이고 재직연한은 6년이다. 그 인원의 3분의 1을 2년마다 교대시키는데, 6년마다 전체 인원이 새롭게 교체되는 비율인 셈이다. 이를 선거하는 데 일정한 법률(定律)이 있으니, 나이가 30세 미만인 자와 합중국의 국적을 취득한 지 9년을 경과하지 않은 자는 이 선거에 해당되지 않는다. 상원의 의사관은 인물을 선거해 관직에 임명하고 외국과 조약을 맺을 때 그 일을 의논하며 여러 관리의 과실을 논해 그들을 축출할 권한을 갖는다.

○ 하원의 의사관은 각 주 일반에서 인민이 선거한 자로 인원수는 233명이고 재직연한은 2년이다. 이를 선거하는 법은 다음과 같다. 10년마다 합중국의 인구를 계산해 그 총수를 233으로 나누고 거기서 한 명씩 내는 것이다. 1850년의 인구는 2,171만 명이고 이를 233으로 나누면 9만 3,170명이 되는데, 국내 인민 9만 3,170명 중에서 한 명을 내는 비율이기 때문에 각 주 인구에 따라 선출되는 수가 달라진다. 선거의 법(定律)에 따라 나이가 25세 미만인 자와 합중국의 국적을 취득한 지 7년이 경과하지 않은 자는 금한다. 하원의 의사관은 여러 관리의 과실을 논해 그들을 축출할 권한을 갖는다는 점은 상원과 마찬가지며, 특히 예산의 권병을 가진다.

○ 의사원의 회동은 매년 12월 초순 월요일을 정해진 날로 한다. 상하원 각각이 그 의사관 중에서 한 명을 추대해 상석上席[20]으로 삼는데, 상원의 상석은 곧 부통령이다. 또한 국정의 형편이 각각 다르기 때문에 양원이 공히 그 주역主役을 임명하는데, 이 주역도 투표를 통해 의사관에서 선거하는 것이다.

○ 의사관의 급여는 양원 모두 한 사람당 하루 8달러다. 별도의 여비로 20명당 8달러를 주며, 양원의 상석은 하루에 16달러를 준다.

○ 모든 사안은 가부를 논해 한번 정해지면 일국의 법률로 삼는데, 이를 전국에 시행하는 권한은 대통령의 손에 있다. 대통령의 재직연한은 4년으로 하고 급여는 1년에 2만 5,000달러다. 이 선거에 해당하는 자는 합중국 출생으로 만 35세 이상이며, 태어난 이후 본국에 주거한 기간이 14년 미만이어서는 안 된다. 대통령의 직무는 합중국 육해군의 총도독으로서 상원의 의사관과 함께 의논해 외국과 조약을 맺고 문무사관을 임명할 전권을 가진다. 또한 상하원에서 의정한 일도 대통령이 이견이 있으면 한 사람의 특권으로 이를 거부하고 양원으로 내려 보내 재의再議하게 할 수 있다. 단, 재의했지만 양원의 의사관 총인원수 중 3분의 2가 동의해 정해졌을 때는 설령 대통령의 승인이 없더라도 법으로 삼아야 한다.

---

20 의장議長을 말한다.

○ 대통령 부속의 국로國老[21]가 여섯 명 있다. 첫째로 대각로大閣老, 둘째로 국비의 출납을 총괄하는 집정, 셋째로 군무軍務를 총괄하는 집정, 넷째로 해군을 총괄하는 집정, 다섯째로 우편장의 사무를 총괄하는 집정, 여섯째로 형벌의 일을 총괄하는 집정이 그것이다. 급여는 1년에 6,000달러고 재직연한은 없다.

○ 합중국의 중심인 워싱턴 부府의 정치는 위와 같지만 국내의 각 주마다 의사국을 설치하고 인물을 선출해 평의관으로 임명하니, 한 주 안에서 정치를 시행함에 스스로 독립된 체재를 갖추고 있다. 단, 외국과 조약을 맺고 강상強償의 영令을 내리며◀ 화폐를 주조하고 은권銀券을 내며 고관(縉紳)의 작위를 허하는 등의 권한은 각 주에 금하는 바다.

◀ 비상시에 한 나라의 대표가 그 신민에게 면허장을 주어 해상에서 적국의 배를 붙잡아 강제로 아군의 손실을 배상하게 하는 것을 강상의 영이라고 한다.

1787년 의정된 합중국의 율례律例

합중국 인민인 우리는 우리 합중을 더욱더 확고히 하고 정도正道를 행해 나라의 평온을 꾀하며 재해를 막고 평안을 구하며 인민의 풍요를 이루기 위해 여기서 아메리카합중국의 율례를 정하니 다음과 같다.

---

21 각료閣僚를 말한다.

제1조

제1류類. 국정을 의정하는 권한은 합중국의 의사원에 있다. 의사원은 상하 두 개로 나뉜다.

제2류. 하원의 의사관은 국민 일반에서 선거하며 국민의 대표자(名代人)로서 재직 연한은 2년이다.

● 나이 25세 이상으로 합중국의 국적을 취득한 지 7년을 경과한 자가 아니라면 이 선거에 해당되지 않는다.

● 각 주에서 하원의 의사관을 보낼 수 있는 수는 인두세(分頭稅)와 같은 비율로 주민州民의 많고 적음에 따라 달라진다. 각 주의 인구는 이번에 의정한 후 3년 내에 집계하며 이후에는 10년마다 한 번씩 다시 집계한다. 의사관의 수는 주민 3만 명당 1명의 비율보다 많아서는 안 된다. 단, 한 주에서 적어도 꼭 한 명은 선거해야 한다.

● 각 주에서 선거한 의사관 중에 결원이 있을 경우 그 주에서 영을 내려 불시에 사람을 선거해 결원을 채운다.

● 하원의 의사관은 그 관원 중에서 상석 1명과 다른 주역主役을 추대하고, 여러 관리의 과실을 논해 이를 축출할 권한을 갖는다.

제3류. 상원의 의사관은 각 주의 평의관評議官 중에서 선거하는데, 한 주에서 2명을 내고 재직연한은 6년이다.

● 이번에 처음으로 각 주에서 상원의 의사관을 모을 때는 총인원을 3부部로 나누어 1부는 2년 후에 새로운 의원과 교대하고 2부는 4년 후에 교대하며 3부는 6년 후에 교대한다. 이후에도 이 순서로 2년마다 새로운 의원 3분의 1을 선거해 기존의 의원과 교대시킨다. 만약 휴회 중 상원 의사관 중에 결원이 생기면 해당 주의 의사국은 그 주에서 불시에 사람을 선거해 결원을 채우고 다음 회기를 기다린다.

● 나이 30세 미만으로 합중국의 국적을 취득한 지 9년이 경과하지 않은 자는 상

원의 의사관이 되는 것을 허하지 않는다. 또한 합중국의 부통령은 상원의 상석이지만 별다른 특권이 있는 것은 아니다.

● 상원의 의사관은 부통령과 다른 주역을 추천(推擧)하며 또한 부통령이 대통령을 대리할 때는 별도로 임시 부통령을 추천한다.[22]

● 상원의 의사관은 여러 관리의 과실을 조사해 이를 축출할 권한을 갖는다. 대통령의 과실을 조사할 때는 재판역의 총독[23]이 이를 주재한다. 모두 조사한 후에는 재석 인원 3분의 2의 판단에 따른다.

● 여러 관리의 과실을 조사해 그를 축출하더라도 오직 그 관직과 작위를 빼앗고 급여를 박탈할 뿐 재직 중에 형벌을 가하지 않는다. 다만 관직과 작위, 급여를 박탈한 후에는 다시금 재판국에서 이를 신문해 죄가 없다면 이를 면하고 죄가 있다면 법률에 따라 처벌한다.

제4류. 양원의 의사관을 선거하는 기일과 장소 등은 미리 각 주의 평의국에서 정해두지만 사정에 따라 워싱턴 부의 의사원에서 이를 변경할 수 있다.

● 의사원의 집회는 매년 12월 초순 월요일을 정해진 날로 한다. 다만 사정에 따라 다른 날에 개최할 수 있다.

제5류. 양원의 의사관은 그 동료를 선거 혹은 거부하거나 그 인물됨을 의논할 때 같은 의견이 많은 쪽에 따라 일을 판단해야 한다. 그러나 이견을 가진 자가 반드시 이에 동의해야 하는 것은 아니며 법을 위반하지 않는 한 그 지론을 주장할 수 있다.[24]

● 상하 양원 각각은 그 국(局)의 내부 규칙을 세우고 이 규칙에 반하는 자는 벌한다. 단, 이를 의논할 때 의사관 전체 인원 중 같은 의견을 가진 자가 3분의 2에 이르면 그 의견에 따라 일원을 축출한다.

● 양원 각각이 회의록을 만들어 각 원의 의사(議事)를 기록하고 비밀 안건이 아니라면 그때그때 이를 포고한다.

● 의사관 집회 동안에는 양원이 서로 승낙하지 않는 한 이를 의논할 때 3일 이상 연기할 수 없다. 또한 정해진 의사원 외에 다른 장소에서 상의하는 것은 허하지 않는다.

제6류. 양원의 의사관은 합중국의 금고에서 급여를 받으며 재직 중에는 죄가 있어도 곧장 그를 구속하는 것은 허하지 않는다[제3절을 볼 것]. 다만 모반을 꾀한 자, 죽을죄를 저지른 자, 국란을 일으킨 자는 예외로 한다. 또한 의사관이 원내에서 어떤 일을 상의하고 논쟁하더라도 다른 곳에서 문책하지 않는다.

● 양원의 의사관은 재직 중에 설령 달리 급여가 많은 관직이 있다 하더라도 옮겨가는 것을 허하지 않는다. 또한 다른 관직에 있는 자를 발탁해 의사관으로 삼는 것도 금한다.

제7절. 과세에 관한 법령은 하원에서 의정한다. 그러나 상원에서도 이를 참의參議해 개정할 수 있다.

● 법령안이 모두 만들어지고 양원의 동의를 거치면 반드시 이를 대통령에게 보내 가부를 묻는다. 대통령은 그 안을 보고 동의할 경우에는 이에 조인할 수 있지만 만약 이의가 있을 경우에는 그 취지를 서술해 이를 돌려보낼 수 있다. 그 경우에는 처음에 이 안을 만든 하원에서 별도로 대통령의 이의를 기록하고 첨부해 재의를 발한다. 만약 재의했지만 여전히 이전의 안을 계속해서 주장하는 자가 하원의 전체 인원 3분의 2에 이를 경우에는 이 하원의 평의를 하나로 정해 그다음으로 상원에 보낸다. 상원에서도 재의해 동의하는 자가 3분의 2가 될 경우에는 대통령의 이의와 상관없이 국법으로 정한다. 다만 이렇게 재의할 때는 상하원의 모든 의원에게 하나하나 가부를 말하게 하고 그 성명을 회의록에 기록해둔다.

● 또한 양원에서 평의를 건의했는데 대통령이 10일 안에 그 가부를 결정해 하명하지 않으면, 양원은 대통령이 이 건의를 조인한 것과 마찬가지로 간주하고 이를 시행해 국법으로 삼는다. 다만 양원이 한 번 건의한 뒤에도 연기하기를 바랄 경우에는 이 예에 해당되지 않는다.

제8류. 의사원의 권한은 다음의 건들을 다루는 것이다.

- 출입항세와 국내의 여러 조세를 모아 나라의 채무를 지불하고 국내의 방어를 견고히 하며 일반의 평안을 도모하는 일.

- 합중국의 이름으로 돈을 빌리는 일.

- 외국과의 통상, 그리고 국내 여러 주와 아메리카 원주민과의 무역에 힘쓰고 그 법칙을 세우는 일.

- 외국인 귀화의 법을 제정하는 일. 또한 합중국 내 상인의 파산과 관련해 그 법칙을 바로 세우는 일.

- 화폐를 만들어 그 단위를 조정하고 외국 화폐와 평균하는 일. 또한 일국의 도량을 바로 세우는 일.

- 합중국의 화폐증서를 위조한 자를 처벌하는 법도를 세우는 일.

- 우편장을 설치하고 우편도로를 편리하게 하는 일.

- 책을 저술하고 사물을 발명하는 자에게는 관허를 통해 전매의 이익을 줌으로써 학문과 기술을 진보시키는 일.

- 해상에서 사람을 죽이고 물건을 약탈하거나 국내에서 합중국의 법률을 위반한 자를 심판하고 형벌에 처하는 일.

- 적국과 전쟁을 시작하고 강상의 영을 내리며 그 외 바다와 육지에서의 약탈 규칙을 정하는 일.

- 군사를 내고 군비를 모으는 일. 단, 군비를 모으더라도 2년분 이상을 준비할 수는 없다.

- 군함을 만들고 해군을 양성하는 일.

- 육해군의 법칙을 세우는 일.

- 합중국의 법률을 시행해 역적을 진압하고 적국의 습격을 막아내기 위해 향병 鄕兵[25]을 모집하는 일.

- 향병을 가르쳐 합중국의 군역에 포함시키고 의사원에서 정한 군율에 따라 여러 주가 각각 장교를 임명해 향병을 훈련하는 일.

- 각 주에 성채를 구축하고 무기고를 세우며 해군의 조선장造船場을 만드는 일.

- 위의 여러 조항, 그리고 이 율례에서 정한 합중국의 정권을 시행하기 위한 법칙을 세우는 일.

제9류. 외국에서 귀화한 자를 각 주에서 수용할 때 의사원에서 이를 금할 수 없다. 또한 처음 귀화한 자에게는 10달러 이상을 과세할 수 없다.

- 큰 죄가 있더라도 그 벌이 자손에게 미치지 않고 재화를 몰수하지 않으며, 또한 옛날의 잘못을 규명해 처벌하지 않아야 한다.

- 인두세를 징수할 때는 반드시 인구를 조사해 그 수를 기준으로 해야 한다.

- 국내 각 주에서 서로 화물을 출납할 때는 세금을 징수할 수 없다.

- 무역과 과세의 법에서 각 주 항구에 편파적 조치를 할 수 없다. 또한 상선도 어떤 주에서 다른 어떤 주로 다닐 때 반드시 그 주에 세금을 지불해야 한다는 제한을 둘 수 없다.

- 법률에서 허락한 경우 외에는 금고를 열 수 없다. 또한 예산을 출납할 때마다 이를 전국에 포고해야 한다.

- 합중국에서는 고관의 작위를 사람에게 부여하는 것을 금한다. 또한 합중국의 녹을 받는 자는 의사원의 면허를 받지 않고 외국의 귀족(王公)에게 봉록·작위와 선물을 받는 것을 금한다.

제10류. 국내 한 주의 권한으로는 외국과 조약을 맺을 수 없고 강상의 영을 낼 수 없으며 화폐를 만들 수 없고 금은의 어음증서를 발급할 수 없다. 또한 채무를 지불할 때 금은화폐를 제외하고 그 외 다른 물품을 쓸 수 없으며 고관의 작위를 사람에게 부여할 수 없다.

● 한 주의 권한으로는 수출입품의 세금을 수납할 때 그 수납의 잡비만을 취할 수 있고 세금은 정밀하게 회계해 합중국의 금고에 납입해야 한다. 이러한 법률은 의사원에서 개정할 수 있다.

● 한 주의 권한으로는 톤세[배가 내항할 때 크기에 따라서 수납하는 세금]를 징수할 수 없고 평시에 병졸을 양성하거나 군함을 갖출 수 없다. 또한 이 주와 저 주가 도당하거나 외국과의 약속을 맺을 수 없으며 군사를 일으킬 수 없다. 다만 현재 적의 습격을 받았거나 위급한 사변이 있어 유예할 수 없을 경우에는 이 예에 해당되지 않는다.

제2조.
제1류. 정해진 법(定法)을 시행하는 권한은 아메리카합중국 대통령의 손에 있다. 대통령과 부통령의 재직연한은 4년이다. 이를 선거하는 법은 다음과 같다.

● 대통령과 부통령을 선거하기 위해 각 주에서 법을 세워 이를 선거할 사람을 임명한다. 그 인원은 상하원의 의사관 수와 같다. 단, 의사관과 그 외 합중국의 녹을 받은 자는 이 인원에 포함될 수 없다.

● 이 선거인을 임명하는 시기와 대통령을 선거하는 날은 의사원에서 정한다. 단, 그 선거일은 합중국 전역이 동일해야 한다.

● 합중국에서 태어난 사람이 아니면 대통령이 될 수 없다. 또한 합중국 출생이라도 연령 35세 미만으로 태어난 이후 14년간 합중국에 거주한 자가 아니라면 이 선거에 해당되지 않는다.

● 대통령이 불시에 퇴직하거나 죽거나 그 직무를 다할 재덕이 없으면 부통령이

이를 대신한다. 부통령이 대임代任했는데 불시에 퇴직하거나 죽거나 그 직무를 다할 재덕이 없으면 의사원에서 한 인물을 선거해 임시 대통령으로 삼고 다음 대통령 선거를 기다린다.

● 대통령은 정기적으로 급여를 받는데 재직 중 결코 그 금액을 늘리거나 줄일 수 없다. 또한 재직 중에는 급여 외에 각 주에서 보수를 받을 수 없다.

● 대통령은 취임에 앞서 선서를 해야 한다. 그 문구는 다음과 같다.

나는 엄숙히 선서하니, 나는 성실한 뜻으로 합중국 대통령의 직무를 수행하고 내 재력才力을 다해 합중정치를 보호할 것이다.

제2류. 대통령은 합중국 육해군의 총도독으로서 각 주의 향병을 합중국의 군역에 이용할 경우 이를 지휘할 수 있다. 또한 각 국局의 직무에 대해 그 장관의 의견을 묻기 위해 문서를 제출하게 할 수 있다. 또한 죄인을 형벌에 처할 때도 그 기한을 연장하거나 사죄하는 자를 사면할 권한을 갖는다. 단, 각 관리가 그 직무를 그르친 죄[26]의 경우에는 이 예에 해당되지 않는다.

● 대통령은 상원의 의사관과 상의해 의사관 전체 인원의 3분의 2가 동의하면 외국과 조약을 맺을 수 있다. 또한 상원의 의사관과 상의해 외국에 파견하는 사절, 미니스터, 콘술과 상국上局의 재판사裁判司[27], 그 외 합중국의 각 관리를 임명할 권한이 있다. 단, 하급 관리를 임명할 때는 의사원과 상의하지 않고 대통령의 독단으로 처리하거나 각 국의 장관이 이를 임명해도 법에 어긋나지 않는다.

제3류. 대통령은 합중국 내의 형세를 살펴 필요하다고 생각되는 책략을 세워 때때로 이를 의사원에 내려 보내 의논하게 할 수 있다. 또한 불시에 상하 양원 또는 한 원의 관원을 모아 일을 의논할 수 있다. 만약 중론이 일시에 결정되기 어려운 경우에는 독단으로 기일을 연장해 다시 집회하게 할 수 있다.

● 대통령은 외국 사절인 미니스터를 대우해야 한다. 또한 법령을 시행할 때 반드시 신실하도록 주의하고 합중국의 여러 관리에게 위임장을 부여할 권한을 갖는다.

제4류. 대통령, 부통령, 그리고 그 외 합중국의 여러 문관이 모반을 기도하거나 뇌물을 탐하는 등의 큰 죄를 범했을 때는 상하 양원의 상의를 통해 우선 그 녹을 박탈할 수 있다.

제3조.

제1류. 합중국 재판의 권한은 상하 양국에 나누어주며 하국의 재판사裁判司[28]는 의사원에서 임명한다[상국의 재판사는 대통령과 상원의 동의를 통해 임명하는 자다. 앞에 나온다]. 양국의 재판사는 재직연한이 없다. 정기적으로 급여를 받는데 그 급여는 재직 중에 결코 줄어드는 일이 없어야 한다.

제2류. 재판국의 권한이 미치는 바는 다음의 건들이다.

● 이 율령에 정해진 규칙과 그 외 합중국의 여러 법을 논박하고 외국의 조약에 관한 일을 심판한다.

● 외국에 파견하는 사절, 미니스터, 콘술에 관한 일을 심판한다.

● 해군의 법칙에 관한 일을 심판한다.

● 각 주 간에 일어난 쟁론, 한 주 내의 사람들 간에 일어난 쟁론, 그리고 주민州民과 외국인 간에 일어난 쟁론을 심판한다.

● 외국에 파견한 사절, 미니스터, 콘술에 관계된 일, 그리고 한 주가 당사자가 되어 일어난 쟁론은 상국에서 그 재판의 주역을 담당한다. 그 외의 재판은 의사원의 규칙에 따라 상국이 나서서 월소越訴를 들어야 한다.▶

▶ 소송하는 자가 먼저 하국의 재판을 받아서 이에 승복하지 않을 때는 이를 넘어 상국에 소訴를 제기할 수 있으니 이를 월소라 한다.

● 죄인을 재판하는 것은 그 죄를 범한 땅에서 실시한다. 외국에서 죄를 범한 자는 의사원에서 법에 따라 재판장소를 정한다.

제3류. 모반의 죄명을 붙이는 자는 합중국에 적대해 군사를 일으키거나 적국에 대해 두 마음을 품고 적을 도운 자에 한해야 한다.

● 모반의 죄를 규명할 때 확증을 가지고 증인이 된 자가 두 명 있거나 재판국에서 스스로 자백하지 않으면 모반의 죄명을 붙일 수 없다.

● 모반자를 처벌하는 권한은 의사원에 있다. 일단 처벌하면 그 죄가 친족에게 미치지 않으며 재산을 몰수할 수 없다.

제4조.
제1류. 각 주의 법률과 재판은 상호 신용해야 한다.

제2류. 한 주의 인민에게 부여하는 특권은 각 주의 인민에게도 허해 피차 편파하는 바가 없게 해야 한다.

● 이 주에서 죄를 범한 자가 재판을 회피하고 다른 주로 도망쳐 그 거주처가 발각됐을 때 본래의 주에서 그를 되돌려 받기를 요청하면 즉시 그를 인도해야 한다.

● 이 주에서 법률에 따라 다른 사람에게 사역당하는 자가 자신의 사역을 회피해 다른 주로 도망쳤을 때도 앞의 예에 따라야 한다.

제3류. 의사원의 협의가 있다면 새로이 주를 세워 합중국의 영토에 편입할 수 있지만, 종래 각 주의 경계 내에 주를 세우거나 두 주를 병합해 하나의 주로 삼을 수 없다.

제5조.
● 이후 의사원 전원의 3분의 2가 발의하거나 각 주 평의국의 3분의 2 이상이 건의해 이 율례를 개정하고자 할 때는 이를 위해 집회를 소집한다. 집회할 때 전체 인원의 4분의 3이 그 안案에 동의해 조인할 경우 국률로 정해 율례와 함께 시행한다.

제6조.
● 이 율례를 시행하기 전에 차용한 나라의 채무와 약속은 이 율례에 따라 동맹

한 합중 주州들의 책임으로 삼는다.

● 이 율례와 합중국의 권한으로 외국과 맺은 조약은 일국 내 최상의 법률(定律)로 지키고 이 법률의 준수 여부에 따라 각 주의 옳고 그름을 판단한다. 간혹 법률이 각 주의 법칙에 부합하지 않는 일이 있더라도 이를 고려하는 일이 없어야 한다.

● 상하 양원의 의사관, 각 주의 평의관, 기타 합중국과 각 주의 재판사, 그리고 관리는 서약해 이 율례를 지켜야 하지만 사람을 축출할 때 그의 종교를 논하지 않아야 한다.

제7조.
● 여러 주 중에 9개 주가 동의해 이 율례에 조인하면 곧 이를 시행해야 한다.

기원후 1787년, 즉 합중국 건국 12년 9월 17일 여러 주의 동의로 이를 정한다.

대통령 조지 워싱턴 씀

---

22 후쿠자와의 착오로 보인다. 미국 헌법 원문에 따르면 상원은 의장 이외의 임원들을 선임하며, 부통령이 결원일 경우나 부통령이 대통령의 직무를 집행하는 때는 임시 의장a President pro tempore을 선임한다.

23 연방대법원장Chief Justice을 말한다.

24 후쿠자와의 착오로 보인다. 미국 헌법 원문에 따르면 각 원은 그 소속 의원의 당선 여부, 득표수와 자격을 판정한다. 각 원은 소속 의원의 과반수가 출석함으로써 의사를 진행시킬 수 있는 정족수를 구성하는데, 정족수에 미달하는 경우에는 출석 의원이 연일 휴회할 수 있으며 각 원에서 정하는 방법과 벌칙에 따라 결석 의원의 출석을 강요할 수 있다.

25 민병militia을 말한다.

26 탄핵에 대한 설명이다.

27 연방대법원 판사Judges of the Supreme Court를 말한다.

28 하급 법원 판사를 말한다.

이후 1789년부터 1804년 사이에 이 율례를 증보·개정한 조항은 다음과 같다.

- 종교를 여는 일에 대해 의사원에서 법칙을 세우지 않고 자유롭게 이를 허해야 한다. 또한 일을 의논하거나 글을 저술하는 것을 금해서는 안 된다. 또한 인민은 평온하게 집회하고 정부에 청원하는 것을 마음대로 할 수 있다.

- 법률이 관대한 나라에서는 향병을 양성하는 것이 긴요하기 때문에 국민 모두가 무기를 소유하고 휴대하는 것을 허해야 한다.
 태평한 때는 병졸이 인가人家에 가서 주인의 허가 없이 그곳에 묵을 수 없다. 단, 전쟁 동안에는 이 예에 해당되지 않지만 역시 법을 어겨서는 안 된다.

- 망령되이 다른 사람을 구속하거나 집 안을 수색하거나 서류를 압수하려 하는 자가 있을 때는 인민이 몸소 이를 막을 권한을 갖는다. 단, 수색할 장소, 인물, 그리고 물품 등에 대해 의심하는 바를 설명하고 그 실정을 고할 때는 수색을 허할 수 있다.

- 죄인의 조사는 그 죄를 범한 땅에서 하며 먼저 죄인에게 죄의 경위를 알리고 증인과 대면시킨다. 또한 본인을 위해 그의 무죄를 증언할 자도 내세워 주장을 진술하게 해서 신속히 재판해야 한다.

- 비정상적인 이유로 죄를 사면할 수 없다. 비정상적인 벌금을 취할 수 없다. 또한 비정상적으로 참혹한 형벌을 시행할 수 없다.

- 율례 중에 아무개는 어떠한 권한을 갖는다고 운운해 기록하지만 이 권한으로 인민의 권한을 압제할 수 있다는 취지는 아니다. 결코 이를 오해해서는 안 될 것이다.

- 대통령과 부통령을 선거할 임무를 맡은 사람은 각각 한 주州 안에서 회합해 투표한다. 단, 같은 주의 사람을 선거해 대통령으로 삼거나 부통령으로 삼는 것은 금제禁制는 아니지만 대통령과 부통령 두 사람 중 한 사람은 반드시 다른 주의 사람을 선출해야 한다. 투표법은 다음과 같다. 선거인 각각이 자신의 뜻에 따라 대

통령이나 부통령으로 삼고자 하는 자의 성명을 투표용지에 적어 상자에 넣는다. 투표가 끝나면 그것을 열어 피선거인의 성명과 인원수를 종이에 서기하고 득표수를 각각의 성명 아래에 적어 조인調印하고 밀봉해 합중국 정부에 보낸다. 정부에서는 상원의 상석이 각 주에서 보낸 문서를 받으면 상하 양원의 의사관을 모아 개봉하고 하나하나 확인해 최다 득표자를 대통령이나 부통령으로 삼는다. 만약 몇 사람의 득표수가 동등할 경우에는 위에서부터 세 사람을 뽑아 하원의 투표로 세 사람 중에 한 사람을 선출해 대통령으로 삼아야 한다. 부통령의 경우에는 위에서부터 두 사람을 뽑아 상원의 투표로 한 사람을 선정해야 한다.

● 또한 율례에 따라 대통령이 될 수 없는 자는 역시 부통령의 선거에도 해당될 수 없다(연령 35세 미만인 경우 등을 말한다).

○ 합중국 북부에는 아동을 교육하는 소학교가 가장 많고 그 법이 대단히 좋다. 아메리카 정치의 가장 아름다운 일이라 할 수 있다. 학교의 비용은 세금에서 나오거나 별도로 학교에 부속된 원금이 있어 매년 그 원금의 이자를 모아 주 내의 각 지역에 학동을 교육하는 인원수에 준거해 이를 분배한다. 하나의 도시 안에 반드시 소학교 한 곳을 두고, 교외에도 인가人家가 있는 땅마다 대략 2리 4방 안에 한 곳을 두어 왕래의 편리를 도모한다. 또한 하나의 군郡마다 12명을 선출해 학교의 지사知事로 삼아 군 내 각 학교의 사무를 총괄하게 한다. 학교에 들어가고자 하는 자는 누구의 자식인지를 막론하고 즉시 이를 허하며, 본인은 오직 서적만을 구매할 뿐 일절 다른 지출이 없다. 소학교의 가르침은 영어의 기초, 산술, 지리학 등이다. 또한 도시의 학교에서는 이와 함께 라틴어와 그리스어도 배우게 한다.

대학교의 가르침 역시 대단히 융성하며 그 법은 관대함을 주主로 한다. 대학교는 정부에서 세운 것도 있고 사적으로 결사를 맺어 세운 것도 있다. 무릇 합중국 중 어느 곳이든 이런 학교가 없는 곳이 없다. 그 학과는 신어와 고어古語를 탐색하고, 문법을 배우고, 역사를 읽고, 이학·작문학·궁리학·수신학修身學 등을 연구하는 것이다.

나라 전체에서 매년 출판하는 신문의 수는 대략 4억 2,600만 부다. 또한 유럽 각국에서 좋은 책을 저술한 자가 있으면 바로 그 책을 재판再版해 자국의 이익으로 삼는다.

학문과 기술을 열기 위해 결사를 맺은 것이 대단히 많고 각처에 병원과 구빈원 등을 세워 다른 사람을 구하기 위한 준비로 삼는다.

육해군

○ 합중국을 세 부분으로 나누어 육군을 배치하니, 동방의 본진은 트로이Troy와 뉴욕에 있고 서방의 본진은 뉴올리언스에 있다. 태평양 해안의 본진은 소노마Sonoma와 캘리포니아에 있다. 1850년의 상비병은 보병 8개 부대, 대포 4개 부대, 기병 2개 부대로 총인원수가 1만 320명이었지만 이듬해 또 그 수를 늘렸다.

○ 육군장교의 한 달 급여는 다음과 같다. "메이저 제너럴Major-general"은 200달러, "커널Colonel"은 75달러, "캡틴Captain"은 40달러, "루테넌트Lieutenant"는 25~30달러, "서전트 메이저Sergeant-major"는 17달러, "코포

럴Corporal"은 9달러, 병사는 7달러다.[29] 모든 육군장교에게는 퇴역 후 부조의 급여[30]를 주는 일이 없다. 이처럼 육군 복무 시 나라가 베푸는 특전이 박하지만 본래 이상하게 여기지 않는다. 그 이유는 합중국에서는 일단 복무를 그만두어도 다른 사역의 길이 있어 다시금 보통의 직업을 얻는 것이 용이하기 때문이다.

○ 상비병 외에 향병의 군적에 들어간 자가 매우 많다. 1849년에는 그 인원수가 191만 4,100명이다.

○ 1850년의 기록에 따르면 크고 작은 군함이 77척 있다.

○ 해군 복무 시에는 나라가 베푸는 특전이 많고 그 급여도 육군에 비해 매우 많다. 즉 1년 급여가 다음과 같다. 캡틴은 2,500~4,500달러, 루테넌트는 1,200~1,800달러, 상등의사上等醫師는 1,000~2,700달러, 하등의사下等醫師는 650~1,150달러, 사관후보생은 450~750달러, 측량관은 750~1,100달러, 선원의 조장이나 범선사(帆前司) 등은 360~750달러다. 위의 비율은 잉글랜드 해군의 급여보다도 훨씬 많다. 그런데 아메리카의 해군장교 등이 이 급여를 모두 써서 돈이 한 푼도 남지 않는 것은 아마도 아메리카의 물가가 잉글랜드보다 비싸고, 게다가 장교가 따로 생계를 꾸

---

29 우리나라 육군 계급 체계상 메이저 제너럴은 소장, 커널은 대령, 캡틴은 대위, 루테넌트는 중·소위, 서전트 메이저는 원사, 코포럴은 상병에 해당한다.

30 연금年金을 말한다.

리지 않고 오직 급여만으로 의식비를 충당하기 때문일 것이다. 또한 합중국에서는 누구라도 수년간 산업에 힘쓰면 쉽게 독립해 다른 은택을 받을 필요가 없어지기 때문에 정부에서도 해군장교 등에게 급여를 후하게 주지 않으면 그를 사역할 수 없다. 합중국에는 해군의 조선국이 일곱 군데 있으며 워싱턴의 조선국에서는 오로지 닻, 사슬, 그물 등을 제조한다.

재정출납

합중국의 주 세입은 출입항세, 토지 매각대금, 우편장의 세금이다. 1834년부터 1849년에 이르기까지 16년간 토지를 판 것이 합계 7,244만여 "에이커acre"[1에이커는 우리 나라의 1,210여 평에 해당한다]인데, 그 대금으로 9,238만 2,000여 달러를 얻었다. 우편장의 세금은 간신히 그 잡비를 충당할 수 있을 뿐이다. 그 외 여러 세금도 기록할 만한 것은 없다. 1850년 재정출납은 다음과 같다.

세입		세출	
관세	3,595만 2,456달러	국내 경상 비용	1,437만 4,629달러
토지대금	174만 8,715달러	육군 비용	1,197만 3,112달러
기타 관세	115만 6,382달러	해군 비용	777만 5,410달러
		국채의 이자	377만 845달러
총계	3,885만 7,568달러[31]	총계	3,789만 3,759달러[32]

○ 1812년부터 잉글랜드와 전쟁을 벌여 1815년 화친할 때까지는 국채가 점차 증가해 1억 5,871만 3,049달러가 됐지만 1835년 이를 모두 지불했으니, 그 후 수년간은 세입의 잔여금을 적립해 정부에서 각 주에 빌려주게 됐다. 멕시코와의 전쟁에 군비를 썼고 화친한 후 멕시코 정부에 2억 1,700만 달러를 주고 캘리포니아 지방을 매입했는데, 이에 따라 또 전국에서 돈을 빌려 1849년 국채의 총계가 6,470만 693달러가 됐다. 그러나 이 총액은 합중국의 세입에 비하면 얼마 안 되는 것일 뿐이다.

○ 합중국의 각 주는 원래 워싱턴 부의 정치에 따르지만 한 주 내의 일을 다스림에 있어서는 각기 별도로 평의사評議司를 임명하고 법률을 세우며 재판소를 설치하고 세금을 징수하는 등 완전히 독립된 체재를 이루고 있다. 또한 수도를 파고 철도를 만드는 등 그 땅에 공업을 일으킬 때는 세간 일반에게 돈을 빌리는 것이 워싱턴 정부와 다르지 않다. 1850년 뉴욕 주의 채무가 2,400만여 달러고 한 해 거둬들인 세금 554만여 달러라고 한다. 따라서 합중국의 경제를 헤아리기 위해서는 워싱턴 부의 출납에 각 주 자체의 출납을 합쳐 산정하지 않으면 안 된다.

---

31 후쿠자와의 착오로 정확히는 3,885만 7,553달러다.
32 후쿠자와의 착오로 정확히는 3,789만 3,996달러다.

네덜란드

사기

로마시대에 "바타비아Bataafse"라는 인종이 네덜란드 땅에 거주하며 즐겨 전쟁했으니 기원전 100년의 일이었다. 그즈음 근방의 땅에 있던 "벨기에Belgium"인은 미개한 시대에 이미 무역에 힘썼으니, 이 풍습이 후세에 전해져 네덜란드 무역의 기초가 됐다. 기원전 9년 라인Rhine 강과 에이셀Ijssel 호 사이를 파서 수도를 깔아 전국의 지리를 일변시켰으니 대규모의 토목공사라 할 수 있다. 그 후 바타비아인은 로마제국의 보호를 받고 로마인과 접해 국내가 점차 개화로 나아갔다. 또한 기원후 500년간은 프랑크족Franks[프랑스의 시조]에 속했고 800년대 중반에는 샤를마뉴Charlemagne 대제[프랑스·이탈리아·게르만 통일국가의 황제]에게 지배당했다. 그러나 그 시대에는 봉건의 기풍이 세상에 만연했으니, 바타비아인도 다시 독립하고 나뉘어 몇 개의 소국이 됐다. 즉 구엘데르Guelders, 브라반트Brabant, 룩셈부르크Luxembourg, 림뷔르흐Limburg, 안트베르펜Antwerp, 홀랜드Holland, 제일란트Zeeland, 쥐트펀Zutphen, 플랑드르

Flanders, 아르투아Artois, 에노Hainaut, 나뮈르Namen, 위트레흐트Utrecht, 오베레이셀Overijssel, 호로닝언Groningen, 프리슬란트Friesland, 메헬렌Mechelen이 그것이다. 이것이 네덜란드 17주의 옛 땅이니, 위 17개의 소국 중에 플랑드르국을 상위로 정해 다른 각국의 총독으로 삼았다. 그러나 1300년대에 그 군주의 혼인의 연緣에 따라 제위가 부르고뉴Burgundy가로 넘어갔다. 이후 부르고뉴가의 군주도 이런 예에 따라 제위를 오스트리아가로 넘겼고 카를 5세Karl V 때 17개국을 통일해 태자 펠리페 2세Felipe II가 국위를 계승했다. 펠리페가 즉위한 뒤 가혹한 영을 내려 이단 종파를 공격하려 했고 기타 여러 참혹한 정치를 행함에 따라 결국 인심을 잃었으니, 국내의 7개 주가 모반해 따로 합중정치를 세워 윌리엄 1세William I [오라녜 공Oranje]를 추대해서 대통령으로 삼았다[오라녜는 현재 네덜란드 왕의 성姓이다].

　1500년대 말라카 제도를 취해 해외 식민지로 삼고 그 땅에서 자라는 후추 등을 각지로 수출해 이익을 독점했다. 1600년대 말에는 네덜란드인의 무역이 성대해졌으니, 유럽의 상선 중 대략 절반은 네덜란드에서 출발하기도 했다. 그러나 그 후 계속해서 전쟁을 일으켰고 게다가 각국의 상선이 점차 증가해 무역에 힘쓰게 되면서 결국 네덜란드의 무역도 그 명예를 잃었다. 프랑스 왕 루이 14세가 군대를 일으켜 네덜란드를 공격했을 때 네덜란드인이 모두 배를 타고 도망갔다가 다시 해안을 습격해 겨우 프랑스의 군대를 쫓아내고 나라를 보전할 수 있었다. 이후 대란大亂이 시작되어[나폴레옹의 난을 말한다] 프랑스에 병합당해 1795년부터 합중정치를 세웠는데, 1806년에 프랑스가 나폴레옹 1세의 동생인 루이 나폴레옹 Louis Napoléon Bonaparte을 네덜란드 왕으로 삼았다. 4년이 지난 1810년 또다시 프랑스가 그를 폐하고 네덜란드 땅 전부를 프랑스제국의 영토에 편입시켰다. 이때 네덜란드의 무역이 완전히 땅에 떨어졌고 해외 식민지도 모조리 잉글랜드에 빼앗겼다.▶

▶ 이때 네덜란드의 국기가 휘날리던 땅은 전 세계에서 오직 나가사키長崎의 데지마出島 뿐이었다고 한다. 이는 오늘날에도 네덜란드인이 잊지 않는 바다.

1814년 나폴레옹군이 패배를 거듭하고 유럽 각국이 화친을 맺게 되자 오라녜 공 윌리엄 1세가 다시 본국을 차지하고 해외 식민지 영토 중 두세 곳은 예전 상태로 회복할 수 있었다. 1816년 각국의 협의에 따라 오라녜 공의 제위가 승격되어 네덜란드 왕이 됐고 네덜란드 본국과 벨기에를 통일했다. 1830년 벨기에 사람들이 네덜란드의 정치와 종파에 따르기를 원치 않아 난을 일으켜 별개의 한 나라를 세웠으니, 곧 현재의 벨기에 왕국이다. 1840년 윌리엄 1세가 국위를 태자 윌리엄 2세에게 양도했고 1849년 윌리엄 2세가 사망하자 태자 윌리엄 3세가 즉위했는데, 그가 지금의 네덜란드 왕이다.

정치

1795년 네덜란드국이 프랑스에 병합당하기 전에는 합중정치였으니, 정치를 의논하는 자를 "스타텐 제네랄Staten-Generaal"이라고 불렀고 그 상석에서 국정을 시행하는 자를 "스타드하우더stadhouder"라고 불렀다. 1500년대부터 1700년대까지 네덜란드 무역이 성대함과 부유함의 극치에 이르렀던 까닭은 모두 정부가 그 취지를 법률을 관대하게 하는 것에 두었기 때문이다. 당시 잉글랜드, 프랑스, 기타 유럽 각국에서 종파나 국법의 논의 때문에 내란이 발생해 서로 침공했고 국민 모두가 그 참혹함을 뒤집어썼다. 그러나 네덜란드는 홀로 이 기회를 틈타 정교하게 법을 세우고 각국에서 추방당했거나 난을 피해 도망 오는 자를 모두 국내로 받아들여 법률을 관대하게 하고 그들을 대우해 재능이 있는 자는 후하게 썼다. 또한 해외 식민지로 사람을 이주시켜 남쪽과 북쪽의 산골에서는 그 땅에 거주하는 사람들의 뜻에 따라 자유롭게 개척하도록 하고 절대 정부의 규율을 세우지 않았다. 어떤 소송이든 편파 없이 신속하게 재판하고 세금은 가볍지 않았지만 전곡錢穀의 출납을 바르게 하고 속임수를 쓰지 않았다. 이처럼 네덜란드의 정치가 모두 실제에 가깝도록 일을 했으니, 국률을 관대하게 하고 종파의 논의를 하지 않으며 공업에 힘쓰고 국비를 절약해 수백 년의 번성을 이루었다.

◀ 게르만에는 크고 작은 38개 국이 있다. 어느 나라든 독립되어 있지만 서로 조약을 맺어 게르만 전국을 보호한다. 이를 게르만 열국의 맹약이라고 한다.

◀◀ 룩셈부르크는 원래 공작의 나라로 네덜란드가 지배하기 때문에 네덜란드 왕은 그 공작의 지위를 겸한다.

○ 현재 네덜란드국은 입군정률立君定律의 정치로 국위를 왕가 혈통의 자손에게 전한다. 왕가의 성은 오라녜인데, 이는 네덜란드 독립의 시조다. 게르만에 있는 네덜란드령 룩셈부르크는 게르만 열국列國의 맹약◀에 가입했기 때문에 네덜란드 왕이 이 맹약에 관계할 때는 룩셈부르크 대공작이라고 부른다.◀◀

○ 국왕은 죄가 있어도 그 몸에 형벌을 가할 수 없다. 국내 치안의 책임을 담당하는 자는 사무집정이다. 문무사관을 임명하고 법을 시행하며 군대를 일으키고 화친을 논의하고 해외 식민지의 땅을 지배하는 권병은 국왕

의 손에 있다. 의사관은 상하 두 개 국으로 나뉘어 매년 회동해 국사를
의논한다. 상국의 관원 40~60명은 국왕이 임명하는 자로서 종신직이며
재직하는 동안 여비로 정부에서 매년 800달러를 받는다. 다만 40세 미만
인 자는 쓸 수 없다. 하국의 관원 55명은 각 주의 인민이 선출한 자다. 다
시 말해 네덜란드에서 22명, 브라반트에서 7명, 헬데를란트Gelderland에
서 6명, 프리슬란트에서 5명, 오베레이셀과 흐로닝언에서 각 4명, 제일란
트와 위트레흐트에서 각 3명, 드렌터Drenthe에서 1명을 선출한다. 다만
룩셈부르크에는 별도로 의사집회議事集會가 있다.

○ 하국의 의사관은 해마다 전체 인원의 3분의 1을 교대시키니, 3년마다
새롭게 바뀐다. 이를 선거할 때 인민이 희망하는 자를 뽑아 직접 쓰는 것
이 아니라 여러 절차를 거듭하기 때문에 그 법이 혹 공평하지 않은 바도
있다. 우선 한 마을에서 세금을 많이 납부하는 자가 서로 모여 약간의 인
원을 선출해 이를 "키저Kiezer"[선택하는 사람이라는 의미]라고 이름 짓고 그
키저가 한 마을의 평의사評議司를 선출하게 한다. 평의사는 종신직에 있
는 자로서 그 뜻에 따라 마을 사람을 선출해 대표자라고 칭하고 한 주의
수도에 파견해 주 내의 일을 의논하게 한다. 즉, 매년 하국의 의사관을 선
거하는 자가 바로 그 대표자인 것이다.

○ 상하 양국의 의사관은 국내의 세금을 거둘 권한을 갖는다. 다만 잉글
랜드처럼 매년 예산의 출납을 상의해 산정하지 않고 10년마다 한 번 회
계한다. 이는 번거로움을 덜기 위함이지만 이에 따라 종종 불평하는 논의
가 생기기 때문에 결국에는 법을 개혁하게 될 것이다.

○ 네덜란드에서는 사람을 쓸 때 그 종파를 묻지
않는다.◀

○ 네덜란드는 본래 유럽 문명의 중심이라고도 할
수 있는 옛 땅이지만 그 명예가 세상에 널리 울려 퍼지지 않은 까닭은 문
학의 가르침이 널리 전국에 도달해 귀천의 구분 없이 모두 이를 연구하
니, 오히려 발군의 명성을 얻은 자가 없기 때문이다. 그러나 실은 박학다
식한 인물이 매우 많다. 1851년 전국 소학교의 수는 3,295개소로 여기에
다니는 학동이 36만 1,015명이다. 네덜란드 전국의 인구를 376만 7,671명
이라고 하고 그중에 5세에서 15세의 아동이 대략 70만이므로 전국의 아
동 중에 과반수가 소학교에 들어가 있는 비율인 셈이다. 그 외에 대학교
의 수도 매우 많고 특히 라이덴, 위트레흐트, 흐로닝언에 있는 세 대학교
는 가장 성대한 것으로서 학생 수가 1,119명이다.

육해군

1854년 육군의 전체 인원이 5만 7,959명인데, 그중 장교가 1,669명이고
포병대의 인원수는 1만 994명이다.

　군함은 크고 작은 것이 140척이고 이에 구비된 대포는 2,174문이다. 장
교와 선원의 전체 인원은 6,760명이고 그 외 해군병사가 1,588명인데, 이
를 나누어 두 개의 부대로 한다.

재정출납

1854년 네덜란드의 세입은 1,795만 8,438달러다. 이 중에 471만 5,219달러가 인두세다.▶

▶ 인두세란 토지세나 가세 등과 같이 정해진 인원에 직접 부과해 수납하는 세금을 말한다. 물품세物品稅의 반대인 셈인데, 물품세란 물건을 만들고 운반하고 매매할 때에 수납하는 세금을 말한다. 따라서 국내의 사람이 그 물품을 쓸 때 특별히 세금을 내지 않아도 원래 세금이 포함된 물품이기 때문에 저절로 세금을 낸 모양이 된다. 이 두 가지 세금의 구별을 서양에서는 "다이렉트direct"와 "인다이렉트indirect"라고 한다.

관세	490만 4,824달러
선박세	118만 1,915달러
우표	33만 7,500달러
해외 식민지의 땅에서 거두어들인 별도의 세금	245만 달러
해외 식민지 지배의 원금	117만 5,000달러
이 외의 것은 생략	

동년의 세출은 1,767만 5,928달러다. 이 중에

육군 비용	260만 달러
해군 비용	141만 3,750달러
국채의 이자	905만 2,371달러
이 외의 것은 생략	

동년 네덜란드의 국채는 3억 24만 7,075달러다.

「초편」 제2권 끝

「초편」

—

제3권

사기

로마인이 처음으로 잉글랜드에 도래하기 전, 이 나라에는 켈틱Celtic과 고
딕Gothic이라는 두 개의 대가족이 있어 국민이 이에 복종했다고 한다. 로
마 황제 카이사르Caesar가 잉글랜드에 온 것은 기원전 55년의 일로서 그
후 90년간은 로마로부터 해를 입은 일이 없었지만 기원후 43년 로마 황
제 클로디우스Clodius가 군대를 일으켜 잉글랜드를 정벌했고 40년간 완
전히 그 땅을 지배했다.

　로마인이 그 나라를 지배한 이래로 여러 기술과 학문을 전하고 문명의
길을 열었으니, 국내에 33개 도시를 설치하고 각지에 군대를 주둔시켰으
며 가도街道를 만들어 각 도시와 주둔지 간에 왕래를 편리하게 했고 도시
바깥의 미개한 땅 역시 이후 200년간에 걸쳐 차츰 개척했다. 이때 로마의
무위가 점차 쇠퇴해 전국이 독립한 것 같은 모양이 됐지만, 국내 상호간에
투쟁해 인민의 고난은 오히려 로마시대보다 심해졌다고 한다. 단, 이 시대
의 정사正史는 후세에 전해지지 않아 사정을 자세히 알기 어렵다. 기원후

400~500년 사이에 게르만의 북방에 있던 색슨Saxon이라는 인종이 잉글랜드에 도래해 점차 이를 지배해나갔다. 이 인종을 앵글로·색슨Anglo-Saxon이라고 한다[앵글로·색슨이란 잉글랜드에 거주하는 색슨인을 의미한다].

앵글로·색슨은 국민의 작위를 여러 등급으로 나누었고 각 왕은 스스로 하늘의 후예라고 칭했다. 왕위를 혈통에 따라 전했지만 상속에 일정한 법률(定律)은 없었다. 제2등은 "얼Earl"이라고 칭하니 오늘날의 제후와 같다. 제3등은 "체오를Ceorl"이라고 칭하니 제1등의 지배를 받는다. 제1등과 제2등 간 작위의 격차는 다음과 같다. 동맹해서 일을 모의할 때 제2등 다섯 명이 동일한 의견을 가지고 제1등 한 명의 의견에 대응할 수 있고, 국법을 가지고 형벌에 처하게 할 때도 제2등 다섯 명의 명命이 제1등 한 명의 명에 해당한다. 제후 이하 여러 등급의 계급이 있으며 최하등은 노예다.

앵글로·색슨의 지배 동안 잉글랜드의 땅을 분할한 법은 다음과 같다. 제1등을 제후의 영지로 삼아 그 이하를 100호戶로 나누고 다시 10호씩 나누어 각각 수장을 세우고 영지에 재판소를 설치해 정사를 돌보게 했다. 또한 각 영지에서 아전이 한 일은 선하든 악하든 영주가 책임을 지게 했다. 나아가 당시에는 현명하고 지식 있는 자들의 집회가 있었는데, 국민을 위해서 정부에 대항해 청원·탄원할 때는 오히려 벼슬길에 나간 평의관보다도 권위가 있었다. 추측하건대 제후나 성직자와 같이 귀한 자가 이 집회에 참가했으며 또한 국내의 여러 곳에서 대표자를 보냈던 것이리라. 국왕은 이 집회의 도움을 받아 법률을 시행했지만 왕위 상속의 일은 국왕의 뜻에 따라 독단했다.

○ 예수교가 잉글랜드에 들어온 것은 기원후 100년의 일이지만 로마 멸

망 후 국내가 혼란해 그 교법敎法이 완전히 단절됐다. 기원후 600년대 초에 다시금 이것을 일으켜 점차 개화하게 됐으니, 이로써 오늘날에 이르게 된 것이다.

앵글로·색슨 중에 서식스Sussex의 군주 앨레Aelle라는 자가 여러 추장과 싸워 크게 승리해 일시에 이를 정복했으니, 기원후 491년경 스스로 "브렛월더Bretwalda"라고 칭했다[브렛월더는 브리튼Britain인을 지배하는 수장이라는 의미다].

○ 앵글로·색슨이 잉글랜드에 도래해 수년간 각지를 정복했을 때 그 인종이 각처에서 할거해 각각 독립된 세력을 이루었다. 그 독립국 중 큰 것이 웨식스Wessex, 서식스, 켄트Kent, 에식스Essex, 데이라Deira, 이스트 앵글리아East Anglia, 노섬벌랜드Northumberland다. 이 7개국이 때로는 흥하고 때로는 쇠하면서 상호 병합해 브렛월더의 왕위를 이었는데 이를 7왕국 시대라고 한다. 기원후 830년에 웨식스의 군주 에그버트Egbert라는 자가 마침내 그 왕위를 얻었는데, 세상사람이 그를 잉글랜드 통일의 시조라고 부른다.

에그버트가 즉위했을 때 덴마크인이 처음으로 쳐들어왔다. 이때부터 150년간 계속해서 덴마크인에게 침략을 당해 국내 문명의 진보도 이 때문에 중단됐다. 게다가 앵글로·색슨의 군주는 국민과 하나로 화합해 방어책을 세우기는커녕 내란에 시일을 허비했으니, 덴마크의 대적大敵이 침입할 때면 근근이 오합지졸을 내어 방어할 뿐이었다. 그 후 색슨 왕 애설스탠Athelstan과 에드먼드 1세Edmund I의 시대에 오로지 외적을 막고 내란을 진정시키려는 책략을 실시했지만, 덴마크의 세력이 더욱 성대해져 잉글랜드 전역을 약탈했고 험버Humber 강 북쪽의 땅에 할거하며 그 근방에 다수의 덴마크인 종족을 보냈다.

기원후 1017년 덴마크인이 잉글랜드 전역을 지배하게 됐지만 24년이 지난 1041년에 앵글로·색슨의 군주 에드워드Edward가 이를 회복하고 왕위에 오르게 됐다. 그러나 에드워드의 재위는 단지 이름뿐이었으니, 잉글랜드 땅은 당시 6대 제후와 덴마크인, 잉글랜드인 추장에게 분할되어 있었고 국왕은 그저 허울뿐인 지위를 지킬 뿐이었다. 1066년 에드워드 왕이 사망했지만 자식이 없었다. 일찍이 왕의 재위기에 웨식스의 제후 해럴드Harold가 은밀히 모반을 꾀했다. 왕이 이를 알아채고 임종 시에 유언하기를, 왕의 친족이자 노르망디Normandy의 제후인 윌리엄William을 세워 후계자로 삼고자 했지만 왕이 사망하자 해럴드가 역시나 왕위를 찬탈해 몸소 즉위했다. 윌리엄이 다시 노르망디[노르망디는 프랑스의 옛 땅이다]에서 대군을 일으켜 잉글랜드를 공격했고 1066년 헤이스팅스Hastings의 결전에서 잉글랜드군을 크게 패퇴시켜 해럴드를 죽이고 잉글랜드 왕에 즉위했다. 이를 "노르만Norman"의 통일이라고 칭하니, 앵글로·색슨의 가계는 에드워드에서 끊어진 셈이다.

노르만의 통일은 잉글랜드 역사 중 일대 변혁이었다. 통일 후 법률을 개정해 국내의 토지 중에 왕실의 영토를 뺀 나머지를 공이 있는 무신武臣 6만 명에게 나누어주고 세록世祿으로 삼게 했다. 단, 세록의 법은 색슨 시대와 다르지 않았다. 이처럼 배분했기 때문에 잉글랜드의 땅 중 과반은 노르만 무신의 식읍이 됐지만, 여전히 색슨인과 덴마크인의 추장에게 땅을 지배하도록 한 것이 대부분이었다. 그 추장 중에는 정부의 법령을 두려워하지 않고 사사로이 그 땅을 보유한 자도 많았으며, 정부에 신하로서 복종해 정부의 면허를 얻어 이를 보유한 자도 있었다.

○ 윌리엄 재위 말 잉글랜드의 인구는 대략 200만이었다. 이때 국내 북방의 땅은 대부분 황폐해졌으며, 색슨 시대 에드워드 왕의 치세 이래로 노르만 통일의 병란으로 각 주 인민의 과반을 잃게 된 일은 여러 책에 기재되어 있다. 이로 미루어 짐작하건대 윌리엄 왕 한 세대 동안에만 대략 300만의 인구가 감소했을 것이다.

○ 1084년 윌리엄이 죽었을 때 그의 차남인 루푸스 윌리엄 2세William II Rufus에게 잉글랜드를 주고 장자 로버트Robert II는 노르망디에 돌려보내 놨기 때문에 그에게 그 본국을 줬으며 삼남인 헨리Henry I에게는 모친의 유산을 줬다. 윌리엄 2세 재위기에는 기록할 만한 큰 사건이 없다. 1100년 그가 사냥할 때 날아온 화살에 맞아 죽었다. 이에 잉글랜드의 왕위가 그의 형인 로버트에게 전해져야 마땅하나 이때 로버트는 마침 팔레스타인[아시아 대륙 서남의 땅]으로 출병해 노르망디에 없었기 때문에 그 틈을 타 아우 헨리가 잉글랜드 왕의 자리에 오를 수 있었다. 그를 헨리 1세라고 한다. 헨리가 왕위에 오른 후 과거의 색슨 왕 에드거Edgar의 질녀 마틸다Matilda of Scotland를 아내로 맞아 색슨가를 동일한 계통으로 통합했다.

○ 그 후 헨리는 군사를 일으켜 형의 보유지인 노르망디를 공격했으니, 로버트가 돌아오는 길에 잠복해 있다가 맞서 싸워 결국 포로로 잡아 평생 감옥에 유폐했다. 그러나 헨리 왕이 노르망디에서 이겨 돌아올 때 해상

에서 그의 유일한 적자嫡子가 물에 빠져 죽은 것은 형을 적대한 죄과의 응보라고 할 만하다. 1135년 헨리 1세가 죽고 조카 스티븐Stephen of Blois이 즉위했다. 일찍이 헨리 1세의 딸 마틸다Matilda of England는 앙주Anjou의 군주[1] 플랜태저넷Plantagenet에게 시집가서 아들 하나를 낳았으니, 그를 헨리 2세Henry II라고 한다. 스티븐 재위 중에 국민은 헨리에게 마음을 돌렸고 그를 세워 국왕으로 삼고자 하는 자가 많았다. 또한 헨리 1세에게는 정통의 자손이기 때문에 스티븐도 이를 거부할 수 없었으니, 조약을 맺어 사후에 왕위를 전하는 것을 허했다. 1154년 스티븐이 죽고 헨리 2세가 즉위했다.◀ 헨리 2세 시대에는 그 본가의 영유지 앙주 근방의 땅을 취해 프랑스 전국의 3분의 1이 잉글랜드에 귀속됐다. 1189년 헨리가 죽고 그의 장자인 리처드Richard I가 즉위했다. 1199년 리처드가 죽었는데 아들이 없어 그의 동생 존John이 즉위했다. 존의 재위 동안에는 잉글랜드의 정치가 크게 황폐해졌다. 이때 프랑스 왕 필리프 오귀스트Philip Augustus는 영명한 군주로, 근래 잉글랜드에 복속된 땅을 회복해 다시 프랑스의 영토에 병합했다. 그러나 잉글랜드는 1172년 헨리 2세 시대 이래로 아일랜드를 정복해 점차 이를 지배했기 때문에 프랑스 땅을 잃었다 해도 얻은 것으로 잃은 것을 보상하기에 충분했을 것이다. 단, 아일랜드를 완전히 정복한 것은 400년 후의 일이다. 1219년 존이 죽었는데 태자 헨

◀ 헨리 2세는 플랜태저넷의 아들이기 때문에 이때부터 잉글랜드의 왕가를 플랜태저넷의 성姓으로 부른다.

---

1 오늘날 '~공' 혹은 '~대공'에 해당하지만 원문에서 후쿠자와가 '군주(君)'라는 표현을 썼기 때문에, 이 뉘앙스를 살리기 위해 이하 '~의 군주'로 일관되게 번역했다.

리 3세Henry III의 나이가 겨우 아홉 살이어서 즉위 후에도 숙부인 펜브로크1st Earl of Pembroke 제후가 섭정했다. 1272년 헨리 3세가 죽고 태자가 즉위했는데 그를 에드워드 1세Edward I라고 한다.

○ 1066년 노르만 통일에서 에드워드 1세의 즉위에 이르기까지 기록할 만한 사건의 대략은 다음과 같다. 노르만 통일 이후에는 봉건세록의 법을 정해 귀족이 각각 토지를 영유하고 그 영지를 신하에게 나눠줘 영내의 정치를 행했다. 또한 위의 귀족뿐만 아니라 적은 녹이라도 국왕에게 직접 영지를 받은 자는 모두 집회해 일을 의논하고 이 회의에서 정한 법률을 국내 최상의 권위로 삼았다. 따라서 귀족 등은 언제나 국민과 하나로 화합해 그 힘을 쌓고 왕실과 쟁론해 국왕이 홀로 권병을 전유하지 못하게 했다. 1215년 존John 왕 재위기에 "마그나카르타Magna Carta"[대법大法이라는 의미]라는 법률을 정했다. 이 법률의 취지는 국왕이 특권을 자행하는 악폐를 막는 것이며 그 핵심으로 2개 조가 있다. 즉 제1조는 무릇 국민에게 죄가 있을 때는 반드시 그를 지배하는 주인[2]이 죄를 조사하고 재판한 뒤에 벌해야 한다는 것이다. 이 조령條令은 후세에 전해져 시대에 따라 사리에 맞게 차츰 변혁되어 오늘날 잉글랜드에서 시행되는 "트라이얼 바이 주리trial by jury"의 법이 됐다.▶ 제2조는 국회의 대의大議[3]에서 면허하는 바가 아니라면 국민에게 군역 대신 금전[4]을 거둘 수 없도록 하는

▶ 잉글랜드에서는 재판역裁判役이 독단으로 죄인을 조사해 형벌에 처할 수 없다. 반드시 입회하는 자가 있어서 재판의 옳고 그름을 보고 그것을 의논하며, 죄인도 그 죄를 인정하고 입회하는 자 역시 재판에 대해 이론이 없을 때 비로소 형에 처하는 것이다. 입회자란 평소 나라 안에서 신분이 좋은 자를 골라 두고 재판이 열릴 때마다 추첨으로 그 전체 인원에서 24명이나 12명을 호출해 재판국에 배석하게 하는 것이다. 이 법을 트라이얼 바이 주리라고 한다. 단, 합중국도 같은 법이 있지만 프랑스와 네덜란드 등에는 이 법이 없다.

것이다. 이 조령은 단지 세록의 토지를 영유한 귀족 등에게만 이익이 있는 것으로 국왕 사가私家에는 편익이 없는 것이다. 후세에 하원의 의사관이 국내 징세의 권병을 가지는 법은 이 조령에 기초한 것이다.

○ 이 법률을 정한 이래로 왕실과 귀족이 서로 권한을 다투었으니, 귀족의 세력이 점차 강성해져 헨리 3세 시대에는 레스터Leicester 군주 몽포르Simon de Montfort라는 자가 한때 잉글랜드를 지배했고, 1265년 여러 곳의 대표자를 모아 국사를 의논한 일이 있었다. 이것이 잉글랜드 의사원의 시작이다.

○ 또한 윌리엄 2세 시대부터 정부와 교회 사이에 쟁론이 일어났다. 이 일은 첫째로 교회의 성직자가 세속의 일을 취급하는 것에 관해 정부는 세속의 일을 취급하는 권한이 왕실에 있기 때문에 왕실에서 교회 성직자를 임명해야 한다고 했고, 교회는 이 권한이 교황에게서 나오기 때문에 교회법에 의거해 자신들이 임명해야 한다고 했다. 둘째로 성직자에게 죄가 있을 때 정부는 교회를 지배할 권한을 갖기 때문에 국법에 따라 그를 벌해야 한다고 했고, 교회는 교회법에 따라 재판해야 한다고 했다. 스티븐 왕은 첫 번째 사항과 관련해 성직자를 임명하는 권한을 교회에 허했지만, 헨리 2세 왕은 이를 대단히 꺼려 교회의 특권을 빼앗아 옛 법으로

2 마그나카르타 39조의 "그 땅의 법the law of the land"에 해당한다.

3 동일 부분 "우리 왕국의 공동 자문common counsel of our kingdom"에 해당한다.

4 마그나카르타 12조의 "병역 면제세scutage"에 해당한다.

돌려났다. 이후 다시 교회에서 이론異論을 제기했고 그 세력이 점차 강성해져 정부의 권한을 압도하기에 이르렀지만, 헨리 3세 재위기에 장기간에 걸쳐 교회의 권한을 점차 감소시켰다.

○ 에드워드 1세 재위 중에는 국내의 정치가 점차 정비되어 국정회의의 모습이 마치 오늘날 의사원과 같은 모양이었다. 즉 국내의 귀족이 직접 회의에 출석했고 귀족 이하로도 식읍을 영유하는 자는 몇 사람 중에 대표자를 내서 회의에 참여하도록 했으니, 양국兩局이 서로 나뉜 것이 지금의 상하원과 같았다. 이 회의의 사람들이 세월이 지남에 따라 점차 권위를 늘려 갔으니, 국내 일반의 사무에는 주의하지 않고 멋대로 국왕의 명을 거부했다. 또한 당시 법에 따라 귀족의 영지는 대대로 자손에게 전해 바뀌는 일이 없었고 배신陪臣[5]에게는 새로이 세록을 수여하는 것을 금했기 때문에 귀족의 영지는 점차 증가했고 세록을 받는 배신의 수는 점차 줄어들었다.

○ 에드워드 1세 시대에는 교회의 속권俗權을 감소시켰지만 이에 관해 쟁론을 일으키는 일이 없었다. 외교에 있어서는 그 기세가 대단히 성대했으니, 웨일스를 정복하고 스코틀랜드를 공격해 거의 복종시켰다.▶

▶ 웨일스는 잉글랜드 동방의 땅이다.[6] 종래 독립국이었지만 이때부터 잉글랜드의 영토가 되어 오늘날도 잉글랜드 태자는 웨일스 제후Prince of Wales라고 부른다.

---

5 "제후의 신하 혹은 가신의 가신knight of shire"에 해당한다.
6 후쿠자와의 착오로, 실제로는 서쪽에 있다.

1307년 에드워드 1세가 죽고 태자가 왕위에 올랐는데, 그를 에드워드 2세라고 한다. 에드워드 2세는 부친의 업적을 능히 계승하지 못해 스코틀랜드와의 전쟁에서 패배했고 그 후 항상 국내의 귀족과 불화했으니, 마침내 1327년 의사원이 평의評議해 왕위를 폐했고 유폐(幽室) 중에 사망했다. 그의 아들 에드워드 3세가 왕위에 올랐지만 나이가 겨우 14세였다. 에드워드 3세 재위 동안에 일어난 큰 사건은 프랑스와의 전쟁으로 프랑스 국왕이 사망했는데 후사가 없는 것이 발단이 됐다. 그의 혈연인 자를 집요하게 파헤치니 에드워드의 모친 이사벨라Isabella of France[프랑스에서 잉글랜드로 시집온 이]가 가장 가까운 친척이기에 프랑스 국왕의 제위를 잇는 것이 이치였지만, 프랑스 법률에서 국왕의 직위에 오르는 자는 반드시 남자에 한하기 때문에 이사벨라를 왕으로 세우지 않았다. 이에 에드워드 왕이 논의를 일으켜 설령 국법에서 부녀자의 몸으로는 왕위를 이을 수 없다고 하나 그 소생이 남자라면 자신이 프랑스의 군주로 즉위하는 것이 마땅하다고 하며 거병했다. 이에 앞서 잉글랜드군은 스코틀랜드와 전쟁 중이었는데 프랑스의 일이 일어나자 국민이 모두 스코틀랜드를 버리고 프랑스로 향했다. 1337년부터 1374년에 이르기까지 37년 동안 전쟁을 벌여 여러 번 승리를 거둔 끝에 마침내 프랑스 왕을 생포했으며 그 국내를 노략하고 어지럽혔다. 그러나 잉글랜드가 얻은 이익은 엄밀하게 말해 보르도Bordeaux, 바욘Bayonne, 칼레Calais의 땅을 지배한 것뿐이다.

에드워드 3세 시대에는 선비의 기풍이 그 면목을 새롭게 바꿔 점차 문명으로 나아갔다. 또한 종래 노르만인과 색슨인 간에는 걸핏하면 불화가 발생했지만 프랑스와의 전쟁이 일어난 뒤로는 세간의 기풍이 북돋아져 오히려 나라 안이 일치되고 비로소 대영大英이 한 나라로서의 풍채를 이루었으며, 색슨의 언어도 점차 변화해 영어가 되어 문학이 크게 진보했다.

1349년 악성 전염병이 크게 유행해 국내 인구의 과반을 잃었고 이에 여러 일꾼과 직인職人의 임금이 급상승함에 따라 정부에서 명을 내려 옛 날의 비율로 임금을 주게 하려 했지만 인심이 이에 따르지 않았다. 따라 서 다시 엄한 법을 마련해 임금이 오르고 내리는 것은 자연에 맡길 뿐 정 부가 막지 않지만, 60세 이하로 신체가 건장하나 생계를 꾸리기 어려운 자는 모두 다른 사람의 요구에 응해 봉공奉公하지 않을 수 없게 했다. 만 약 이를 거부할 경우 죄가 되고 게다가 봉공 중에 도망쳐 다른 나라에 숨는 자가 있으면 즉시 이를 체포하고 이마에 도망자라는 낙인을 찍었 다. 또한 이때 프랑스와의 전쟁으로 군비가 부족해졌고 이후 유통화폐의 지위가 낮아졌기 때문에 물가가 상승했다. 이에 따라 직인의 임금도 올 라야 할 터이나 이것까지도 금했고 공연히 관부가 명을 내려 물가를 정 해 그 폐단을 구제하려 했지만 불편을 가지고 불편을 구제하는 정책이 었기 때문에 시세時勢에 유익함이 없었다. 이때부터 점차 국내의 인심을 잃었으니, 에드워드 3세 재위기에는 평화로웠지만 그 후계자 리처드 2세 Richard II 시대에는 내란이 일어나 1399년 왕의 숙부 랭커스터Lancaster 의 군주 헨리가 군대를 이끌어 리처드를 폐하고 몸소 왕위에 올랐다. 그 를 헨리 4세Henry IV라 한다. 이 군주는 날 때부터 재능이 있었지만 왕위 를 찬탈해 즉위한 이후 국내가 항상 평안하지 않았다. 단, 의사당議事堂 의 법을 수정해 상하 양원을 하나로 화합하게 한 것은 재위 중의 큰 공적 이다. 헨리 4세가 죽고 태자가 즉위했는데, 그를 헨리 5세Henry V라 한다. 헨리 5세가 왕위에 올라 선조의 뜻을 계승해 프랑스의 국위를 겸하고자 거병해 프랑스를 공격했고 수년간 전쟁했다. 헨리 6세Henry VI 시대에는 프랑스군에 크게 이겨 거의 그 나라를 지배하려는 기세였지만 본국의 내란 때문에 결국 회군했다.

○ 일찍이 헨리 4세가 죽었을 때 후사가 있었지만 요크York의 군주 리처드Richard of Conisburgh가 국위를 계승해야 할 정통임을 주장하며 군대를 일으켜 "랭커스터Lancaster"가와 싸우니, 40년 동안 서로 승패가 있었다.◀ 1485년 헨리 튜더Henry Tudor라는 자가 즉위해 랭커스터의 가계를 계승했고 요크가의 여자와 혼인해 국내를 통일했다. 그를 헨리 7세Henry VII라고 한다.

◀ 헨리 4세는 랭커스터가 출신이기 때문에 헨리 4세부터 6세까지를 랭커스터가의 시대라고 한다.

○ 헨리 7세 시대에 기록할 만한 대사건은 봉건세록의 귀족을 제압해 그 권한을 제한한 일이다. 예로부터 잉글랜드 풍습에 따라 국내의 대귀족 대부분은 가신을 기르고 사사로이 공벌방위攻伐防衛할 채비를 갖추어 국내에 권위를 떨쳤다. 또한 다른 사람과 쟁론하는 일이 있으면 가신은 각각 그 군주를 도와 재판소에 나와 그를 변론할 뿐만 아니라 심할 때는 국법을 어기더라도 군주의 권위를 등에 업고 죄를 피할 수 있다는 것을 알고 군주가 원수로 여기는 사람을 습격하는 일도 있었다. 간혹 이 가신 등이 군주의 손을 벗어나 낭인이 된 경우에는 달리 생계의 길이 없어 강도짓을 일삼으니, 잉글랜드 내란 기간에는 난폭함이 거의 극에 이르렀다. 헨리는 즉위 후 이 악폐를 제거하고자 결심하고 여러 가지 조치를 취했으니, 결국 전쟁이 일어나 국내 귀족과 싸워 크게 이겨 일시에 그 권병을 빼앗고 나아가 그 가문을 몰수하니 대귀족이 망하는 경우도 대단히 많았

다. 이때부터 귀족의 위세가 완전히 땅에 떨어졌고 게다가 그 풍속 역시 점차 나태해졌으니, 그 영지 사람을 군역에 동원하는 대신 영내에서 돈을 내게 하는 데 이르자 비천한 평민(小民)은 스스로 무예를 포기하고 공업에 힘쓰며 왕실의 법률을 존경해 받들었다. 헨리 왕의 정치는 오로지 강대한 자를 제압하는 것이 취지였지만 그 결과 힘없는 평민(下民)을 보살펴 자기 자리를 지키게 했으니, 따라서 그의 정치는 귀족을 멸함으로써 공연히 왕실의 특권을 확장한 것은 아니다. 헨리 7세가 죽고 태자가 즉위했는데, 그를 헨리 8세Henry VIII라고 한다.

○ 헨리 8세는 사정이 있어 왕비와 이혼하려 했지만 로마 교황의 허가를 얻지 못했다. 따라서 교황과의 관계를 끊고 자신을 국내 모든 교회의 수장이라고 칭했다. 이에 앞서 게르만과 스위스에서 프로테스탄트[오늘날 서양인이 주창하는 예수교라는 것 중에서 천주교를 개혁한 것을 말한다] 종파가 생겨 잉글랜드 인민 중에 이에 귀의한 자가 많았고 교회의 신학자도 몰래 이를 신앙하게 됐다. 이번에 국왕과 교황 사이에 불화가 생기자 몽매한 평민(小民)은 점점 로마의 천주교를 미워했고 게다가 난폭한 자는 천주교 성당을 훼손하고 재물을 약탈하는 것을 즐겼으니, 이에 따라 프로테스탄트 종파가 점차 나라 전체로 널리 퍼졌다. 국왕도 종래에 이 종파를 믿은 것은 아니지만 교회의 수장을 자칭하며 로마에 적대했기 때문에 부득이하게 국민들이 개종하는 것을 허했다. 1547년 헨리 8세가 죽고 그 아들 에드워드가 즉위했는데, 그를 에드워드 6세Edward VI라고 한다. 나이는 겨우 아홉 살이었다.

○ 에드워드는 크게 프로테스탄트 종파에 귀의했고 국내의 교화도 점차 성대해졌지만 1553년 불행하게도 단명했으니, 그의 나이 15세였다. 사후 그의 누나 메리Mary I가 즉위해 여왕이 됐다.

○ 이 여왕은 오직 천주교를 믿어 프로테스탄트 종파의 사람을 끈질기게 추포했으니, 국내에서 종파 때문에 목숨을 잃은 자가 200여 명이었다고 한다. 즉위 후 에스파냐 왕 펠리페 2세Felipe II의 배우자가 됐지만 자녀는 없었다. 1558년 사망하자 이복 여동생 엘리자베스Elisabeth I가 즉위했다. 엘리자베스는 원래 프로테스탄트교를 신봉했지만 그 종파의 사람이 방자하게 날뛰는 것을 싫어해 크게 지지하지 않았기 때문에 천주교인도 불만을 가지지 않았고 오히려 서로가 일치했다.

○ 봉건세록의 법이 점차 폐지됨에 따라 국내에서 토지를 소유한 자는 새로운 토지를 개척해 그 영지를 넓히고자 하는 바람을 버리고 오로지 그 한 세대 동안 재산을 쌓는 것에만 힘썼다. 따라서 개간할 수 있는 토지도 자연히 황무지가 됐으니, 이에 따라 평민(小民) 중에 생업을 잃고 다른 나라로 흘러간 자가 많았다. 또한 아메리카에서 금광이 발견된 이래로 유통화폐의 가치가 크게 하락했고, 이에 따라 여러 물품의 가격이 급격히 올라 많은 백성이 곤궁해졌다. 물론 물가 상승에 따라 임금도 늘어났지만 물가 상승률에 미치지 못해 여론이 잠잠하지 않았기 때문에 정부가 누차 법령을 내었으니, 마침내 1602년에 구빈의 대신법大新法을 세웠다.

○ 엘리자베스 시대에는 잉글랜드의 무위가 국내외에서 빛을 발했으

니, 아일랜드도 400년 전에 처음 정복했지만 이때 더욱 확고하게 복종시켰고 나아가 국민의 항해 기술도 일시에 열려 크게 진보했다. 1603년 엘리자베스가 사망했지만 자녀가 없었다. 이에 스코틀랜드의 제임스 6세James VI가 혈통에 따라 잉글랜드 왕의 지위를 계승해 새로이 제임스 1세James I라고 칭했다. 이때부터 양국이 통일해 나라를 그레이트브리튼Great Britain이라고 이름 짓고 아일랜드를 포함해 합중왕국이라고 칭했다.

○ 제임스 1세 재위기에는 국내외로 평화로워 국민이 태평한 혜택을 누렸으니, 아메리카 지방을 개척해 잉글랜드의 식민지로 삼은 것도 이때가 시작이었다. 다만 왕의 인품이 그릇은 작은데 사욕이 많았다. 항상 의사원과 권병을 다투니, 재위 24년 동안 그 쟁론이 그치지 않았다. 1625년에 사망해 태자가 즉위했는데, 그를 찰스 1세Charles I라고 한다. 이때 의사원의 권위가 점차 성대해졌으니, 여러 주에서 대표자를 내어 국정에 관해 회의했고 상하 각각이 마땅한 자리를 차지했으며 대중(衆庶)[7]이 부유해졌다. 그러나 국왕은 의사원이 성대해지는 것을 꺼려 그 권병을 빼앗아 왕실의 권위를 높이고자 했으니, 즉위 후 4년 동안 의사원의 회의를 세 차례 열었을 뿐 그 후에는 이를 닫았다. 이에 여론이 봉기했고 국내의 종교론 때문에 각지에서 도당을 결성해 서로 투쟁하지 않는 날이 없었다. 이에 따라 부득이하게 의사원을 다시 열었지만 결국 국란을 피할 수 없

---

7   후쿠자와가 중서衆庶를 'public'의 번역어로 쓴 바가 있기 때문에 여기서는 중서를 대중으로 번역했다.

었다. 1649년 의사원의 결정에 따라 국왕의 지위를 폐지하고 나라를 합중정치로 했으니, 크롬웰Oliver Cromwell이라는 자가 국의총독國議總督[8]이라는 이름으로 정권을 독점하고 국내외에서 싸워 계속해서 공을 세웠다. 1651년 크롬웰이 사망하고 그 아들이 총독을 사직하게 되자 1660년에 국민들이 함께 찰스 1세의 아들을 추대해 국왕으로 삼았으니, 그를 찰스 2세Charles II라고 한다. 1685년 찰스 2세가 사망하고 그의 동생이 즉위했는데, 그를 제임스 2세James II라고 한다. 제임스가 즉위하고 나서 아버지와 형의 유풍을 좇아 천주교를 신봉하며 타 종교에 귀의한 자를 심하게 미워했으니, 이에 따라 인심을 잃어 국내가 다시 혼란스러워졌다. 제임스는 2녀 1남을 낳았는데, 장녀는 메리Mary II라고 하며 네덜란드 합중정치의 대통령 오라녜 공 윌리엄Willem III van Oranje에게 시집갔다. 차녀는 앤Anne이라고 하고 아들은 제임스 3세James III가 있었지만 아직 어렸다. 이때 국내에서 프로테스탄트 종파를 따르는 자는 모두 국왕의 심기를 건드리게 되어 자기 생명을 지킬 수 없었기 때문에 많은 사람이 네덜란드로 도망가 은밀히 오라녜 공 윌리엄에게 의뢰했다. 이에 윌리엄은 프로테스탄트 종파의 사람들을 모아서 군대를 일으켜 잉글랜드로 향해 그의 장인 제임스를 공격했다. 국민들이 원래 왕의 폭정을 싫어했기 때문에 적을 막는 자가 한 명도 없었고 국왕이 평소에 의지했던 병졸 등도 창을 거꾸로 들어 뒤를 칠 기세여서 왕은 결국 프랑스로 도망갔는데, 이때가 1688년이다. 이에 따라 의사원에서 국내에 포고해 제임스 왕을 폐위하

---

8   호국경護國卿, Lord Protector을 가리킨다.

고 윌리엄을 옹립해 왕으로 삼았으니, 이를 윌리엄 3세라고 칭했다.▶ 윌리엄이 왕위에 오른 이래 국법을 관대히 하고 의사원의 권한을 중시하며 왕실의 특권을 늘리는 옛 폐단을 제거하고 종파 간의 논쟁을 진정시켜 50년 이래의 국란을 일소했으니, 잉글

▶ 윌리엄은 원래 네덜란드 합중 정치의 대통령으로 이번에 잉글랜드 왕위에 올랐기 때문에 양국이 한 명의 군주를 가진 모양이 됐다.

랜드의 역사가 재차 새로운 국면에 접어들었다. 윌리엄 재위기에 프랑스 왕 루이 14세Louis XIV가 천주교를 신봉해 프로테스탄트 종파 사람을 추포함이 더욱 심해지니, 잉글랜드인 중에 그 종파인 자는 이에 크게 분개했다. 게다가 프랑스 왕이 원래의 잉글랜드 왕인 제임스의 일족을 도와 그 가문을 회복하고자 했기 때문에 결국 잉글랜드와 프랑스 양국 사이에 불화가 생겨나 전쟁에 이르게 됐다.

○ 윌리엄 왕의 시대에는 국내의 무역이 점차 번성하고 인구가 점점 증가했다. 100년 전 런던[잉글랜드의 수도] 인구가 25만 명이었는데 당시에는 이것이 배가 되어 50만여 명에 이르렀다.

○ 1702년 윌리엄 3세가 사망했지만 자식이 없었고 왕비 메리 2세의 동생 앤이 즉위했다. 1714년에 사망했지만 자식이 없었다. 일찍이 윌리엄이 살아 있었을 때 의사원과 상의해 법을 세웠으니, 제임스 2세의 일족과 그 외 천주교를 신봉하는 자는 왕실 혈통의 자손이라도 이후 국왕의 지위에 오르는 것을 금해야 한다고 서약했던 것이다. 이번에 여왕이 사망하고 후계자가 없는 상황에서 프로테스탄트 종파에 귀의한 왕족을 탐색하니, 제임스 1세의 증손자로서 하노버[게르만 열국의 이름]의 군주인 조지

George Louis라는 자가 가장 가까운 친척이었기 때문에 그를 맞이해 왕위에 오르게 했으니, 그를 조지 1세George I라고 한다. 제임스 1세 즉위 이래로 왕실의 성을 "스튜어트Stuart"가라고 칭했지만 조지 1세 이후에는 이를 고쳐 하노버가라고 불렀다. 1727년 조지 1세가 사망했고 태자가 즉위했는데, 그를 조지 2세George II라고 한다. 왕의 재상 로버트 월폴Robert Walpole이라는 자가 조지 1세 시대부터 힘을 다해 왕실을 보좌해서 스코틀랜드의 역적을 진압하고[스코틀랜드의 역적이란 스튜어트가를 회복하려고 한 자다] 인심을 진정시켜 조지 2세가 즉위한 이래 20년 동안 국내가 무사태평했으니, 여러 백성이 그 혜택을 입은 것은 오로지 재상의 힘 덕분이었다. 1739년에 잉글랜드의 무역상인 등은 에스파냐인이 아메리카 지방에서 무역의 이익을 독점한 것에 분개했고, 마침내 양국의 원한이 맞부딪쳐 전쟁에 이르자 평소 불순한 무리가 이 기회를 틈타 재상을 중상모략해 결국 그 지위에서 몰아냈다.

○ 1668년의 소란으로 제임스 2세를 쫓아낸 후 국내의 인민 중에 왕의 불행을 추모하며 은밀히 도당을 결성해 스튜어트가를 다시 일으켜 과거의 정치로 돌아가기를 바라는 자가 있었다. 또한 프랑스도 제임스 일족을 부조하며 항상 잉글랜드의 틈을 엿보았으니, 이때 에스파냐와의 연이은 전쟁으로 국내가 조용하지 않은 것을 좋은 기회로 삼아 1745년 제임스 2세의 손자 에드워드Edward라는 자가 프랑스에서 일어나 스코틀랜드 서북의 땅으로 건너가 그 땅의 귀족을 결집해 거병했다. 종래 그 가문의 이름을 추모하던 무리가 봉기하고 운집해 이에 호응하니, 일시에 군세를 얻어 점차 남진해서 잉글랜드 본토를 공격해 들어왔다. 그러나 본토의 사람

들 중에 이에 관여하는 자가 적었고 프랑스의 응원도 없었기 때문에 결국 다시 스코틀랜드로 돌아갔지만 컬로든Culloden에서 관군과 전투해 결국 패주했다. 종래 스코틀랜드의 귀족은 세록을 받았지만 이번 소란이 평정된 후 정부가 그 작위와 세록을 박탈하고 이를 크게 복종시켰으니, 이때부터 국내 요란擾亂의 우환이 사라졌다. 스코틀랜드의 병란 이후 1748년 잉글랜드와 프랑스가 그 외 유럽 각국과 화친해 게르만의 아헨Aachen이라는 곳에서 동맹을 맺었지만, 이 화친조약은 결과적으로 실익이 없는 것이었다. 이때 잉글랜드 해군 세력의 명성이 점차 성대해져 마침내 유럽 각국 중에 으뜸가기에 이른 반면, 프랑스는 해군의 권위를 잉글랜드에 빼앗긴 것에 분개하며 이를 회복하고 해외 식민지를 넓히려고 했으니, 이때부터 잉글랜드와 프랑스 사이에 불화가 생겼다. 동시에 프러시아와 오스트리아 간의 전쟁도 아직 수습되지 않아 유럽 각국의 정황이 어지러웠다. 때로는 합종해 잉글랜드를 공격하고 때로는 연횡해 프랑스를 패퇴시키니, 결국 유럽 전역이 대혼란에 빠졌고 1756년부터 7년이 지나서야 점차 평화를 회복하게 됐다. 세상사람은 이를 7년 전쟁이라 일컫는다. 1760년 대전쟁이 한창일 때 조지 2세George II가 사망했고, 그 손자 조지 3세George III가 즉위했다. 전쟁 초기부터 잉글랜드의 재상 채텀 피트William Pitt, 1st Earl of Chatham라는 자가 문무겸비의 재주와 덕망을 가지고 내외의 일을 처리하니, 잉글랜드의 군대가 항상 승리해 그 위명을 세계로 떨치게 됐다. 그러나 조지 3세가 즉위했을 때 그 재상을 신용하지 못해 결국 그를 쫓아내고 다른 사람으로 하여금 그 직책을 대신하게 했으니, 이때부터 잉글랜드의 무위가 급격하게 쇠퇴했다. 7년 전쟁이 끝날 무렵에는 각국과 화친조약을 맺어 잉글랜드는 북아메리카의 캐나다를 취했다.

○ 7년 전쟁이 평정된 이후 해외 식민지에서 인민이 점차 증가하니, 아메리카에 있는 영지 중에 캐나다를 제외한 나머지 지방을 13개 주로 나누었는데 그 인구가 250만에 이르렀다. 이 외에 동인도와 서인도 제도의 땅도 점차 개척해 부유해졌다.

○ 조지 1세 시대 이래로 잉글랜드 내에서는 기술할 만한 큰 사건이 없었다. 5년 연속 풍년으로 평민(平民)의 안락이 극에 달했다. 1715년부터 1765년에 이르기까지 50년간 흉년은 겨우 세 차례로, 그 결과 밀 가격이 1600년대에 비교하면 절반보다 조금 높은 수준에 불과했다. 인구는 크게 증가하지 않았는데, 1720년 국내의 인원이 530만이었지만 1760년에 640만이 됐다. 따라서 일꾼과 직인은 일당만으로도 스스로 부를 이룰 수 있었고 이에 괴로운 사정을 토로하는 일이 없었으며, 국내 일반의 풍속이 문명으로 나아가 예의를 중시하니 점차 조야한 옛 관습을 벗어났다.

○ 조지 3세 시대에 국민이 산업을 개선하고 공작에 매진하니 점점 부유해져 수년간 급작스럽게 전국의 기풍이 일변했다. 사람들이 모두 문벌을 귀하게 여기는 정치를 혐오하고 스스로 불기독립의 뜻을 품었다. 의사원에서 국정에 관여하는 자 중에도 역시나 이 도당의 사람이 있어 오로지 평민(平民)을 관대하게 대하고 문벌에 얽매이지 않아야 한다는 설을 주창했는데, 정부의 명으로 이 당을 대표하는 윌크스John Wilkes를 의사원에서 축출했다. 이때부터 국민과 불화를 일으키니 결국 그 일이 일대 사건

의 원인이 됐다. 종래 잉글랜드에서 법을 관대하게 하고 문벌을 폐지하자는 설은 1650년대 즈음부터 성행했다. 그 당의 사람 중에 북아메리카의 영지에 거주하는 자가 많았기 때문에 이때 본국에서 그 당을 축출했다는 것을 듣고 이미 동병상련의 뜻을 품게 된 것이다. 게다가 마침 잉글랜드 정부가 아메리카 각 주에 증세의 명령을 하달했기 때문에 주민州民이 크게 분노해 1776년 결국 군대를 일으켜 본국에 모반하고 독립의 격문을 포고했다. 아메리카의 반란군은 그 세력이 처음부터 강성했지만 군사력으로 복종시킬 수 없을 정도는 아니었다. 그러나 프랑스·에스파냐·네덜란드로부터 은밀히 성원을 받았고 나아가 잉글랜드 본국에서도 다른 유럽 각국과 전쟁이 일어나 내외의 일이 중첩됐기 때문에 반란군을 정복할 수 없었다. 1783년에 결국 화친조약을 맺어 아메리카가 독립합중국이 되는 것을 허했다.

○ 아메리카 전쟁 당시 잉글랜드의 재상 로드 노스Lord North는 오로지 군무에만 전념해 크게 인심을 잃었다. 같은 직책의 제임스 폭스Charles James Fox는 종래 아메리카 전쟁과 관련해 노스의 설說에 반대함으로써 서로 반목했지만 전쟁이 끝나자 다시금 서로 화합해 의사원의 관원 중에 가장 권위 있는 귀족들을 끌어들여 도당을 맺었다. 그들은 서로 함께 모의해 왕실의 권한을 제거하고 의사원을 성대히 하려 했으며, 새로운 법령을 세워 인도 지방을 의사원의 지배에 귀속시키려고 했다. 그러나 왕이 처음부터 이 도당을 미워했기 때문에 새로운 법령을 세우려 한 재상 등의 죄를 물어 그들을 축출하고 채텀 피트[조지 2세의 권신權臣]의 아들 윌리엄 피트William Pitt the Younger를 발탁해 일을 맡겼다. 이때 의사원의

하원에서 논의가 봉기해 그 명령에 복종하는 자가 없었기 때문에 사정이 대단히 곤란해졌다. 그러나 피트는 이미 왕의 위임을 받았고 국내의 인심이 크게 노스의 도당[9]을 미워하고 있었으며 나아가 재판국에서도 피트의 설에 동의했기에 그 기회를 틈타 결국 대사업을 달성했으니, 의사원을 일소하고 하원의 이론異論 역시 논파해 새롭게 그 법을 고칠 수 있었다. 그때 피트가 24세였다. 이때부터 새로운 재상의 위명이 국내에 퍼졌고 인재를 발탁해 각각 마땅한 자리를 차지하게 하고 함께 국사를 논의하니, 이에 따라 종래의 불순한 무리들도 점차 재상의 조치를 기뻐하게 됐다. 직위를 맡은 지 10년 사이에 나라 안이 널리 태평한 혜택을 입게 된 것은 재상 피트의 힘이었다.

○ 1750년부터 1770년 사이에 잉글랜드 내에 큰 토목공사를 일으켜 수로를 만들어서 운송을 편하게 했다. 1767년에는 하그리브스James Hargreaves가 방적기계를 발명했으며, 1769년에는 와트의 발명으로 증기 기관이 개선되는 등 공작·제조의 방법과 기술이 일시에 진보했다. 이에 따라 무역·상업의 교류 역시 놀랄 만큼 번창했으니, 조지 3세 즉위 때 잉글랜드 한 해 수출품 금액이 1,500만 파운드였지만 프랑스 소란의 초기에는 그 금액이 증가해 2,500만 파운드 이상이 됐다. 단, 국채도 아메리카 전쟁 때문에 예전에 비해 배로 증가했다.

---

9 폭스-노스 연합Fox-North Coalition을 말한다.

○ 나폴레옹의 소란은 1802년 아미앵의 화친Treay of Amiens[잉글랜드와 프랑스 간의 화친]을 중간 기점으로 삼는데, 그 화친 전에는 잉글랜드 해군이 무위를 떨치며 프랑스와 네덜란드의 해외 식민지를 빼앗았지만 육군은 언제나 프랑스에 격파되어 전혀 승리가 없었다. 화친 후에 피트의 조치가 모두 성공적이지는 못했지만 단연코 프랑스의 지휘를 받을 뜻도 없었다. 피트는 진퇴유곡에 빠져 결국 다른 사람에게 직위를 이양했는데 1803년 프랑스와의 화친이 깨지게 되자 다시금 직위로 돌아왔다.

○ 재상 피트가 재직 동안 세운 큰 공 중 하나는 아일랜드를 합병한 일이다. 아일랜드는 예로부터 잉글랜드의 식민지였지만 본국 정부에서 관리를 파견하고 그곳의 원주민과 정사를 의논하니, 스스로 별도의 정부와 같은 모습을 갖추고 있었다. 그러나 1798년 그 지역 내의 소란이 일어남에 따라 재상 피트가 그 기회를 틈타 완전히 이를 제압해 별도의 정부를 폐하고 새로이 법을 제정했으니, 아일랜드에서 인물 100명을 선거해 하원의 의사관으로 삼고 상원의 의사관도 선거하는 제도를 세운 것이다.

○ 다시금 프랑스와의 화친이 깨졌을 때 잉글랜드는 오스트리아·러시아·시칠리아국과 동맹해 프랑스의 군대와 싸웠지만 계속해서 실익이 없었다. 1805년 트라팔가르 곶Cape Trafalgar[에스파냐의 땅]에서 잉글랜드의 해군 제독 넬슨Horatio Nelson이 프랑스와 에스파냐의 군함대를 격파했지만, 같은 해 게르만의 아우스터리츠Austerlitz에서 오스트리아와 러시아의 군대가 나폴레옹의 군대에 격파된 이후 결국 동맹의 군세가 흔들리게 됐다. 나폴레옹은 그 군대가 향하는 곳이 어디든 천하에 대적할 자

가 없었으니, 의기 충만해 결국 다시 에스파냐를 정벌해서 이겼고 국왕과 왕족을 폐하고 자신의 아우 조제프Joseph Bonaparte를 프랑스에서 옹립해 에스파냐 왕으로 삼았다. 생각하건대 에스파냐 왕은 프랑스의 선왕과 동족으로 부르봉의 성姓이었기 때문에 나폴레옹이 사심을 가지고 이를 미워한 것이리라. 에스파냐 왕족이 폐멸된 이래로 그 국민이 나폴레옹의 흉포함에 분개하며 왕실을 회복하고자 거병해 프랑스에 반란을 일으켰다. 잉글랜드는 이를 좋은 기회로 삼아 에스파냐인을 선동·고무하고 군자금을 보내 군사를 지원하며 함께 맹약해 프랑스라는 외적에 대항했지만 프랑스 군대가 강성해 그 예봉을 당해낼 수 없었다. 이어서 잉글랜드의 장군 웰링턴1st Duke of Wellington이 동맹군을 지휘하게 되자 사태가 일변했다.

○ 웰링턴은 1769년 아일랜드에서 태어나 소년 시절부터 프랑스에 유학해 병법을 배웠고 1787년 출사해 잉글랜드 보병대의 장교가 됐으며 1797년 동인도에 가서 그곳 원주민과 싸워 공을 세웠다. 1805년 잉글랜드로 돌아와 덴마크와 포르투갈을 위해 싸우고 승리해 각국에서 특별한 포상을 받았다. 게다가 이때 에스파냐와 잉글랜드의 장군이 되어 동맹군을 지휘했으니, 프랑스와 싸워 계속해서 이를 격파했고 1813년 비토리아Vitoria에서의 한 번의 전투를 통해 프랑스군을 에스파냐에서 완전히 쫓아냈다. 이보다 앞서 나폴레옹은 45만의 군대를 이끌고 러시아를 공격했는데 굶주림과 추위로 많은 병졸을 잃었고 근근이 남은 병사를 모아 프랑스로 돌아왔다. 이때부터 각국의 군대가 다시 봉기해 힘을 모아 프랑스를 공격했으니, 1814년 마침내 나폴레옹의 제위를 폐하고 엘바Elba 섬으

로 유배 보냈다. 이듬해 봄 나폴레옹이 엘바 섬에서 돌아와 다시금 거병하자 잉글랜드 장군 웰링턴이 동맹 각국의 군대를 지휘해 워털루Waterloo에서 프랑스군과 싸워 크게 이겼다. 나폴레옹을 붙잡아 세인트헬레나Saint Helena 섬으로 유배 보냄으로써 수년간의 소란을 처음으로 평정한 것은 웰링턴의 전공이라 하겠다. 이때 잉글랜드는 웰링턴을 전권사절로 삼았는데 각국의 사절이 오스트리아의 수도 빈에 회동해 화친조약을 맺고 각각 나폴레옹이 침략한 지역을 그 이전 상태로 돌려놨다. 나폴레옹 소란의 시기에 잉글랜드는 단지 그 침입 때문에 피해를 받지 않았을 뿐 전쟁으로 얻은 것은 극히 적었다. 전쟁 기간에 지배했던 네덜란드 영유지 자바Java와 기타 영지도 모두 옛 주인에게 돌려줬기 때문이다.

수년간의 전쟁 동안 잉글랜드 내에서 정부가 거두어들인 세액이 대단히 컸다. 소란의 끝에는 한 해 세입의 액수가 6,000만 파운드에 가까웠고 육해군에 복무한 자가 50만여 명에 이르렀다. 매년 위의 세액을 거둬들인 것 외에도 국채가 증가한 것이 6억여 파운드를 웃돌았다. 재정을 소모함이 이처럼 막대했지만 1803년부터 1815년 사이에는 국내가 가장 부유했다. 아마도 그 이유는 첫째로 국민이 모두 소란의 화를 입어 어쩔 수 없이 공업에 힘썼기 때문이며, 둘째로 소란 이전부터 증기기관 등의 학술이 급격하게 진보해 제조의 공업이 크게 편리함을 얻었기 때문일 것이다.

조지 3세는 재위 말에 이미 너무 늙어 사무에 지쳤으니, 내외의 정사를 모두 태자에게 위임했다. 1820년 조지 3세가 사망하자 태자가 즉위했는데, 그를 조지 4세George IV라고 한다. 조지 4세가 재위 10년 만에 사망해 그의 동생이 즉위했는데, 그를 윌리엄 4세William IV라고 한다. 프랑

◀『아편시말阿片始末』이라는 책에 잉글랜드 여왕의 여동생이 선장이 되어 쳐들어온 것을 중국에서 생포했다고 운운하는 내용이 적혀 있다. 그런데 빅토리아는 켄트 제후의 외동딸로 형제자매가 없다. 게다가 아편전쟁은 1840년 무렵으로 여왕의 나이는 20세 전후였다. 그의 여동생이라면 17~18세의 여자인데 어찌 대군을 통솔해 중국을 공격했겠는가? 망설이 심한 것이다. 이 외에 중국인이 지은 『이비범강록夷匪犯疆錄』 등의 책이 있어 오늘날 시골에 돌아다니고 있지만 완전히 허무맹랑한 소설이다. 학자는 삼가 이에 현혹되어선 안 될 것이다.

스 소란 이후에는 전 유럽이 모두 평온해 잉글랜드에서도 기록할 만한 큰 사건이 없었다. 1837년 윌리엄 4세가 죽었지만 자식이 없었으며, 이에 따라 조지 3세의 자식인 켄트 제후Edward, Duke of Kent and Strathearn의 딸 빅토리아Alexandrina Victoria Hanover를 왕으로 세웠으니, 곧 지금 잉글랜드의 여왕이다.◀

○ 1700년대 말부터 잉글랜드인이 아편을 중국에 수출해 그 국민과 은밀히 매매한 것에 중국 관리가 분노했으니, 지혜로운 결단으로 매매를 금하려 했다. 이에 잉글랜드의 캡틴[관직의 이름] 엘리엇Charles Elliot을 체포하고 위협해 300만 파운드 상당의 아편을 내놓게 한 뒤 모두 불태워버렸다. 일이 마침내 전쟁으로 치달아 중국인이 패배했으니, 잉글랜드에 광둥廣東, 닝보寧波, 저우산따오舟山島를 빼앗겼고 이어서 화친을 애걸하며 홍콩香港을 할양해 잉글랜드에 넘겨줬다. 또한 5개 항구를 열었고 잉글랜드의 상품을 불태워버린 배상금으로 2,100만 달러를 3년 할부로 약속해 잉글랜드에 주었다. 이때부터 잉글랜드인은 홍콩을 열어 무역장으로 삼았고 오늘날의 번성에 이르게 됐다.

정치

잉글랜드의 정치는 시대에 따라 변천해왔고 그때그때의 지식과 경험에 따라 형태를 만들었으니, 건국할 때 미리 정치의 본론本論을 세우고 이후 그것을 실천(實地)으로 옮겼던 것이 아니다. 다만 모르고 의식하지 않은 채 오늘날에 이르렀는데 그 경황을 살펴보니 마치 앞을 내다보는 식견이 있어 후세를 배려한 것 같았다. 거의 사람의 힘이 아니라 하늘이 그렇게 한 것이라고 말할 만한 것이다. 또한 도리에 따라 논하자면 이처럼 자연에 맡겨 인의人意를 섞지 않은 정치에서는 반드시 난잡한 일이 있기 마련인데 오히려 그렇지 않은 것은 식자識者도 해명할 수 없는 것이다.

○ 그 정체政體는 왕가 혈통의 군주에게 국내를 호령할 권한이 있지만 별도의 법률이 있어 군주의 권한을 억제하는 것이다. 이 법률은 3국局에서 나오는 것인데, 곧 3국이란 왕실을 제1국으로 하고 상원을 제2국으로 하며 하원을 제3국으로 한다. 3국 중에 국왕의 위치를 최상으로 정했지만 최상의 권한을 갖는 것은 아니다. 상하원은 각각 별개의 국으로서 일을 의논하고 주장을 펼치니, 국왕을 제1등의 지위에 두고 3국이 회동해 정치를 의논한다. 이것이 소위 의사원이다. 국정에 관한 일은 우선 그 일을 제기한 국에서 의결하고 다음으로 다른 국에서 의논을 거쳐 이론異論이 없을 경우 이를 국왕에게 올리고 그의 면허를 받아 비로소 일정한 국법으로 삼는다. 즉 국왕의 면허를 얻은 날을 그 법을 시행하는 날로 한다. 또한 왕실에서 논의를 제기한 경우에도 상하 양원에서 이론이 있으면 이를 시행할 수 없다.

○ 상원은 의사관이 437명이며 제1 왕족[태자 이하 현재 여왕의 부군도 모두 상원의 의사관이다], 제2 브리튼의 귀족, 제3 대귀족, 제4 주교 등 이상 네 부류가 모인 것이다. 이 중에 왕족과 브리튼의 귀족은 대대로 그 직위(官位)를 자손에게 물려주지만 대임귀족代任貴族이라고 불리는 자는 스코틀랜드와 아일랜드의 귀족들이 서로 인물을 선거하는 것으로 직위를 자손에게 물려줄 수 없다. 스코틀랜드에서는 매년 16명을 새롭게 선거하는 반면 아일랜드에서는 종신직으로 28명을 선거한다. 주교는 종파에 관련된 자로서 잉글랜드와 아일랜드의 성공회(合衆寺院)에서 배출한다. 잉글랜드에서 배출된 전체 인원 중에 4명을 제외한 나머지는 모두 종신직이고 아일랜드에서 배출된 자는 매년 4명씩 순번에 따라 회의에 참여한다.

○ 상원의 장관을 "챈슬러Chancellor"라고 하며 국새國璽를 가진다. 또한 상원은 국정을 의논하는 것 외에 사법을 통괄하는 권한을 가지니, 국내 최대의 재판을 이 국에서 담당한다.

○ 하원의 의사관은 국민이 선거하는 것으로 재직 7년마다 교체하는 것이 법이지만 보통 7년보다 짧은 것을 통례로 한다. 의사관의 수는 658명인데 국내 각지에서 선거하는 의원 수에 관한 법은 다음과 같다. 즉 잉글랜드 40개 군에서 144명, 대학교 2개소에서 4명, 186개 도시에서 323명을 선거하니, 합계 471명이다. 웨일스 12개 군에서 15명, 57개 도시에서 14명을 선거하니, 합계 29명이다. 스코틀랜드 33개 군에서 30명, 76개 도시에서 23명을 선거하니, 합계 53명이다. 아일랜드 32개 군에서 64명, 대

학교 1개소에서 2명, 33개 도시에서 39명을 선출하니, 합계 105명이다.

○ 하원의 장관을 "스피커Speaker"라고 한다. 이 장관은 매년 의사원이 열릴 때 하원의 의사관 중에 호선互選하는 것이다. 상하원이 국정에 관여하는 것은 같지만 하원은 예산처리의 일을 의논하는 특권이 있다. 이 특권은 상원이 부러워하는 바지만 하원은 결코 다른 기관에 이를 허하지 않는다. 모든 금전 문제는 하원에서 정하는 바이기 때문에 상원에서 이를 변경할 수 없다.

○ 정부의 명령은 국왕에게서 나오는 것이 아니라 왕실에서 나오는 것으로 본다. 왕실의 대신은 14명인데 그중 가장 권위 있는 자는 첫째, 재정출납의 권한을 가진 재상, 즉 대각로大閣老다. 둘째, 징세사무재상(賦稅事務宰相), 셋째, 형법사무재상[즉 상원의 장관이다], 넷째, 내국사무재상, 다섯째, 외국사무재상, 여섯째, 해외식민지사무재상이다. 이 외의 대신은 왕실에 정해진 직위 없이 참의參議하는 자다[육해군의 사무를 총괄하는 재상과 같은 자를 말한다].

○ 이처럼 법률을 정해 국내의 소란을 다스리는 칙임勅任을 맡은 자는 국왕이 아니라 사무재상이다. 따라서 재상이 의사원과 국민의 믿음을 잃으면 일의 시비를 논하지 않고 재상의 직을 박탈하고 다른 사람을 대신 그 직책에 임명하니, 나라에 논쟁을 일으킬 만한 어려운 일도 평화롭게 해결해 흔적을 남기는 일이 없다. 그 정치의 상황이 마치 정교한 기계처럼 한 몸 안에서 스스로 조화를 이루는 교묘한 장치가 있는 셈이다. 만약 외부

에서 강폭하게 이를 억압하거나 내부에서 불화가 발생해 분열하는 등의 일이 없는 한 이 정치는 천지와 함께 영구할 것이다.

○ 잉글랜드에서는 정부에서 사람을 교육하는 법률을 세우지 않고 대개 종파의 단체(社中)에서 학교를 설립하고 전국의 사람들의 뜻에 맡겨 그 비용을 내게 하니, 한 해 모이는 금액이 대단히 많다. 소학교 같은 경우에는 대부분 이 방법에 따라 설립하는 것으로, 아마도 소년을 교육하는 데 세계에서 가장 많은 비용을 쓴다고 한다. 다만 정부의 단속이 없기 때문에 이 돈을 쓰는 취지를 잃는 경우도 있지만, 정부가 이에 관여하게 되면 이에 따라 역시 폐해가 발생할 수 있기 때문에 그 이해득실은 알 수 없는 것이다. 학교에 마련된 적금의 이자와 매년 국내에서의 기부금을 총합하면 해마다 40만 파운드에 이를 것이다.

○ 위의 소학교는 오직 상등上等과 중등中等의 사람을 가르치기 위해 설립된 것이지만, 근래에는 가난한 자의 자녀 역시 교육해 나라의 문명을 충분히 하기 위해 더욱더 많은 학교를 설치하니, 그중에 일요학교라고 불리는 것도 있다. 이 학교는 매주 일요일 저녁에 가르치는 것이어서 이런 이름을 얻었다.

○ 1851년 잉글랜드와 웨일스의 인구는 1,792만 7,609명이며 보통학교의 학생 수는 214만 4,378명, 일요학교의 학생 수는 240만 7,642명이다. 따라서 이를 인구의 수에 비례하면 보통학교의 학생은 인구 8.36명당 1명이며 일요학교의 학생은 인구 7.45명당 1명이다.

○ 학교에서 사람을 교육하는 법은 프러시아와 네덜란드 등 각국에 1등을 양보한다고 하는 자도 있지만, 실로 그러한지 아닌지는 알 수 없다. 다만 잉글랜드인이 학술·공작의 모든 분야에서 타국인을 능가하는 이유는 교육이 구석까지 미치기 때문이 아니다. 단지 그 국률이 관대해 사람을 속박하지 않고 사람들로 하여금 그 타고난 재능을 펼치게 하는 데 있는 것이다.

육해군

잉글랜드의 광대함을 기준으로 생각하면 군인의 숫자도 많지 않을 리 없다. 그런데 국민의 수와 군인의 수의 비율로 보면 유럽에서 잉글랜드의 상비병이 가장 적다. 1852년의 기록에 따르면 국왕의 근위대 기병 1,300기와 보병 5,200명을 포함한 군인의 수는 모두 12만 9,625명이며, 여기에 포대의 병사 1만 4,410명을 더하면 총 14만 4,035명이 된다. 이 중에 본국에 있는 자는 불과 5만 1,947명이며 나머지는 모두 해외 식민지에 주둔하고 있다. 또한 본국의 군인을 두 부대로 나누어 3만 305명은 브리튼에 주둔하고 2만 1,642명은 아일랜드에 주둔한다. 그러므로 방어 시 육군의 세력은 해군에 크게 못 미친다. 또한 잉글랜드는 사방이 해안으로 둘러싸여 있긴 하지만 천연의 요충지가 없어 오직 인력으로 방어해야 하는 나라다. 오랜 옛날부터 북방의 적[덴마크인을 말한다]이 군함으로 갑작스럽게 해안을 습격했는데, 땅이 크고 넓어 방어할 힘이 모자라 패배한 일이 있었다. 이는 요충지가 전혀 없기 때문이다. 따라서 오늘날에도 잉글랜드의 경우

◀ 1854년의 기록에 따르면 육군의 전체 인원은 14만 9,630명이며 이 중에 보병과 기병 장교가 5,872명, 동 사관후보생·나팔수·고수가 9,219명, 포병장교가 943명, 동 사관후보생과 병사가 1만 6,655명으로 이 외 군마 수는 9,864필이라고 한다.

해군이 무위를 상실하면 해안을 방어할 수 없다는 점은 옛날과 마찬가지인 것이다.◀

○ 잉글랜드에서는 병졸을 모집하는 데 일정한 법(定法)이 없다. 사람들의 뜻에 맡겨 군역을 바라는 자를 뽑아 군인으로 삼는다. 그 급여는 복무 연수와 직업에 따라 다르다. 즉 근위대의 기사는 하루 급여가 1실링 9페니 혹은 2실링이고 보통의 기병은 1실링 4페니이며 근위대의 보병은 1실링 2페니, 보통의 보병은 1실링 1페니로 정했다. 그러나 평시에 주둔지에 있을 때는 식비로 6페니를 제하고 정부가 의복과 여러 도구도 제공하나 그 대가로 급여에서 제하기 때문에, 군인의 손에 떨어지는 금액은 매우 적다. 단, 전쟁으로 상해를 입은 자와 노년을 맞이해 군역에 나갈 수 없는 자에게는 정부가 부조금을 주고 생애를 마치게 한다.

○ 잉글랜드 해군은 예로부터 숙련된 것으로 여러 나라 중에 가장 국방(武備)이 잘 갖춰져 있다. 1707년 상원 의사관에서 여왕 앤에게 바친 상소에 이르기를, "이 나라가 부강하고 영예를 세상에 떨치는 이유는 해군을 성대히 해 무역에 힘쓰고 그것을 수호하기 때문입니다. 중략. 따라서 폐하께서는 해군을 국내 제일의 사무로 삼으시고 오로지 이에 주의해주시는 것이야말로 신臣 등이 깊이 간원하는 것이 옳습니다"라고 했다. 이때도 상원의 의사관은 국내의 인심을 헤아려 상소한 것으로 잉글랜드인이 해군에 마음 씀이 예로부터 오늘날에 이르기까지 한결같음을 알 수 있다.

해군의 범선과 증기선의 수, 그리고 이에 구비된 대포의 수와 증기기관의 힘을 말의 힘에 비유한 수를 기록하면 다음과 같다. 단, 1850년의 기록이다.

제1등의 군함이 19척으로, 각각 대포 120, 119 혹은 110정을 갖추니, 대포의 총계는 2,216정이다.

제2등, 제3등의 군함이 76척으로, 각각 대포 104 혹은 70정을 갖추니, 대포의 총계는 6,196정이다.

제4, 5, 6등의 군함이 126척으로, 각각 대포 55 혹은 18정을 갖추니, 대포의 총계는 4,873정이다.

"슬루프sloop"선[10]이 79척으로, 각각 대포 18 혹은 8정을 갖추니, 대포의 총계는 986정이다.

"브리그brig"선[11]이 16척으로, 각각 대포 6 혹은 3정을 갖추니, 대포의 총계는 78정이다.

증기 "프리깃frigate"선[12]이 22척으로, 증기력의 총계는 1만 2,222마력, 대포의 총계는 281정이다.

증기 슬루프선이 42척으로, 증기력의 총계는 1만 3,300마력, 대포의 총계는 251정이다.

증기 "건보트gunboat"선[13]이 38척으로, 증기력의 총계는 6,748마력, 대

---

10 범선의 일종으로 한 개의 마스트에 세로돛이 달린 소형 선박을 가리킨다. 여기서는 슬루프에 함포를 추가한 슬루프형 포함Sloop-of-war을 가리키는 것으로 보인다.
11 돛대 두 개에 가로돛을 단 범선으로 쌍돛대 범선이라고도 불린다.
12 프리깃은 현재 호위함을 지칭하는 말이지만, 여기서는 돛대 세 개에 가로돛을 단 범선을 지칭한다.

포의 총계는 125정이다.

증기 "스쿠너schooner"선[14]이 2척으로, 증기력의 총계는 120마력, 대포의 총계는 20정이다.

그 외에 감시선으로 쓰는 제4등 군함의 증기력은 총계 3,800마력이다.

총계 군함 420척, 대포 1만 5,026정이다. 그중에 증기선이 114척으로 총 증기력은 3만 6,180마력이지만 증기 우편선은 이 수에 더하지 않았다.

항해 장교와 선원의 총수는 2만 9,500명, 전투를 담당하는 장교와 병사의 총수는 1만 3,500명으로 총계 4만 3,000명이다.

해군총독을 "로드 하이 어드미럴Lord High Admiral"이라고 하는데 해군국의 전권을 가지고 장교에게 명령을 내리고 신상필벌을 가하며 군함대의 법칙을 정하는 등 모든 사무를 담당한다. 단, 해군의 대법大法은 의사원에서 나온다.

해군장교가 되는 자는 처음에는 먼저 보직 없이 군함을 타고 그다음으로 견습장교(手傳士官)가 되는데, 견습장교의 보직을 6년간 담당해 나이 19세에 이르면 심사를 거쳐 하급 장교가 되고 이후 점차 등급이 올라간다. 이들의 진퇴는 모두 해군국의 평의評議에 따라 결정된다. 또한 해군에 들어가기 전에 포츠머스Portsmouth의 해군학교에서 교육을 받은 자는 예외 등급에 오를 수 있다.

---

13 포를 탑재한 모든 군함을 지칭하지만, 여기서는 무장 브리그보다 소형인 선박을 지칭하는 것으로 보인다.

14 두 개 이상의 마스트에 세로돛이 달린 범선을 가리킨다. 대부분 상선으로 많이 쓰였다.

○ 선원은 각자의 뜻에 따라 복무하는 것이지만 사변이 일어나 인원이 부족할 때는 정부의 권위로 해군의 선원을 강제 동원할 때도 있었다[이후 해마다 증기선의 수를 늘려 1863~1864년에는 크고 작은 군함을 합쳐 700여 척이 됐다고 한다].

재정출납

유럽 각국 중에 잉글랜드의 조세가 가장 많은데 1854년에는 한 해의 세입이 5,700만 파운드의 금액을 넘었다. 그렇다고 잉글랜드가 세금을 거둬들일 때 다른 나라보다 백성을 괴롭히는 것은 아니다. 해당 세법이 선포되면 국민 모두가 이에 따르기 때문에 이처럼 많은 금액을 걷을 수 있는 것이다. 다른 나라에서는 그 세법이 공평하지 않은 경우도 있지만 잉글랜드에서는 그렇지 않다. 빈부귀천이 하나같이 조세를 내는 것을 취지로 한다. 잉글랜드인이 생계가 곤란한 이유는 조세가 가혹하기 때문이 아니라 의식비가 비싸기 때문이다. 그럼에도 의식비가 비싼 것은 결코 우려할 만한 정도는 아니며 오히려 그 나라의 행복이라고도 할 수 있다. 그 이유는 의식비가 비싸서 생계가 어렵기 때문에 인민이 어쩔 수 없이 공업에 매진하니, 그 결과 새로운 발명이 이루어지는 등 국익이 되기 때문이다.

○ 잉글랜드에서 징세의 큰 취지는 생필품과 제조물 중에 품질이 뛰어난 물품은 세금을 가볍게 하고 사치품과 인간의 목숨에 해가 되는 물품[주

류나 담배류]은 세금을 무겁게 하는 것이다. 혹여 사치를 이유로 좋은 물건을 쓰고자 하는 자는 마땅히 그 높은 가격을 지불해야 하는 이치인 것이다. 또한 불행하게 유해한 물건을 복용하는 폐단을 가진 자는 그 물건의 높은 가격 때문에 어쩔 수 없이 스스로 복용을 금하게 되는 이치다.

○ 한 해의 세입 중에 3분의 2는 여러 항구의 관세에서 수납한다. 1852년 1년간 출입한 회계는 다음과 같다.

세입	
관세	3,117만 7,512파운드
국내 산물과 관허의 세금	675만 1,344파운드
증명세	692만 1,299파운드
토지세, 가세 등	355만 9,672파운드
가산세家産税	565만 2,770파운드
우표	244만 2,327파운드
정부 소유 토지산림의 세금	35만 8,265파운드
기타 세금	89만 2,427파운드
총계	5,775만 5,571파운드[15] [1861년의 회계에서는 세입이 7,300만여 파운드에 이른다고 한다]

세출	
관세와 국내의 기타 세금을 징수하는 잡비	263만 8,733파운드
국채의 이자와 그 원금을 반환한 금액	2,793만 4,533파운드

세출	
문관정식의 비용	158만 4,167파운드 이는 왕족의 잡비, 정관의 급여, 의사원의 비용 등을 말하며, 다만 국왕이 몸소 쓴 비용은 38만 파운드다.
재판국의 비용	210만 4,196파운드
외국국의 비용	33만 2,406파운드
군비	1,613만 5,905파운드 단, 이 금액 중에 육군의 비용이 701만 8,164파운드, 해군의 비용이 662만 5,943파운드, 포병대의 비용이 249만 1,798파운드다.
우편장의 비용	134만 1,599파운드
토목공사의 비용	73만 1,399파운드
정부 소유 토지산림의 비용	7만 7,533파운드
무역장 대장貸藏의 비용	12만 5,208파운드
위의 각 조목에 속하지 않는 여러 잡비	222만 3,688파운드
총계	5,522만 9,367파운드

부록

○ 잉글랜드의 해외 식민지는 대단히 광대하다. 그것의 대략을 꼽아보면,
북아메리카 북방의 땅[즉 캐나다 지방을 가리킨다], 서인도[남북아메리카의 경

---

15 후쿠자와의 착오로 정확히는 5,775만 5,616파운드다.

계에 있는 지방을 말한다], 희망봉, 오스트레일리아와 동인도다. 세상 일반의 설에 잉글랜드는 해외 식민지가 넓기 때문에 본국이 부유하고 군사력이 강성하다고 하는 자가 많지만 이 설은 마땅하지 않은 듯하다. 아메리카 대륙을 발견해 사람을 이주시키고 희망봉을 돌아 동인도와 무역하게 되면서 무척 큰 이익을 얻은 것은 오직 잉글랜드만이 아니며 유럽 각국이 모두 그러하다. 해외의 땅을 개척해 그 인민이 점차 문명으로 나아가 스스로 별개의 정부를 세울 만한 세력에 이르렀는데, 옛 방식에 기대어 그것을 속지屬地로 삼아 본국에서 지배하는 것과 그것을 놓아주어 독립시키는 것 중에 어느 것이 본국에 이익이 되겠는가? 아직 그 득실을 헤아리기 어렵지만 아마도 그곳의 독립을 허용하는 쪽이 이익이 있을 것이다. 북아메리카와 서인도에 식민지가 있지만 오늘날에 이르기까지 이 영지에서 한 푼이라도 징수해 잉글랜드의 비용에 보탠 일이 없다. 게다가 그 땅을 수호하기 위해 많은 군함을 보내고 육군을 갖추는 잡비를 본국에서 내는데 식민지의 인민은 오히려 이를 알지 못한다. 따라서 해외에 식민지가 있어도 본국에 이익이 되는 바는 단지 이곳과 왕래해 무역하는 한 가지뿐이다. 그러나 해외 식민지와 무역하는 것은 외국에 가서 무역하는 것과 다를 바가 없다. 무릇 다른 사람과 무역할 때 천연의 이치에 따라 쌍방에 이익이 되지 않으면 본국을 위해 힘쓴 것이라고 말할 수 없는 것이다. 만약 천연의 이치에 따라 쌍방의 이익을 꾀한다면 식민지를 독립국이 되게 하는 편이 이익이 더욱 클 것이다. 이것의 실증을 들자면, 아메리카합중국이 독립한 이래로 잉글랜드가 항상 이 나라와 왕래해 쌍방의 외교가 점점 번성하고 무역의 이익이 더욱 커졌다. 또한 북아메리카의 캐나다는 잉글랜드의 유명한 식민지지만 이 식민지에 가서 무역할 때 원주민이 좋아하지 않는 바를 범했기 때문에 때때로 어려운 일이 발생하기도 했다. 게다가 이 땅에서 수출하는 것 중에 한 품목이라도 다른 나라보다 편리하거나 값이 싼 것도 없다. 해외 식민지와 구태여 무역하더라도 본래 해는 있어도 이익은 없으며, 게다가 독립을 바라는 것을 억압해 속지로 삼아두고자 할 때는 본국에서 들어가는 비용이 대단히 크다. 지금 잉글랜드가 캐나다 지방을 잃지 않은 까닭은 오로지 무력으로 원주민을 진정시키고 있기 때문이다. 이런 대군을 갖추는 비용이 1년에 150만 파운드에 이르는데 이 땅에서 얻는 이익은 이처럼 높은 비용을 충분히 보상하지 못한다. 식자의 설에 캐나다는 조만간 독립국이 되거나 아니면 아메리카합중국의 영토에 들어갈 것이라고 한다.

○ 또한 서인도의 식민지에서 많은 사탕을 생산해 이를 잉글랜드에서 수입하니 그 관세의 금액이 대단히 크다고 하지만, 캐나다에서 차와 연초를 생산해 이를 잉글랜드에서 수입할 경우 관세를 납부하는 것 역시 서인도의 사탕과 다를 바 없다. 게다가 서인도에서 사탕을 생산하는 것이지만 그 물품을 수송하는 자는 잉글랜드 상인이기 때문에 잉글랜드 정부는 자국인에게서 세금을 걷는 셈이다. 게다가 서인도제도의 사탕은 쿠바[서인도에 있는 에스파냐의 식민지]와 브라질Brazil[남아메리카의 독립국]에서 수입하는 것에 비하면 값이 오히려 비싸기 때문에 이 사탕을 쓰는 것은 본국의 손해라고 할 수 있다.

○ 위와 같은 사정에 따라 잉글랜드의 성대함이 그 나라의 식민지가 넓기 때문이라고 생각하는 것은 큰 오해다. 해외 식민지에 가서 무역하는 것은

다른 독립국과 무역하는 것의 편리함만 못하다. 게다가 식민지가 전 세계여러 곳에 산재해 있어 본국과의 거리가 대단히 멀기 때문에 전시에는 적군의 습격을 받기 쉽고 이를 수호하는 데 많고 적은 노력이 들며 군비가소모되지 않을 수 없다. 반복해 숙고하건대, 해외 식민지는 본국의 세력을약화시키는 것이라 말할 수 있을 것이다. 잉글랜드가 부강하고 문명해 다른 나라보다 뛰어난 까닭은 그 나라의 지리가 편리해 산물이 많은 것과인재가 많아 정치가 공정한 것 때문이다. 이미 지리적 이점을 얻은 데다정치가 공정하므로 해외 식민지를 잃어도 조금도 근심할 필요가 없다.

○ 동인도 지방은 다른 식민지와 달리 속국과 같은 것으로, 때때로 잉글랜드에 조세(貢稅)를 납입하는 일이 있다. 그러나 이 조세도 세상사람이생각하듯 막대한 금액은 아니어서 이를 헤마다 평균하면 매우 적다.

○ 몰타Malta 섬[지중해에 있다]이나 지브롤터Gibraltar[지중해협의 북안]와같은 곳은 군함과 상선을 보내 군량을 저장하고 무기를 두는데, 전시에는이곳에서 군대를 내어 적국으로 향할 수 있기 때문에 긴요한 식민지라고할 만하다.

○ 해외의 땅을 보유함으로써 본국에 이익이 되는 바는 인민이 지나치게많아 그 땅으로 이주시켜 사람들로 하여금 타고난 재능을 펼치고 산업을 경영할 수 있게 하는 데 있다. 매년 잉글랜드에서 해외의 땅으로 이주하는 자가 대단히 많다. 특히 아메리카합중국은 본래 잉글랜드의 식민지로, 언어가 같고 길이 가까우며 기후가 온화하고 게다가 그 나라에 이주

해 토지를 얻기가 용이하기 때문에 잉글랜드에서 여기로 거주지를 옮기는 자가 무척 많다. 1825년부터 1849년에 이르기까지 25년 사이에 잉글랜드인이 해외로 이주한 수는 다음과 같다.

북아메리카에 있는 잉글랜드 식민지로 이주한 자	80만 8,740명
아메리카합중국으로 이주한 자	126만 247명
오스트레일리아로 이주한 자	18만 5,386명
이 외에 각지에 있는 잉글랜드령으로 이주한 자	3만 811명
잉글랜드를 떠난 자의 총수	228만 5,184명

「초편」제3권 끝

「외편」

—

제1권

이미 세 권의 『서양사정』이 세상에 나왔는데 최근 다음 편을 바라는 자 역시 많았다. 나는 올해 정묘丁卯[1] 6월 아메리카에서 귀국한 뒤 원고를 완성하려 했다. 그러나 생각해보니 본편[2]의 전체 목차에 따라 그 사정을 기록하는 것은 각국의 사기史記와 정치 등 특정 분야에 대해 알려주는 것에 불과하니, 서양 보통의 사정을 다루기에는 부족했다. 이를 비유하면 마치 집의 주춧돌과 벽의 구성을 알지도 못하면서 갑자기 집 안의 일부분을 검시檢視하는 것과 같은 것이다. 본편의 서두에 비고를 첨부한 것 역시 본래 이런 취지에 따른 것이었지만 그것은 단지 내가 한때 여행 중에 직접 보고 들은 것을 손으로 기록한 것이기 때문에 본디 오류가 적지 않다. 따라서 잉글랜드인 챔버스William and Robert Chambers가 편찬한 경제서[3]를 번역하고, 그 외 여러 책을 초역해 세 권을 증보하니, 『서양사정』「외

---

1 1867년이다.
2 「서양사정」「초편」을 말한다.

편」이라 이름 지었다. 독자들은 마땅히 이를 『서양사정』의 강령으로 간주하고 본편의 비고와 함께 참조해야 할 것이다.

챔버스의 경제서는 그 논설을 크게 두 부분으로 나누고 있다. 전반부에서는 인간교제의 도리(道)에서 시작해 각국이 나뉘게 된 연원, 각국의 외교, 정부가 수립된 연유, 정부의 체재, 국법, 풍속과 인민교육 등에 이르는 조목을 각기 서술하고 있는데, 이를 "소셜 이코노미social economy"라고 한다. 후반부에서는 경국제세經國濟世[4]의 일을 논하고 있는데, 이를 "폴리티컬 이코노미political economy"라고 한다. 그러나 최근 동료(社友)[5]인 간다神田孝平 씨가 번역한 『경제소학經濟小學』[6] 두 권과 비교해 살펴보면 사실 후반부에 기재된 내용과 거의 유사하니, 필경 대동소이한 책에 지나지 않는다. 이런 연유로 나는 챔버스의 책 중 전반부만 번역하고 그 외 경제론의 상세한 내용은 붓을 멈추고 『경제소학』에 양보하려 한다. 따라서 이 책을 읽는 자는 반드시 『경제소학』도 참고해야 비로소 전체적인 진의를 알 수 있을 것이다. 단, 내가 챔버스의 책 전부를 번역하지 않은 것은 결코 힘쓰기 싫어서가 아니다. 무릇 근래에 문화가 점차 열려 번역서가 계속 끊이지 않고 세상에 나오고 있지만, 본래 서양의 학술은 매우 다양해 유한한 힘으로 무한한 책을 읽는 까닭에 가령 우리 단체에서 번역

---

3 William and Robert Chambers, pub., *Political Economy for Use in Schools, and for Private Instruction*(1852)을 말한다. 이 책은 챔버스 출판사에서 출판됐기 때문에 후쿠자와는 챔버스가 편찬한 경제서라고 밝히고 있지만 실제 저자는 버튼John Hill Burton이다.

4 나라 일을 경륜하고 세상을 구제한다는 뜻으로 경세제민經世濟民과 경제經濟의 본말이다.

5 여기서 '사우'는 메이로쿠샤明六社의 동료라는 의미다.

6 William Ellis, *Outlines of Social Economy*(1846)를 말한다. 간다의 번역은 1868년에 발간됐다.

을 업으로 삼는 자가 각 과목별로 힘을 다해 이를 번역한다 해도 그것을 전부 번역하는 것은 대단히 쉽지 않다. 상황이 이럴지니 지금 대동소이한 책을 가지고 무익한 힘을 쏟는 것보다 차라리 그 힘을 다른 책에 쏟아 힘써 신기하고 유익한 사건을 번역하고 널리 세상에 포고하는 편이 더 나을 것이다. 이것이 내가 이 책의 전부를 번역하지 않은 보잘것없는 뜻이다. 과연 지금 말한 것과 같은 이유 때문일까? 모르겠다. 『경제소학』과 이를 분업하는 편리함에 따른 것이라고 한들 어찌 좋지 않겠는가?

이 책은 원서의 순서에 따라 목차를 구성했지만 그 외의 책을 초역해 증보한 경우에는 그 자행字行을 한 단 낮추었으니, 이로써 본문과 구별할 수 있을 것이다. 독자가 이 점을 간과해 혼동하는 일이 없기를 바란다.

게이오慶応 3년[7] 정묘 음력 12월
후쿠자와 유키치 씀

---

7 1867년이다.

인간

사람이 태어날 때 하늘로부터 그 기력과 성질을 부여받으니, 이 기력과 성질에 따라 외물外物[8]의 성性에 응하고 이로써 몸을 완전히 함으로써 아침 이슬 같은 생명을 마칠 수 있게 되는 것이다.

외물이 다가옴에 따라 임기응변해 그 조치를 시행하면 갑작스러운 우환이 없고 죽을 근심도 없다. 이것이 이른바 인간의 행복이기 때문에 망령되이 희로애락의 정精을 쫓고 혈기의 정욕에 제어당하는 일 없이, 적당히 심신을 써서 자기가 바라는 바를 이루고 자기가 좋아하는 바를 얻으며 스스로 만족하는 바를 추구할 수 있는 것이다. 이를 개략적으로 말하자면, 사람은 행동할 수 있는 피조물(造物)이라는 것이다. 추위와 더위, 아픔과 가려움, 바람과 비, 물과 불 같은 것은 사람에게 해가 되는 바가 있는 듯하나, 오히려 사람의 기를 일으키고 그 행동을 북돋우는 데 큰 도움이 되는 것이다. 무릇 자신에게 득 되는 일이 있기를 바라는 자는 먼저 자신

---

8 자기 이외의 것 혹은 마음에 접촉되는 객관적 세계에 존재하는 모든 대상을 말한다.

의 심신을 갈고닦지 않으면 안 된다. 천신만고의 노력을 기피하지 말지어다. 인생에 노력하지 않으면 공이 없나니.

인간 개벽의 처음에는 본래 서로 교류하는 도리(道)를 가르친 자가 없었다. 단지 자연스럽게 희망하는 바와 사람의 기가 향하는 바에 따라 부지불식간에 교제의 법칙을 세워 서로 편리를 도모한 것이다. 그러나 세월이 지남에 따라 그 여러 법 중에 지당한 것을 선별해 마침내 한 과목의 학문으로 삼았으니, 이를 인간교제와 경제의 학(學)이라고 이름 지었다. 지금 이 법칙이 과연 당연한 이치에서 비롯되어 변혁할 수 없는 것인지 아닌지는 정하기 어렵지만, 대개 천하고금의 실험을 거친 것이니 문제없는 것이다. 세상사람이 더러는 인간교제와 경제의 새로운 법(新法)을 주창하고 이를 칭송하는 자 역시 적지 않다. 그러나 이는 모두 그 사람의 좁은 소견에서 비롯된 것으로 자연스러운 인심에는 어긋나는 것이다. 따라서 지금 여기서는 다만 인간의 천성에 따르는 것을 기본으로 삼아 논할 것이다. 혹여 이에 반하는 인간교제의 도리(道)를 세우려 하면 반드시 그 폐단이 있을 것이다.

가족

인간교제는 가족을 그 근본으로 한다. 남녀가 한 집에 사는 것은 사람의 큰 도리(大倫)다. 자식이 태어나 약관에 이를 때까지 부모 슬하에 살며 양육되는 것 역시 보통⁹의 대법大法이다. 이처럼 부부와 부모·자식이 단란하게 한 집에 사는 것을 가족이라고 한다. 무릇 세간에 인정人情이 두 텁고 사이가 좋음이 가족만 한 것이 없다고 한다. 하나의 가족도 그 자손이 번성하면 일족一族의 인종人種이라는 것이 된다. 지금 한 나라에 수 많은 가족이 있지만 그 언어와 풍속이 공통된 것은 원래 한 가족이 번식한 것이기 때문이라고 할 수 있다. 본디 한 나라 인민의 유래를 알 수 없다고 하는 것은 이를 탐색하기가 대단히 어렵기 때문이지만, 대략적으로 체격과 기질을 보면 그 선조가 동일한 하나의 가족이었음을 미루어 알 수 있다.

부부가 짝을 이루는 것은 사람의 행복을 키우고 교제를 두텁게 하는

---

9 여기서 보통普通은 특별한 것 없이 널리 통해 예사롭다는 뜻, 즉 당연하다는 의미다.

것이다. 본래 하늘이 이끄는 바로서 사람의 힘이 아니다. 금수류는 자식을 낳을 때만 스스로 일시적인 짝을 정해 함께 자식을 키우지만 자식이 다 자라 성장하게 되면 곧바로 그 짝과 헤어지니, 암수 한 쌍이 고정되어 있지 않다. 사람의 자식은 처음 태어났을 때 특히 박약하고 그 성장 역시 대단히 느리다. 이때 부모가 힘을 합치고 마음을 하나로 해서 이를 기르고 먹이는 것은 곧 사람의 극히 자연스러운 정이다. 또한 그 자식이 박약해 성장이 늦은 것에는 조물주의 의도적인 뜻이 담겨 있으니, 바로 사람이 짝을 이루는 것을 단단히 하라는 깊은 뜻이라 할 것이다.

사람이 그 자식을 양육하고 보호하며 무병과 안전을 기원하고 자식을 위해 일하며 자식을 위해 고생하고 그를 인도하고 가르치는 것은 한없이 번거로운 일이다. 그러나 결코 이를 기피하지 않고 자식에 대해서는 조금도 나와 남의 차별이 없는 것은 사람의 극히 자연스러운 정이며 하늘의 큰 도리(大道)인 것이다. 무릇 외물과 교제할 때 사람치고 서로 다투는 마음이 없는 자가 없으니, 더러는 이를 사욕私欲이라고도 할 수 있을 것이다. 그런데 지금 가족의 경우 가족 사이에 서로 경쟁하는 흔적도 찾아볼 수 없음은 어찌된 일인가? 생각하건대 조물주의 깊은 뜻이 담겨 있는 것으로, 가족의 화목한 정을 널리 퍼뜨려 사해四海 안을 한 가족과 같이 삼으라는 취지라 하겠다. 본래 이처럼 가족 사이는 화목하고 호의적인 것이지만 그 큰 근본(大本)을 밝혀보면 필경 부부가 서로 신뢰하고 부모와 자식이 서로 친하게 지내는 정情이 있기 때문이라고 할 수 있다. 따라서 세간에 혹여 짝을 이루는 도리(道)가 사라지면 부부와 부모·자식 간에 정을 잃게 되니, 이런 가족에게 행복은 없을 것이다.

일부일처가 한 집에 사는 것은 천도天道로서 이를 한 가족이라고 이름 짓는다. 따라서 여러 부부가 서로 모이는 것 역시 천도의 큰 의의(大義)다. 이렇게 사람이 서로 모여 교제하는 것을 한 종족 혹은 한 나라의 인민이라고 이름 짓는다. 금수는 각기 그 성(性)을 달리하니, 모여 사는 것을 좋아하지 않아 적막하게 홀로 먹이를 구하는 것도 있고 동료를 불러 모아 군집을 이루고 소굴을 공유하며 먹이를 나누는 것도 있다. 오늘날 인간의 행위를 관찰해보면 그 천성이 모여 사는 것을 좋아하고 피차 서로 교제하고 도우며 함께 세상의 편리를 달성하는 성질이 있다. 세상사람 중에 혹여 그 이치를 모르고 홀로 고립되어 세상을 살아가려는 자도 있지만 대개 그 몸의 행복을 잃고 오히려 세간에 해를 주게 된다. 수많은 인민의 성정이 서로 같기 때문에 교제의 방법이 세상에 행해지는 데 문제가 없다고도 할 수 있겠지만, 사람들의 생각은 각각 타고난 관점이 있어 반드시 일치하기는 어렵다. 따라서 인간교제를 완전하게 하려면 상호간에 자유를 허락하고 서로 인내하며 때로는 나의 생각도 굽혀 다른 사람에게 맞추다가 피차 서로 평균하게 되면 비로소 화합하고 조화로운 친목을 간직할 수 있는 것이다.

하늘이 인간에게 생명을 부여할 때 그 생명을 지킬 수 있는 재주와 능력도 부여한다. 그러나 사람이 천부의 재주와 능력을 활용함에 있어 만약 심신의 자유를 얻지 못한다면 재주와 능력 역시 쓸모없다. 따라서 전 세계에서 나라를 막론하고 인종을 불문해서 각 사람이 그 신체를 자유롭게 하는 것은 천도의 법칙인 것이다. 즉 사람은 그 사람의 사람인 것이니, 마치 천하가 천하의 천하라고 하는 것과 같다.[10] 태어나자마자 속박받는 일이 없으니, 하늘로부터 부여받은 자주자유의 통의[11]는 팔 수도 살 수도 없다. 사람으로서 그 행동을 올바르게 하고 다른 사람을 방해하지 않으면 국법으로도 그 몸의 자유를 박탈할 수 없는 것이다. 지금 급여를 받아 다른 사람에게 봉공하는 자는 혹여 그 신체가 부자유한 것처럼 보이지만

---

10 도쿠가와 이에야스德川家康는 "천하는 한 사람의 천하가 아니라, 천하는 천하의 천하이다"라고 했다. 후쿠자와는 이 고사를 인용해서 마치 천하는 천하에게 속한 것과 마찬가지로 한 사람은 그 사람 자신에게 속한 것이라고 말하고 있는 것이다.

11 버튼의 원저에서 '시민적 자유civil liberty'의 번역어다.

실제로는 그렇지 않다. 봉공하는 사람이라 하더라도 그 신체는 그 사람의 신체로서 괴롭고 고된 노동의 대가로 급여를 받으며 일신의 조치를 하는 것이니 남이 이를 흠잡을 일이 없다.

○ 위에서 서술한 자유의 취지는 나라의 제도에서 허락하는 바로서 인민 보통의 자유라고 부른다.

천하를 위해 대법大法을 세울 때는 그 인민을 똑같이 보는 것이 마땅하다. 어린아이든 어른이든 걸인이든 부자든 그 생명의 귀중함은 동일하다. 가난한 아이의 헌옷이라도 법으로 이를 보호함에 있어서는 제후의 영지와 경중의 구별이 없다. 사람이 제 몸을 움직이고 생계의 방법을 선택하며 놀고 즐기는 모양을 달리하더라도 각각 그 사람의 뜻에 맡기니 다른 사람이 이를 방해할 수 없다. 또한 사람이 타고나기를, 몸을 중히 여기고 몸을 사랑하는 성性을 자연스럽게 가지지 않은 자가 없다. 이 또한 조물주의 깊은 뜻에서 나온 것이기 때문에 각 사람으로 하여금 천성을 다하도록 하지 않을 수 없는 것이다. 이는 곧 모든 사람에게 동일한 통의로서 사람이 태어나면서부터 알고 있는 바다. 무릇 인생에 재능이 있거나 없기도 하고 때로는 운이 좋거나 나쁜 경우도 있으니, 동일한 인류라 하더라도 귀천, 빈부, 지우智愚, 강약의 차이가 하늘과 땅만큼 현격해 그 모습은 같지 않은 듯 보인다. 그러나 그 실질을 살펴보면 생명을 보존하고 자유를 구하며 몸을 중히 여기고 소유물을 지키는 통의를 방해할 수 없는 것이다.

사람이 각자의 통의를 제멋대로 행해 천성을 속박하지 않는다면 또한 이에 따라 그 직분을 행하지 않으면 안 된다. 이를 비유하면 가업을 경영해 세금을 납부하는 것과 같다. 스스로 옷과 음식을 구하고 가족에게 이를 제공함으로써 다른 사람에게 짐이 되지 않으려고 하는 마음가짐은 사람으로서의 직분이다. 세상에 법률이 있어 자기 신체를 보전하고 자기 통의를 달성할 수 있는 것이니, 그 법률을 삼가 존경하지 않으면 안 된다. 이 또한 사람으로서의 직분인 것이다. 만약 사람으로서 스스로 의식주를 해결하는 방법을 알지 못해 다른 사람에게 짐이 되고 제멋대로 자기 자유를 추구하고 자기 통의를 달성하려고 하는 것은 곧 다른 사람의 공功을 훔치는 것이다. 이와 같다면 천하는 하루도 교제의 도리(道)를 보존할 수 없다. 또한 세상사람이 법률에 의지해 자기 신체의 보호를 추구하면서도 한편으로는 같은 이유로 그 법률을 어기는데, 자신이 추구하는 바를 추구할 뿐 자신이 마땅히 지켜야 할 바를 지키지 않는 사람이 많으면 천하에 하루도 법이 행해지는 일이 없고 인간교제의 도리(道) 역시 완전히 땅에 떨어지고 말 것이다.

인간교제의 큰 근본(大本)을 말하자면, 자유불기自由不羈한 인민[12]이 서로 모여 힘을 쏟고 마음을 써서 각각 그 공에 따라 보상을 얻고 세상 일반을 위해 세운 제도를 지키는 것이다. 그러나 이를 실제로 실시할 때는 사람들 중에 박약하고 병이 많아 스스로 옷과 음식을 해결할 수 없어서 다른 사람의 부조를 바라는 사람이 있다. 이는 천성이 불행한 까닭이니, 다른 사람이 그를 돕는 것은 건강하고 무사한 사람의 직분이다. 그를 돕는 방법은 각 사람의 뜻에 따라 개인적으로 옷과 음식을 주는 경우도 있고

---

12 '자유로운 시민free citizens'의 번역어다.

가난한 자를 구제하는 법칙을 세우는 경우도 있다. 본래 삶과 죽음이 정해져 있지 않은 인간의 몸에 피할 수 없는 불행이 닥친다면 그를 돕는 것은 곧 조물주의 뜻이다. 그러니 박약하고 병이 많아 다른 사람의 부조를 받더라도 그 본인은 조금도 이를 부끄러워할 이유가 없다. 또한 신체 건강하고 행실이 바른 자가 심력心力을 쓰려고 해도 일시적 장애에 따라 뜻대로 되지 않는 경우도 있는데, 이 또한 서로 부조하지 않을 수 없는 것이다.

○ 이것이 인간의 불행을 다루기 위한 법이지만 본래 인간의 큰 의의(大義)를 논하자면, 각각의 사람은 서로 그 편리를 도모하고 일반을 위해 근로하며 의기義氣를 지키고 절개를 알면서 일하면 그에 따라 보상을 받고 불기독립해 세상에서 처신함으로써 비로소 교제의 도리(道)를 온전히 할 수 있는 것이다.

앞 조목의 논의를 다시 명확히 이해하고자 한다면, 각자 안으로 자신을 돌아봄으로써 나의 한 몸도 다른 사람과 같고 심력을 써서 세상을 살아갈 수 있음을 생각해볼 것이다. 그러니 지금 나태하고 무위하게 세상을 살아가려는 자는 곧 다른 사람으로 하여금 갑절의 노력을 하도록 한 뒤에 은밀히 그 공을 훔치려는 것이 아니겠는가? 따라서 사람으로서 의기와 염절廉節을 안다면 나태하게 안주할 수 없는 것이다. 혹여 스스로 노역勞役하려 해도 기회를 얻지 못한다고 말하는 자도 있다. 그러나 그 말의 실제를 논하면 또한 변명일 뿐이니 허할 수 없다. 무릇 인간교제에서 형제나 친구가 아닌 이상 다른 사람이 생계를 얻도록 주선을 해주는 자는 없다. 그뿐만 아니라 사람의 생계는 임기응변으로서 예측할 수 있는 것이 아니고 스스로 직업을 찾아서 비로소 안심이 되는 지위를 얻는 것이다. 따라서 인간교제의 도리(道)를 온전히 하기 위해서는 나태를 제어해 이를 멈추지 않으면 안 된다. 때로는 이를 벌주는 것도 역시 인仁을 행하는 바라고 말할 수 있을 것이다.

또한 각 사람이 교제의 도리(道)를 존중하고자 한다면 각자가 자신의 덕행을 닦고 법령을 지키지 않으면 안 된다. 야비하고 고루한 풍습을 벗어나 예의문명禮義文明의 세상에 사는 것이 사람이 원하는 바다. 그렇다면 어찌 각 사람이 덕을 닦고 법을 두려워하며 세상의 문명개화를 돕지 않을 수 있겠는가? 만약 그리하지 않고 세상의 풍속을 해치는 자는 그의 죄가 몸을 나태하게 해 다른 사람의 공을 훔치는 자와 같기 때문에 이를 처벌해 후일의 곤란을 방지하지 않을 수 없는 것이다. 그 법은 사람들의 평의評議를 좇아서 처벌하는 경우도 있고 재판소를 세워서 죄를 판결하는 경우도 있다. 재판의 법은 개벽의 때부터 세상에 행해진 것으로 이를 받들어 지키는 것은 세상사람이 마땅히 힘써야 하는 직분이다.

문명의 눈으로 이를 살펴보면, 여러 법 중에는 간혹 사람에게 불편한 것도 있는 듯하지만, 나라의 제도로 시행하고 있는 동안에는 이를 지키지 않으면 안 되는 것이다. 만약 제멋대로 난폭한 행동을 해서 이 법을 어기는 자가 있다면 세상에 매우 큰 해가 된다. 국법 전체의 취지는 사람의 통의를 달성하고 사람의 생명을 보전하며 직업을 영위하고 몸을 안정하게 하려는 데 큰 근본(大本)이 있기 때문에, 이를 멸시하고 두려워하지 않는 자는 스스로 그 어리석음을 드러내는 것과 같다. 만약 일을 실제 행하는 데 있어 불편한 법이 있다면 국의國議에 따라 평화롭게 이를 개정하고 그 폐해를 제거하면 지장이 없게 되는 것이다.

세상의 문명개화

역사를 살펴보면 인생의 시초는 몽매하고 점차 문명개화에 도달하게 된다. 몽매해 문명에 이르지 못한 세상에서는 예의의 도리(道)가 아직 행해지지 않아서 각 사람이 스스로 혈기를 제어하고 정욕을 억제할 수 없다. 큰 사람이 작은 사람을 범하고 강자가 약자를 학대하니, 아내를 노비와 같이 보고 아버지가 아들을 무도無道하게 다루어도 이를 막는 사람이 없다. 또한 세상에 서로 신뢰하는 마음이 엷어서 교제의 도리(道)가 매우 좁기 때문에 제도를 세워 일반을 위한 이익을 도모하는 것도 할 수 없다. 세상이 문명에 도달함에 따라 이 풍속이 점차 그치고, 예의를 중히 여기고 정욕을 제어하며 작은 사람은 큰 사람의 도움을 받고 약자는 강자의 보호를 받으며 각 사람은 서로 신뢰해 단지 사사로운 것만을 생각지 않으며 세상 일반을 위해 편리를 도모하는 사람이 많아지게 되는 것이다.

○ 어떤 사람이 생각하건대, 오랜 옛날 야만인은 물과 풀을 구해 거처를 옮길 때 그 오고감을 방해하는 자가 없었지만, 인간교제의 도리(道)가 세상에 행해진 이후 오히려 사람의 성정을 고치려는 경우도 있기 때

문에 인생 최대의 자유는 야만의 세상에 있다고 한다. 그러나 이는 하나만 알고 둘은 모르는 주장이다. 야만의 세상에서 행해지는 자유란 것은 마치 사람이 굶어죽도록 내버려두는 자유고 힘으로 포학暴虐하게 제멋대로 하는 자유며 죄를 범하고도 벌을 받지 않는 자유다. 어찌 이를 진정한 자유라고 말할 수 있겠는가? 문명개화에 따라 법을 세우고 세상이 한결같이 이를 시행하고서야 비로소 진정한 자유라는 것을 볼 수 있는 것이다.

또한 어떤 사람은 야만은 천연天然이고 문명은 인위人爲라고 말하지만, 필시 글자의 의미를 오해한 주장이다. 문명의 세상에서 행해지는 것 중에 하나라도 천연에서 나오지 않는 것이 없다. 세상의 개화를 진전시키는 법칙을 세우면 그 법이 관대하지만 이를 위반하는 사람이 없고 각 사람이 힘에 제어당하는 것이 아니라 마음에 제어당하는 것이 문명의 모양이다. 이는 곧 인생이 타고난 지극한 본성이니, 이를 인위라고 말할 수 없는 것이다. 모름지기 오랜 옛날 미개한 시대에는 자연적으로 나온 풍속이 당연히 많았지만 지금 그러한 풍속에서 머물러 더는 진보하지 않는 것은 필시 진보를 가로막는 외부의 장해물障害物이 있어 그렇게 만드는 것이다. 그러니 오히려 이것을 인위라고 하는 것이 마땅하다. 하나의 증거를 들어 말하자면, 야만적이고 미개한 사람은 의식주가 모두 불결하고 문명개화된 사람은 청결하다. 지금 사람으로서 그 천성이 오물을 좋아하고 청결한 것을 싫어하는 자가 있겠는가? 그렇다면 야만적이고 미개한 사람이 청결하지 못한 것은 아직 그 사람이 천성을 펼치지 못하는 것이니, 예컨대 갓 태어난 어린아이에게서 재주와 능력의 발생을 아직 보지 못하는 것과 같다.

야만적이고 미개한 사람은 필시 천성을 따르고 인위를 쓰지 않는다고 생각하는 것은 큰 오해다. 어떤 나라에 한 종류의 야만인이 있는데, 그 풍속이 머리가 평평한 것을 귀히 여겨 자식이 태어나면 정수리에 판을 묶어서 두상을 만든다. 또한 중국은 문명의 가르침이 아직 골고루 미치지 않은 반개반화半開半化의 나라라고 할 수 있다. 이에 따라 그 풍속은 부인의 발이 가늘고 작은 것을 아름답게 여겨 여자가 태어나면 발에 폭이 좁은 철제구두를 신겨서 천연의 모양을 이루지 못하게 한다. 이들은 모두 인위로써 천연을 해치는 것이라 말해 마땅하다. 오늘날 진실로 문명개화라고 부르는 나라에서는 이처럼 천연을 방해하는 심한 짓을 볼 수 없다.

　속담에 사람은 문명에 이르러야 그 아름다움을 다한다고 한다. 야만적이고 미개한 나라는 토지가 광범위한 데 비해 인구는 대단히 적다. 이를 평균하면 1리裏 4방方당 1명보다 많지 않은데, 식료품이 부족하기 때문에 그런 것이다. 문명한 나라에서는 경작에 힘쓰고 목축을 권장하며 공업에 종사하고 상업을 경영해서 그 인구가 점차 늘어나니, 이를 평균하면 1리 4방당 250명에 달한다. 또한 우매한 사람은 노인과 어린이를 양육하는 방법을 모르고 생활에 곤란을 겪는 일이 많기 때문에 많은 사람이 단명하지만, 문명개화가 점차 이루어지면 그에 따라 사람도 장수하게 된다. 잉글랜드에서는 지난 100년간 사람의 생사를 집계해 이를 평균해보니 국민의 수명이 점차 증가했다고 한다.

　전 세계 인구는 8억 5,000만으로 이를 전 세계 지면에 평균하면 1리 4방당 17명의 비율이다. 또한 사람의 수명을 평균하면 33세가 정해진 수명(定命)이다. 혹여 그 수명보다 두세 배 더 오래 사는 사람도 있지만 100세 이상 사는 자는 매우 드물다. 따라서 오래 살고 일찍 죽는 자들이 서로 섞여서 33세를 평균수명이라고 하면 33년 동안 전 세계에 태어나고 죽는 사람이 8억 5,000만 명인 셈이니, 1년에 2,600만 명, 1일에 7만 명, 1시간에 3,000명, 1분에 50명의 비율인 것이다.

대개 문명개화라고 주창하는 잉글랜드에서도 그 교화가 아직 널리 퍼졌다고 말할 수 없다. 문자 교육을 받지 못해 무학문맹無學文盲인 사람도 있고 방탕하고 무뢰한 죄를 범하는 사람도 있으며, 두메산골에는 먼 옛날의 나태한 풍습에 안주해 문명의 맛을 알지 못하는 사람도 있다. 그러나 그들은 모두 문명세계 안의 야만인이기 때문에 결국에는 다른 사람의 풍습에 복종하고 다른 사람의 덕에 감화되어 모두 천지의 환락을 누리는 날이 있을 것이다.

이처럼 문명의 세계 안에 있으면서도 교화를 받지 않은 사람이 있는 것은 물론 세상의 폐해라고 할 수 있지만, 그 폐해는 문명이 성대해짐에 따라 저절로 제거될 것이다. 또한 문명이 진보함에 따라 동시에 생기는 한 종류의 폐해가 있으니, 그 폐해를 구제하는 데 별도의 방법을 강구하지 않을 수 없다. 지금 그중 한두 개를 들어서 말하자면, 문명의 가르침이 성대해지면 세상이 부유하게 되고 이에 따라 가난한 사람이 마음을 선동당해 악한 일에 빠지는 일이 있으니, 문명의 폐해다. 증기기관의 형식이 정교함의 극에 달하면서 상법도 그 취지를 바꿨으니, 과거의 상공업이 그 산업을 일시에 잃고 의식이 곤궁해진 사람 역시 적지 않은데, 이 또한 문명의 폐해다. 지금 이러한 폐해를 구제하기 위해서는 세상사람으로 하여금 세상의 전반적 형세를 이해하게 하고 그 심력을 써서 새롭게 생계를 구할 수 있는 방향으로 인도하는 것 외에 다른 방도는 없다. 무릇 사람으로서 의기와 절개를 지키고 마음과 몸을 써서 기피하는 일이 없다면 설령 서로 경쟁하는 세상이라 할지라도 생계의 방도를 얻게 된다는 것은 의심할 바가 없다. 즉, 이것이 문명의 세계에서 추구해야 할 생계의 방도인 것이다.

앞에서 논한 바와 같이 사람이 생명을 유지하고 자유를 추구하며 신체를 소중히 여기고 물건을 소유한다는 이치는 모든 인민에게 예외 없이 동일한 것이지만, 사람의 기질, 재주와 능력은 그렇지 않다. 영민하고 활발한 자도 있고 우둔하고 나태한 자도 있으며 근신하며 공부하는 자도 있고 방탕하고 음란하게 노는 자도 있다. 강자도 있고 약자도 있으니 사람의 천품은 반드시 동일하지 않다. 게다가 지금 여기에 두 명이 있어 천품에는 털끝만큼도 우열이 없다고 하더라도 한 명을 가르치고 한 명을 포기하면 그 인품이 갑자기 변해 천양지차가 될 것이다. 이것이 바로 빈부귀천이 나뉘는 이유다. 대략적으로 이를 말하면 다른 사람이 모르는 것을 아는 자가 다른 사람을 제어하고, 다른 사람이 아는 것을 모르는 자는 다른 사람에게 제어당하는 것이 이치인 것이다.

세상 일반을 위해 노력하고 공을 세운 자에게 작위를 부여하거나 복식을 허하고 공적을 인정하는 것은 각국의 풍습이니, 본인도 이를 명예롭게 여기고 다른 사람도 이처럼 하도록 격려하는 데 큰 도움이 된다. 혹여 각국의 풍속 중에 공을 세운 자라도 복식을 부여하지 않는 나라도 있지만 이를 귀히 여기는 마음만은 만국 공통의 인정人情인 것이다.

이처럼 유공자에게 작위와 복장을 부여하는 것은 원래 당연한 이치이기 때문에 사람들이 허락하는 바지만 이를 후손에게 전하는 것은 이치에 반하는 것이라고 말하는 자도 있다. 그러나 옛날부터 각국에서 유공자가 한번 작위를 얻으면 그 후손이 공로가 없다고 해도 부친의 여경餘慶[13]을 계승해 대대로 작위를 전하는 것이 풍습이 된 것은 어찌 된 일인가? 만약 학자가 여기에 의문을 가진다면 사람의 지극히 자연스러운 정을 자세히 살펴야 할 것이다. 그리하면 크게 깨닫는 바가 있어 이 풍습이 무리하지 않은 것임을 알 수 있을 것이다.

무릇 세상사람이 말년에 자신의 소유물을 처리하고자 할 때 이를 반드시 자식에게 물려준다. 원래 부자지간이 한 몸이기 때문에 부친이 명을 다해도 자식이 대를 이으면 장작이 다 타서 불이 꺼지는 것처럼 단지 그 시대를 새롭게 바꾼 것일 뿐이니, 아버지의 신명身命은 여전히 존재하는 것이나 다름없다. 이미 부친의 생명과 신체를 계승했기 때문에 그 밖의 유물을 받는 것은 처음부터 당연한 이치로서 더욱더 의심할 여지가 없게 되는 것이다. 또한 세상사람들도 동병상련의 마음을 가져 서로 이를 허하지 않는 자가 없다. 이미 부친의 신명을 계승했고 그 가산과 유물을 받은 것이기 때문에 그 작위만은 부여하지 않으려고 해도 이 또한 인정에 따라 행해지기 어려우니, 결국 그 작위도 가산·유물과 함께 자손에게 전하는 것이 풍습이 됐다. 곧 이것이 세상사람이 공 없이도 위位를 유지하고 명분

---

13 다른 사람에게 좋은 일을 한 보답으로 훗날 그 자손이 받는 경사慶事를 말한다.

과 실제가 서로 어긋나게 된 이유인 것이다.

　세상사람 중에 혹여 이 풍습이 크게 이치에 반하는 것이라고 논의하는 자도 적지 않지만, 세상의 인정을 살펴보니 부친의 작위를 받은 2대째를 존경하는 것이 초대初代의 사람에 대해 그리하는 것과 다르지 않다. 게다가 자자손손 세대가 더해지면서 이를 귀히 여기는 것도 깊어진다. 생각하건대 이러한 인정은 사람이 오래된 것을 귀히 여기는 마음에서 나오는 것이라 할 수 있다. 세상사람들이 별 생각 없이 모씨는 혈통 12대째의 명문가로 지금 갑자기 사람의 힘으로 세운 문벌이 아니라고 말하는 경우가 있는데, 세상에서 옛 나라의 군주를 존경하는 것 역시 인정인 것이다. 천하의 사람들 중에 문무겸비의 재주와 덕망을 가지고 국가를 지배할 수 있는 인물이 적지 않다고 하더라도 인심을 복종시킬 수 있는 문벌은 대단히 적기 때문에 덕이 있는 자가 반드시 천하를 보전할 수 있는 것은 아니다. 지금 세계 각국에서 대부분 국왕이나 귀족이 정치를 행하는 것은 자연스러운 인정에서 나타난 것이며 우연이 아닌 것이다.

세상사람이 서로 힘쓰며 다투는 일

일종의 정에 기초해 서로 몸과 소유물을 내어주는 것을 꺼리지 않는 것이 가족 관계지만, 이제 집을 나가 세간을 바라보니 그러한 정이 있는 곳이 없고 사람들이 스스로 자신의 길을 찾고 자신의 일에 종사하며 자신의 취지를 달성하고자 앞을 다투지 않는 자가 없다. 이것이 곧 세상사람이 서로 힘쓰며 다투는 성정이니, 세상에 이익이 되는 바가 적지 않다. 만약 세상사람에게 이러한 인정이 없다면 심력을 다해 공명을 세우는 일이 없을 것이다.

앞의 조목에서처럼 자신의 행복을 추구하고 자신의 취지를 달성하며 자신의 생계를 위해 다른 사람을 돌보지 않는다고 하더라도 오직 자신의 사욕을 마음대로 추구하기 위해 다른 사람에게 방해가 될 염려가 없는 것은 문명이 그렇게 하는 바다. 지금 배움이 없는 야만족 무리 사이에 약간의 재화를 던지면 곧바로 그 무리에서 위아래로 동란이 일어나 서로 이를 위해 다투어 얼굴에 상처를 입히고 눈을 할퀴게 될 것이니, 그 추태를 차마 눈뜨고 볼 수 없을 것이다. 그러나 문명의 세상에서는 그렇지 않다. 사람들 모두가 옳고 그름을 알고 예의를 중히 여기기 때문에 사람을 해하며 자신의 취지를 달성하는 일은 없다. 미개해 문명에 이르지 못한 세상에서는 사람을 해치지 않으면 스스로 이익을 얻을 수 없으니, 이에 따라 심신이 활발해 일을 이루는 자는 언제나 도적이다. 문명의 세상에서는 그렇지 않다. 무릇 부귀영달을 얻는 데 두 가지 길이 있다. 하나는 다른 사람의 물건을 빼앗는 것이며, 다른 하나는 스스로의 힘으로 새롭게 이를 일으키는 것이다. 무武를 귀히 여기고 힘을 두려워하는 나라에서 부귀를 얻으려면 반드시 다른 사람의 물건을 빼앗는 것 외에 길이 없다. 따라서 문명이 아닌 세상에서 부귀한 자를 보면 반드시 다른 사람에게 손해를 끼치는 자다. 즉 전쟁을 일으켜서 함부로 다른 나라를 공격해 빼앗고 도적과 마찬가지인 거동으로 스스로 부귀를 얻은 자가 있고, 국민을 노복奴僕처럼 부리고 그들의 고혈을 빨아 스스로 부귀를 얻은 자도 있다. 이들은 모두 다른 사람에게 손해를 끼치는 자다.

동양 각국에서는 최근에 이르기까지도 여전히 폭정을 자행했으니, 한때의 사욕으로 부자의 재산을 몰수하는 경우가 있기 때문에 설령 실제 부자라 하더라도 부자라는 분위기를 사람들에게 풍기는 것은 신변에 큰 위협이 됐다. 유럽에서도 옛날 봉건세록의 난세에는 세상사람이 편안하게 산업을 영위할 수 없었기 때문에 모두가 재화를 모아서 은밀히 쌓아두었으니, 국내의 귀족이 이를 발견해 무법하게 탈취하는 일도 누차 있었다. 실로 그 시대에는 세록을 받는 무사 등이 평온하게 직업에 종사하는 것을 치욕으로 여겨 오로지 마음대로 난폭하게 굴며 세상사람이 모아서 쌓아둔 재화를 탈취하는 것에 조금도 거리끼는 바가 없었다.

이처럼 천하가 무武를 귀히 여겨 서로 앞을 다투고 부귀영달을 추구하는 것은 인생이 서로 힘쓰고 다투는 취지와 비슷하지만 실제로는 시세의 폐해이기 때문에 이를 세상의 번창이라고 말할 수 없다. 문명의 가르침이 점차 행해지고 사람들이 덕행을 쌓고 지식을 닦게 되면 세상의 형세가 그 취지를 완전히 바꾸게 된다. 사람들이 스스로 영달을 추구하면 이와 함께 다른 사람의 영달을 이루어주게 되니, 스스로 부와 행복을 추구할 때 자신의 힘을 쓰고 다른 사람의 물건을 탐하는 일이 없는 것이다.

이런 맥락에서 최근 증기기관의 장치를 크게 이루어 증기차 철로의 방법을 발명한 와트[아래에 간략한 전기가 있다], 하그리브스[방적기관을 발명한 사람], 아크라이트Richard Arkwright[위와 같음], 스티븐슨[아래에 간략한 전기가 있다]과 같은 대가 선생들도 그 발명에 따라 저절로 공명과 영달을 얻었으며, 또한 이와 함께 천하에 큰 이익을 가져왔다.

그뿐만 아니라 이러한 대발명을 옆에서 도와 그 목적을 달성시킨 자 역시 저절로 공명과 영달을 얻었고 함께 천하의 이익을 이루었다. 무릇 문명의 세상에서도 스스로를 위해 다른 사람에게 손해를 끼치며 스스로의 이익을 챙기는 자가 없다고 할 수 없지만, 그러한 야비한 인물은 대개 일을 이룰 수 없다. 또한 문명개화의 제도에서 허락하지 않는 바이기 때문에 항상 전전긍긍하니, 그 살아가는 모습이 대단히 보기 흉한 것이다.

앞의 조목들에서 논한 바에 미루어보건대, 인생은 서로 해를 끼치지 않고 각자가 그 부귀와 청운의 뜻을 달성하고자 하는 것이며, 또한 서로 힘쓰고 다투는 것이 오히려 세상에 이익을 가져오는 것이다. 따라서 가족 간에 자애(親愛慈情)를 주로 하며 서로 경쟁하는 마음이 없는 것은 노인과 어린이, 작은 자와 약한 자를 돕기 위한 것이며, 세상의 교제에 있어 서로 앞 다투어 영달을 추구해도 폐해가 없는 것은 세계 일반에 이익을 이루도록 하기 위한 것이다. 이는 모두 조물주가 그렇게 한 바로서 그 심사가 정교함을 알 수 있다.

그러니 만약 세상사람이 악행을 저지르지 않고 지력으로 공명과 청운의 뜻을 달성하고자 한다면 이를 허용하고 그 통달通達을 방해하지 않아야 한다. 그러나 사람이 역시 망령되이 영달을 바라며 자기 욕망에 열중할 뿐 이를 절제하는 법을 알지 못하면 청운의 뜻도 변해 야심이 되고 사람을 이롭게 하지 않고 오히려 해하는 일도 적지 않다. 사람들이 이처럼 사리事理를 오해하는 연유를 살펴보면, 처음부터 사욕을 제멋대로 채우고자 해서 바라는 바를 얻지 못하고 결국에는 일생의 뜻을 그르치게 되는 것이니, 사람은 일의 시작을 조심하지 않으면 안 되는 것이다. 본래 천하의 사람들 중에 불의하지만 부유하고 귀한 자도 있지만, 모름지기 천도天道와 인륜(人理)의 대의에 어긋나는 바이기 때문에 이를 지혜(智)라고 말할 수 없다. 또한 문명이 성대해짐에 따라 세상 일반 사람들의 이익을 균등하게 하는 풍속이 되기 때문에 그러한 세상에서 다른 사람에게 해를 끼치고 오로지 사사로운 이익만을 탐한다면 반드시 자기 힘이 미치지 못하는 일이 있을 것이다.

인생이 앞 다투어 자신만을 위해 일을 도모하는 것 같지만 일은 반드시 혼자 힘으로 이룰 수 있는 것이 아니며 항상 다른 사람과 교제해 함께 하는 경우가 많다. 그 교제는 모름지기 다른 사람과의 교제이기 때문에 가족처럼 친애의 정을 바라고 피아의 차별이 없는 것은 아니다. 그러나 서로 위급함에서 구하고 환락을 함께하는 취지이기 때문에 인간에게 없어서는 안 될 교제인 것이다.

와트 약전

제임스 와트는 1736년 잉글랜드의 그리녹Greenock에서 태어나 1819년 잉글랜드 히스필드Heathfield에서 죽었다. 그의 아버지는 처음에 부유한 조선가造船家였지만 만년에 파산해 집이 가난해져 자식을 교육할 수 없었다. 그런데 와트는 선천적으로 몸에 병이 많아 집 밖으로 나가는 것을 좋아하지 않았고 항상 방에서 책을 읽으며 산술과 기계의 학문을 연구해 14세 때 스스로 전기기계를 만들었다. 또한 그 무렵 하루 종일 집에 있으면서 차를 끓여 마시다가 찻주전자의 뚜껑을 열고 닫으며 찻주전자의 주둥이에서 나온 수증기에 숟가락을 갖다 대었다. 숟가락에 수증기가 모여 물이 된 것을 한 방울씩 세고 있을 때 그의 숙모가 이를 보고 와트의 의중을 모른 채 나태하고 무익한 짓을 하고 있다고 크게 야단친 일이 있다고 한다.

○ 이후 와트는 식물학·화학·광산학을 공부했고, 특히 궁리학에 대해서는 심오한 뜻에 이르렀다. 나이 18세 때 측량기계의 제작을 배우려고 글래스고Glasgow에 가서 여러 선생과 교류했는데, 특히 닥터 블랙Joseph Black, 닥터 딕Robert Dick과 아주 친하게 사귀었다. 1년 동안 글래스고에 있다가 런던으로 가 거기서도 약 1년 동안 있었을 무렵 때마침 병에 걸려 귀향했다. 그 후 다시 글래스고에 가서 학교 부속의 기계사器械司가 되어 제작소를 설립해 기계를 만들게 됐다. 그 학교 학생들과도 점차 교류하게 되면서 학생들이 학술에 의심 가는 부분이 있으면 때때로 와트에게 질문하고 그의 설명을 들어 큰 발명을 이룬 것도 적지 않았다. 당시 학교의 평

판에 따르면, 와트는 단지 정교한 기계사일 뿐만 아니라 궁리학의 일대 선생이 됐으니, 그의 명성은 날이 갈수록 높아졌다. 이때 학교에 미스터 로비슨John Robison이라는 사람이 있었는데, 특히 와트와 금란지교金蘭之 交를 맺었고 와트도 이 사람에게 학술적으로 이익을 얻는 바가 많았다.

○ 와트가 증기를 써서 운동의 힘을 일으키고자 연구(工夫)를 시작한 것은 1755년경이었다. 같은 해 친구 로비슨과 함께 모형을 만들었지만 의도대로 되지 않아 폐기했다. 그리고 1761년에서 1762년 사이에 다시 연구를 진행해서 가볍고 작은 물대포 모양의 통을 만들었다. 이것을 거꾸로 세워 통 안의 막대기에 추를 걸고 통 안의 날(鐹) 아래로 증기를 넣어 추를 들어 올리고 또 그 증기를 흘러나오게 해 추를 내려오게 하는 것도 시도했는데, 일부 연구를 이루었지만 물론 실용에 이르지는 못했다.

　1763년에 와트는 학교를 떠나 아내를 얻어 집에 머물면서 가드너John Gardner라는 사람을 조수로 고용해 그와 함께 밤낮으로 고심하면서 증기통을 연구해 그 모양을 다소 개조했다. 그러나 여기에 두 가지 문제가 생겼는데 하나를 해결하려 하면 다른 하나가 문제를 일으키니 어찌할 방도가 없었다. 즉 증기를 통에 채워 날을 한쪽으로 전진시키고 나서 그 증기를 다시 냉각시켜 한번 팽창된 것을 즉시 수축시키지 않으면 안 됐는데, 이것이 첫 번째 문제였다. 또한 통 안의 증기를 수축시켜 그 날을 본래 상태로 돌리고 나서 통을 뜨겁게 해 다시 들어오는 증기로 날을 추진할 때 그 온기를 잃으면 안 됐는데, 이것이 두 번째 문제였다. 이처럼 처음에 통 안에 증기를 넣을 때는 그 통을 뜨겁게 하기 위해 다소 열을 잃고 또 이것을 식혀 날을 되돌리려고 할 때는 다소 시간을 잃어 무익하게 증기를 소비하는 것이 매우 많았다. 위의 두 가지 문제를 보고 생각한 와트는 통의 온도를 항상 변화시키지 않고 증기만을 수축시키는 방법을 얻으면 기관의 힘을 크게 증대시킬 수 있을 것이라고 연구의 단초를 얻었지만 수개월 간 그 연구를 달성하지 못했다. 이에 직경 9인치, 길이 1피트 정도의 나무로 만든 통을 만들고 일종의 가마솥을 써서 이를 시도하니, 뜨거운 물이 증기를 내뿜는 양은 수면의 넓고 좁음이나 물의 많고 적음에 관계없이 오직 열의 강약에 따라 많고 적음이 있다는 것을 발견했다. 또한 1세제곱인치의 물을 증기로 바꾸면 대략 1세제곱피트의 분량으로 늘어난다는 설을 정립했다. 이처럼 점차 발명을 거듭해 1762년에 비로소 증기통[실린더cylinder]과 증기를 수축시키는 기계[콘덴서condenser]를 별도로 하는 것을 고안(工夫)했으니, 이에 따라 종래의 의문이 점차 해소됐다.

또한 1768년 로벅John Roebuck의 조력을 받아 주석(錫)으로 직경 18인치의 통을 만들어 이를 시도하니 증기의 효용이 크게 나타나 이듬해 관허[페이턴트patent]를 얻었다. 로벅이 이번의 새로운 발명에 크게 힘이 됐기 때문에 향후 이 기계로 얻을 이윤의 3분의 2를 로벅에게 주는 것으로 정했다. 그러나 이후 로벅은 금속공업 일로 바빴고 와트는 운하 일 때문에 증기기관을 크게 완성할 겨를이 없었다. 로벅은 1773년 친구의 조언에 따라 지금까지의 인수관계引受關係를 소호Soho의 볼턴Matthew Boulton에게 양도했고 와트도 거기서 함께 일해 그 이듬해 드디어 새로운 발명의 대업을 이루고 증기기관 회사를 세웠으니, 오늘날에 이르기까지 이를 볼턴과 와트의 회사라고 칭한다.

1769년에 처음으로 관청에서 5년간 전매면허를 얻었지만 발명이 완성될 때쯤 이미 정해진 기간이 끝났기 때문에 다시 1775년부터 25년간의 전매면허를 요청했다. 이후 기관을 만드는 일이 점점 많아져 개조를 통해 더욱 그 정밀함을 높였다. 원래 그 이전에 증기기관을 연구한 자가 많았지만 이를 크게 이루어 실용화한 자는 와트였기 때문에 증기기관의 발명자로서 그 명성을 후세까지 남겼다. 어떤 사람이 이를 칭찬하며 선생의 연구로 증기기관이 한층 크게 이루어질 수 있었으니 그 힘의 강대함과 운동의 자유로움이 참으로 경탄할 만한 일이라고 말했다. 큰 코끼리의 코로 바늘을 집거나 큰 나무를 가르는 것도 증기의 상대가 되지 못하며, 인쇄판을 조각하는 정교한 손도 이에 미치지 못한다. 철괴를 밀랍보다 부드럽게 으스러뜨리고 실을 머리카락처럼 섬세하게 방적하며 군함을 물방울처럼 가볍게 드니, 이로써 얇은 비단을 꿰맬 수 있고 닻을 제련할 수 있으며 강철을 잘라 바늘을 만들 수 있고 풍랑을 거슬러 배를 전진시킬 수 있게 된 것이다.

○ 1794년 와트와 볼턴은 그 자식에게 권유해 증기기관 회사에 입사시켰고 와트는 1800년에 이르기까지 25년간 전매의 이윤을 받았다. 그 후 회사를 떠나 몇 년 전에 구입한 히스필드의 전원으로 돌아가 지기知己 학우와 함께 풍월을 즐기며 여생을 마쳤다고 한다.

스티븐슨 약전

조지 스티븐슨은 잉글랜드에서 철도와 증기차를 창조한 사람이다. 1781년 노섬벌랜드에서 태어났고 1848년 탑톤 파크Tapton Park에서 죽었다. 형제는 여섯 명이었는데, 그의 아버지는 와일럼Wylam 탄광에서 증기기관에 불을 때는 일을 하며 항상 힘써 가족의 옷과 음식을 마련하려 했지만 충분치 않았으니, 본래 자식에게 글을 가르칠 여력이 없었다. 스티븐슨은 둘째로, 유년시절부터 책을 읽은 적이 없었다. 아홉 살 때 이웃집에 고용되어 일당 2"펜스pence"[14][페니penny는 우리의 7분分 5리厘에 해당한다. 본편의 부록에 있다]를 받으며 소를 먹여 기르고 지키는 사람이 됐으며 그 외에 농업을 돕기도 했다.

그러나 원래의 바람이 아버지와 같은 일을 하는 것이었기 때문에 14세 때 부모를 따라 듈리Dewley로 집을 옮겼을 때 스티븐슨은 침착하고 재주 있는 소년으로 그 지역에 있는 탄광 회사의 사랑을 받아 증기기관에 불을 때는 보조로 임명됐다. 이후 불을 때는 일로 이곳저곳의 탄광에 고용돼 세월이 지나면서 점차 증기기관을 다루는 법을 습득했고 때로는 이를 분해해 일련의 수리작업도 할 수 있게 됐지만, 18세 때까지는 독서하는 법도 몰랐을 뿐만 아니라 자신의 이름도 읽을 수 없었다. 이때부터 일을 하는 와중에 탄광의 소년들과 함께 야학에 다니며 스스로 열심히 공부해 2년 만에 드디어 책을 읽고 문자를 쓰며 산술과 가감승제를 자유로이 할 수 있게 됐다. 1802년 결혼해 불과 2년 만에 불행히도 아내를 잃었지만 자식 로버트Robert Stephenson[후에 대가가 됐으며 그 명성도 아버지에게 뒤지지 않았다]를 남겨놓았으니, 스티븐슨은 이 자식을 데리고 킬링워스

---

14 펜스는 페니의 복수형이다. 후쿠자와는 여기서 둘 다 펜스라고 썼지만 「초편」에서는 페니라고 썼다. 이에 여기서만 펜스라는 표현을 살렸고 나머지 부분에서는 페니로 통일했다.

Killingworth의 탄광에 가서 일했다. 그러나 원래 급여가 적었을 뿐만 아니라 종종 급여의 일부로 부모의 곤궁을 도왔으니, 소득으로 지출을 충당하기 어려웠다. 일신의 가난함을 어떻게 할 방법이 없어 때로는 마음을 바꿔 아메리카에서 생계를 구하고자 방책을 생각해보기도 했지만 수천 리 밖 먼 나라로의 여비를 마련할 방편조차 없었다. 따라서 마음을 먹고 오로지 일신의 심력만을 가지고 장래의 화복禍福을 시험하고자 했으니, 이를 위해 정해진 일을 하는 한편으로 자신을 위해 기계서器械書와 증기서蒸氣書를 읽었다. 다른 한편으로 다른 사람을 위해 시계를 고치고 구두를 수선하며 찢어진 옷을 수선하고 때 묻은 내의를 세탁했으니, 손발을 움직여 다른 사람을 편리하게 해주어 자신의 생계에 도움이 되는 일이 있다면 어떤 번거롭고 수고로운 일이라도 한 번도 이를 꺼리지 않았다.

당시 탄광에서의 평판에 따르면, 스티븐슨은 다재다능한 사람으로서 같은 직업의 일꾼들에 이르기까지 모두 그를 소중하게 여겼다. 이렇게 시간이 지나가는 사이, 1812년 탄광 주인이 기계 개선의 일로 스티븐슨의 이야기를 듣고 크게 기뻐하며 바로 그를 선발해 킬링워스의 증기기관사로 임명하고 1년에 100파운드의 급여를 줬다. 이때부터 스티븐슨도 다소 지위를 얻어 예전부터 갖고 있었던 평소의 생각을 실제 실행했으니, 여러 가지 편리한 기계를 제조했다. 그중에서도 특히 증기차의 제식制式은 수년간 마음에 두었던 바인데, 당시 세상에 존재하는 여러 기계를 탐색해 제식을 보고 그 효용을 살폈다. 이것저것을 상호 비교한 뒤 1814년 한 종류의 증기차를 제조해 이를 시험했더니 전대미문의 효용을 이루었다.

이보다 전에 만들어진 차는 바퀴 둘레에 요철을 만들어 철도 위에서 미끄러지는 것을 막았지만 스티븐슨은 이 요철을 제거했다. 그 외에도 변혁한 부분은 많았지만 사람들의 의견이 일정치 않았기에 그 서투름을 비판하기도 했다. 그러나 조금도 굴하는 기색 없이 잉글랜드 내 여러 노선생老先生을 적수로 삼아 홀로 그 뜻을 다듬으며 연구를 거듭했다. 서너 차례 시험했을 때 우연히 증기의 소음이 지나치게 시끄러운 것을 피하기 위해 솥에서 새어나오는 연기를 굴뚝으로 빠지게 했더니 증기가 배출되면서 바람이 일어 화력이 세지는 것을 보고 크게 기뻐했다.

◀ 본편 증기차 조목에 1812년 증기차가 만들어져 석탄을 운송했다고 운운했지만, 그때의 제작은 단지 연구를 시작했을 뿐이어서 아직 증기차라고 할 수 있는 것은 아니었다고 해야 할 것이다.

이 우연한 발명에서 그 이치를 얻어 증기의 힘을 강하게 끌어올리는 기술을 습득했으니, 마침내 1815년 다시 차를 만들어 비로소 큰 성과를 얻었다.◀ 이처럼 증기차의 제식은 거의 갖추어졌지만 스티븐슨이 생각하건대 증기차가 있으면 반드시 철도가 있어야 했다. 증기차와 철도 중 하나가 없으면 쓰기 어려워지니, 이에 철도의 개혁을 시작해 철선을 굵게 하고 궤도의 폭을 정했다[넓은 것은 7피트, 좁은 것은 4피트 7인치 반]. 종래 무쇠로 만들던 것을 폐기하고 단철을 써서 모두 견고하고 평평히 하는 것을 취지로 했다.

○ 1815년 나폴레옹의 소란이 처음으로 진정되어 세상이 태평으로 돌아가자 국내의 무역도 점차 번영했으니, 증기차와 철도의 건립을 원하는 자도 많았다. 그러나 당시 세상의 일반적인 설에 증기차는 비탈이 급한 장소에서 무거운 짐을 끌어올릴 때는 필요하지만 평범한 도로에는 쓰는 것이 아니라고 했다. 스티븐슨은 동지 몇 명과 함께 이 설을 물리치며 "철도는 윗사람인 왕부터 아랫사람인 평민(庶人)에 이르기까지 관도官道가 되

니, 증기차가 한번 세상에 나타나면 역로驛路의 마차는 폐지될 것"이라고 말하면서 새로이 대업을 일으켰다. 헤튼Hetton의 석탄산부터 8리 사이에 철도를 깔아서 평지에서는 증기차가 스스로 달리고 비탈이 있는 곳에서는 길옆에 증기기관을 따로 설치해 이를 끌어올려 왕래가 편리하도록 하는 것으로 1822년 마침내 그 공적(功業)을 이루었다. 이 철도를 만들고 얼마쯤 성공에 이르렀을 때 정부 의사원의 평의에 따라 스톡턴에서 달링턴까지 왕래하는 철도를 만들기 위해 300파운드의 급여로 스티븐슨에게 명을 내렸다. 의사원은 그 철도가 평지에서는 말로 차를 끌고 비탈에서는 증기기관을 설치해 차를 끌어가도록 하려 했다. 그러나 스티븐슨의 간청으로 결국 의사원의 허락을 얻어 증기기관차만을 쓰게 됐다. 3년간 공사해 1825년 처음으로 그 길을 열어 세상사람을 놀라게 만들었다.

○ 이때 세상에 철도증기차에 관한 설을 주창하는 자가 더욱 많아졌는데 각각 다른 설을 내세웠다. 철도가 보통 길보다 나을 것은 없다고 하거나 왕래가 빨라진 것은 오히려 불편하다고 하거나 증기기관차가 스스로 달리는 것은 곁에 있는 길가 곳곳에 기관을 설치해 차를 끌고 가는 편리함에 미치지 않는다고 하니, 많은 사람이 아무리 의논해도 소용이 없었다. 게다가 리버풀Liverpool과 맨체스터Manchester 사이에 철도를 만든다는 평의가 있었을 때는 그 논의가 더욱 격렬해져 마치 하나의 전쟁처럼 됐다. 그러나 스티븐슨은 담력을 갖고 조금이라도 자신의 의견을 바꾸지 않았으니, 1826년 의사원의 명을 받아 이 철도의 공사를 시작해 1830년에 마쳤다. 이때는 증기차의 제조 양식도 이미 개정됐고 새로운 철도를 달렸으니 한 시간에 36리를 갔다.

○ 스티븐슨은 잉글랜드에서 철도와 증기차에 관해 이미 시조(開祖)로서의 명성을 얻었기 때문에 이후 10년 동안 국내 여러 방면에 철도를 만들었으며 외국으로부터 초대를 받아 한가할 때가 거의 없었다. 그러는 사이에 자산은 많아졌고 몸은 늙었으니 탭턴 하우스Tapton House라는 곳에서 은거했다. 아주 가까운 곳에 있는 석탄산과 관련해 그 이윤을 받아 노후를 편하게 보내고 생애를 마쳤다. 그의 인품은 어릴 때부터 소박해 허식을 바라지 않아 은퇴 후에도 그의 모든 거동이 평온하고 스스로 만족함을 알았으니, 실로 잉글랜드인의 기풍이 있어 세간의 인망을 얻었다고 한다.

잉글랜드·프랑스·오스트리아·프러시아 같은 나라는 점차 세계가 열린 뒤에 건국된 것이니 오래된 나라라고 할 수 없다. 옛날 인민이 한 나라라고 칭하거나 한 주州라고 외쳤던 것들은 오늘날 생각하면 본디 한 나라라고 부를 정도는 아니다. 이를 지배한 사람은 그 안의 혈통(家筋)으로서 마치 본가에서 그 가문(家流)의 분가分家나 별가別家를 지배하는 것과 마찬가지였다. 그 한 무리의 사람들은 한 가족과 같은 모양새로 본가의 주인을 아버지라고 칭했다. 오늘날에도 아메리카 원주민은 추장을 섬길 때 부자父子의 예로써 한다. 이에 따라 원주민 중 합중국 안에 있는 자는 대통령을 대부大父라고 칭하고, 캐나다 지방에 있는 자는 잉글랜드 왕을 대부라고 칭하는 것이다. 지금 잉글랜드 여왕인 빅토리아가 즉위했을 때 캐나다 원주민 등은 예로부터 부인의 지배를 받은 일이 없었기 때문에 잉글랜드 여왕을 대부라고 칭할 수 없어서 다소 혼란을 낳은 일이 있었다.

앞의 조목에서 말한 바와 같이, 겨우 한 무리를 결합해 그 추장의 명에 복종하는 인민 등도 세상에서 정부를 세우는 법을 이해한다면 서로 합중合衆해 잉글랜드나 아메리카합중국 같은 대국을 건설할 수 있다. 다만,

원래 인민이 서로 자유를 허락해 불기독립한 정부를 두기까지는 그 진보가 대단히 느리다. 그러니 예로부터 대국의 초석을 놓은 자는 모두 무력으로 약소한 자를 병합한 자로서 인심을 얻은 것은 아니었다. 옛날 로마와 같은 나라가 거의 전 세계를 지배했지만 실은 세상의 인심을 복종시켜 온건하게 다른 나라를 병합한 것은 아니고, 오직 군사력의 위광威光으로 천하를 복종시킨 것에 불과하다.

오늘날 유럽의 여러 대국 역시 본래 소국에서 시작해 다른 나라를 잠식한 것이 많다. 예컨대 프랑스도 옛날 국왕이라고 호칭했던 자가 오늘날 프랑스 수도인 파리 근방 겨우 몇 리의 땅을 영유했을 뿐인 것이다. 오늘날 프랑스국의 형세를 보고 프랑스인이 흔히 하는 이야기를 듣자면, 프랑스는 개벽할 때부터 지금과 같은 프랑스가 됐다고 생각하지만 결코 그렇지 않다. 그 국경이 광대해진 것은 100년 이래의 일로 이미 나폴레옹 시대에도 여러 번 변혁한 일이 있었다.

이 외에 에스파냐도 옛날에는 여섯 나라로 나뉘었지만 1400년대 즈음 합쳐서 두 나라가 됐고, 이후 두 나라의 군주가 하나는 남왕男王이고 하나는 여왕이었기에 혼인해 다시 나라를 하나로 합친 것이다. 또한 오스트리아, 네덜란드, 벨기에, 이탈리아의 나폴리, 그 밖에 아메리카 지방까지 영유하게 되면서 에스파냐가 일시에 세계의 강국이라고 칭하게 됐으니, 이것이 나라를 세운 한 가지 사례인 것이다. 이후 에스파냐의 힘이 점차 쇠퇴했고 식민지도 거의 다 잃어 오늘날에는 오직 본국을 존속시킬 따름이니, 이는 나라가 줄어든 한 가지 사례인 것이다.

○ 러시아가 강대해진 것도 많은 부분 그 이웃나라를 잠식했기 때문이

다. 선대에 모스크바Moscow를 수도로 정했을 때까지만 해도 겨우 근방의 땅을 영유했을 뿐이니, 그 크기가 지금의 네덜란드에 지나지 않을 정도였다.

○ 무릇 예로부터 나라의 세력이 갑자기 강대해진 사례로 프러시아만 한 것이 없다. 오늘날 프러시아국은 인구가 2,000만에 가까우니, 유럽에서 일대 강국이라고 말할 수 있다. 그런데 그 나라 선조의 내력을 살펴보면, 지금부터 100년 이전에는 브란덴부르크Brandenburg의 일개 제후로서 겨우 100만의 인구를 지배한 자였다.

지금부터 1,000년 이전 무렵에는 브리튼[잉글랜드와 스코틀랜드를 합한 총칭이다. 본편의 잉글랜드 부분에 상세히 설명했다]도 13~14개 나라로 나뉘어 각각 독립했다. 기원후 900년대에 잉글랜드를 통일시킨 자가 나타났고, 이어서 아일랜드를 병합했지만 스코틀랜드는 1700년대 초에 이르기까지 변함없이 독립했다. 이때 스코틀랜드는 빈약한 한 소국이었지만 잉글랜드는 무력으로 이를 공격해 취할 계획이 없었다. 1706년에 양국에서 전권위임사절을 임명해 합중合衆의 담판을 이루었으니, 작은 무기도 쓰지 않고 양국을 병합해 대국의 기반을 일으켰다. 그 모습이 마치 두 상인이 각각 저축한 재산을 합쳐 하나의 사업을 시작하는 것과 같았다.

○ 아메리카합중국이 독립했을 때도 여러 주를 합친 것은 무력을 쓴 것이 아니라 서로 약조를 맺어 하나의 정부를 세운 것이다.

소국을 합쳐 대국으로 만들면 세상을 위해 이익이 되는 바가 적지 않다. 첫째로 제도를 일치시키니 병란의 위험이 적고, 언어와 풍속을 같은 모양으로 하니 사람의 교제를 넓히게 된다. 또한 인민이 서로 세상을 위해 편리를 도모해서 대업을 계획하고 재주와 능력을 가진 인물이 자신의 일을 마음껏 할 수 있게 되는 것이다. 지금 가령 잉글랜드를 나눠 2~3개의 소국으로 삼으면 설령 병란을 일으키지는 않더라도 그 나라들이 서로 탐내고 질투해 언제나 쟁론이 그치지 않을 것이다. 또한 그중 한 나라에서 영웅인 군주가 나와 선정을 베풀어도 오로지 자국에만 한정될 뿐 그 덕택이 다른 나라에 미칠 수 없다. 게다가 각국이 서로 이웃나라의 산물에서 관세를 취하고 그 인민을 마치 외국인처럼 취급하니 서로 수고스러울 것이다. 옛날 이탈리아에서 이런 악폐가 유행한 적이 있다.

소국을 합쳐 대국으로 삼는 것은 물론 세상을 위해 이익이 있는 것이지만, 이를 합치는 법은 마땅히 잉글랜드가 스코틀랜드를 병합한 법처럼 해야 한다. 만약 그러지 않고 무력으로 다른 나라를 지배할 경우 반드시 불평등이 생겨나 불만이 그치지 않을 것이다. 예로부터 망국의 인민으로서 불합리한 일을 당하지 않은 자가 대단히 드물다. 따라서 양국 인민이 같은 뜻으로 일치해 서로 합중한다면 전 세계의 행복이라고 할 수 있지만, 무력으로 다른 나라를 멸망시킨 자는 이른바 폭거로 폭거를 대신했을 뿐이니, 국경이 넓어지고 군사력이 성대해짐에 따라 점점 그 권위를 자행해 도리어 세상의 큰 해가 될 것이다.

혹은 해외 먼 곳에 식민지를 지배하는 정부가 있으니, 이를 지배하는 법은 대단히 어렵다. 특히 그 땅의 원주민이 대표자인 의사관을 본국 정부로 보낼 수 있는지 아닌지에 대해서는 그 이해득실이 아직 정해지지 않았다. 대개 전 세계에 해외 식민지가 광대한 것은 잉글랜드 식민지인 인도 지방이 최고인데, 이를 지배하는 형태도 대단히 독특하다. 그 땅의 사람은 외국의 지배를 받는 데 익숙해져서 스스로 정부를 세우는 것을 좋아하지 않는다. 오늘날의 형세로는 가령 잉글랜드에서 그 자립을 허하더라도 스스로 감히 자립하지 않을 것이다. 잉글랜드가 아직 인도를 지배하지 않았던 그 이전에는 그 땅의 사람들이 자국의 폭군과 간신에 괴로워했는데, 잉글랜드가 지배한 이래로는 법률이 관대하고 정치가 바르니 각각이 자신의 삶을 편안하게 할 수 있으므로 잉글랜드의 지배를 멀리하면 다시 본래의 가혹한 정치에 빠질 것을 두려워해 스스로 자국 정부를 세우기를 바라지 않는 것이다.

이 외에도 잉글랜드에는 해외 식민지가 많지만 그 모습은 인도와 전혀 다르다. 아메리카와 오스트리아 등의 영지에는 잉글랜드 본국에서 가문을 옮긴 자가 많다. 원래 이런 자들은 먼 곳으로 가서 토지를 개척하고 새로이 생계를 추구하는 자이기 때문에 불기독립한 새 나라를 바라는 것이 지당한 형세인 것이다. 그러나 처음에는 사람 수도 적었고 아직 정부의 체재를 능히 이룰 수 없었기 때문에 본국 정부가 이를 부조하고 보호해 그 인민이 점차 증가하고 부유함에 이르기를 기다렸다. 그리하여 마침내 그 독립을 허하고 사람들이 만족을 얻을 수 있었던 것이다. 만약 그러지 않고 이미 독립할 수 있는 자를 다시 속박시키고 제어하려고 한다면 그 백성이 반드시 이에 반해 스스로 독립한 새 정부를 세울 것이니, 이는 본국의 좋은 계책이라고 말할 수 없다.

각국 외교

각국이 자립해 그 본국을 지키고 영유하는 땅을 잃지 않는 것은 많은 경우 군사력 덕분이다. 무사태평한 때는 각국이 서로 빼앗을 근심이 없지만 일단 전쟁을 일으키게 되면 침략과 약탈이 미치지 않는 곳이 없다. 특히 야만적이고 미개한 나라에서는 사람이 의지할 수 있는 제도가 없으니 그 참혹함이 가장 심하다. 다른 사람에게 해를 입은 자는 자신을 알아주는 벗을 모아 스스로 원수를 갚는 것 외에는 달리 방도가 없다. 세간에서 말하는 이른바 힘 있는 자는 잘못을 이치로 바꾸고 힘없는 자는 언제나 그 해를 입는다는 것이 바로 그것이다. 문명개화의 교화가 점차 세상에 행해져서 제도와 법률이 점차 밝아지게 되면 이 폐해도 이에 따라 그치겠지만, 각국 외교의 모습은 오늘날에도 마치 옛날 오랑캐가 서로 필부의 용맹을 다투던 것과 다를 바 없다. 따라서 현재 지극히 문명하다고 칭하는 나라도 자칫하면 크게 전쟁을 일으켜 다른 사람을 죽이고 재물을 해치니 그 해를 이루 말할 수 없다. 실로 길고 크게 탄식할 만한 것이다.

문명한 인민은 그 정부에 복종하는 편리를 알며 정부에 복종하지 않을 수 없는 이치를 이해하기 때문에 저절로 정부의 권위도 행해지니 한 나라의 안이 다스려지지만, 무릇 독립한 나라의 경우에는 다른 나라의 제도에 따르는 일이 없다. 따라서 소국은 대국에 침범당할까 두려워하고 대국이라 해도 예禮를 알지 못해 포악한 행동을 자행하면 소국이 연합해 이를 정벌할 우려가 있다. 이에 따라 각국 사이에는 언제나 쟁론이 그칠 일 없고 자칫하면 병위兵威를 가지고 자신의 목적을 달성하고자 하는 자가 있어 그 외교가 대단히 위태로워지는 것이다. 다만 세상에 아직 일정하고 명확한 전권全權이 없기 때문에 그 쟁론을 막을 것이 없다.

세상이 문명으로 나아감에 따라 하나의 법을 세웠으니, 이를 만국공법이라고 이름 붙였다. 비록 세상에 일종의 전권이 있어서 만국이 반드시 이 공법을 지켜야 한다는 명을 내린 것은 아니지만, 나라로서 이 공법을 깨뜨리면 반드시 적을 불러들이기 때문에 이를 존중하지 않는 나라가 없다. 각국이 서로 사절을 보내 그 나라에 체류하는 것 역시 그 나라들이 서로 공법의 취지를 잊는 일이 없게 하기 위함이다. 따라서 양국 사이에 원한이 생기더라도 사절은 적국에 체류하고 결코 해를 입는 일이 없다. 단지 전쟁이 시작되면 그를 그 본국으로 송환할 뿐이다. 이렇게 적국 사이에서도 스스로 예의를 지키는 것은 문명이 그렇게 하는 바다. 그러나 옛날에는 이런 일이 행해지기가 대단히 어려웠으니, 터키Turkey의 경우에는 다른 나라와 전쟁에 이르자 우선 그 사절을 체포하는 일이 자주 있었다.

유럽의 여러 대국 사이에서는 국력의 평균[15]이라고 부르는 것이 있으니, 세상의 태평을 지키는 데 크게 도움이 된다. 현재 유럽에서 대국이라

---

15 세력균형balance of power을 말한다.

고 칭하는 나라는 잉글랜드·프랑스·오스트리아·프러시아·러시아인데, 그 국력이 평균해 서로 우열이 없는 것은 본래 서로 질투하는 감정에서 비롯된 것이다. 가령 지금 이 5대국 중에 잉글랜드가 스코틀랜드를 병합한 것처럼 두 나라가 서로 합중合衆하려는 형세가 있으면 다른 세 나라가 이를 두려워해 그 합중을 막을 수 있는 것이다. 1700년대 초 프랑스와 에스파냐가 합쳐 한 나라가 되려고 하자 각국이 군대를 일으켜 결국 그 정책을 깨뜨린 적이 있다. 이처럼 각국이 서로 질시하는 형세가 있기 때문에 소국에 이익이 되는 일도 적지 않으니, 곧 대국의 다툼은 소국의 행복인 것이다. 지금 만약 오스트리아와 러시아가 그들의 힘을 다한다면 금세 가까운 이웃의 소국을 병합할 수도 있겠지만, 다른 여러 대국이 이를 막을 것이고 어쩌면 무력으로 그 강포함을 제어할 것이기 때문에 소국도 능히 그 나라를 보존해 모욕을 받는 일이 없게 되는 것이다. 무릇 지금 각국의 형세를 살피건대, 앞서 논한 바와 같이 단지 국력의 평균만으로는 전쟁의 단초를 제어하기에 충분치 않다. 최근 러시아·오스트리아·프러시아 3대국이 함께 폴란드를 멸망시켜 그 땅을 나누었다거나 오스트리아가 이탈리아의 소국을 지배한다는 등의 일이 있었지만 다른 나라에서 이를 문제시하는 경우는 없었다. 이 역시 어찌할 수 없는 악폐인 것이다.

앞 조목에서 서술한 바를 가지고 보자면, 각국 정부의 부정함과 강포함을 제어해 완전히 이를 그칠 수 있는 방책은 없으니, 이것이 곧 천하에 전쟁이 끊이지 않는 까닭이다. 문명한 나라에서는 두 사람 사이에 쟁론이 일어나서 다툰다 해도 정부의 법으로 이를 중지시키고 그 쟁론을 제어할 수 있다. 문명의 교화를 입은 자는 모두 전쟁이 흉한 일이라는 것을 알고 힘써서 이를 피하지만 외교에서는 그러지 못한다. 때로는 일을 저지르기 좋아하는 자가 있어 인심을 선동하고 때로는 자기 군주의 공명을 탐해 야심을 마음대로 펼치려 하니, 전쟁을 좋아하는 자가 대단히 많다. 따라서 오늘날 유럽의 각국은 예의와 문물에 있어서는 자부할 수 있지만 그 전쟁의 단초가 결코 그치는 일이 없다. 오늘날은 문명개화한 행복한 나라(樂國)라고 칭하는 것도 내일은 뼈를 늘어놓고 피를 흘리는 전쟁터가 될 수 있으니, 단지 상전벽해桑田碧海에 비할 바가 아니다.

문명의 가르침은 아직 전쟁의 근원을 그치기에는 충분치 않지만 점차 그 참혹함을 완화할 수 있다. 아메리카 원주민의 경우에는 적을 해칠 때 참혹하고 흉악함이 미치지 않는 곳이 없다. 야간에 촌락을 습격해 여자를 해치고 어린아이를 죽이는 것도 결코 비겁한 거동이라고 생각하지 않고 스스로 좋은 기회를 얻었다고 한다. 문명의 전쟁은 그렇지 않다. 무고한 여자와 어린아이를 죽이는 것을 치욕으로 여기고 적의 정부를 정벌하되 백성을 죽이지 않는 것을 전쟁의 취지로 삼는다. 따라서 적과 싸울 때는 반드시 그 병사에게 향하고 적국을 정벌할 때는 반드시 그 성을 공격한다. 촌락을 침략할 때도 헛되이 그 백성을 해하는 것만으로는 정벌의 목적을 족히 달성할 수 없기 때문에, 곧바로 수도로 진격하고 정부에 다가가 승패를 결정한다.

옛날에는 각국 정부가 어려움을 헤치고 위험을 무릅써 오직 그 이웃나라를 해하는 것으로 자신의 강함과 용맹함을 뽐냈으니, 이웃나라에 죄인이 있으면 숨겨주고 빚을 체납한 자가 있으면 도와주거나 이웃나라에 쟁란爭亂을 일으킬 내력을 가진 자가 있으면 재물을 써서 병사를 동원해 그를 도와주지 않는 일이 없었다. 따라서 잉글랜드 왕 스튜어트의 가문을 끊을 때도 프랑스에서 그 가문의 사람을 도와서 수십 년 동안 잉글랜드에 괴로움을 준 적이 있다[이 일은 본편 잉글랜드의 조목에 상세히 나와 있다].
옛날에는 유럽의 사정이 이러했지만 근래에는 점차 이 나쁜 풍습을 제거하고 각국이 서로 그 인민을 위해 도모하니, 서로 돕고 서로 의뢰해 나라를 세우는 형세를 이루었다.

잉글랜드에서 무역의 법을 새롭게 바꿔 이를 관대하게 한 이래로 각국의 외교가 한층 친근함을 더했다. 잉글랜드의 무역이 성대해지기 시작하자 각국의 인민이 잉글랜드에 물건을 팔아서 이익을 얻는 일이 많아졌기에 잉글랜드와 전쟁하는 것을 좋아하지 않는다. 나아가 그 나라들 사이에 전쟁이 일어나면 잉글랜드와의 무역을 방해하게 되고 이에 따라 인민의 손해가 생길 수 있음을 스스로 알기 때문에 무사태평을 기원하는 자가 많다. 따라서 현재 잉글랜드의 무역이 점점 성대해짐에 따라 각국 전쟁의 근심도 점점 드물어질 것이다. 게다가 잉글랜드가 무역을 성대하게 해서 한 나라 안의 번영을 이루게 되자 각국 정부도 이를 모방해 상법을 관대하게 하고 각국이 서로의 편리를 도모해 점점 문명개화의 교화를 베푸니, 마침내는 천하에 무궁한 태평을 볼 수 있을 것이다. 이에 따라 말하기를, 각국이 전쟁하는 원인을 근절하는 것은 무역의 법을 관대하게 하는 데 있다고 한다.

정부의 근본을 논하다

앞서 이미 말한 바와 같이, 인생의 천품은 서로 대단히 다르다. 근골이 건장한 자도 있고 신체가 허약한 자도 있으며, 재주와 능력이 강인한 자도 있고 정신이 나태한 자도 있으며, 다른 사람보다 앞서서 이를 제어하기를 좋아하는 자도 있고 다른 사람을 따라서 그에게 기대어 일을 완수하기를 좋아하는 자도 있다. 미개한 오랑캐의 습속을 가진 민간에서는 이 타고난 바의 차이가 특히 현저하니, 인생에 해를 입히는 바가 가장 심하다. 그러나 문명이 진보함에 따라 점차 이런 불평등(不平均)을 일치시키니, 혹여 이를 완전히 일치시킬 수는 없더라도 불평등에 따라 세상에 해가 발생하는 일이 없고 오히려 전화위복의 조치를 하는 경우가 있다.

미개한 오랑캐의 습속을 가진 나라에서는 강한 자가 일을 할 때 뜻대로 하지 못하는 바가 없고 약한 자는 오직 명령에 따를 뿐이다. 현재 터키에서는 봉행할 때 예를 잃은 노복이 있으면 검을 뽑아 이를 베어버려도 거리낌이 없다. 지금부터 150년 전에는 스코틀랜드의 북방에서도 그 추장인 자가 부속된 평민(小民)을 베어버린 예가 있다. 또 수백 년 전 봉건 세록의 시대는 참혹하기가 이보다도 심했다. 게르만의 한 제후는 한 겨울

저녁에 사냥에서 돌아와 손발이 차갑다며 가신을 죽이고 배를 갈라 선혈이 흥건한 뱃속에 두 발을 넣어 따뜻하게 했다고 하니, 잔인하기가 진정 이루 말할 수가 없다. 지금 만약 잉글랜드에서 부자인 귀족이 한 평민을 만나서 그의 옷을 빼앗고 자신이 입는다면 이를 용인할 수 있겠는가? 가령 고관의 대가大家라 한들 반드시 벌을 받을 것이니, 이는 문명의 혜택이다.

천품이 불행해서 다른 사람에게 영향을 미치지 않는 것으로 오감(五官)을 갖추는 데 부족함이 있는 것을 최고로 꼽으니, 곧 맹인과 농아 같은 이들이 그러하다. 오랑캐의 습속인 나라에서는 이런 불행한 피조물을 길가에 버려도 상관하지 않는데, 심한 경우에는 일부러 그를 죽이는 자도 있다. 중국의 경우에는 완전히 개화를 입지 않은 오랑캐가 아닌데도 여전히 맹인과 농아를 버리거나 죽이는 악습이 있다. 문명개화의 나라에서는 그렇지 않으니, 불구로 타고난 사람이 있으면 단지 그의 생명을 보호할 뿐만 아니라 이어서 그를 가르치고 그의 불구를 보완해 일반인과 똑같이 되도록 힘쓴다. 따라서 맹인에게 책을 가르칠 때는 문자를 만들고 농아에게 언어응대를 가르칠 때도 그 법을 정했으니, 그 공덕이 실로 놀랄 만하다. 아메리카에 한 여자가 있었는데, 이름을 로라 브리지먼Laura Bridgman[16]이라고 한다. 눈이 보이지 않고 귀가 들리지 않아 입으로 말하

---

16 미국에서 헬렌 켈러보다 앞서 교육에 성공한 '시각-청각 장애인Deaf-Blind'이다. 1829년 미국 뉴햄프셔 출생으로, 두 살 때 성홍열을 앓아 보지도 듣지도 못하는 장애를 얻었는데, 일곱 살에 미국 첫 시각장애아 학교 교장이던 새뮤얼 하우Samuel Gridley Howe 박사를 만나 교육을 받으면서 의사소통할 수 있게 됐다. 1842년 미국 여행 중이던 영국 작가 찰스 디킨스Charles John Huffam Dickens가 브리지먼을 만났고 그에 관해 '미국 여행노트'에 글을 남겼다.

지 못했으나, 능히 문자를 이해해 친구에게 서간을 보낼 수 있게 됐다. 그의 귀와 눈으로는 다른 사람의 말을 듣거나 그 사람을 보지는 못했지만 그의 정신(精心)은 능히 천지만물의 이치를 이해하고 세계 인류의 정과 통했던 것이다.

세상이 개화됨에 따라 작고 약하고 힘없는 자는 함께 도모해 각 사람의 통의를 달성하고 생명을 보호하기 위한 조치를 행하니, 이를 나라의 제도라고 이름 붙였다. 원래 제도의 목적은 사람이 강하건 약하건 지혜롭건 어리석건 간에, 각각 자신의 생명을 편안하게 하고 자신의 사유재산을 지키고자 하는 취지인 것이다. 무모하고 과격한 무리가 이를 범하고 이 법칙을 깨뜨리고자 해도 소수가 다수를 대적하기는 어렵기 때문에 결국 이치로써 힘을 제어하고 일정한 제도를 시행할 수 있었으니, 이것이 세상에 정부가 일어난 본원이다. 정부라는 것은 인심을 모아 한 몸을 이루고 힘으로 사람들의 뜻을 달성하게 하는 연유인 것이다.

미개한 초기에는 우선 법을 세운 다음에 사람을 제어한 것인지 사람들 사이에 저절로 법이 생긴 것인지 그 선후를 알 수 없다. 그러나 사람이 있으면 반드시 법이 없을 수 없는 것이 이치이므로 인간교제의 시작과 동시에 법을 정해 두 모습이 함께 진보했을 것이다. 무릇 지구상에 인류가 모인 곳에는 사람들이 서로 자신의 통의를 알고 스스로 일종의 정부를 세우지 않는 것이 없다. 아프리카의 남방에 "보스만Bosman"이라는 일종의 야만족이 있는데, 그 야만인은 일찍이 세상에 정부가 있다는 것을 알지 못했다고 한다. 그러나 그들에게 정부가 없는 것은 원래 토지는 넓고 인구가 적어 서로 모이는 일이 적기 때문이다. 야만인 중에도 스스로 인망을 얻어서 다른 사람을 귀순시키고 복속시킬 수 있는 인물이 없지는 않다.

또한 오스트레일리아를 발견했을 때 사람들은 모두 그 나라 안에 정부의 종류가 없다고 생각했는데, 이후 인구가 많은 곳에 가서 보니 과연 그곳에 수장이 있었다. 이 외에 아메리카의 원주민에게도 수장이 있고 뉴질랜드에도 옛날에는 토지의 왕이라고 칭하는 자가 몇 사람 있었다.

인간이 무리를 이루면 반드시 일종의 정부를 세워서 통제(取締)를 하지 않을 수 없으니, 실로 빼놓아서는 안 되는 급무인 것이다. 지금 국법을 위반하고 도당을 결성해 도적질하는 자를 보면, 오히려 그들 가운데에도 그 나름의 법칙이 있으니 도적의 정부인 셈이다. 또 다리 아래에 주거해 걸식하더라도 사람들이 함께 모이면 그 나름의 법칙을 세워 함께 편리를 도모하니, 이는 걸식의 정부인 셈이다. 옛날 이탈리아에 강한 도적이 있었는데, 그 도적의 우두머리는 금과 옥으로 옷을 치장하고 부하를 호령할 때 대단히 권위가 있었다고 한다.

미개한 초기에 정부를 세우고 법을 세우는 형세를 살피건대, 그 개략은 다음과 같다. 신체가 강건하고 심력이 용맹하고 씩씩한 자를 수장으로 삼고 나이가 많고 사물에 숙련된 자를 참모(謀主)로 삼아서 날마다 전투를 일삼고, 작고 약하고 미숙한 소년은 그 수장을 섬기고 예를 다함으로써 다른 사람의 침략과 강탈을 피한다. 그리하여 인구가 점차 증가하고 거처가 점차 정해짐에 따라 제도와 법칙도 점차 바른 이치(正理)로 향해가지만, 모든 사람의 기개가 사욕을 마음대로 하고자 하니 자칫하면 난폭한 거동이 많다. 혈통의 자손에게 가문을 전하는 것은 예로부터의 풍속이지만 이 역시 그때의 시세(時勢)에 부응하는 것으로서 지금 시대에 행해지는 상속법과 그 취지를 달리하는 바가 있다. 예컨대 옛날 스코틀랜드의 군주가 사망했는데 나이 어린 아들이 있으면 그 아들을 세우지 않고 나이 많은 동생에게 왕위를 전했으니, 아마도 쟁란의 시대에는 어린 군주가 사무를 견디지 못하기 때문일 것이다. 또한 유럽 각국의 역사를 살피건대, 나라의 군주(國君)라고 칭하는 자도 처음에는 고작 한 종족의 추장이었는데 점차 땅을 정복해 마침내 한 나라의 인민 위에 서서 정사를 베푸는 자가 된 것이다.

이처럼 나라의 군주가 일어나게 된 것은 그 사정이 애매하다. 그러나 수백 년 동안 대대로 전하면서 스스로 문벌의 이름을 취하고 더욱 견강부회牽强附會의 설을 세워 점점 그 위광을 빛내고자 하니, 때로는 이를 하늘이 주신 작위라고 칭했다. 근래에 와서는 그 역사(歷代)가 점점 오래됨에 따라 그 지위 역시 견고해져 쉽게 이를 움직이지 못한다. 만약 억지로 이를 움직이고자 한다면 나라의 제도도 함께 변동할 수 있는 형세가 된 것이다. 대개 한 나라 안에는 인물도 적지 않으니 문벌에 얽매이지 않고 재주와 덕망을 가진 사람을 뽑아 군주로 삼고 국정을 베풀어도 거리낄 바가 없는 것이 이치다. 그러나 군주를 세우는 제도로 나라를 다스리고자 할 경우에는 나라 안의 인망을 얻은 명문가 자손을 받들어 마치 그를 가족 전체의 대표자로 삼아 임금(君上)의 지위에 세워 인심을 유지하는 것만 한 것이 없다.

정부의 체재는 각각이 서로 다르지만 그 큰 취지는 앞에서 말한 것처럼 오로지 인심을 모아 마치 한 몸으로 삼고 여러 백성을 위해 편리를 도모하는 일 외에 다른 것이 없다. 국정의 향방을 가리키고 순서를 바르게 하는 일은 한두 군주와 재상(君相) 또는 의정관議政官의 손이 아니라면 행해지기 어렵기 때문에 인심을 모아서 일체로 삼지 않으면 안 된다. 사람들의 편리를 도모할 때도 인심이 일치하지 않으면 다수를 해치고 소수를 이롭게 할 우려가 있기 때문에 이 역시 정부가 조치하지 않을 수 없는 것이다. 본래 각국에 정부를 세워 국민이 이를 우러르고 지지하는 까닭은 단지 국내 일반이 그 혜택을 입을 것을 바라는 취지에서 나온 것이다. 따라서 정부라는 것도 만약 국민을 위해 이익을 도모하는 일이 없다면 이를 유해하고 무익한 장물長物이라고 할 수 있다. 특히 그 직분 중에 가장 긴요한 큰일은 법을 가지런히 하고 율律을 바르게 하는 데 있다. 이것이 인민의 삶을 편안하게 하고 자유를 얻으며 사유물을 지킬 수 있는 방법이다. 따라서 정사를 시행할 때 성실함을 주로 하며 공평을 잃지 않는다면 설령 일시적인 과실이 있다 한들 정부를 받들지 않을 수 없는 것이다.

「외편」

|

제2권

정부의 종류는 첫째 입군, 둘째 귀족합의, 셋째 공화정치의 세 가지 형태로 그 체재體裁를 달리하지만 실상 구별을 명확히 세워 체재를 설명하기는 어렵다. 따라서 지금 이 조목에서는 단지 정부가 마땅히 시행해야 할 조치와 그에 따라 생겨나기 마련인 사정을 논할 뿐이다.

정부의 체재가 어떤 모양인지, 그 연대年代가 오래된 것인지 새로운 것인지를 막론하고 국내의 인심을 얻는 까닭은 은덕恩德을 베푸는 것에 있다. 덕으로 사람을 복종시키면 그 정부가 안정되고 온당해지니, 설사 도리에 어긋나는 사건이 일어나더라도 이를 누그러뜨릴 수 있다. 이에 반해 정부가 한 사람의 몸을 다루듯이 오로지 사사로운 것만을 돌아보며 공명정대한 취지를 잃은 경우에는 나라를 어지럽히는 신하와 백성을 벌하는 것 역시 반드시 참혹해지는 것이다. 오스트리아와 같은 나라는 정부의 체재가 마치 입군독재처럼 보이지만, 어진 군주(仁君)로 이름난 프란츠 2세Franz II 황제 시대에는 그 정치가 프랑스의 공화정치보다 오히려 관대했다. 이것이 바로 정치의 이름과 실제가 상반된 일례로 1848년 프랑스의 공화정치는 국내의 인민 중에 이를 좋아하는 자가 적어서 그 사정이 매우 곤란했다고 한다.

정부가 스스로 두려워하는 것은 필시 혹독하고 박정하게 행동해서 인민을 의심하는 바가 있기 때문이고, 정부가 안정되고 온당하지 않은 것은 필시 두려워하는 바가 있기 때문이다. 잉글랜드 정부가 안정되고 온당한 이유는 그 정치 체재에서 비롯된 것이 아니라 단지 국내에 호의를 품은 인민이 많다는 점을 신뢰하며 정부가 스스로 안정을 찾는 것이다. 국내의 인민을 관대하게 다루고 여러 백성이 서로 논의하는 것을 허락하는 이유는 그들의 말과 행동이 적절해 나라의 제도를 해하지 않을 것을 알기 때문이다. 이처럼 극히 지당한 이치를 대략적으로 설명하는 데 다음의 몇 마디면 충분하다. 즉 정부는 관대함을 견고한 기둥으로 삼아 흔들리지 않고, 국민은 자신의 통의와 직분을 알아 스스로 삼가 난폭하고 거친 거동을 하지 않으며, 나쁜 풍속과 폐단이 있는 풍습은 오직 정부의 법으로 막을 뿐인 것이다.

치란治亂이 극에 달하면 그 정부를 완전히 바꿔 종래의 정치와 상반되는 제도를 세우는 경우가 있으니, 이는 곧 인심이 자연히 향하는 바다. 폭정에 속박받는 일이 오래 지속되면 백성이 자유를 생각하게 되고 일단 기회를 잡으면 갑작스레 난亂을 일으키니, 심지어 그 기회를 틈타 도를 지나치는 경우도 있다. 1792년 프랑스의 대란은 그 일례로 당시 프랑스에서는 입군독재의 옛 정부가 유례없는 반란으로 완전히 무너졌는데 이후 수년 동안 오히려 공화정치의 대란에 빠졌다. 국가의 세력이 사분오열해 일정한 정부 없이 병란으로 괴로워하는 일이 오래되자 국민이 자유통의의 취지를 돌아볼 여유가 없었다. 단지 한때나마 생명을 보전하고 생업을 온전히 하기 위해 천하가 통일될 것을 기대하니, 입군독재의 전권을 고대하며 이를 존중하고 받드는 마음이 급속하게 생겨났다. 이것이 바로 내란으로 혼란한 세상에 보국保國[1]의 대의를 주창했다가도 실망하고 마는 사람이 생겨나는 연유인 것이다. 또한 일을 저지르기 좋아하는 자가 시세를 알지 못한 채 망령되이 세태를 변혁하고자 할 경우, 한때나마 그 뜻을 실현할 수 있겠지만 오래 지속될 수 있는 좋은 방책은 아니다. 결국 다시금 학정으로 괴로워하게 되는 일이 불가피한 것이니, 그 사람의 산업을 살펴보아도 옛날에 누리던 안녕에 크게 미치지 못하는 것이다.

무릇 좋은 정부의 긴요한 대업이란 백성을 무지와 문맹에 빠뜨리는 일이 없도록 하는 데 있다. 사람에게 지식이 없으면 반드시 악한 일을 저지르게 된다. 페르시아인의 경우 무지몽매해 별 수 없이 학정 아래 살면서 군주 한 사람이 독단에 따라 마음대로 정치를 시행해도 이를 편안하게 여길 뿐 기이하게 여기는 기색이 없다. 문명의 교화를 입고 예의의 가르침을 받은 유럽에서는 그렇지 않으니, 스스로 문명화되어 예의를 알고 있기 때문에 그 정부 역시 함께 문명화되어 예의를 알고자 하는 것이다. 정부가 만약 그러한 취지를 잃어버린다면 인심은 홀연히 흩어져버릴 것이다. 또한 대중합의(衆庶合議)[2]의 풍속이 있는 나라에서는 인민 각자가 정치의 직분을 담당해야 하기 때문에 그들을 잘 교육하지 않으면 안 된다. 아메

---

1   '애국적 개혁의 희망the hopes of patriotic reformers'을 의역한 것이다. 후쿠자와는 다른 글에서 '애국심 patriotism'의 번역어로 '보국심報國心'을 쓴다.

2   'democratic'에 대응된다. 후쿠자와는 문맥에 따라 'democracy'를 여러 방식으로 번역했는데, 정체 政體를 의미하는 'democracy'는 '공화정치'로 번역했지만 형용사 'democratic'의 경우 '중서합의' 또는 '회의'라는 표현을 쓰고 있다. 여기서는 중서를 대중으로 번역했기 때문에 이하 중서합의와 중서회의를 대중합의와 대중회의로 표현했다.

리카에서는 국민교육이 이미 널리 퍼져 있으니, 정치에 필요로 하는 만큼 충분하다고 말할 수 있다. 그 외 유럽 각국의 교육법 역시 아메리카에 뒤떨어지지 않는데, 이는 머지않아 그들의 정치에 큰 변화가 있을 것이라는 전조前兆인 것이다.

정치와 경제의 과목을 배우는 것은 국민으로서 간과해서는 안 되는 긴요한 일이다. 국민 모두가 이 사정에 어두우면 회의會議의 정치[3]로 나라를 다스릴 수 없다. 유럽에서도 각국의 풍습에 따라 모든 국정이 정부 관리의 손에 놓여 있으니, 국내에 인물이 있어도 정치에 관여할 수 없는 경우도 많다. 이러한 풍습을 가진 나라에서 갑자기 평민에게 의정의 권한을 부여하더라도 그들은 정치의 일에 익숙하지 않고 그 맛을 알지 못하기 때문에 권한을 가져도 일을 능숙히 해내지 못할 것이 틀림없다. 잉글랜드에서는 죄인의 처리, 도시 안의 단속(取締), 촌락에서의 평의, 도로의 조치 등 일의 성격에 따라 평민에게 일을 맡기기 때문에 그들이 자연히 정치의 한 단편을 익히게 되니, 그 이익이 적지 않다. 그러나 프랑스와 게르만에서는 한 번도 이런 것이 없었다. 따라서 오늘날 프랑스나 게르만 등에서 갑자기 정치 체재를 변화시켜 국내 인민 일반이 모여 정치를 의논하는 법을 세울 경우, 사람들이 이런 일에 익숙하지 않아 반드시 조치를 그르치는 경우가 있을 것이다. 이에 따라 생각하건대, 입군독재의 정치를 갑자기 공화정치로 변화시키더라도 반드시 그 공을 이룰 수 있는 것이 아니라 나라의 불행이 될 것이다. 그러나 잉글랜드 식민지인 아메리카에 공

---

3 'any democratic kind of government'의 번역어다.

화정부를 세운 것은 이 예에 해당되지 않는다. 아메리카의 건국은 외견상으로는 정치를 일변한 것처럼 보이지만, 실제로는 예로부터 잉글랜드 왕이 파견한 대표자를 수장의 지위에 두고 국내의 사무는 국내의 사람들이 그 대표자와 함께 처리하는 풍습이 있었다. 따라서 건국 이후 의사원을 열고 대통령을 세웠지만 일체의 정치에 있어서는 그 취지를 다소 변화시킨 것일 뿐이다.

병란으로 갑자기 정부가 변혁되는 것을 혁명이라고 하는데, 이는 세상에서 기피해야 할 재난이지만 또한 이것이 나라의 행복이 되는 경우도 있다. 1688년 잉글랜드 왕 제임스 2세가 국법을 어겨 내란이 발생했고 결국 그의 왕위를 폐하고 정부를 일변시켰지만, 오늘날에 이르기까지 잉글랜드인 중에 이 혁명을 기뻐하지 않는 자가 없다. 또한 옛날 프랑스인이 폭정에 시달리던 모습을 살펴보면, 1700년대 말 그 나라에 대란이 일어났던 것 역시 놀랄 만한 일이 아니다. 또한 아메리카의 소란은 실제로 한 나라의 번영을 가져왔기 때문에 오늘날에 이르기까지 그 국민이 의기양양하게 그 난을 스스로 축하하고 있다. 이처럼 혁명의 병란이 한 나라의 행복이 되는 일 역시 적지 않지만, 국내에서 전쟁이 시작되면 일시에 화를 입고 눈앞에서 재해가 생겨나는 일도 많다. 따라서 사려 깊은 사람은 전후를 살피니, 망령되이 그런 일에 가담하는 자가 적다.

나라에 혁명의 난이 일어나면 종래 사람들에게 익숙한 제도와 풍습이 바뀌고 다가올 변화를 예측할 수 없기 때문에 상공업이 땅에 떨어져 쇠퇴하고 노동자는 생계를 잃는다. 또한 평소 비상시 용도로 쓰기 위해 저축한 것이 없을 경우 어쩔 수 없이 악한 일에 빠지게 되니, 소란 중에 또다시 한바탕 소란이 일어나게 되는 것이다. 이러한 소란이 지속될 때 세상을 위해 가장 염려해야 하는 한 가지 일은 다음과 같다. 처음에 국정 개혁을 희망했던 자가 이미 그 희망을 잃어버리고 현재의 병란에 고통스러워하고 미래의 어려움을 두려워하며 결국 안주하려는 마음을 가지게 되니, 쇠락하는 세상의 시운時運을 만회할 수 있을 것 같은 인물을 만나게 되면 금세 그 사람에게 농락당해 일시적 안정과 온당함을 얻고자 인간 보통의 자유를 내버리는 경우다. 이것이 소위 자유를 추구하다 자유를 잃어버리게 되는 일이니, 세상사람이 만약 정부를 개혁하고자 한다면 극렬하고 비상한 수단을 쓰지 않고도 그 목적을 달성할 수 있는 길이 있을 때만 이에 착수해야 할 것이다.

정치론은 아직 하나의 학문이 될 수 있을 만큼 정해진 방법(定法)이 없기 때문에 정부를 세울 때 삼가며 사려思慮를 다해야 한다. 혹여 다른 나라의 적당한 예를 모방해 법을 정하더라도 이를 실제 실시해보면 잘 되지 않는 경우도 많으니, 이상하게 여길 것이 아니다. 학자들은 아직 세상에서 가장 좋다고 말할 수 있는 정부의 사정을 알지 못하며, 지면상의 논의로 이를 다 설명할 수도 없다. 예컨대 잉글랜드 정부처럼 제도가 정돈되어 안팎으로 안녕한 것은 거의 지구상에 비교할 대상이 없을 정도지만, 의론만으로 그 실제를 다 명확히 설명할 수 없다. 마치 그 정부가 자연히 일을 행하고 이에 따라 자연히 억제하는 것이라고 말할 수 있지 않겠는가? 그러니 실제로 행해지는 모든 일은 그 외부로 나타나는 체재와는 다른 것이다.

한두 가지 예를 들어보면, 잉글랜드 정부 위에 서는 사람은 군주로서 자연히 독단적 권한을 가지는데 만약 그 독단적 권한을 마음대로 휘두르면 국내에 해가 될 것이 분명하지만 결코 그러한 걱정이 없다. 상원은 하원보다 상석上席이기 때문에 자연히 일종의 권위를 가지는 것이 마땅하지만, 하석下席인 하원에서 중의衆議가 이미 정해졌을 경우 상원에서 이를 오래도록 거절하는 일이 없다. 하원 내부는 귀천의 구별 없이 온전한 공화정치 체재가 되는 것이 당연하다지만, 의사관 중 다수는 명가의 사람으로서 자연히 귀족합의의 기풍을 가지고 있다. 무릇 이런 정부에서 이런 정치가 행해지는 이유는 연대와 시운에 따라 일반의 인심이 상호간에 사사로운 뜻을 절제하며 자연히 나라의 제도를 경외하는 풍속에 이르렀기 때문이다. 오늘날 만약 이 정치를 다른 나라에서 시행하더라도 그 풍속과 인심에 결함이 있으면 결코 그와 같은 효과를 얻을 수 없을 것이다. 이런 경위에 미루어 생각하건대, 각국의 사람들이 정치의 시비와 득실을 논하고 각각 그 설을 달리하는 까닭의 이치를 이해할 수 있을 것이다.

　역사를 살펴보면, 정치의 연혁沿革에 때때로 잘못(故障)이 없을 수 없다고는 하지만 연대가 오래됨에 따라 점차 선함에 이르게 되는 것이다. 세상사람이 덕행을 닦고 지식을 연마하는 풍속에 이르게 되면 스스로 정부의 권위를 제어해서 대중회의의 단초를 열고 이에 따라 정부도 역시 사사로운 잘못을 행하는 일이 적어지니, 결국 국내 일반의 편리를 공평하게 의논(公議)하게 된다. 이처럼 시세가 연혁하는 것은 치治에 의해서든 난亂에 의해서든 처음부터 그리 될 것을 계획하지 않았으나 그리 된 것이 많고 모두 우연에서 비롯된 것이니, 예로부터 그 진보가 신속한 경우는 아직 보지 못했다. 또한 국내의 각 사람이 자기의 사사로운 덕을 닦지 않으면 가령 대중회의의 법을 세워도 한 나라의 공평한 정치(公政)를 행할 수 없다. 무릇 국내의 사람들은 일반 공평의 편리를 도모하는 취지를 우선 스스로 이해한 뒤, 그 취지를 실행할 수 있는 인물을 선택해서 그를 대중

(衆人)의 대표자로 세워 의정의 직을 맡기지 않으면 안 되는 것이니, 바로 이것이 국민의 직분이다.

무릇 사람으로서 이 나라에 거주하며 이 정부하에 산다면 정부에 대해 마땅히 해야 할 직분이 있는 것이 이치지만, 세상사람이 아직 이 이치를 알지 못해서 정부의 직분만을 망령되이 의논하고 자기에게 이에 대한 응당한 직분이 있다는 이치는 결코 스스로 생각하는 일이 없고 자칫하면 방탕에 빠지는 자가 적지 않으니, 죄인이라고 말할 수 있을 것이다. 정부에 과실이 있으면 이를 개정할 방책을 숙고하고 온건히 그 조치를 실행하고자 힘을 다하는 것은 국내 인민들이 마땅히 힘써야 할 직분이다. 그러나 그 시세에 따라 하나의 이익을 얻으면 하나의 해가 발생할 우려가 있다면 신중하게 다시 생각해서 그 이해득실을 고찰하고 어떠한 사정이라도 있다면 결코 경솔하게 논의를 발해서는 안 되는 것이다.

국법과 풍속

점차 개화로 나아간 나라에는 반드시 오래된 풍습과 관례가 있어 그 군주의 방자($妄慢$)한 권한을 다소 억제할 수 있다. 동양 각국에서는 국민의 종류를 나눠 각 종류마다 지니고 있는 권위가 있으니, 각자가 그 직업을 달리하며 계급도 역시 상하의 구별이 있는데 이를 "카스트Caste"라고 한다. 이 풍속은 예로부터 내려오는 관례로서 오늘날 갑작스럽게 이를 고치려고 하면 반드시 혼란이 생길 것이다.▶ 무릇 세상에는 수장과 부하로 지위를 구별하고 그 밖에 계급이 있으면 그 계급에 따라 반드시 권한[4]이 있다. 노예의 법은 문명인에게는 증오할 바지만, 누군가 비상非常한 폭정으로 작고 약한 노예를 억압하려 한다면 그 주인으로서 그를 보호해야 하는 경우가 있는데, 바로 이것이 노예의 법으로 사람을 구하는 것이 된다.

▶ 카스트는 인종이라는 뜻으로 동인도의 힌두스탄Hindustan에서 한결같이 행해진 풍속이다. 중국과 일본에 사농공상 사민四民의 구별이 있는 것과 같다.

---

4 '권력과 특권power and privilege'의 번역어다.

이처럼 인민의 종류를 나누는 풍속은 야만의 백성 사이에는 혹여 적당할 수도 있지만, 문명국에서는 예의의 도리(道)와 종교의 가르침에 따라 이처럼 폐해가 많은 풍습을 교묘하게 제거했다. 그러나 역시 미개하고 야만적인 태고 때부터 세상에서 행해진 별도의 풍속이 있으니, 이 풍속은 세월이 지나도 단지 버리지 않을 뿐만 아니라 이를 보완·개정해서 문명 개화의 큰 도움으로 삼는 것이다. 오늘날 잉글랜드에서 지극히 선하고 아름다운 제도라고 불리는 것도 그 근본을 살펴보면 옛 풍속에서 유래한 것이 많다. 따라서 이 풍속의 연혁을 탐색하는 것은 가장 소중한 일이니, 이에 따라 생각해보면 세상의 문명을 진보시키려 할 때는 학자의 고상한 이론(高論)에 따라 법을 만드는 것이 미개하고 야만적인 풍속을 개정하는 편리함에 미치지 못한다는 이치를 이해할 수 있다.

각국에서 옛날의 풍속과 관례를 모아 한 몸으로 삼고 점차 그 형식을 이룬 것을 국법이라고 부른다. 미개하고 야만적인 나라는 그 법이 부정해서 극히 결점이 많지만 인민이 이것에 의뢰해 폭군과 간신의 참독慘毒을 면할 수 있다. 예컨대 지금 무법한 나라에 한 농부가 있어 우연히 그 나라의 제후에 대해 예를 잃은 일이 있다면 그 군주가 곧바로 그를 붙잡아 몸소 무례의 죄를 벌하는 일을 뜻대로 할 수 있지만, 만약 그 나라의 오래된 관습에 이런 소송訴訟을 들을 재판장소가 있다면 농부도 반드시 이 재판소에 나와서 일의 옳고 그름을 밝힐 수 있는 것이다. 본래 그 적수敵手는 위력이 있는 자이기 때문에 혹여 재판관을 위협하거나 그에게 뇌물을 줘서 결국에는 농부의 잘못을 만들어내는 일도 있을 수 있지만, 전혀 재판의 길이 없이 즉시 난폭한 적의 손에 걸리는 것에 비한다면 훨씬 뛰어난 것이다. 국법이 일단 정해지면 재판관과 여타 관리의 입장에서도 이를 일부러 파괴하는 번거로움은 삼가 이를 지키는 편리함에 미치지 못한다. 결국 국법이 흔들리지 않는 것은 사람의 천품에 나태한 성정이 있기 때문이다.

각국에서 법이 형식을 이루기까지의 순서는 대단히 느리니, 거의 그 기원을 알 수 없다. 지난 세월 동안 세상에 법을 논하는 인물이 나왔으니, 곧 아테네의 솔론Solon, 스파르타의 리쿠르고스Lycurgus[이 두 명은 기원전의 인물], 잉글랜드의 알프레드Alfred the Great[기원후 800년대 잉글랜드의 군주]와 같은 인물들이다. 세상사람들이 이들을 존경해 국법을 창조한 시조로 삼으니 그 영광과 명예가 대단히 성대하지만 실제 새롭게 법을 창조한 것이 아니라 다만 예로부터 내려오는 법을 증보·개정했을 뿐이다. 또한 로마의 역사에서도 운운하기를, 로마인이 법령에 부족함이 있어 이를 배우기 위해 그리스에 사절을 파견했다고 한다. 먼 옛날 12조라고 불렀던 법이 바로 이 사절이 그리스에서 배워 얻은 것이라는 설도 있지만 그 상세한 내용은 알 수 없다. 따라서 고명한 로마의 법률도 정돈되기까지 걸린 세월이 매우 길다. 기원후 500년경에는 이 법률이 점차 모여 그 서류의 양이 낙타 열두 마리가 등에 짊어져야 할 정도였다는 옛일이 있다. 다만 이때는 아직 간행의 기술을 알지 못해서 세상사람이 이 법률서를 볼 수 없는 경우가 많았던 까닭에 로마 황제 유스티니아누스가 당시 학자에게 명해서 책 중 일부를 발췌해 간략히 하나의 전서全書로 편집하게 했다고 한다.

이런 경위로 생각해보면, 법의 근본은 먼 옛날의 오래된 관례(舊例)에서 생겨나 이에 따라 나온 바이니, 하루아침에 생겨난 것이 아니다. 특히 잉글랜드의 제도와 같은 것은 그 상세한 내용을 알고자 한다면 우선 그 나라의 오래된 풍습(古風)을 탐색하지 않을 수 없는 것이니, 학자가 마땅히 주의해야 할 바다. 또한 유럽 역사를 살펴 중세시대의 형세에 착안하면, 법의 근본이 그 나라의 습속에서 유래했다는 것이 명백해진다[기원후 500년에서 1300년까지를 중세라고 한다]. 세상에서 소위 봉건세력의 법이라고 하는 것도 그 근본은 북방의 야만족은 로마의 통일을 파괴해 그 땅을 빼앗고 이를 분배했을 때 생겨난 오래된 관례인 것

◀ 북방의 야만족은 유럽 북방의 사람을 말한다. 중세의 세상에는 유럽인도 풍속이 야만스러워서 거동이 잔인한 까닭에 그들을 야만족이라고 칭하는 것이다.

이다.◀ 북방의 사람들은 이 기세를 틈타 로마인을 쫓아냈으며 당시 장군(君將)이었던 자가 땅을 빼앗아 그를 따르는 자에게 분배해 공적을 치하했다. 그런데 그를 따르는 자들이 독립하는 것을 좋아하지

않았기에 약속을 맺어 군신의 분별을 바르게 하고 신하의 직분을 받들게 했는데, 일단 토지를 얻은 자는 그 토지에 거주하며 군주를 대신해 통치한다는 명목으로 이 땅을 자자손손에게 전했으니, 이것이 봉건세록의 기반이 된 것이다.

오늘날 유럽에서 토지에 관련된 법칙은 모두 오랜 옛날 봉건의 제도에서 유래한 것이니, 물론 그 살벌한 풍습은 벗었다고 하지만 지금까지 잉글랜드에서도 그 제도를 존중하고 있다. 무릇 잉글랜드에서는 예로부터 내려오는 일종의 풍속이 있으니, 그 국법이 유래한 바가 다른 나라와 다르다. 그러나 유럽 대륙(本州)의 각국이 문명에 이르게 된 것은 새롭게 국

◀◀ 유럽 대륙이란 잉글랜드를 제외한 여타의 각국을 말한다. 원래 잉글랜드는 섬나라인 까닭에 이를 대륙이라고 말할 수 없다.

법을 만든 것이 아니라 오직 로마의 옛 법과 봉건의 제도를 참작해서 이를 절충한 것이다.◀◀ 또한 프랑스의 소란으로 귀족의 권한을 압도했을 때 국내의 인민이 동시에 봉건의 옛 법(遺法)을 폐지하기를 바

랐으니, 나폴레옹은 시세의 변화를 기회로 삼아 법령을 내서 예로부터의 풍속을 새롭게 바꿔 개혁했다. 실로 프랑스와 같은 대국大國이 법률을 개혁하고 그 일을 완성함에 있어 이처럼 신속했던 것은 전대미문의 대업大業이기에 그 행적이 비상해 보이지만, 당시 나폴레옹도 새롭게 법을 제작한 것이 아니라 수백 년 동안 프랑스에서 행해지던 로마의 옛 법을 절충한 것이었다.

법이 옛 풍습과 오래된 관례에서 유래한 것이라는 점은 앞서 언급한 한두 가지 사례로서 이해할 수 있을 것이다. 옛 풍습과 오래된 관례는 그 취지를 개정하고 방향을 고칠 수는 있지만 폐지하기는 매우 어렵다. 따라서 한 나라의 인망을 얻어 정치를 실시하는 자가 해야 할 긴요한 큰일은 삼가 오래된 것을 개정하는 데 있다. 망령되이 새롭고 기이한 것을 좋아하고 신문상의 공론空論을 믿어서 오래된 것을 버리는 자는 급작스러움이 심하다고 말할 수 있다. 잉글랜드 정부가 국민을 보호하고 그 자유를 얻도록 한 까닭은 오랜 옛날부터 나라 안 인심에 깊이 스며든 옛 관습(舊習)에 따라 그 제도를 정했기 때문이다. 프랑스에서는 여러 번 그 정치를 개혁해 국민의 자주자유自主自由 또는 재화평균財貨平均 등의 일에 관해 제도를 세운 일이 있었지만, 뜻을 얻어 정부의 위에 선 자는 항상 폭군(暴主)이었다. 생각하건대 프랑스의 풍속은 폭정을 행사하지 않으면 아랫사람을 다스리기 어려운 까닭에 가령 자유롭고 관대한 법을 세워도 국민의 습속에 적합하지 않아서 그 법이 대단히 깨지기 쉬웠던 것이다.

프랑스에서 국민의 자유를 달성하고자 계속해서 공명정대한 개혁을 시행했다고는 하나, 수년간 잉글랜드에서 시행되어온 "헤비어스코퍼스 Habeas corpus"[5]를 채택할 수 없었다. 이 법의 취지는 죄인을 체포하거나 옥에 가둘 때 본인 또는 다른 사람이라도 죄의 경위가 불공평하다고 생각하면, 공개적으로 재판받기를 관에 요구하고 그 죄인에 관련된 관리와 소송 상대를 불러 즉시 일의 잘잘못을 판단해 억울한 죄가 있으면 마땅히 그를 사면하고 죄가 있으면 벌을 받게 하는 것이다. 나라에 이 법이 있으면 망령되이 사람을 체포해서 옥에 가두는 폐해가 적어지는데, 러시아나 오스트리아와 같은 나라는 결코 그렇지 않으니, 높고 큰 감옥에 사람을 수감해 수년이 지나도 버려두고 상관하지 않는다. 사실 그 본인으로서도 어떤 취지로 감옥에 갇히게 됐는지 스스로 알지 못하는 자도 많다.

이 외에도 오늘날 잉글랜드에서 좋은 법이라고 칭하는 것 중에 오랜 옛날의 관례에서 나온 것이 많다. 즉 "코로너스 인퀘스트coroner's inquest"[6]로 칭하는 것은 죽은 자의 신체를 검사해서 그 몸에 상처가 있으면 즉시 당시의 사정을 탐색하는 법이다. 또한 "트라이얼 바이 주리"[7]라고 칭하는 것은 재판소에 입회할 사람을 불러내는 법으로서 그 유래가 매우 오래됐다[본편 잉글랜드 조목 8쪽에 나온다[8]]. 이 법으로 수백 년 동안 사람들의 억울한 죄를 풀어준 경우는 일일이 셀 수 없을 만큼 많다. 프랑스와 다른 나라에서도 잉글랜드의 좋은 법을 모방해서 이를 자국에 시험하려 했지만, 그 나라의 인심을 살펴 풍속에 부합하지 않으면 결코 새로운 법이 시행되

---

5 인신보호법을 말한다.
6 검시를 말한다.
7 배심재판을 말한다.
8 원전의 페이지를 가리키며 본 번역서에서는 127쪽에 해당한다.

는 일이 없었다.

　각국에서 옛 풍습과 오래된 관례에서 좋은 법이 생기는 일이 매우 많은데, 그중에서도 사람의 직분을 달리함에 따라 도당을 나누는 풍습은 세상에 큰 이익이 있었다. 그 한 무리 안에는 저절로 일종의 권한이 갖춰져 정부의 과분한 위력을 다소 억제하는데, 마치 정부 안에 하나의 작은 정부를 세우는 것과 같은 모양으로 국민을 보호하는 일이 적지 않다. 오랜 옛날 미개한 때에 교회의 사제에게 권위가 있던 것이 바로 그 사례다. 오늘날에도 각 도都와 부府에 자연히 일종의 특권(殊典)이 갖춰져 정부의 위력으로 이를 압도할 수 없는 것이다. 또한 "뮤니시팰러티municipality"[9] 라는 것이 있는데, 이는 시민회동市民會同이라는 뜻으로 원래 로마시대에 시작돼 이후 점차 유럽 각국에서 유행했다. 즉 시민이 생업을 영위할 때 한마음으로 힘을 합쳐 법을 세우고 전적으로 이에 의지하니, 생을 편히 지낼 수 있는 연유인 것이다. 이에 따라 맹악흉포猛惡凶暴한 무사 등이 일개의 시민을 능멸하는 것이 용이하다고 하지만, 이처럼 일반의 법으로 합중合衆한 까닭에 감히 해를 끼칠 수 없었다고 한다.

　시도회동市都會同의 상민商民[10]은 이 특권의 편리함을 알고 여러모로 궁리(工夫)해서 이를 성대히 하고자 했으니, 도시가 번성함에 따라 각각 정부를 세우고 성을 쌓으며 병사를 길러 그 우두머리가 자연히 귀족의 체재를 이루었다. 특히 베니스[이탈리아의 베네치아가 곧 이곳이다]나 제네바 같은

---

9 자치체自治體를 말한다.

10 '공민 또는 시민burgesses or citizens'의 번역어다.

곳은 가장 성대했으니, 이 도시 수장의 권위는 거의 한 나라의 국왕과 같았다. 이처럼 각지에 세워진 여러 도시 중에서 맨 먼저 함부르크Hamburg, 루벡Lubec, 브레멘Bremen 세 도시가 서로 약속을 맺었으며 뒤이어 이 약속에 가담한 곳이 많으니, 마침내 이를 "한자Hanseatic" 동맹 또는 무역동맹이라 칭했다. 이 동맹이 성대하고 강력하니, 만 리의 파도를 넘어 외국과 무역하고 그 무역을 보호할 뿐만 아니라 여러 번 다른 나라와 전쟁을 벌여 이기는 일도 있었다. 당시 라인Rhine[게르만 서부에 있는 큰 강의 이름]을 비롯한 큰 강 근방에 있는 봉건세록의 귀족 등이 강변에 견고한 성을 쌓고 지나가는 상선에 요구해 세금을 취하고자 했던 일이 있었는데, 무역동맹군이 이 성을 허물고 그들의 강포함을 막아 세상사람의 산업을 편안하게 했다고 한다.

잉글랜드에서는 다행히도 시민회동의 권위가 이처럼 강성하지는 않았지만, 나라가 아직 개화되지 않았을 때는 자연히 그런 풍속이 유행해 인민을 보호한 일이 적지 않았던 것이니, 그 유풍遺風이 오늘날에 이르기까지 여전히 남아 있다.[11] 런던 시내[12]에 템플(Temple-bar)이라는 성지(靈地)가 있는데, 국왕이 이 성지를 통행하거나 병사를 이 땅에 파견할 때는 시내의 총독에게 면허를 요청하지 않으면 안 되니, 이는 곧 런던 부府에 갖춰진 특권인 것이다. 오늘날의 시세로는 본래 고삭告朔의 희생양[13]으로

---

11 후쿠자와의 오역이다. 버튼은 원문에서 영국에서는 유럽과 달리 다행히 자치체의 권위가 그렇게 중요하고 강력할 필요가 없었다는 점을 지적하고 있다. 이와 관련해선 *Political Economy for Use in Schools, and for Private Institutions*의 32쪽을 참조할 수 있다.

12 '시티오브런던the city of London'의 번역어다.

단지 옛 특권(舊典)을 기념하는 어린아이의 놀이에 속하는 것일 뿐이지만, 오랜 옛날 찰스 1세 재위기에 왕실과 의사원이 논쟁을 벌였을 때 하원의 의사관이 이 성지에 틀어박혀서 스스로 보호한 일이 있었다. 그 후 찰스 2세는 1세의 동생이었지만 왕실의 권한을 제멋대로 하고자 했으니, 시내에 이 특권이 있음을 싫어하고 이를 폐하고자 크게 심력을 썼다고 한다.

이처럼 시민회동이 곳곳에서 일어나 자연히 독립된 체재를 이뤘고 이로써 세상교제의 기본을 열었으니 천하에 이익이 된 바가 적지 않다. 시민이 사적으로 동맹하는 것은 국비를 쓰지 않고 공적인 일을 처리하는 것이니, 단체마다 각각 한 영역의 중심이 되어 한마음으로 협력해 나라의 제도를 보호하기 때문에 불시의 소란을 방지하기에 충분하다. 프랑스 같은 나라는 정권이 곧장 중앙정부(本政府)에서 나오기 때문에 소란을 방지할 다른 방도가 없으니, 파리[프랑스의 수도]의 정부가 일단 무너지면 전국이 모두 한바탕의 전쟁터가 되는 것이다. 예로부터 프랑스에 그런 사례가 적지 않지만, 잉글랜드에서는 그렇지 않다. 불기자유한 시민 등이 서로 동맹해서 각각 제도와 법(制法)을 세우고 그 법을 지켜 스스로 독립된 체재를 이루는 것은 실로 옛 풍습이 전해준 선물(賜)이라고 말할 수 있다.

무릇 옛 풍습과 오래된 관례에서 유래한 것으로 한 나라의 인민에게 지극히 크고 중요한 선물이라고 칭할 만한 것은 그 인민에게 자유를 허락

---

13 매달 음력 초하룻날 영묘靈廟 고제告祭에 바치는 희생양으로, 겉치레뿐인 의식일지라도 해害를 끼치지 않는 한 유지하는 편이 없는 것보다 나음을 뜻한다.

하고 생산을 편안하게 해주는 정치니, 예컨대 잉글랜드에서 행해져온 의사원 같은 것이 바로 그것이다. 잉글랜드의 의사원은 원래 사람의 논의에 따라 그 법을 정한 것이 아니라 모르는 사이에 점차 체재를 이룬 것으로서, 초기에 아직 정돈되지 않았을 때는 전혀 권위가 없었으며 여기에 갖춰진 특권(殊典)도 없었다. 오늘날 세간에 의사원의 유래를 의논하는 일이 매우 많은데, 어떤 사람이 말하기를, 의사원의 뿌리가 오랜 옛날 국내의 우두머리가 정부의 좋은 법을 의논하기 위해 크게 집회한 것에 있다고 한다. 또한 다른 설에 말하기를, 오랜 옛날 세록의 신하가 왕도王都에 입조해서 금을 바치기 위해 집회한 예가 있으니 이것이 곧 의사원의 시초라고 한다. 설의 다름이 이와 같으니, 하나는 국민 자유의 취지에서 나왔다고 말하고, 다른 하나는 국법의 엄중함에서 나왔다고 말하고 있는 셈이다. 그러나 지금 그 연원이 어떠한지는 잠시 제쳐둔다면, 오직 국민이 집회한 사례가 일단 시작됐고 그 이후 일취월장해 오늘날처럼 성대해져 세계 제일의 좋은 정부를 이루었음을 알 수 있을 뿐이다.

지금의 의사원을 그것이 창립했을 때와 비교하면 체재가 매우 다르다. 또한 점차 세월이 흘러 역사상 처음으로 의사원의 일이 기록됐던 시기의 경황을 살펴보면 역시 지금의 의사원과 크게 달랐으니, 그 시대에는 상하 양원의 구별 없이 단지 지금의 상원만 있을 뿐이었다. 그 후 1200년대경에 하원의 집회가 점차 정해졌는데, 오늘날에는 그 권위가 오히려 상원보다 크지만 창립했을 때는 실로 미미해서 있어도 없는 것과 같았다. 따라서 이 시대에는 의사원의 권위가 대단히 작고 약해서 본래 국법을 의정하는 일도 할 수 없었다. 다만 때때로 국왕에게 청원(哀訴)·탄원하는 일뿐으로 지금처럼 매년 정식으로 집회를 개최하는 일도 없었다. 오직 권병을 가진 자는 국왕과 집정관이었으니, 의사원의 사람을 경시하는 일도 역시 심했다. 그를 욕하고 꾸짖고 능욕했으며 혹여 격론을 주창하는 자가 있으면 처벌하는 일도 있었다.

이후 의사원의 권한이 차츰 강성해져 점차 독립된 형세로 정치의정政治議定을 위한 하나의 큰 국局이 됐다. 때로는 이를 타도하려고 하는 일도 있었지만, 확고부동하니 마치 먼 옛날에 처음부터 존재했던 것처럼 그 특권(殊典)을 흔들 수 없었다. 의사원이 이렇게 성대하게 된 원인을 살펴보면, 재정(錢貨)의 권한을 장악하면서부터 결국 이런 형세를 이루었다고 말한다. 예로부터 잉글랜드 왕이 외국과 전쟁하는 등의 일에 따라 재정(錢穀)의 사용이 필요할 때는 반드시 의사원과 담판해 이를 조달하는 것을 관례로 삼았다. 의사원은 이 기회를 틈타 각종 사건을 청원(懇訴)했고 점차 그 자유와 특권의 취지를 달성하고자 했으니, 처음에는 단지 청원과 탄원이었지만 점차 한 나라의 제도를 이루게 된 것이다. 원래 법률을 국내에 반포하는 것은 국왕인 까닭에 왕이 하원에 예산(用金)을 요구하는 담판이 있을 때 하원에서는 국민에게 편리한 법을 건의(建白)했다. 그러면서 이 법을 시행하면 돈을 조달할 수 있다는 취지로 약속하고 국왕은 곧 이 법을 시행했으니, 돈을 요구하는 담판이 있을 때마다 새로운 법을 건의했다. 결국에는 어떤 사건인지 불문하고 국내에 법령을 포고할 때는 반드시 의사원의 평의를 거치는 것을 상시적인 관례로 삼았으며, 만약 그렇지 않은 것은 진정한 국법이 아니라고 했다.

오래된 격식을 폐지하지 못한 것도 역시 심하니, 오늘날에도 잉글랜드 의사원에서 법을 의정하면 이를 국내에 포고하는 자는 국왕이다. 물론 왕실의 허가는 단지 형식(禮典)에 따른 것일 뿐이며 그것이 유명무실하다는 것은 만인이 아는 바지만 그 격식을 바꿀 수 없는 것이다. 의사원에서 국정의 실권을 장악하게 된 취지는 실로 불가사의하니, 마치 사람의 손을 집어 정부를 가르친 것과 같다.[14] 의사원이 새로운 법령을 건의하고 이를 집행하기를 바라면 정부의 관리가 이를 채용하지만, 때로는 이를 포고하면서 자칫하면 건의한 취지를 변혁하는 일도 있었다. 이에 하나의 방법을 강구했으니, 국왕에게 건의해 윤허를 요청할 때 그 취지를 문서로 써서 움직일 수 없는 것으로 삼았던 것이다. 따라서 의사원에서 평의의 서면書面[15]이라고 부르는 것은 국왕의 손에서 포고되는 법령의 서書[16]와 털끝만큼도 문구(字句)가 상이한 일이 없다.

이 외에도 다양한 연유로 하원의 위력이 점차 증대됐으니, 오늘날에는 명목상 3국局 중 하석下席이지만 실제로는 정부 최상의 권병權柄을 쥐고 있다. 나라를 지킬 때 군비가 반드시 쓰인다는 것은 본래 논할 필요도 없다. 이를 지배하는 자가 국왕이므로 그 법도 마땅히 전권독재가 돼야 했으니, 이 권한을 국왕에게 부여하기 위해 "뮤터니액트Mutiny Act"[17]라는 조례를 세웠다. 그러나 이 조례는 1년을 기한으로 하기 때문에 그 기한이 끝나면 곧 다시 논의해 1년의 기한을 정해야 했으니, 마치 증서를 갱신하는 것과 같았다. 따라서 그 기한이 끝날 때면 종종 의사원에 이론異論이 있었는데, 그 조례의 시행에 동의하지 않을 때는 국내의 병졸이 홀연히

---

14 다른 사람의 손을 잡고 글을 따라 쓰게 해서 가르치는 것을 말한다.
15 '법안bill'의 번역어다.
16 '법률act'의 번역어다.
17 반란 조례를 말한다.

무기를 버리고 일반인(平人)이 됐으니 상관(土官)에게 복종하지 않아도 이를 비난하는 자가 없었다. 혹여 상관이 독단으로 그를 벌하고자 했을 때는 관에 요청해 재판받을 수 있는데, 동등한 사람 간의 쟁론을 처리하는 것과 달라서는 안 됐다. 즉 의사원이 매년 집회를 개최하는 것도 앞서 말한 "뮤터니액트"의 조례를 다시 의논하기 위함인 것이다.

의사원이 반드시 매년 집회를 가지는 연유는 이 밖에도 한 가지 사정이 있다. 잉글랜드 정부가 육해군과 그 외의 공적 비용에 돈을 쓰는 것은 다른 각국보다 훨씬 더 많지만, 지금까지 이 돈을 조달하는 것은 의사원의 권한이다. 또한 국내에서 돈을 내는 자는 국민이고 그들의 대표자는 하원이기 때문에 돈과 곡식은 오로지 하원에서 평의해야 하는 것이 이치가 됐고, 이에 따라 정부가 지출(用金)의 명을 내리면 그 돈을 어디에 어떻게 쓸 것인지 매번 통례(常例)처럼 묻고 따졌다. 세월이 지나면서 의사원은 한층 권한을 늘려 재정(錢貨)의 권병을 완전히 하원에서 장악했으니, 결과적으로 어떤 필요에는 약간의 돈을 제공하고 어떤 일에는 약간의 돈이 쓰여야만 한다고 하는 등 모든 출납의 근본을 의정하게 됐다. 이처럼 매년 의사원이 재정출납의 일을 의정하기 때문에 만약 그 집회를 멈추면 국내에서 정부의 비용費冗[18]을 갚을 자가 없어지는 것이다. 이것이 곧 의사원이 해마다 회합해 정부의 집정執政과 여러 관리를 편리하게 해주는 까닭인 것이다.

---

18 오늘날에는 '비용費用'이라고 쓰지만 후쿠자와는 '비용費冗'이나 '용비冗費'라고 썼다. 후자의 경우 쓸모 없는 비용이나 불필요한 비용이라는 의미로 해석될 수 있지만 후쿠자와는 그냥 비용이라는 의미로 쓴다. 이에 이하 모두 비용으로 번역했다.

정부가 호령을 시행할 때는 그 조치의 신속함을 귀히 여기니, 이것이 마땅히 한 사람의 손에서 나와야 하는 것이다. 하원처럼 사람들이 함께 모인 큰 국局에서 이를 행하는 것은 대단히 불편하다. 따라서 잉글랜드에서 호령을 시행하는 전권은 국왕과 집정에게 맡기니, 그 조치의 신속함이 입헌독재의 정치와 다를 바 없다. 왕실의 집정이 시행의 전권을 자기 마음대로 휘두르는 것이 이와 같지만, 의사원에 대해 책임을 지게 하는 것도 역시 매우 엄격하다. 만일 집정이 불량하고 잔혹한 일을 했다면 곧장 그를 처벌하니 죄를 용서하는 일이 없다. 하원의 동의를 얻지 못한 모든 집정은 한 사람도 조정에 관계할 수 없다. 위로는 조정에서부터 아래로는 사소한 말단 관리의 국局에 이르기까지 하원의 권세를 우러르지 않는 곳이 없다. 예컨대 징세나 재판을 담당하는 한 말단 관리가 불량한 짓을 저지른 일이 있는데 의사원의 사람이 옆에서 이를 살펴 집정에게 이를 추궁하니 반드시 그를 벌하지 않을 수 없는 것이다.

앞서 말한 바와 같이, 잉글랜드가 지극히 선하고 아름다운 정치를 펼쳐 국민이 자유를 달성할 수 있게 된 연유는 한순간의 소란으로 갑작스럽게 그 정치 체재를 변화시켰기 때문이 아니라, 오직 종래의 옛 풍습과 오래된 관례를 잃지 않고 삼가 이를 지키고 개정한 데서 유래한 것이다. 따라서 정치를 시행하는 요결은 마음을 공평하게 하고 뜻을 편안하게 해서 능히 사물을 감내하는 것에 있다. 지금 우리가 자유불기한 특권(殊典)을 얻은 것도 오로지 근신하며 예로부터 내려온 정체를 절충·조화해 점차 사특함(邪)를 버리고 올바름(正)으로 돌아갔기 때문이니, 처음부터 감히 일시에 완벽을 얻으려 하며 폭거를 도모했던 것이 아니다. 오늘날 잉글랜드의 정치를 보고 1,500년간의 형세를 돌이켜보면 그 정체政體의 차이가 천양지차지만 실은 결국 청출어람일 뿐이다. 이에 따라 생각하건대, 한 나라의 인민이 문명의 덕화德化를 입고 능히 인내해서 일을 처리하면 경거망동하는 일 없이 자연히 그 풍습을 고쳐서 마침내 태평의 극에 이를 수 있다는 점이 명확하다. 실로 우리[19] 정치 연혁은 1,000년 동안 불후할 귀감이라고 할 것이다.

---

19 여기서 '우리'는 잉글랜드를 말한다.

정부의 직분

정부의 직분은 국민을 평온하게 다스리고 국법을 확고하게 지키며 외국과의 외교를 지키는 세 조목을 큰 강령으로 한다. 이 강령 외에 행해야 할 사건과 행하지 말아야 할 사건에 대한 학자의 논의는 일정치 않다. 어떤 사람의 설에 따르면, 정부는 모름지기 역부役夫와 직인職人의 임금을 결정하고 놀고먹는 백성(遊民)에게 직업을 찾아주며 물가를 정하고 가난한 사람을 구제하며 그 외 평민의 사적인 일(私事)에 모두 관계해서 그들의 통의와 직분[20]을 옆에서 시비是非해야 한다고 말한다.

이러한 설이 있다고 하나, 정부가 일반인의 통의와 직분을 시비하고 그 사적인 일에 관계하고자 할 때는 반드시 이 때문에 이치에 어긋나는 것(非理)과 도리에 어긋나는 것(非道)이 행해져 인간교제에 해를 끼친다는 점은 굳이 해명하지 않아도 명료한 것이다. 가령 국민을 위해 직업을 찾아주고 그 생계를 꾸리게 해준다고 하면, 이에 따라 국민이 비용(冗費)을

---

20 '사적 권리와 의무private rights and duties'의 번역어다.

부담하지 않을 수 없다. 수원(源) 없이 강(河)이 생겨나는 이치는 없으니, 정부가 어떤 방법으로 돈을 만들어내겠는가? 반드시 국내의 세금에서 취하는 것이니, 결국 이곳에서 취해 저곳에 주는 것일 뿐이다. 그 조치가 마땅하다고 말할 수 없는 셈이다.

앞서 이미 논한 바와 같이, 인간교제의 기본은 인간 각자가 스스로 심력을 써서 스스로 책임을 지는 데 있다. 이것이 인간이 가진 자연스러운 성정인 까닭에 만약 외부로부터 이 대의大義에 흠을 내고자 한다면 그 폐해가 없을 수 없다.

따라서 정부가 밤낮으로 부지런히 국민의 동정을 살피고 국민을 위해 노력(周旋)하는 것은 단지 그 백성에게 번거로울 뿐만 아니라 유해무익한 과분한 수고로움이라고 말할 수 있다. 능히 세간의 사정에 주의하는 정부라면 그렇게 하지 않는다. 조정의 위에 앉아서 국내의 사무를 담당하는 사람은 겨우 몇 명에 불과하니, 그 직분은 감히 민간의 결핍을 알려고 하는 것도 아니고 그 결핍을 탐색해서 이를 채우려고 하는 것도 아니다. 무릇 인간으로서 하지 않으면 안 되는 긴요한 큰일이 있으니, 즉 심신이 건강한 사람은 스스로 깊이 생각해서 노역함으로써 의식衣食을 구하고 거주를 제공하지 않으면 안 된다. 만약 그렇지 않을 때는 곧 인생을 보전할 수 없는 것이다. 또한 처자가 있는 사람은 자기 한 몸을 보양하는 것 외에 처자에게 의식을 공급하지 않으면 안 된다. 원래 사람으로서 자신의 처자를 보살피고 옷과 음식을 제공하는 것은 일부러 하는 것이 아니라 사람의 천연天然에서 나오는 지극한 정으로 독신일 때 자기를 보양하는 것과 역시 다르지 않다. 이상 논한 바는 일반적인 대의大義지만, 간혹 이에 어긋나는 일도 없지 않다. 몸을 나태하게 해 결국 굶어죽는 사람도 있고, 스스로 굶어죽지는 않더라도 가족을 춥고 굶주리도록 내버려두고 돌아보지 않는 사람도 있다. 그러나 이는 모두 예외적인 경우로서 그 사례는 매우 드물다. 단, 이를 해결하는 방법은 아래에서 논하고자 한다.

문명개화가 점차 진행되면 세상사람의 수요도 역시 이에 따라 증가하니, 점차 편히 지내고 아름다운 집을 짓고 살며 옷은 가볍고 따뜻한 것을 원하고 먹는 것은 뛰어나고 아름다운 것을 좋아하게 된다. 이것은 곧 자연스러운 인간의 성정(人情)으로서 의식주의 아름다움을 좋아하는 자는 그것을 얻기 위해 심력을 쓰고, 또한 이를 만드는 자도 다른 사람의 수요를 공급하고자 심력을 쓰니, 서로 노력(勉强)해서 세상의 사무가 점차 복잡해지는 것이다. 또한 앞서 말한 바와 같이, 가족의 교제는 사람의 지극한 정에서 나온 것이기 때문에 내 한 몸이 의식주의 아름다운 것을 원하면 그 처자도 함께 환락을 누리게 되는 것이다. 결국 세계 인류의 생필품이 점차 증가하는 연유는 각 사람이 자기 한 몸을 보양하고자 하는 욕구와 가족을 친밀히 사랑하는 정에 따라 그렇게 된 것이다.

사람 중에는 간혹 의식주의 아름다움을 오용해서 문명개화(文化勤工)의 선물(賜)을 더럽히는 자도 없지 않다. 그러나 세상 일반의 경황을 보면 문명의 공덕功德은 이러한 폐해를 갚고도 충분히 남는 바가 있다. 그 실제를 알고자 한다면 여러 대가가 저술한 기행문을 읽어 야만적인 오랑캐의 풍속을 살펴볼 것이다. 우리 나라라고 해도 예로부터 사물의 개혁이 없었다면 그 풍속의 비루함이 어찌 오랑캐와 다를 바 있겠는가? 결국 문명개화가 목적으로 하는 바는 사특함(邪)을 버리고 올바름(正)으로 돌아가는 취지이니, 사람에게도 역시 자연히 선을 행하고자 하는 성질이 있다. 만약 그러지 않고 악에 빠지는 자는 스스로 죄를 짓는 것이다.

앞서 말한 바에 따라 생각해보면, 일반인이 사사로이 심력을 써서 올바른 길을 따라 산업을 경영하는 것은 정부가 결코 시비할 이유(理)가 없으니, 이는 곧 확고부동한 정론定論이다. 따라서 정부가 법을 세워서 평민(下民)의 산업을 조치하고 역부와 직인의 급여를 정하고자 하는 것은 큰 오류라고 말할 수 있다.

1848년 프랑스에서 일어난 소란 이후, 그 수도 파리에서 직인을 사역하는 법을 세우려 하면서 어리석음이 극에 달했다는 기이한 이야기가 있다. 당시 프랑스 정부는 병졸의 의상을 제작하려고 직인 1,500명을 고용하고 그 직인의 우열(巧拙)을 불문하고 사람들에게 똑같은 급여를 주기로 정했다. 그 법은 우선 의상의 제작을 청부하는 상인 한 사람을 불러 약간의 의상을 제작할 때 어느 정도의 금액으로 이를 청부할 수 있는지 그 가격을 듣고, 그 상인에게 명하지 않고 정부가 직인을 고용해 1,500명 모두에게 그 금액을 똑같이 분배하겠다고 정한 것이었다. 따라서 직인은 보통의 급여를 받을 뿐만 아니라 청부인의 세활료世活料[21]도 함께 분배받는 것이 이치지만, 의상이 완성돼 돈을 분배하게 됐을 때 각 사람이 받은 금액을 보면 매우 적었다. 1,500명 중에서 서툰 직공이 평소 일에 힘써도 그 급료가 오히려 이보다 더 많을 것이기 때문에 크게 실망했다고 한다. 그 이유는 무엇인가? 사실 직인이 태업한 것이다. 그 이치가 대단히 분명하니, 1,500명 중에서 한 사람이 힘써도 나머지 1,499명이 함께 노력하지 않으면 홀로 노력해서 그 보상을 얻지 못하기 때문이다. 예컨대 한 사

---

21 이윤을 말한다.

람이 전심을 다해 잡담하지 않고 담배도 피지 않고 종일 앉아서 밤늦게까지 바느질해서 다른 직인보다 1주朱[22]만큼 일을 더 많이 해도 그 1주를 가지고 집에 돌아가 가족과 처자를 기쁘게 할 수 없었던 것이다. 보람 없이 이를 1,500명에게 분배할 뿐이니, 이와 같아서는 누가 감히 홀로 힘쓰고자 하겠는가? 이것이 서로 함께 태업한 이유인 셈이다.

일반인의 직업(常職)을 옆에서 시비하면 반드시 폐해가 생긴다는 점은 앞의 한 사례로 이미 명료하다. 따라서 국내의 사무 중에는 종류에 따라 위로부터 법을 세우면 그것이 무익할 뿐만 아니라 오히려 그 때문에 정부가 큰 해를 자아내는 일도 있는 것이다.

예로부터 우리 정부는 역부와 직인을 위한 일을 도모하며 다양한 궁리(工夫)를 써봤지만 항상 해만 있고 이익은 없었다. 역부의 임금을 정하는 법은 오직 사람을 부리는 자에게 이익이 돌아갈 뿐 역부에게는 이익이 없었다. 사람을 부리는 자는 위가 되고 그 사람에게 부림을 당하는 자는 아래가 되는 까닭에, 위에서는 임금(賃銀)이 정당하다고 여기며 임금법을 정했지만 대개는 한쪽의 이익만을 꾀하며 나머지의 불편을 살피지 않았으니, 실은 역부와 직인을 노예처럼 제어해 괴롭히는 것일 뿐이었다. 따라서 정부가 역부를 쓰는 법을 세울 때 명목상으론 은혜를 베풀려고 하는 취지였지만, 그 실제는 항상 불공평함(私曲)이 섞이지 않는 일이 없었다.

또한 한때 정부가 역부를 부조하고자 법을 세운 일도 있었는데, 이 또한 위의 경우와 다르지 않았다. 그 법은 잉글랜드 안의 사람으로 하여금

모두 본국에서 제조한 직물(布帛)을 쓰도록 한 것이다. 아마 이를 제조하는 직인에게 일을 얻게 해서 놀고먹는 백성을 줄이고자 한 취지였을 것이지만, 국내의 사람들이 직물제조 산업에 이윤이 많은 것을 보고 일시에 본업을 버리고 앞을 다투어 이쪽으로 몰렸고, 결국에는 직인의 수가 너무 많아져서 오히려 곤궁해졌다고 한다. 또한 자국의 산업을 번창시키기 위해 외국에서 제조한 물품은 일체 수입을 금지하는 법을 세운 적도 있다. 그러나 이 법은 나라를 부유하게 하기는커녕 오히려 나라를 피폐하게 만들기에 충분했다. 무역부국의 큰 방도(大道)는 사람들로 하여금 자신의 뜻에 맡겨 자유로이 매매하게 하는 데 있다. 그 한 부분을 목격한 바에 따라 생각해보면 다음과 같다. 국내의 인민이 칼을 구할 때 반드시 한 칼 장인(刀匠)의 집에 가서 사야 할 경우, 그 칼 장인이 취하는 이익이 막대한 것처럼 보이지만 이익을 독점하는 사람은 칼 장인만이 아니다. 다른 사람도 역시 똑같이 행동하기 때문에 칼 장인 역시 다른 사람에게 가서 물건을 사려고 할 경우 그 가격이 비싼 것은 칼 가격이 비싼 것보다 더 심하니, 이처럼 서로 높은 가격을 탐하며 서로 손실을 입을 뿐이다. 때로는 특정 시점에 가격이 매우 저렴한 물품도 있지만, 이는 단지 전매의 이익을 마음대로 하고자 한 종류의 생업에 달려간 사람이 우연히 많은 탓에 과도하게 그 물품을 증가시켰기 때문이다. 요컨대 잉글랜드의 역부와 직인은 외국 물품의 수입을 금지하는 법에 따라 털끝만큼의 이익도 얻은 바가 없고 오히려 크게 손실을 입었던 것이다.

　무릇 정부가 행해서는 안 되는 일로서 이를 행해도 이익이 없는 사항은 다음과 같다. 정부는 국민에게 생계를 부여해줘서는 안 되고 역부와 직인이 힘을 써서 임금을 얻을 때 그 많고 적음을 정해서는 안 되며, 또한 임금을 받고 사람을 위해 일할 때 그 노동을 정해서는 안 된다. 나아가 의식衣食 등과 같은 상품을 생산할 때 그것의 많고 적음을 정해서는 안 되고, 또한 이를 매매할 때 그 방법을 정해서는 안 되며 그 가격을 정해서도 안 된다. 이를 요약해서 말하자면, 정부가 농업·공업·상업의 일에 관계하며 옆에서 이를 시비해서는 안 된다는 것이다.

무릇 세상의 사무 중에 역시 정부가 관계해 조성助成해야만 하는 사안도 없지 않다. 그중에서 가장 중요한 것은 가난한 백성(窮民)을 구제하는 지당한 법을 세우는 일이다.

가난한 백성을 조치하는 법에 관해서는 예로부터 세상사람의 논의가 매우 많았다. 그것의 큰 취지는 인자한 은혜(仁惠)를 베푸는 데 있지만, 망령되이 실시해서 규율(紀律)이 없을 경우에는 오히려 크게 사람을 해친다. 돈을 원하는 자에게 돈을 주는 것은 망령되이 그 사람을 나태함에 빠지게 하는 것일 뿐이다. 원래 사람으로서 나태한 본성(性)이 없는 자가 없기 때문에 힘을 쓰지 않고 돈을 얻을 수 있는 길이 있다면 누가 구태여 일하려 하겠는가? 그러니 사람에게 인자한 은혜를 베풀지만 규율이 없으면 헛되이 돈을 써서 명목은 자애로운 것 같지만 실상은 사람을 해치는 것이다. 그 시혜를 받는 자는 점차 만족함을 모르고 노동해서 얻을 수 있는 급여보다 더 많지 않으면 만족하는 일이 없게 된다. 결국 천하의 양민良民으로 하여금 나태한 풍습에 길들여지게 해서 심한 경우에는 악한 일에 빠져들어 가게 하는 일도 있을 것이다.

사람이 어릴 때부터 교육을 받지 못하거나 그 신체가 건강하지 않거나 예상치 못한 불행을 만나거나 세상 일반의 재앙에 휘말리는 경우가 있다. 그럴 때 스스로 인내하며 어려움을 감내하는 것이 불가능한 사람은 다른 사람의 부조를 바라지 않을 수 없으니, 이것이 바로 가난한 백성이다. 그러나 일반인으로서는 그 가난한 백성의 경황을 탐색해서 그를 부조할 방법을 세울 수 있는 기회를 얻지 못한다. 또한 앞서 말한 바와 같이, 사람들의 뜻에 따라 망령되이 사적인 은혜(私惠)를 베풀면 오히려 세간에 해가 될 수 있다. 따라서 가난한 백성에게 은혜를 베풀어 그를 부조할 때는 정부가 법을 세워 국내 일반의 사람들에게 그 비용을 내도록 하지 않으면 안 되는 것이니, 이를 구궁救窮의 법[23]이라고 한다. 그러나 이 법을 적당하게 시행하는 것은 대단히 어려운 일로서, 그 조치가 적절치 못하면 유해무익한 일이 된다. 신체가 건강한 자가 나태함에 젖어 어떤 일도 하지 않고서 거짓으로 노동할 수 없다고 하고 이를 다른 사람이 부조하는 일이 있다면, 이는 곧 세상사람을 다그쳐 직업을 버리고 가난한 백성이 되도록 하는 것과 다르지 않다. 또한 노인과 병자를 부조하는 경우에도 그 법이 엄정하지 않으면 반드시 폐해가 없을 수 없다. 더구나 이보다 더 심한 일도 있으니, 고아와 버려진 아이를 양육하는 법을 세우게 되자 결국 천하 부모의 마음을 다해 자식을 키우는 직분을 게을리 하게 된 것이다.

신체가 건강한 자가 걸핏하면 구빈원에 오는 까닭에 잉글랜드에서는 법을 세워 그 사람을 노동하도록 했으니, 이를 시력試力의 법이라고 이름 붙였다. 때로는 가령 노동하게 했음에도 구빈원에서 있는 것을 편리하게 여겨 직업을 버리고 돌아오는 자도 있었다. 따라서 이를 막기 위해 원

---

23 '구빈법poor law'의 번역어다.

내의 노동은 세간의 직업보다 임금을 적게 주고, 일할 때 문 밖으로 나갈 수 없도록 법칙을 정했으며, 의식주의 모양도 오로지 사람들의 뜻에 맞추지 않는 것을 취지로 했다. 이러한 사정에 따라 사실 신체가 건강해서 노동하고자 하는 자는 재빨리 구빈원을 떠났으니, 사람들이 고민하지 않게 됐다. 또한 구빈원을 떠나 세간에서 직업을 찾게 되면 그 신체는 불기독립하고 얻는 임금도 더 많았던 것이다.

가령 노쇠한 자라도 망령되이 옷과 음식을 제공하고 규율이 없다면 두려워할 만한 폐해가 생긴다. 무릇 세상사람이 심력을 쓴다면 노후의 여생을 위해 저축하지 못할 리 없다. 그런데 이제 노후에는 반드시 다른 사람의 부양을 받을 수 있게 되면 세상사람 모두가 예기치 못한 상황에 대비하는 중요한 일을 게을리 하게 되는 것이다. 또한 사람의 자식으로서 생계에 힘써 그 부모를 봉양하는 모습은 다른 사람이 곁에서 보고만 있어도 기분 좋을 정도의 일인데, 지금 일반적인 법으로 노인을 봉양하면 천하의 자제로 하여금 효도 방법을 잊어버리게 하는 계기가 될 것이다. 또한 가난한 백성을 부조하기 위해 돈을 쓰는 것이 헛되게도 교활하게 사기치는 길을 열어주게 되는 일도 있다. 노부부가 힘을 쓰지 않아도 안락하게 옷과 음식을 얻을 수 있는 까닭에 평소 노후를 준비하지 않으리라는 점은 본래 말할 것도 없고, 심하게는 거짓으로 노쇠하다고 칭하며 사사로이 두세 군데의 구빈원에 출입하며 부조를 탐하는 자도 있을 것이니, 옛날에는 이런 폐해가 매우 많았다고 한다.

가난한 백성을 부조할 때 의식주의 안락함과 자주성(自在)을 빼앗고 일부러 속박해서 그 뜻에 맞추지 않는 것은, 그 법이 각박한 것 같지만 실은 그렇지 않다. 잉글랜드에서 가난한 백성을 보살피는 법은 설령 노쇠한 자라고 해도 가족과 가까이 있는 것을 허하지 않고 수십에서 수백 명의 가난한 백성을 넓은 한 집에 함께 살게 해서 술 마시는 것을 금지하고 과도한 즐거움을 제한하며 음식은 좋은 품질의 것이지만 맛은 좋지 않고, 구빈원 내에 규칙이 있어 먹고 자는 것을 모두 자유롭지 않게 한다. 세상 사람이 만약 이 모습을 보고 불쌍하다고 생각한다면 물러서서 국내의 수많은 평민(小民)을 돌이켜 생각해야 한다. 병든 늙은이와 늙은 할머니가 쓰러져가는 집에서 거주하지만 옛날 저축해두었던 것으로 스스로 살아가거나 효자와 자손의 보호를 받으며 부끄러운 마음을 가지는 일 없이 불기독립해 그 남은 생애를 마치는 자가 매우 많으니, 실로 국내의 양민인 것이다.

그런데 이제 구빈원을 운영해서 노동의 법을 폐지하고 가난한 백성의 뜻에 맞춰 이를 보살피게 되면 이런 양민도 자연스레 그 신념을 바꿔 다른 사람의 부조를 기대하는 마음이 생기게 될 것이다. 이런 것은 곧 세간 일반의 비용을 늘리는 것일 뿐만 아니라 특히 양민으로 하여금 불기독립한 염치를 잊어버리게 하는 것이다.

위에서 논한 바와 같이 가난한 백성을 구제하는 법을 세우는 것은 극히 어려운 일이다. 따라서 정부의 직분은 국내 사람이 각자 독립적으로 생계를 영위하도록 힘써 다른 사람의 부조를 기대하는 일이 없도록 하는 데 있기 때문에, 자연히 이를 위해 그 풍속을 고무하고 조성하는 데 있는 것이다. 현재 세상에서 행해지는 저축은행과 상호부조 등 여러 법▶을 장려해 그 시행을 돕는 것도 이런 취지인 것이다. 예컨대 저축은행에 맡겨둔 돈은 이를 합쳐서 정부 채권 금액에 더하고 그 이자를 보통의 채권보다 많게 해

▶ 평민(小民)을 부조하기 위해 제정한 법. 상세한 것은 아래에서 기록한다.

서 여분의 비율로 2리厘 5모毛를 준다.◀ 현재 잉글랜드에서 저축은행에 맡겨둔 금액은 거의 3,000만 파운드이기 때문에 그 이자를 겨우 2리 5모 늘리더라도 정부에서 내는 금액은 8만 파운드 정도다. 즉

◀ 예컨대 보통의 채권인 경우 그 이자는 100돈(匁)당 2돈이지만 가난한 백성을 위해서는 3돈 2푼 5리를 주는 것이다.

전국의 인민이 가난한 백성을 위해 8만 파운드를 쓰는 셈이다.

앞서 기록한 사실에 따라 생각해보면 역부와 직인[24]의 재산도 이를 하나로 합치면 실로 막대한 금액이 된다. 또한 국내의 노동자들이 스스로 그 업을 태만하게 하도록 한다면 어떤 나라에서 얼마만큼 세금을 걷어도 그 부족함을 메우기에 충분치 않을 것이니, 그 이치는 대단히 명백한 것이다. 저축은행에 맡겨둔 돈에서 겨우 2리 5모의 비율을 줘도 그 금액은 이미 8만 파운드에 이르는데, 전국의 역부가 일하지 않고서 전국의 비용으로 이들을 부양하고자 한다면 그 막대한 금액을 어찌 이에 비교할 수 있겠는가? 잉글랜드 정부의 세입이 이미 엄청나다고 하지만 이를 여덟 배 혹은 열 배로 해도 여전히 그 비용을 갚기에 충분하지 않을 것이다. 잉글랜드에서 부자의 수가 적지 않다고 하나 그들의 재산을 모두 몰수해도 여전히 부족할 것이다.

그 외의 것 역시 잘 숙고해보면 설령 자비롭고 관대한 취지에 따른 사건이 있어도 정부에서 일일이 그것에 관계해서는 안 되는 것이다. 세상사람이 혹여 사람을 사랑하는 자(愛人)라는 미명美名을 얻고자 함부로 정부의 책임을 꾸짖으며 이것도 정부의 직분이고 저것도 정부의 직분이라고

---

24 여기서 '역부와 직인'은 버튼의 원문에서 노동계급working class에 해당한다.

말하지만, 이는 모두 일의 실제를 알지 못하는 공론空論일 뿐이다. 그 미명을 얻는 값은 저렴하나 이를 실제로 실시하는 비용은 매우 크다. 따라서 정부의 직분에 빠져서는 안 되는 긴요한 일은 국내의 양민을 보호하고 사람들로 하여금 의기義氣를 중히 여기고 염치와 절개를 지키며 앞뒤를 생각하며 심력을 쓰도록 해서 노력하면 그에 따라 보상을 얻도록 하는 데 있다. 단, 국민에 대한 보호가 이처럼 이루어지는 까닭은 재판국으로 이를 유지하기 때문인 것이다.

또한 국민 각자가 스스로 생업에 매진해 그 가산을 증가시키고자 하는데 다른 사람이 이를 방해하는 바가 있으면 법으로 이를 제거하는 것도 정부의 직분이다. 국내 인민은 정부의 법에 의지해 그 생명을 편안하게 하고 그 사유재산을 지킬 수 있는 것이니, 노동해서 임금을 얻고 상업으로 이윤을 얻을 때 다른 사람이 이를 방해할 이치가 없다.

징세의 법은 마땅히 관대하고 편파적이지 않음을 취지로 한다. 다만 인생에 필수적이지 않고 과도한 즐거움과 사치에 속하는 물품은 가혹한 세금을 거두어도 무방하다. 예컨대 술이나 맥아(麴)와 같은 것이 그것인데, 이런 물품을 쓰는 사람은 자처해서 세금을 내는 것이라고 말할 수 있다. 잉글랜드에서는 빵과 육류, 의류 같은 생활에 필수적인 물품에 대해서는 세금을 걷지 않으니, 실로 만국에 자랑할 만한 아름다운 일인 것이다. 다만 유감인 것은 국내의 사람들 중 다수가 인두세[본편의 2권 46쪽25에 나온다]를 내는 것을 좋아하지 않기 때문에 어쩔 수 없이 차, 설탕, "커피"에 세

---

25 원전의 페이지를 가리키며 본 번역서에서는 117쪽에 해당한다.

금을 매기는데, 사실은 이 물품도 인간에게 필수적인 것이다.

또한 정부로서 행해야만 하는 일은 인민교육의 큰 근본(大本)을 견고히 하는 것이다. 이 사안은 가장 중대한 일인 까닭에 그 조목을 별도로 해서 자세히 의논할 것이다. 그 밖에 국내에 도서관을 설치하고 식물원을 열며 박물관을 건설하고 공원을 만드는 등의 일은 인민을 개화하는 데 큰 도움이 되기 때문에 정부에서 그 시행을 돕지 않으면 안 된다. 그 방법(法)으로 부자가 사적으로 재산을 털어 설치하는 경우도 있고 정부(官府)에서 건설하는 경우도 있으나, 어느 쪽이든 모두 널리 국민에게 은택을 베풀고자 하는 취지인 것이다. 나라에 이런 장소가 있으면 자연스럽게 인심을 교도해서 제멋대로 하고 사치스러운 풍습을 없애니 악한 일에 빠지는 자도 적어진다. 그 장소에 가서 거닐면 사람의 건강에 도움이 되고 그 실물을 보면 사람의 지식이 넓어지게 된다. 직인과 역부 같은 사람 중 다수는 생계에 쫓겨서 여행하거나 산에 오르는 등의 기회를 얻지 못하기 때문에 지구 토양의 성분(土性)을 목격할 연고가 없다. 그러니 박물관에 가서 화석류를 보고 이를 평소 공부(研究)한 책의 설에 참고하면 의문점이 곧 해소돼 그 사람에게 이익이 된다는 것은 굳이 말할 필요도 없는 것이다. "올드 레드 샌드스톤"[26]이라고 이름 붙여진 지층에서 발굴된 거대한 뼈의 오래됨과 기괴함을 보고 있으면 일찍이 말로만 들었던 이전 세계의 모습도 생생하게 상상할 수 있게 된다. 이처럼 그 장소에 가서 그러한 물건을 봄으로써 사람의 지식을 넓히는 것이다. 이뿐만 아니라 이토록 거액의 재산

---

26 old red sandstone, 구적색사암舊赤色砂岩을 말한다.

을 써서 진기한 물품과 기이한 물건을 모아 자유롭게 사람에게 보여주는 것은 부자의 선물(賜)이니, 가난한 사람이라도 이를 볼 수 있기에 이는 곧 부富를 함께하는 모양이 된다. 따라서 그들은 자연히 만족해서 다른 사람을 시샘하는 악한 생각을 그칠 수 있는 것이다.

또한 정부가 관계해야만 하는 하나의 일이 있으니, 바로 도시 전체에 위생(養生)의 법을 세우는 일이다. 인가가 조밀하고 불결한 도시에서는 자칫하면 흑사병, "콜레라" 등과 같은 전염병이 유행해서 크게 사람을 해치는 일이 있다. 도시에 법칙을 세워 거리와 가옥 등을 청결히 하면 그 재해를 제거할 수는 없더라도 크게 유행하는 기세를 죽일 수 있다. 따라서 엄정한 법으로 사람을 제어해서 그 소홀함과 태만함을 금지하는 것은 혹여 잔혹해 보이지만 실은 그 사람이 질병에 따른 재난을 모면할 수 있게 하려는 취지인 것이다. 사거리로 차를 몰아 군집을 방해하는 것은 이미 국법으로 금지된 바로서 이를 위반하면 반드시 그에 따라 처벌한다. 그러니 이 법에 미루어 생각하건대, 쓰레기를 한곳에 버려서 산더미같이 쌓아놓은 자도 처벌할 수 있다. 그 이유는 쓰레기가 불결해서 전염병이 발생해 사람을 해치는 것이나 차를 군집 한가운데로 몰아 사람을 해치는 것이나 그 죄의 가볍고 무거움에는 차이가 없기 때문이다.

학문상의 발명에 따라 새로운 연구(工夫)를 이루는 것도 그 연구를 시행할 때는 세간 일반을 하나의 집안처럼 하지 않으면 불편한 일이 있다. 가스등이 발명되지 않았던 이전에는 집집마다 오직 기름과 양초로 밤에 빛을 비췄으니, 이를 사용하는 방법(用法)은 사람들의 뜻에 따라 편리하게 할 뿐이었다. 그러나 가스의 발명이 세상에서 행해진 이후부터 이를 가업으로 삼는 자들이 단체(社中)를 결정해 한 국局 장치로 수많은 집안을 비추니 세상이 편리해졌다. 그러나 이런 상업을 한 단체의 손에 맡기면 홀로 사사로이 농단하며 대단한 이익을 탐하는 폐단이 없지 않다. 이 폐단을 막기 위해 다른 단체를 세워 함께 그 상업의 성쇠를 다투도록 해야 한다는 설도 있지만 가스의 경우에는 이 방법(法)을 시행하기 어렵다. 원래 가스 장치는 한 국局의 제조소와 한 조條의 관을 통해 도시 전체에 퍼져나가는 것이기 때문에 만약 상업을 다투어 다른 단체를 결성해 동일한 거리에 두세 개의 관을 매설한다면, 무익하게 천물天物을 포진暴盡하는 것일 뿐만 아니라[27] 그 비용도 막대하니 절대 실제 행해져서는 안 되는 것이다. 이것이 바로 부득이하게 가스의 상업을 한 단체에 맡기는 연유인 셈이다. 따라서 이 단체를 제어하기 위해서는 지당한 법률을 세워 전매권을 제한하지 않을 수 없다. 어떤 사람의 설에 가스등 장치를 도시 인민 일반의 소유로 삼아 특별히 이익을 얻는 자가 없도록 하는 것밖에 없다고 했는데, 이 설이 타당한 것 같다.

도시 내에 물을 끌어오는 법 역시 가스와 마찬가지로 한 조의 장치로 충분하다. 물을 공급하는 비용은 도시 내의 평민(小民)에게 걷어서는 안 된다. 물은 사람의 신체를 건강하게 하고 오물을 씻는 데 없어서는 안 되는 필수품이기 때문에 용이하게 이를 얻을 수 있는 방편을 세우면 사람의 힘을 줄이는 바가 대단히 크다. 가난한 역부와 같은 자는 먼 곳으로 가서 물을 길어올 겨를이 없기 때문에 항상 이를 애석해하며 밤낮으로 쓰

---

27 '포진천물暴珍天物'은 원래 『서경書經』 「무성武成」 편에 나오는 구절로, '하늘이 낸 만물을 함부로 다 써 버린다'는 의미다.

는 물이 아주 적은 양에 불과하다. 최근에는 수도 장치를 개량해 점차 그 편리함을 증대시켰으니, 가난한 백성이라도 넉넉하게 이를 쓰고 가격 역시 매우 저렴해졌다. 가산家産이 중간 등급인 시민에게는 약간 가격을 비싸게 하지만 하루에 반 펜스[펜스는 우리 돈 7푼 5리]의 비율로 어느 정도 물을 쓰는 것도 문제없다. 이런 과정에 따라 관청에서 법을 세워 도시의 인민이 상하귀천의 구별 없이 지당한 가격으로 물을 쓰고 이를 방해하는 바가 없는지 있는지를 검사하는 일은 정부의 직분인 것이다. 또한 다른 한편으로 논하자면, 이처럼 급수가 편리해졌지만 이를 쓸 때 삼가 신중하게 망령되이 허비하지 않는 것은 역시 시민의 직분인 것이다.

시민을 진정시키고 불시의 위해를 방지하기 위해 시민 통제(取締)의 법을 세우는 것도 정부의 공무다. 통제의 법은 그 조항에 따라 혹여 사람의 자유를 방해하게 되는 것도 없지 않지만, 그런 조치가 적절함을 얻게 되면 세간 일반에 이익이 되는 일이 대단히 크기 때문에 약간 그 자유를 잃게 하는 것이긴 해도 이를 하고자 하기에 충분하다. 또한 프랑스처럼 통제의 권한을 정부가 한손에 장악하면 적당하지 않게 된다. 정부가 그 권한을 가지고 열심히 이를 시행할 때 자칫하면 통제의 취지를 잃고 이를 오용해서 정치상의 책략에 이용하는 폐단이 생기는 것이다. 잉글랜드에서는 그렇지 않고 통제 권한의 절반을 지방의 관리에게 위임해서 공무를 처리하게 하니, 곧 "로컬 매지스트레이트local magistrates"[28]와 "폴리스 코미셔너police commissioners"[29] 같은 자가 바로 그것이다.▶

---

28 지방 치안판사를 말한다.

▶ 일본으로 말하자면 나누시名主나 쇼야庄屋[30]와 같은 부류로서 권위가 있어 정町이나 촌村의 일을 처리하는 것과 같다.

주점을 열 때 법칙으로 이를 면허하는 것도 이런 통제(取締)의 취지인 것이다. 음주는 인간의 큰 악행이지만 법으로 이를 금지하고자 할 경우에는 밤낮으로 사람들의 집안일과 사적인 일에 관계해 한정이 없고 결국 세상의 논쟁이 들끓어 큰 해를 낳으니, 그 법이 행해지지 못하는 것이 필연이다. 그러나 사람이 평소 연회를 즐기는 장소는 잘 조사해서 법칙을 세우고 인물이 적절하지 않은 자에게는 그 가게의 주인이 되는 일을 허해서는 안 된다. 이 법은 주점뿐만 아니라 평소 사람이 모이는 시바이芝居[31] 등에도 마찬가지로 적용돼야 하는 일인 것이다.

마부나 인부 등에게도 일반적인 법칙이 있다. 몇 정町의 길을 얼마 정도의 임금을 주고 차로 갈 수 있다고 정하는 것은 마부의 상업을 방해하는 것 같지만 실은 억지로 그렇게 하는 것이 아니다. 마부가 업을 시작할 때는 반드시 세간에 포고해 얼마만큼의 비율로 사람을 그 차에 태워야 한다는 취지로 약속하는 것이 관례이기 때문에 법칙으로 그 비율을 증감하지 못하도록 하는 것은 곧 스스로 한 약속을 지키게 하는 취지인 셈이다. 그러나 마부에게는 나쁜 습속이 있어 혹여 임금의 비율을 알지 못하는 사람을 만나거나 급한 볼일이 있는 사람을 보면 규격 외의 임금을 탐하는 일이 종종 없지 않다.

---

29 경찰국장을 말한다.
30 나누시 또는 쇼야는 에도시대 촌락의 장을 가리키는 명칭으로 촌락 자치와 연공납입 등을 담당했다.
31 연극이 행해지던 극장을 말한다.

도시에 집을 지을 때도 역시 법칙이 없으면 안 된다. 각 사람이 임의로 집을 짓는다면 갑은 오른쪽 방향을 보고 을은 왼쪽 방향을 등져서, 이에 따라 도시의 거리가 서쪽으로 빙글 돌고 동쪽으로 굽어져서 갈피를 잃어버리게 될 것이다. 이럴 경우 왕래하는 사람이 길을 찾는 데 불편할 뿐만 아니라 급한 병이 있어 의사를 부르려고 해도 그 집을 찾을 수 없고 혹여 도적을 잡고자 수색하는 일도 불편해지는 등 여러 근심이 있을 것이다. 이런 까닭에 도시에 집을 지을 때는 한 정町의 끝에서 끝까지 각 가옥의 처마를 일직선으로 정리해서 시야를 방해하는 것이 없도록 해야 하는 것이다.

도시의 집마다 번호를 부여하고 호적으로 사람 수를 밝혀내며 극장이나 주점 등과 같이 연회의 장소에는 통제(取締)하는 법을 세워 이를 감독하고 마차를 다루어 생계를 꾸리는 자에게는 면허(印鑑)를 주고 번호를 바르게 해 그 통제로 삼으며 시장의 규칙을 세우고 화재를 방지하기 위한 설비를 갖추는 등 세간의 사무는 대단히 많다. 본래 이러한 유의 사항은 앞서 한두 가지를 논한 것처럼 정부의 직분 중에 다소 사소한 것에 속하지만 능히 이를 처리하면 도시의 형세를 개량함에 있어 이익이 매우 커다란 것이다.

이처럼 정부가 수많은 법칙을 세우지만 그것이 미쳐야 할 곳은 어디인지, 어디까지 한계를 두고 어디에서 그쳐야 하는지 등을 정하기는 대단히 어렵다. 그러나 일반적으로 이 법칙이 세상에 이익이 되는 연유를 알고자한다면 200년 전 런던 부府를 되돌아 살펴야 할 것이다. 당시에는 그 넓이가 지금의 맨체스터나 글래스고보다 크지 않았다. 왕래하는 도로에는 아직 포석(敷石)이 깔려 있지 않았고 청소의 법도 아직 시행되지 않아 진흙과 먼지로 뒤덮여서 발 디딜 곳이 없었다. 도시 내에 조금 번화한 곳은 겨우 한두 개의 정町에 불과했고 그 외에는 모두 비좁은 골목길뿐이었다. 집을 지을 때도 규율(紀律)이 없으니, 왕래하는 모습은 구불구불해 거의 그물 같았다. 또한 정의 이름도 매 정마다 분명하지 않고 집에 번호가 없기 때문에 도시 사람이 서로 다른 사람의 집을 찾으려고 해도 그 위치를 기억하지 못하면 이를 찾을 방편이 없었다. 도시의 상가는 그 상업을 분명하게 사람들 눈에 보여주고자 거대한 간판을 높이 달아서 거의 길가를 가로질렀고 때로는 그 간판이 땅에 떨어져 왕래하는 사람을 쳐 죽이는 일도 있었으니, 난잡함이 극에 달했다고 말할 수 있는 것이다. 이에 더해 당시 도로를 밝히는 법이 없어 해가 지면 즉시 암흑이 되니, 사람들이 매번 촛불을 휴대하지 않으면 문 밖으로 나갈 수도 없었다. 과거의 형세는 이와 같았으니, 이를 오늘날의 런던과 비교하면 천양지차 이상이다. 그 까닭은 무엇인가? 다름 아니라 법칙이 그랬기 때문인 것이다.

　여행의 법칙도 역시 엄정하지 않으면 안 된다. 예전에는 여행하는 자 모두가 말을 타고 천천히 왕래해서 사람을 해치는 일이 없었기 때문에 그 법칙을 세우기에 이르지 않았다고 하나, 증기차의 발명이 세상에 행해지자 그 속도가 특히 빨랐기 때문에 세간에 역시 어려운 일이 생겼다. 증기차가 아직 세상에 행해지지 않았던 이전에는 런던에서 에딘버러 Edinburgh[스코틀랜드의 도시다. 런던에서 서북쪽으로 330리에 있다]까지 여행할 때 14일이 걸렸지만 지금 증기차에 타면 12시간 만에 도달하니 그 편리함도 역시 극에 달했다고 말할 수 있다. 그러나 증기차를 제어할 때 삼가 조심하지 않고서 그 제어법을 잃을 경우에는 자칫하면 두려워할 만한 위해를 일으키는 일이 있다. 그러니 지금 그 조치를 철로회사의 뜻에 맡겨 일을 하도록 하면 회사라는 곳은 이익을 중히 여기고 사람의 생명을 가볍게 여기니, 스스로 그 제어법을 삼가 조심하는 일이 있을 리 없다. 따라서 그 폐해는 나라의 법률과 제도(法度)로 막지 않으면 안 되는 것이다.

이상 기록한 건들은 정부가 법으로 정하면 국민에게 이익이 있는 바다. 혹여 법으로 정해도 오히려 세상에 불편을 초래하는 바가 있다면, 재빨리 정부는 관계하지 않고 국민이 마음대로 이를 행하게 해야 하는 것이다. 정부가 국민을 위해 열심히 일해서 생긴 폐단은 게을러서 일하지 않아 생긴 폐해와 다르지 않으니, 과유불급過猶不及의 이치다. 다만 좋은 정부는 능히 그 중용을 취해 행복을 누려야 할 것이다. 지금 잉글랜드 정부의 경우에는 중용을 얻은 것이라 말할 수 있다.

저축은행

○ 이 제도(仕組)는 평민(小民)과 인부의 돈을 예금해 이자에 이자를 더해 주어서 재산을 모으게 하는 법이다. 상호부조의 법처럼 오직 병들고 늙은 자를 위해 세운 것은 아니지만 평민의 보호를 위해서는 최상의 좋은 법이라고 할 수 있다. 인부와 직인 등은 때때로 남는 돈이 있어도 이를 예금해 확실히 이자를 받을 수 있고, 또한 쉽게 그 원금을 돌려받을 수 있는 장소가 없기 때문에 재산을 모으는 방편이 매우 어려웠다. 보통의 은행에서는 10파운드[1파운드는 우리 돈 3냥에 해당한다] 이하의 돈은 받지 않는데, 노동자들이 어떤 업에 힘써도 한번에 10파운드의 거금을 얻을 수 있는 이치가 없다. 또한 날마다 쌓아두고 월마다 저축해서 그 금액을 모으려 해도 멀리 계획해 도달할 수 없으니, 다만 한탄스러운 심정을 가질 뿐이다. 본래 얼마 안 되는 일당을 여러 집안일에 써야 하기 때문에 가령 뜻을 세워 재산을 모으고자 해도 사실 그 고생을 참을 수 없는 것이다. 이에 따라 인부가 때때로 모아두는 돈에는 항상 이자가 생기지 않고, 또한 이를 보관하려 해도 견고한 궤짝이 없어서 자칫하면 사람에게 도둑맞는 일이 있으니, 사람들이 희망을 잃고 내 생계는 오늘만 있을 뿐 내일은

없다면서 결국에는 재산을 모을 생각을 그만두기에 이르렀다. 또한 혹여 천신만고 끝에 모아둔 돈을 높은 이자를 준다는 말에 속아 의심스러운 인물에게 빌려줘 가산을 모두 잃은 자도 역시 없지 않다.

○ 위에서 기록한 바와 같은 폐해를 없애 가난한 사람의 마음을 새롭게 하고 전후를 살펴 절약과 근검을 지키게 하는 데는 저축은행[세이빙스 뱅크Savings Bank]을 세워 작은 돈이라도 확실히 맡아서 이자를 주는 법을 세우는 것만 한 일이 없다. 저축은행의 법이 일단 행해지면 사람들 모두가 돈을 관리하는 편리함을 알고 내가 저축한 것은 반드시 나의 사유재산이 되며 그 이자도 받을 수 있다는 확증을 얻기 때문에 한 푼이라도 무익하게 놀고 즐기는 데 쓰지 않고 힘써 저축하고 신중히 모을 수 있는 것이다. 무릇 사람으로서 불기독립한 생계를 좋아하지 않는 자가 없는데, 이제 여기에 스스로의 작은 힘으로도 재산을 모을 수 있는 방편을 얻었으니 누구든 이에 힘쓰지 않는 자가 있겠는가?

잉글랜드에서 조지 4세의 치세[1820년부터 1830년까지]에 정해진 저축은행법은 1년 이자가 100파운드당 3파운드 10펜스보다 많지 않았고 1년에 한 사람이 30파운드보다 많이 예금하는 것을 허하지 않았다. 이처럼 해마다 저축해서 그 금액이 150파운드에 도달하면 이를 최대한도로 해서 그 한계보다 많이 저축하는 것을 허하지 않았다. 또한 그 돈을 저축은행에서 돌려받을 때 원금과 이자를 감정해서 200여 파운드 이상이라면 그 이상의 금액에 대해서는 이자를 지불하는 일이 없었다.

이후 여러 저축은행에서 부정한 일들이 있어서 1861년 의사원의 평의로 정부의 우편장 안에 저축은행을 설치하고 이를 "포스트오피스 세이빙

스뱅크post office savings bank"[32]라고 이름 붙였다. 여기에 돈을 저축한 사람에게는 1년에 2푼 5리의 비율로 이자를 주었으며 입출금법 역시 가장 간편했다. 1863년 말에 이곳에 저축된 적금의 금액이 350만 파운드 이상이라고 한다.

이처럼 정부에서 법을 바르게 세운 저축은행 외에도 근래에 또한 여러 도시(都邑)에 그곳의 평의에 따라 일문은행(一文預所)이라고 부르는 것을 세웠다. 곧 글자 뜻처럼 설령 1문文일지라도 맡아준다는 취지로서 적금이 매우 적은 것이라 해도 그것이 모인 총액의 경우에는 자칫하면 놀랄 만큼의 거금이 되는 일이 있다.

---

32 우편저축은행을 말한다.

상호부조의 법

○ 사람들이 마음대로 결사(會社)를 맺고 평소부터 적금을 준비해둬 그 단체(社中)에서 병자나 불행에 조우한 자가 있을 때는 적금으로 이를 부조하는 법이다. 이 법은 옛날 상인조합에서 서로 불시의 어려움을 도왔던 유풍遺風이라고 한다. 사람의 연령이 34~35세에 이르기까지는 질병도 적고 일을 할 수 있는 때이므로 이때 생계에서 남는 돈을 매달 모으고 매년 쌓아서 불시의 병과 어려움에 대비하거나 안락하게 그 여생을 마치는 것을 취지로 하기 때문에, 천하의 좋은 법 중에 이보다 나은 것은 없다고 할 것이다. 사람이 스스로를 믿는 바가 너무 지나쳐서 홀로 고립되어 일을 이루고자 하지만 자칫 뜻밖의 불행에 조우하게 되는 자도 적지 않으니, 이 또한 인간이 피할 수 없는 어려움인 것이다. 지금 이 불우함에 대비하는 데 평소부터 다른 사람과 한패가 되어 한마음으로 협력하고 서로 의지해 적은 돈으로 큰 어려움을 구제하는 것만 한 것은 없다.

잉글랜드에서 상호부조의 법["프랜들리 소사이어티Friendly Society" 혹은 "베네핏 소사이어티Benefit Society"]이 행해진 것은 1793년이 처음이다. 이후 정부의 법령에 따라 그 조치가 점차 정비됐지만 간혹 약간의 실착도 없지 않았다. 그중 가장 심했던 것은 적금으로 병들고 늙은 사람들을 부조함에 있어 그 금액을 지나치게 많이 책정한 것이었다. 무릇 이 단체(社中)를 창립할 때는 본래 장년인 사람들밖에 없었기에 질병의 우환도 적고 단체의 원금도 순식간에 증가해서 때때로 불행에 처한 사람이 있으면 과분하게 부조금을 줬지만 세월이 지남에 따라 그 사정이 크게 변해 병자와 노인의 숫자가 점차 많아지고 부조 금액도 점차 증가했으니, 이 때문에 들어오는 원금으로 지출을 충당할 수 없어 심하게는 한 단체의 제도(仕組)가 완전히 파괴되어 남은 노인들은 평생 의뢰한 적금을 모조리 잃어버린 일도 있었다. 이런 사정으로 최근에는 상호부조의 법을 직접 정부의 지배하에 두고 국법으로 이를 처리해서 옛 폐단을 새롭게 했다고 한다.

「외편」제2권 끝

「외편」

|

제3권

인민의 교육

인간이 태어날 때는 무지無知한데 이를 교육함에 따라 알게 되는 것이다. 자식이 태어나면 부모가 이를 가르쳐 먼저 그 지식을 여니, 얻는 바가 매우 많다. 이미 부모의 지도를 받았다면 또한 이어서 학교에 들어가지 않을 수 없다. 그러니 천하의 급무 중에 학교를 세우고 이를 지원하는 것보다 우선되는 것은 없다. 무릇 인민이 어려서 배우지 못하고 장성해서 지식이 없다면 경거망동해 전후를 살피지 못하니, 결국에는 죄를 짓고 인간 교제를 해치는 일이 많은 것이다.

　사람의 지식을 가르치더라도 반드시 이를 통해 그 덕의德誼를 배양할 수 있는 것은 아니다. 예로부터 총명하고 영민하다는 명성을 얻은 학자로서 오히려 대악무도大惡無道한 자가 적지 않다. 그러나 교육의 법이 적절함을 얻어 덕행德行으로 나아가 성인의 가르침을 입을 경우에는 역시 이에 따라 훌륭한 덕을 가진 선비를 배출할 수 있는 것이다. 또한 세간에 악한 일이 악하다는 것을 알면서도 고의로 이를 범하는 자가 있다면 속히 벌하고 그 죄를 눈감아주는 일도 없을 것이다. 이런 무리는 가령 벌을 받더라도 그 벌의 지당함을 감수하며 죄를 자복하고 잘못을 고쳐야 한다는 것을 알 것이다. 그러나 지식이 부족해 옳고 그름을 분별하지 못하는 자를 벌할 경우에는 그 조치가 대단히 어렵다. 그 죄를 보고 곧바로 이를 벌하기보다 그 사람으로 하여금 먼저 옳고 그름을 따지게 해서 죄에 빠지는 일이 없도록 해야 하지 않겠는가? 이것이 소위 진정한 형법인 것이다. 사람을 처벌하는 것보다 사람을 가르치는 것이 편리함을 안다면 어찌 그런 사람을 무지한 채로 두겠는가? 배우지 못한 백성을 벌하는 것은 참혹함이 심한 것이라 말할 수 있다.

법률이 잘 행해지는 정부에서는 나라에 죄인이 있으면 이를 체포하고 도둑·유괴범·강도 같은 경우에도 일단 투옥해 그 죄상이 명백할 때는 이를 형벌에 처해 국전國典을 분명히 해야 할 것이다. 그러나 나라에 무지하고 문맹인 인민이 많을 경우에는 그 폐해를 열거할 수 없을 정도다. 이들은 옳고 그름을 분별하지 못하니, 국법에 따라 사유재산을 보호하는 연유의 이치를 알지 못하고 일단 나라에 소란이 있으면 홀연히 그 틈을 타서 운집·봉기하며 법을 두려워하지 않고 다른 사람을 어렵게 여기지도 않아 참혹하고 흉악한 지경에 이르지 않는 바가 없다. 그 일례를 들어 말하자면, 예전 프랑스 소란의 때에 놀랄 만한 폭행을 자행한 무리는 모두 무학·문맹·방탕·무뢰해 좋은 정부 아래에서 살면서는 생계를 경영할 수 없는 자들이었던 것이다.

구휼을 위해 많은 돈을 쓰는 것도 그 원인을 살피면 모두 평민(下民)이 무지하고 무식하기 때문에 그리 된 것이다. 사람에게 지식이 없으면 반드시 멀리 생각하지 않는데 멀리 생각하지 않는 자는 눈앞의 욕망에 쫓기니, 결국에는 그 악행이 말로 표현할 수 없을 지경에 이르는 일이 있다. 첫째로 위생의 방법을 알지 못하고 음식을 절약하는 법을 알지 못하며 사람과 교제하는 법을 알지 못하고 염치와 도리를 알지 못하니, 이에 따라 세간의 풍속을 어지럽힘과 동시에 가난한 고통의 세계에 빠지는 자가 적지 않은 것이다.

사람에게 지식이 없으면 근로의 진리를 알지 못해 가난으로 고통받는 일이 허다하다. 혹여 노동하는 것과 같은 일이 있더라도 그 방향을 오인해 무리한 길을 따르기 때문에 노력해도 공功이 없다. 혹여 사실 그 땅에 살면서 생계의 길이 없으면 다른 나라에 가서 이를 구해 스스로 몸을 편히 할 방편이 없지 않음에도 결코 분발할 뜻이 없어서 나태하게 안주하며 기꺼이 가난으로 고통받는 자도 적지 않다. 바로 스코틀랜드 서부에 거주하는 야만인과 같은 자가 그것인데, 이 야만인 역시 대단히 무지해서 항시 가난해 때로는 굶어죽는 자들이다. 이에 따라 다른 곳에서 이 빈민을 고용해 사역하려고 한 자가 많았지만 무지의 소치로 어찌할 수 없고 고향을 떠날 수도 없으니, 꾸물거리며 집에 머물러 죽을 때까지 가난의 고통을 겪었다.

예로부터 다양한 새로운 발명으로 세간에 이익을 이룬 일은 열거할 수 없을 정도다. 그런데 무지하고 고루한 무리는 이 발명과 연구(工夫)를 보고 기이한 요괴 같은 것으로 생각하니, 평민(小民)이 도당을 맺어 정교한 기관機關을 부수거나 때로는 그 발명가의 공덕에 감사하기는커녕 오히려 이를 능욕하는 일이 거듭 있었다. 이는 모두 무지·문맹하기 때문에 발생한 일로서, 이 무리는 본래 기관이 어떤 물건인지도 알지 못하고 그저 유해·무익한 물건으로 간주하니, 이 때문에 세간 일반의 은인인 발명가도 해를 입는 일이 적지 않다. 얼마 전 프랑스의 수도 파리에서 콜레라가 유행했을 때 도시 사람들 모두가 심력을 다해 이를 구제하려 했는데 평민

등은 콜레라가 무엇인지조차 알지 못해 망령되이 의사를 비난했다. 의사가 독약으로 사람을 해친다며 살인자를 보듯 하면서 이를 해치는 일이 거듭 있었고, 또한 의술 연구를 위해 시신을 해부하는 것을 보고 무지한 평민이 이를 의사의 죄로 삼기도 했다.

신식 연구가 세상에 행해지면 때로는 그 시대의 물건이 변화함에 따라 사람도 역시 그 직업을 바꾸지 않으면 안 된다. 이때 사물의 이치에 통달하고 기계학의 취지를 아는 자는 능히 시대의 변화에 대응해 그 업을 바꿀 수 있지만 무지·문맹한 자는 그렇지 않다. 옛 업을 고수하며 변통變通을 알지 못하니, 주저앉아서 다른 사람의 새로운 연구 때문에 괴로워할 뿐이다. 무릇 이처럼 어리석은 자의 뜻으로는 예로부터 내가 지켜온 직업 외에 천하에 구할 수 있는 생계의 길이 없다고 생각할 테지만, 만약 이 무리가 어느 정도 사물의 이치(物理)에 밝아지도록 하면 생계를 구할 수 있음을 알아 옛것을 버리고 새것을 취해 결국 가난의 고통을 면할 수 있는 것이다. 또한 이런 교육을 한 나라를 위해 계획할 경우에는 구휼의 비용을 줄이는 데 큰 도움이 되는 것이다.

어느 정도 교육을 받은 자는 지식의 귀함을 알아 지식을 배양하기 위해 심력을 다하고 재물을 써서라도 이에 전념할 뜻이 있다. 그런데 무지몽매한 무리는 결코 그 맛을 알지 못해 사람을 교육하고 지식을 키우는 등의 일에 대해서는 태연하게 마음에 두는 일이 없으니, 이는 모두 무지·무학에서 비롯된 큰 해악인 것이다. 어리석은 부부가 자식을 내버려두고 가르치지 않는 모습을 보면 그 심사에 놀라고 증오하게 될 것이다. 단지 교육의 취지를 알지 못해 스스로 심력을 다하지 않을 뿐만 아니라 심하게는 다른 사람이 좋은 뜻으로 자기 자제를 가르치더라도 그 은혜에 감사하는 법을 알지 못하는 자도 있다. 따라서 한 나라 인민 중에 지식이 없는 자는 세상의 교육을 돕기는커녕 오히려 이를 방해하는 자라고 말할 수 있다.

이러한 사정에 따라 가난하고 지식 없는 자의 자식을 교육하는 일은 부득이 다른 사람들의 책임이 된다. 그러나 사람들 역시 이를 감수하며 책임을 받아들이고 그 번거로운 일을 꺼리지 말아야 할 이치가 있다. 종래 빈민을 구하고 죄인을 다스리기 위해 납부한 세금이 이미 대단히 많은데, 오늘날 인민을 교육하기 위해 지불하는 돈은 사람이 빈곤에 빠지는 일이 없도록 하고 죄악을 범하는 일이 없도록 하기 위한 것으로서 소위 재난을 미연에 방지하려는 취지이기 때문에 이미 빈곤해진 자를 구휼하고 이미 죄를 범한 자를 제어하고자 세금을 납부하는 것보다 그 돈을 쓰는 공덕功德이 훨씬 뛰어난 것이다. 따라서 국내의 인민에게 교육에 들어가는 비용을 내게 하는 것은 그 돈을 탐해서가 아니라 실은 오히려 그 세액을 감소시키기 위한 것이다. 또한 이런 교육을 위해 세금을 걷어 쓰는 것은 악인을 벌하기 위한 것이 아니라 사람의 선善을 돕고 사람의 행복을 이루기 위한 것이기 때문에 설령 그 명칭과 실상이 어긋나는 일이 있더라도 세금을 내는 자의 입장에서 이를 생각해보면 돈을 쓰는 연유를 믿고 스스로 흡족해할 만한 일인 것이다. 무릇 인정人情에 따라 사람의 악을 처벌하는 것보다 사람의 선을 보는 것을 좋아하지 않는 자가 없다.

어떤 사람이 말하기를, 억지로 국민에게 그 자제를 교육시키도록 하는 것은 곧 그 사람의 집안일이나 사적인 일에 관계해 이를 방해하는 일이니, 그 조치가 적절치 못한 것이라고 한다. 그러나 이 의견은 크게 잘못된 것으로, 정부는 항상 바른 도리(正道)를 행하고 있는지 그렇지 않은지를 살피고 국민이 안녕한지 그렇지 않은지를 보며, 만약 그렇지 않은 경우에는 곧바로 국법으로 이에 관계해 그 조치를 시행하지 않으면 안 되는 것이다. 죄인을 처벌하는 법도 바꿔 말하자면 사람의 사적인 일을 방해하는 것과 다름없다. 그러나 여기 한 가족 안에 죄를 범한 자가 있는데 아들은 아버지를 위해 숨고 아버지는 아들을 위해 숨기려고 하는 것도 법에 따라 용서할 수 없는 것이다. 따라서 정부가 만약 사람을 벌할 권한을 가지고 있다면 마찬가지로 사람을 가르칠 권한이 없을 수 없다고 말할 수 있으니, 이는 예로부터의 금언金言이다. 형벌은 사람의 몸에 고통을 가하는 일이지만 세간 일반을 생각한다면 이를 시행하는 데 문제가 없다. 하물며 교육은 그 사람에게 이익을 주는 취지이기 때문에 이를 행함에 하등의 장애가 있겠는가? 우리가 단호히 말하건대, 만약 세상 일반에 큰 이익이 되는 일이 있다면 설령 사람의 몸에 고초와 고통을 주는 것일지라도 반드시 이를 시행하지 않을 수 없는 것이다.

이처럼 국민교육의 법을 세우는 한 가지 일은 사람의 부덕함을 교정하고 빈곤함을 구제하기 위한 것이기 때문에 그 교육을 받는 자에게만 이익이 되는 것이 아니라 그 법을 세우기 위해 돈을 낸 자에게도 자연히 이익이 있는 바인 것이다. 그러나 한 글자도 알지 못하는 평민(小民)에 이르기까지 모두 정부의 힘만으로 교육하는 것은 사실 시행하기 어려운 일이다. 이에 따라 정부는 단지 학교를 세우고 여러 학숙學塾의 교사가 될 만한 인물을 양성하며 그 밖에 교육과 관련된 일에 대해 보통 사람들이 감당하기 힘든 비용을 지불하는 것을 그 책임으로 한다.

사람으로서 고등(高上)의 학문에 뜻을 두고 그 지극한 경지에 도달한 자가 있다면 이에 따라 세상 일반에 이익이 되는 바가 적지 않다. 예컨대 여기 한 소년이 있는데, 그 천성이 일을 이룰 만한 기량이 있어서 큰일을 도모하며 기꺼이 고생을 맛보기를 바라지만 그 뜻을 달성하기 위해서는 서적이 없어서는 안 되고 학술에 쓸 기계가 없어서도 안 되며 그 밖에 여러 물품을 사들이기 위해 필요한 비용도 상당히 많다. 단지 이런 물품을 구해 자기만 편리함을 누리고 사치를 마음대로 부리려는 취지라면 마땅히 이를 도와야 할 이치가 없겠지만, 일신의 봉양에 대해서는 천신만고도 기꺼이 감수하겠다고 스스로 결심한 자라면 그 마음씀씀이가 실로 어여쁠 것이다. 그런데 예로부터 부잣집에서 태어나 여러 필요한 것에 부자유가 없는데 이처럼 큰 뜻을 품는 자는 매우 드물다. 소년으로서 큰일을 도모하는 자는 대개는 부모의 조력을 얻지 못하는 가난한 집의 자식이지만, 그 뜻을 이루게 되면 국내 일반에 큰 이익을 가져오기 때문에 국내 사람들 역시 평소 이 가난한 서생을 돕지 않으면 안 된다. 나라에 대학교 등이 갖추어져 있는 것은 바로 이러한 취지에 따른 것이다. 대학교 안에는 도서관이 있고 박물관이 있으며 또한 궁리학에 쓰이는 기계 등도 구비되어 있으니, 가난한 서생이라도 자유롭게 이 물품을 활용해 뜻한 바 학업을 연구할 수 있다. 무릇 인민의 교육을 위해 이런 법을 세우고 많은 돈을 써서 그 조치를 그르치는 일이 없다면 한 나라가 번영하게 된다는 점은 조금도 의심할 여지가 없다.

경제의 총론

앞의 조목들에서는 오직 인간교제의 방법을 밝히고 좋은 정부의 핵심을 설명했으나 경제론과는 다소 거리가 있으니 이를 인간교제학이라고 부를 것이다.[1] 그러나 이 외에도 역시 여러 사정이 있어서 그 조치가 적절하게 이루어지면 자연히 인간교제를 돕고 좋은 정부의 토대를 열게 되니, 이로써 세상사람의 행복을 더할 수 있는 것도 적지 않다는 점에 대해서는 이미 앞서 기술했다.

지금 이 조목에서는 경제에 관계된 일을 논할 것이다. 교제학과 경제학은 연관성이 매우 크지만 일반적으로 이를 논하자면, 교제학의 큰 취지는 사물의 조리를 바르게 하고 옳고 그름을 분명히 해서 사람이 서로 친애하고 적대시하는 일이 없도록 하는 데 있다. 경제학의 취지는 인간이 의식주의 비용을 충당하고 재화를 늘리며 부를 이루어 사람으로서 환락을 누리게 하는 것에 있다. 먼 옛날의 석학이 처음으로 경제에 대해 책을 쓰

---

1   여기서 경제론이란 '정치경제political economy', 인간교제학은 '사회경제social economy'의 번역어다.

고 이를 부국론[2]이라고 이름 붙였는데, 그 학설에 따르면 사람이 가계(家法)를 절약해 부를 이룰 수 있기 때문에 이를 한 나라에 크게 시행할 때도 역시 이로써 한 나라의 부가 실제 이루어질 수 있다고 말했다. 그러나 세상의 학자들이 경제학은 단지 부를 이루는 것이라고 생각하거나 부를 이루고 이를 지키는 연유를 취지로 한다고 생각하는 것은 큰 오해다. 무릇 경제의 큰 취지는 사람의 작업을 속박하는 것이 아니라 오히려 그 천성(天賦)에 따라 자유롭게 그 힘을 펼치게 하는 것이다. 따라서 그 논의에서 인간교제의 일은 뒤로하고 오로지 인간의 자유가 하는 일을 억제해 폐해가 생기는 연유를 분명히 했다. 지금 이 편(編)에서는 교제에 관한 논의를 마무리하고 경제론으로 옮겨가려고 하니, 그 취지의 상세한 내용을 논한 것이 다음과 같다.

"폴리티컬 이코노미political economy"[경제라고 번역한다]라는 단어는 그 글자의 의미만으로 실제 의미를 표현하기에 충분하지 않다. "이코노미"는 그리스 말로 가계(家法)라는 의미로서, 가계는 집안을 지키는 규칙으로 집안의 여러 일을 정리整理하는 것이다. 집안일을 정리하는 방법은 무익한 비용을 줄이는 것을 큰 목적으로 하기 때문에 이코노미라는 단어를 곧 검소·절약의 의미로만 쓰는 일도 있다. 위의 "폴리티컬"이라는 단어는 나라라는 의미이기 때문에 이 두 단어를 합쳐서 폴리티컬 이코노미라고 하면 단지 국민이 집안을 지키는 법이라는 의미가 생길 뿐이다.

경제는 분명히 하나의 학문으로, 술법(法術)이라고 말할 수 없는 것이

---

2 애덤 스미스Adam Smith의 「국부론The Wealth of Nations」을 말한다.

다. 매컬럭John Ramsay McCulloch이 말하기를, 경제는 물건의 생산·제조·적재·분산·소비에 규율(紀律)을 세우는 방법에 대한 학문이다. 여기서 물건이란 필수적인 물건도 있고 편리한 물건이나 사람의 마음을 기쁘게 하는 물건도 있으니, 어떤 것이든 사고파는 데 가격이 있는 것이다. 또한 어떤 사람의 학설에 이 학문은 자산의 사정을 설명하고 이에 따라 생산할 물건과 이를 분배할 방법을 논하는 것이라고 말했다. 지면상의 논의만으로 이 학문의 취지를 설명하려 해도 초심자들은 쉽게 이해할 수 없기 때문에 혹여 학자가 그 요결을 충분히 알기를 바란다면 먼저 이에 종사해 하학상달下學上達[3]하고 점차 그 논의의 귀함을 알아 비로소 묘미를 느끼는 경지를 살필 수 있을 것이다. 그러나 이 학문에 입문하려는 자는 사전에 학문의 범위를 알고 그 논의가 미치는 경계를 살피지 않으면 안 된다. 혹여 그렇지 않을 경우, 이 학문에 관계된 사건이라고 생각했지만 책에서는 사실 그 논의를 찾을 수 없기 때문에 학자가 되려는 희망을 잃게 되는 일이 있을 수 있다. 본래 경제학이 주로 하는 바는 인간 필수품의 상태를 설명하고 이를 채용하는 법을 분명히 해서 사유물이 늘어나고 줄어드는 연유의 이치를 논하는 것뿐이다. 무릇 일신의 덕을 밝히고 사람과 교제하는 법을 익히는 일과 같은 것은 원래 종교·도덕·정치학과 관계된 바로서 경제학에서는 이를 의논하는 일이 없다.

이처럼 학과에 구별이 있는 연유를 분명히 하기 위해 여기서 일례를 드니 다음과 같다. 경제학의 논의에서 말하기를, 힘으로 사람을 속박해 억

---

[3] 아래를 배워서 위에 이른다는 말로 낮고 쉬운 것부터 배워 깊고 어려운 것을 깨달음을 뜻한다.

지로 이를 사역하는 자는 그 공功이 변변치 못하고 빈약하지만 불기독립해 스스로 부를 이루는 것을 취지로 삼아 사람을 고무하고 그가 자유롭게 일을 할 수 있도록 하면 그 공이 정교하고 아름답게 된다고 한다. 따라서 노예는 단지 사탕수수 밭에서 김을 매고 담뱃잎을 따서 정돈하는 등과 같은 소소한 일에만 쓸 수 있을 뿐, 증기기계를 제조하고 정교한 기계를 취급하는 등의 일은 능히 할 수 있는 바가 아닌 것이다. 이에 따라 생각하건대, 경제학의 논의는 단지 인간이 자유롭게 일을 할 수 있도록 해서 고상하고 정교하며 아름다운 공을 이룰 수 있는 방법을 설명할 뿐이니, 노예를 악법이라고 비방하고 그것이 하늘의 이치(天理)와 인간의 도덕(人道)에 반하는 연유를 변론하는 것은 그 취지가 아닌 것이다.

또한 경제학에 따르면, 노름과 도박을 인간에게 무익한 것으로 삼고 그 논의에 따라 주사위를 던지거나 경마에 돈을 걸어 금전을 얻더라도 사실 세상에 물건을 생산하는 바가 없는 것이다. 이렇게 금전을 얻은 자는 다른 사람을 편리하게 하는 일, 즉 의술·농업·공업·상업과 마찬가지일 수 없을 뿐만 아니라 단지 돈을 얻기 위해 좋지 않은 것을 행하며 단지 다른 사람에게 손해를 끼쳐 이를 얻은 것일 뿐이다. 또한 노름이나 도박을 하는 동안 무익하게 시간을 잃고 무익한 것에 심력을 썼으니, 그 손실이 대단히 큰 것이다. 경제가의 지론은 단지 이와 같을 뿐이니, 노름과 도박이 나쁜 일인 연유를 변론하고 인심에 어긋나는 것을 바로잡는 일은 종교와 도덕의 학과에 양보해 이를 논하는 일이 없다.

이처럼 경제학과 다른 학과와의 경계를 분명히 하기 위해서는 경제의 실정을 아는 일이 긴요하지만, 우선 이 학문에 입문해 차츰 단계를 밟아 나가지 않으면 누각에 올라 진정한 경지에 이를 수 없는 것이다. 혹여 학자가 그 분야에 종사해 마침내 그 진미를 맛보게 되면 역시 크게 발명하는 바가 있을 것이다. 사람에게는 일종의 타고난 성정이 있는데 지금 한쪽 방향에서 곧장 그 정실(情實)을 살피면 편협한 사욕에 불과해 대단히 비루한 것처럼 보인다. 그러나 그 성정이 자연을 좇아 널리 인간교제를 이루는 형편을 살펴보면 바로 이 성정이 사람으로 하여금 안녕과 행복을 진척시키고 지극히 선한 덕에 도달할 수 있게 하니, 하늘이 내려준 선물(賜)이라 말할 수 있다. 예컨대 물건을 사고파는 하나의 일은 본래 이익을 노리는 욕심에서 비롯되는 것으로 그 취지가 대단히 비루한 것처럼 보인다. 그러나 매매의 방법(道)이 전 세계에 결핍된 물건을 공급하고 남는 것과 부족한 것을 고르게 하는 방편이 된다는 점을 생각하면 이 일은 단지 하늘이 내려준 물품을 세상에 분배해 사람을 편리하게 하는 것일 뿐만 아니라 그 물품으로 세상의 문명개화를 돕고 사람의 지식과 견문을 넓혀 무사태평을 이루고 인류의 교제를 친밀하게 하기에 충분한 것이다.

세계 만물을 살펴보면 해와 달과 별이 움직이고 동식물이 생육하며 지표가 층층이 쌓이는 것이 각기 일정한 원칙에 따라 결코 그 작용(功用)이 어긋나는 일이 없음은 실로 크게 경탄할 만하다. 무릇 경제학에도 역시 일정한 법칙이 있으니 이와 다르지 않다. 그 일정한 법칙(定則)의 일부분만을 살펴보면 혹여 흠결이 있는 것처럼 보여 이를 말로 설명하기가 매우 어렵지만, 이를 합쳐서 한 몸으로 삼아 그 전체를 보면 지극한 선함과 아름다움이 다하지 않는 바가 없다. 따라서 이 학문도 다시금 여타의 생물론·지질론·식물학처럼 마찬가지로 이 지구상의 한 학과인 것이니, 그 이치가 극에 이르면 역시 조화롭고 영묘한 인덕(仁德)을 엿보기에 충분한 것이다. 이런 경제학의 법칙은 본래 사람이 만든 것이 아니며 사람의 뜻에 따라 이를 변역變易·개정할 수 있는 것도 아니다. 이에 따라 혹여 사람들 중 의문을 가진 자가 있어 어떤 취지로 이 학문을 연구하느냐고 묻는다면, 나는 단지 그 법칙을 알고 이에 따르기 위함이라고 답할 것이다. 예컨 대 사람의 몸은 천연생리天然生理의 법칙에 따라 능히 그 생명을 보전하며 무탈·건강할 수 있는 것으로서 그 법칙은 사람의 뜻에 따라 바꾸거나 개정할 수 없다. 그렇다면 사람이 인체궁리(人身窮理)를 연구하는 취지는 무엇인가? 단지 그 법칙이 사람의 몸속에서 행해지도록 하고 그 작용을 왕성하게 해 천연을 방해하는 일이 없도록 하기 위함인 것이다. 따라서 말하기를, 경제학을 연구하는 것은 인체궁리를 배우는 취지와 다르지 않은 것이다.

인심이 혹여 금수와 같아서 옳고 그름의 구별을 알지 못하고 오직 천성의 욕망에 따라 일을 행한다면 법칙을 세우고 이에 따르게 하는 것도 무익한 일이 되겠지만 사람은 반드시 생각을 한 뒤에 이를 행하는 것이다. 또한 때때로 일을 행하는 도중에도 자연의 법칙을 오해해 일을 그르치는 경우도 있고 마음으로는 알면서도 고의로 법을 위반하는 경우도 있다. 지금 인체궁리의 일정한 원칙을 이해하고 있는 자는 공기의 폐색閉塞, 오물의 증발, 불량한 음식물 등이 질병의 원인이라는 것을 알고 이를 피해야 함을 알 것이다. 경제학자 역시 인간의 의식주를 정리整理하고 사람을 안락하게 하는 법칙을 살피고 혹여 이 법칙을 방해하는 것이 있다면 그것을 없애야 하는 바를 아는 것이다. 특히 사람의 위에 서서 대중을 다스리는 자에게는 이 법칙을 아는 것이 가장 긴요한 일 중 하나다. 예컨대 세상에 폭군이 있어 오로지 사욕을 마음대로 하고 그 나라의 여러 항구에 포대를 구축해 외국인이 오는 것을 막으며 자국인이 외국과 외교해 남는 것과 부족한 것을 무역하는 행위를 금지한다면 그 나라의 곤궁함이 역시 심해질 것이니, 인자한 군주(仁君)가 그를 대신해 등장하면 반드시 이 방해를 없애고 무역의 법을 세워 국민을 도탄에서 구하는 일이 있을 것이다. 이것이 곧 경제학이 하려는 바인데, 다만 경제학의 취지는 매매의 방법(道)을 보호하고 이를 고무해 세상의 무역을 성대히 하는 연유의 이치를 논하는 것으로 이를 실제로 시행하는 조치는 정치학에 관계되는 바다.

경제의 법칙이 자연히 세상에 행해지는 연유의 이치를 설명하기 위해 두 가지 예를 제시하면 다음과 같다. 단, 이는 물품의 수요와 공급에 관계된 사항이며 그 상세한 내용은 하편下編에 기재할 것이다. 첫 번째 예는 런던인데, 런던의 인구는 280여만 명으로 하루에 소비되는 식료품이 소 300두, 양 2,126두, 새끼양은 700두이며 송아지와 새끼돼지의 수 역시 이에 필적한다. 또한 빵 1,700만 5,350 "쿼터"[쿼터는 4분의 1파운드에 해당한다], 버터 6,200파운드, 치즈 7,000파운드, 우유 2만 7,534 "갤런"[갤런은 2승 4홉에 해당한다]가 필요하다. 만약 하루 동안 이러한 여러 품목이 부족해 그 양을 절반이나 3분의 1로 줄인다면 시민의 고통은 굳이 논할 필요도 없으니, 이에 따라 심한 혼란이 일어날 것이다. 그러나 예로부터 이러한 사변이 일어난 일이 전혀 없었고 시민들 역시 앞으로 이러한 사변이 일어날 수 있다고 미래를 걱정하는 일 없이 편안하게 생을 보내고 있다. 아침 8시에 일어나 대문을 열면 반드시 그 시각을 어기지 않고 따뜻한 빵을 가지고 오는 자가 있다. 혹여 그렇지 않을 경우에는 바로 대문 밖으로 나가 수십 걸음만 가면 이를 살 수 있다. 생각하건대, 빵을 만드는 자는 새벽 4시부터 일어나 밀가루를 배합해 불 위에 놓고 8시에 딱 맞추어

빵을 완성해 이를 다른 사람의 뜻에 적당하게 하는 일에 매진하는 자인 것이다.

빵을 만드는 자는 밀가루를 사고 밀가루를 빻는 자는 밀을 사는데, 그 밀은 잉글랜드에서 생산된 것도 있고 아메리카에서 생산된 것도 있으며 또는 흑해에서 온 것도 있고 북해에서 온 것도 있다. 설탕을 사는 일은 빵을 사는 것보다도 수월하지만 그것이 유래한 곳을 추적해보면 황도黃道 이내의 열대 지방에서 어떤 흑인 노예가 경작해 만든 것이다. 차는 만 리 바깥의 중국에서 생산되는데 이를 기르고 채집해 선별하고 제조한 자는 역시 그 나라의 인종이다. 이런 명품을 먼 우리 나라로 보내 우리가 일용품으로 함께하지만 그 물건을 쓰되 그 사람을 알지 못하는 것이다. 중국 내지內池의 풍속은 아직도 사람들이 자세히 알지 못하는 바로서 만약 그 원주민의 모습을 본다면 진기한 구경거리라고 말할 정도일 것이다.

따라서 지금 런던 주민 중 한 명을 보고 그가 하루에 먹고 마시는 물건을 검사해 그것이 유래한 곳을 추적하면 단지 한 사람의 음식을 공급하기 위해 수천만 명이 전 세계 각지에서 각기 한 부분씩 역할을 한 셈이다. 이 사정을 하나의 기관에 비유한다면 매우 크고 정교하며 기묘한 기계라고 말해도 과언이 아닐 것인데, 어찌 사람의 힘으로 정리할 수 있는 것이겠는가? 이에 따라 런던의 정치를 돌이켜 생각하면 그 정치의 취지는 런던 내 물품의 수요를 돕거나 공급을 제어하는 것이 아니라 가는 것을 막지 않고 오는 것을 방해하지 않으며 단지 자연의 형세에 맡길 뿐이다. 재판국을 짓고 시내를 통제해서 사람들의 생명과 사유재산을 보호하고, 시민이 상대와의 약조를 굳건하게 하기 위해 정부의 법에 따라 이를 유지하며, 사람의 왕래를 편리하게 하기 위해 길을 만들어 항상 이를 보수하고 무역선을 육지 가까이 대어서 화물의 적하를 편리하게 하기 위해 운하와 부두를 세우며 강에는 배를 띄울 수 있고 육지에는 차가 다닐 수 있도록 하는 등 각각 그 조치를 행하는 것이다. 이런 것들은 모두 무역의 방법(道)을 제어하려는 취지가 아니라 오로지 무역이 자연의 방법(道)에 따라 자유롭게 일을 이룰 수 있도록 여지를 줄 뿐이다.

　앞서 기재한 것의 두 번째 예로, 지금 여기서는 막대한 인원을 모아 사람의 힘으로 수요품을 공급하려 한 큰 사건 하나를 다룰 것이다. 무릇 예로부터 세상에 영걸英傑이 적지 않았다지만 이런 큰 사건을 계획할 만한 재간을 품고 일을 이룰 만한 힘을 가진 자는 나폴레옹 1세보다 나은 자가 없을 것이다. 1812년 나폴레옹이 50만의 병사를 이끌고 러시아를 공격했을 때 그 병력을 나누어 3개 대대로 했다. 따라서 그 인원이 모두 모인 땅 역시 어느 정도 넓었고 런던 부府 민가의 조밀함에 비할 바가 아니었다. 이 대군에 식량을 공급하기 위해 성대하게 제도를 세웠으니, 소와 양을 치는 자도 있고 이를 도축하는 자도 있으며 밀가루를 빻는 자도 있고 빵을 굽는 자도 있으며 밥 짓는 자와 요리사에 이르기까지 구비되지 않은 바가 없었다. 이를 지휘할 때는 먼저 총독이 명을 내리면 다음으로 부속장교가 이에 따라 각각 그 직장職掌을 다하게 했는데, 이에 따라 서기관은 출납을 기록하고 감찰은 장교의 옳고 그름을 조사했으니, 모든 법령이 엄정하지 않은 바가 없었다. 실로 이것만 놓고 보면 나폴레옹은 역시 생애의 재주와 능력을 발휘한 자라고 말할 수 있다. 군령의 엄정함이 이미 이와 같았지만 여전히 이로써 대군을 부양하기에는 충분하지 않았다. 병졸 중에 과반은 아직 러시아 국경에 들어가지조차 못했는데 식료품이 부족해 더는 나아갈 수 없었다. 이미 전진해 국경에 들어간 자는 며칠 만에 아사한 자도 있었고 너무 많이 먹어 체한 자도 있었다. 이에 따라 군량의 일을 담당한 자는 엄벌을 받았으니 교살당한 자도 있고 사살당한 자도 있지만, 결국 식료품의 과불급을 제어해 각 부대에 일정하게 보급할 수 없었다고 한다. 이것이 곧 인위적인 조치가 자연스러운 매매보다 못한 연유인 것이다.

스코틀랜드에서 소와 양을 기르는 자는 심산유곡을 넘어 런던 시장으로 와서 이것을 판매하는데 그 여행 중에 무엇보다 주의를 기울인다. 이는 무슨 연유에서인가 하면, 소와 양을 수호하는 것이 곧 자기의 이익이기 때문이다. 나폴레옹의 군대를 따라 소와 양을 치는 자는 그렇지 않았다. 그러니 신체가 피로해지고 혹여 연일 번거로운 일로 지쳤을 때는 이내 사사로이 이를 죽여 길가에 버리고 그것이 부패해도 돌아보지도 않고 내버려둔 것도 적지 않았는데, 그곳에서 불과 수십 리 떨어진 곳에서는 병졸이 모두 굶주림에 고통받으면서 밤낮으로 소와 양이 오는 것을 기다리며 거의 죽을 지경에 이르렀다. 또한 군대의 이쪽에서는 산해진미를 늘어놓아 음식이 흘러넘치는 것 같았지만 저쪽에서는 나폴레옹이 아끼는 장수라고 하더라도 굶주림과 목마름을 면하지 못하는 자가 있었다. 이 대행군大行軍으로 프랑스군이 이익을 잃었다는 것은 이미 세상사람이 잘 아는 바다. 전군 가운데 러시아 국경에 진입한 자는 대부분 죽거나 다쳤으니, 살아서 국경을 빠져나온 자가 겨우 6분의 1이었다고 한다. 그 사상자 중에 본래 적병에게 살해당한 자 역시 적지 않지만 과반은 식료품이 부족해 굶주림과 목마름으로 쓰러진 것이다. 이에 미루어 생각하건대, 당시의 일대 준걸俊傑로 그 노련함이 비할 데 없었던 나폴레옹이라 하더라도 그처럼 대중의 수요를 공급해서 과불급이 없도록 하는 것에는 멀리 그 재주와 능력이 미치지 못하는 바인 것이다.

위의 두 가지 예에 따라 생각하건대, 경제학은 본디 인위적인 법이 아니라는 점이 명료한 것이다. 그 학문의 취지는 자연스럽게 세상에 행해지는 천연의 법칙을 설명하는 것일 뿐이기 때문에 경제의 법칙을 설명하는 것은 마치 지질학에서 땅의 성질을 논하고 의학에서 병리를 분명히 하는 것과 같다. 그러니 이 학문을 배우고 강구하며 절차탁마切磋琢磨해 마침내 통달하게 되면 드디어 그 절실한 진리를 탐색할 수 있는 것이다. 근래에는 경제학도 그 심오한 뜻이 극에 달해 진리를 분명히 하니, 세상에 홍익鴻益을 이룬 일이 열거할 수 없을 정도다. 사람들 중에 혹여 이 학문을 경멸하며 망설妄說이라고 부르는 자가 없는 것은 아니지만, 실은 그 선입견에 현혹되어 아직 진정한 취지를 알지 못하는 자인 것이다. 무릇 천하의 모든 일에 무지無知는 유지有知보다 못한 것이니, 아직 한 조각의 고기를 맛보지도 못했는데 솥 전체의 옳고 그름을 논할 수 있겠는가?

사유의 근본을 논함

사유私有라는 것은 가치 있는 물건을 스스로를 위해 쓰거나 자유로이 이를 처분할 수 있는 권한을 말한다. 물건 중에 때로는 사람이 이를 쓰는 것이 대단히 소중하지만 그 사람의 사유가 아닌 것이 있으니, 햇빛이나 대기 같은 것이 바로 그것이다. 이 두 가지의 귀함은 가재도구나 복식과 같은 선상에서 논할 수 없는 것이지만 사람의 사유가 아니라 바로 조화造化의 선물로서 만인이 함께 누리는 것이기 때문에 어떤 사람도 이를 특별히 사유할 수 없는 것이다. 또한 정치가 관대한 나라에서 사람들이 신체를 자유롭게 하는 모습을 가리켜 그 사람의 사유라고 말할 수 없다. 생각하건대, 그처럼 선한 정치하의 인민은 스스로 야기한 업보에 따라 몸을 속박당하지 않는 이상 한 명의 필부로서 자유롭게 몸을 편안히 할 땅을 얻지 못하는 자가 없기 때문이다. 또한 이런 이치를 확장해 생각해보면 사람이 왕래하는 길을 가지고 국내 일반의 사유라고 말하기도 하지만 실은 사유물이라는 명칭을 붙일 수 없는 것이다.

사유득실私有得失의 이치를 이야기하는 자가 오직 인류뿐인 것은 아니다. 무릇 생명이 있는 피조물로서 천연에 그런 성질을 갖추지 않은 것이 없다. 새가 둥지를 그 사유로 삼는 것은 마치 사람의 집과 같다. 둥지는 새의 노력으로 만들어진 것이고 집은 사람의 근로로 만들어진 것이니, 그 득실은 모두 도리를 기본으로 삼는 것이다. 인간의 사유득실의 경우에는 일이 더욱 번잡하다고 할 수 있지만 모두 천연으로부터 배태되지 않은 것이 없으니, 설령 무지몽매(無知無靈)한 짐승류도 크게 이를 분별한다. 예컨대 개는 길거리에 살며 인부의 옷을 지키거나 주인을 위해 창고를 호위하는데, 사람을 위해 물건을 지킬 뿐 아니라 스스로를 위해 사유를 지키는 바를 알고 있는 것이다. 그러니 개집에 사는 개는 자연히 그 사택私宅인 개집을 지키고 방어하니, 평생 개가 순종해온 사람이라 하더라도 강제로 그 개를 개집에서 쫓아내려고 할 때는 반드시 그 사람의 뜻에 따르는 일이 없다.

　인류는 설령 야만적이고 미개하더라도 사유의 득실을 분별하는 일이 금수보다 훨씬 뛰어나다. 아메리카 원주민의 활과 화살은 그의 사유인데, 만약 원주민에게 사유의 분별이 없어 활과 화살에 소유주가 없다면 누가 심력을 다해 스스로 이를 만들겠는가? 사유의 이치는 개벽의 처음부터 사람이 자연히 아는 바로서, 곧 사람으로 하여금 무위無爲로는 얻을 수 없는 물건을 유위有爲로 제조하고 생산하는 데 매진하게 하는 연유인 것이다. 야만인이 활과 화살로 들짐승을 잡으면 곧 사유해서 고기는 먹고 가죽으로는 옷을 만든다. 나아가 이미 그 사유이기 때문에 이를 다른 사람에게 양도할 수도 있다. 야만인이 활과 화살을 자식에게 전하거나 다른 사람에게 주는 것 역시 문제없으며, 활과 화살을 가지고 다른 사람의 사유물과 무역하는 일도 있다. 항해자가 새롭게 국토를 발견했을 때 원주민이 짐승 가죽을 가지고 배로 와서 배 안의 의복·보석과 교역했던 사실을 알 것이다.

야만인이 손에 활과 화살을 들고 몸에 짐승의 가죽을 걸치고 있으면 이는 곧 그 사유물로서 이를 들거나 입고 어느 땅을 배회하더라도 다른 야만인이 그 물품을 그 사람의 사유로 인정하며 결코 의심하는 기색이 없다. 또한 비와 이슬을 피하기 위해 오두막을 만들었을 경우에는 그 오두막을 몸에 지니고 돌아다닐 수도 없고 항상 오두막 안에 머물 수도 없지만 역시 그 사람의 사유인 것이다. 또한 토지를 개간해 감자를 경작했을 경우 그 토지는 곧 이를 개간한 사람의 사유가 된다. 캡틴 쿡James Cook▶이 뉴질랜드를 발견했을 때 원주민의 모습을 보니 굼뜨고 어리석었으며 또한 살벌함이 인육도 먹는 지경이었는데, 그럼에도

그 논과 밭에는 대나무 울타리가 쳐져 있어 각각 주인이 있었다고 한다. 또한 오랑캐 풍속의 야만인이 사유의 분별을 아는 일로서 이보다 정밀한 것도 있다. 아메리카의 원주민은 각각 군집을 이루는데, 각 군집마다 정해진 수렵장이 있다. 본래 그 장소는 자연적인 산과 들로서 울타리를 만들어둔 것도 아니지만 스스로 경계를 세워 그 군집이 사유한 수렵장에서는 다른 군집의 사냥을 허하지 않는다.

문명한 인민은 사유의 분별이 훨씬 복잡하고 정밀하다. 내 의복은 내 몸에 걸치고 있기 때문에 내 사유임이 분명하고 시계·동전지갑·작은 칼·열쇠도 내 호주머니 속에 있으니 곧 내 사유로, 사람들 역시 이를 보고 내 사유임을 허한다. 왕래하며 다른 사람의 호주머니를 소매치기하는 자가 있으면 포졸이나 행인이 이를 보고 도둑놈이라 하며 바로 그자를 잡을 것이다. 시계와 동전지갑은 몸에 지니고 다닐 수 있는 물건이지만

가구나 그림 등은 몸에 소지할 수 없어 평소 집안에 두기 때문에 이런 물건은 그 집에 거주하는 사람의 사유로 한다. 외부인이 혹여 힘으로 이를 빼앗으려고 하거나 속임수로 취하려고 하는 자가 있다면 반드시 이를 막지 않으면 안 되니, 바로 순라巡邏와 포졸의 임무인 것이다.

사유에는 두 종류의 구별이 있는데, 하나는 이전移轉이고 다른 하나는 유전遺轉이다.[4] 이전은 이곳에서 저곳으로 옮겨 나를 수 있는 것을 말하는데, 금전·상품·가구·그림 등과 같은 것이 그것이다. 유전은 장소를 옮길 수 없어서 다른 사람에게 남겨 전해주는 것을 말하는데, 땅과 주택 같은 것이 그것이다. 또한 이를 유전할 때도 자연히 정부의 법률이 있다. 이전품은 주인이 분명하기 때문에 이를 보호하는 일이 어렵지 않다. 앞서 언급한 바와 같이, 사람의 호주머니 속에 있는 동전지갑이 그 사람의 것이라는 점은 재차 의심할 필요가 없는 것이다.

그러나 땅과 주택 같은 것은 그 주인임을 분명히 증명하는 것이 이전품의 경우보다 어렵다. 집을 사서 대금을 지불했더라도 항상 그 집에 살면서 이를 수호할 수도 없고 이를 가지고 움직일 수도 없다. 따라서 국법으로 각종 증권을 인정해 돈을 내고 취득한 집이 실제로 구매자의 사유임을 분명히 하니, 이 증권을 "타이틀 시트title sheet"라고 이름 붙였다. 무릇 이 증권이 있으면 땅과 주택 등을 구매한 자도 이에 의지해 자신의 사유를 수호하니, 나중에 문제가 생길 걱정이 없다. 또한 이 유전을 확고히 하기 위해 스코틀랜드와 그 외의 나라에서는 타이틀 시트 증권을 국내 포

---

4 이전은 '동산movable property', 유전은 '상속재산heritable property'의 번역어다.

고문에 수록하는 일이 있다. 이처럼 하면 가령 증권을 잃어버리거나 이를 태워먹는 일이 있더라도 이 포고문을 증거로 삼아 사유를 잃는 일이 없게 되는 것이다.

땅과 주택 등의 주인을 정할 때 일이 다소 번잡해져서 분명하고 상세한 증서를 쓰지 않으면 그 사정을 다할 수 없는 일이 있으니, 예컨대 서너 명이 한 채의 집을 가지고 있는 경우가 그것이다. 본래 이 집은 서너 개로 자를 수 있는 물건이 아니지만 자연히 한 사람이 한 부분의 주인이 되는 것이다. 또한 땅을 담보로 돈을 빌릴 때는 돈을 빌려준 자가 땅의 본래 주인은 아니지만 일시적으로 그 땅을 지배할 수 있는 주인이 된다. 여기에 한 명의 돈 주인과 한 명의 땅 주인이 있는데 돈 주인이 땅 주인에게 돈을 빌려주면서도 땅을 사려고 하지 않고 나아가 땅 주인도 이를 팔려고 하지 않으니, 상호 약속을 맺어 지금 이 땅을 직접 인도하지는 않지만 나중에 대금을 갚지 않을 때는 이를 인수할 수 있다고 취지를 정한 경우에 돈 주인에게는 소위 담보물이 되는 셈이다. 땅 주인이 일단 땅을 담보로 삼았을 경우에는 역시 다른 사람과 약조를 맺어 먼젓번의 돈 주인을 속일 수 없으니, 이러한 속임수를 막는 것이 바로 국법인 것이다.

또한 국채의 원금을 사유재산으로 삼는 자도 있는데, 그 법은 다음과 같다. 나라에 거듭 전쟁이 일어나면 정부가 빌린 돈 역시 이에 따라 증가하는데, 이를 국채라고 한다. 국채를 갚기 위해서는 국내의 세금으로 이를 충당하는 것 외에 별다른 방편이 없다. 그러나 그 금액이 대단히 커서 일시에 세금을 모아도 본래 이를 갚기에 충분하지 않을 경우에는 법으로 정해 그 이자만을 지불하고 원금은 단지 매년 조금씩 그 일부를 갚을 뿐이다. 따라서 국민 중에 사유금을 쓰지 않고 오직 이자만을 얻기를 바라는 자는 그 돈을 정부에 빌려주고 국채를 매입하니, 국채의 원금을 소지한다는 것은 곧 이를 말한다. 이처럼 정부는 오직 이자를 지불할 뿐 반드시 원금을 반환하는 것은 아니지만, 최초로 원금을 낸 자가 한꺼번에 이를 돌려받고자 할 경우에는 원금 소지의 명목을 다른 사람에게 양도해서 현금과 바꾸는 일도 가능하다. 이 일은 본편 제1권 18엽[본서의 22쪽][5]에 나온다.

상인회사의 원금을 가산으로 삼는 것도 역시 별도의 법이 있다. 평민이 사적으로 회사를 결성해 철로를 만들거나 항구를 건축하고 시장을 열거나 환전소를 세우고 수도를 연결하는 등의 큰 사업을 계획할 경우에는 국내의 사람들이 먼저 원금을 내고 일이 이루어져 이익이 생기게 되면 각각 낸 원금의 많고 적음에 따라 이윤을 분배하는데, 상사의 원금을 소지한다는 것은 바로 이런 일이다. 이 법에도 여러 종류가 있지만 일반적으로 원금 소지의 명목을 자손에게 전하거나 다른 사람에게 팔 수 있다는 점은 다른 물품과 다를 바 없다. 단지 그 명목이라는 것이 손에서 손으로 전해줄 수 있는 실물이 아니기 때문에 이를 주고받는 증서가 없으면 안 된다. 이 일은 본편 제1권 22장[본서의 26쪽][6]에 나온다.

사유의 종류 중에 한층 더 아름답고 정밀한 것이 있으니, 발명면허나 출판(蔵版)면허 등이 그것이다. 국법의 취지는 사람의 사유를 보호함으로써 근면한 연구활동(勤工)을 지원하는 연유인 것이다. 세상에 새로운 발명

---

5   원전의 페이지를 가리킨다. 본 번역서에서는 35쪽에 해당한다.
6   원전의 페이지를 가리킨다. 본 번역서에서는 38쪽에 해당한다.

거리가 있으면 이로써 인간의 홍익을 이루는 일을 열거할 수 없을 정도다. 따라서 유익한 물건을 발명하는 자에게는 정부에서 국법으로 약간의 시한을 정해 그 시한 동안 발명에 따라 발생한 이윤을 오직 발명가에게만 부여해 이를 인심을 고무하는 도움으로 삼으니, 이를 발명면허["페이턴트 patent"]라 이름 붙였다. 예컨대 여기에 한 명의 선비가 있어 물이 새지 않는 직물을 제작하는 일을 발명하면 곧 국법에 따라 약간의 시한 동안 그 직물을 제작해 이윤을 얻을 수 있도록 면허를 부여하니, 이 면허를 사유재산으로 삼는다. 무릇 홀로 물건을 제조해서 그 이익을 마음대로 하는 것은 독점(壟斷)의 이익을 점유해 다른 사람에게 손해가 되는 것처럼 보이지만 그 발명으로 세상에 이익 되는 일이 크기 때문에 세간을 위해 생각하더라도 그 얻는 바가 잃은 바를 보상하고도 남을 정도다. 또한 책을 저술하고 지도를 제작하는 자도 이를 그 사람의 출판물로 삼고 홀로 이익을 얻는 면허를 부여해 사유재산으로 삼으니, 이를 출판면허["카피라이트 copyright"]라 한다.

근로에 구별이 있고 공헌이 상이함을 논함

힘써 근로하는 자는 물건의 형질을 바꾸거나 물건의 위치를 옮겨 그 물건의 가치(品位)를 증가시킨다. 따라서 증가된 가치는 그 사람이 가지는 것이기 때문에 그 물건을 오직 자기의 수요를 충족시키기 위해 모두 쓰든가, 아니면 힘쓴 노력의 많고 적음에 따라 그 일부를 취해도 문제되는 바가 없다. 이처럼 근로에 따라 생기는 공功은 그 근로의 많고 적음에 따라 크고 작음이 있기 때문에 노동은 반만 하면서 그 공을 두 배로 할 수는 없다. 예컨대 여기 한 명의 장인이 있어 지당한 기술로 의자 하나를 만들었을 경우에는 다른 서툰 장인이 이를 따라해 더 적은 힘으로 같은 모양의 의자를 만들려고 해도 결코 성공할 이치가 없다. 따라서 의자의 가격은 같은 시기, 같은 장소에서 항상 같지 않을 수 없는 것이다. 또한 의자는 스스로 그 수를 늘릴 힘이 없다.◀ 따라서 이런 것을 만드는 직인은 자연히 일종의 전권을 가지니 마치 독점(壟斷)을 사유하는 것과 같다. 그 까닭은 천하

◀ 간행된 서적류 등과는 상반
된다는 점을 말한다.

의 여러 장인이 의자를 만들지만 이 장인이 만드는 것보다 가격이 싼 것이 없고 이런 염가로 의자를 만드는 것은 오직 이 직공뿐이기 때문이다.

육체노동(力役)의 경황은 이와 같지만, 정신(精心)을 써서 발명과 연구(工夫)에 매진하는 경우에는 그 사정이 완전히 상반된다. 발명과 연구는 본래 무형無形으로서 지식에서 비롯되는 것이며, 지식이라는 것은 사람 신체 속 무형의 부분인 정신의 변동인 것이다. 정신이 일단 움직여 지식을 낳으면 곧 그 정신에 가치를 증가시킨 것이지만 그 가치가 위치한 곳이 무형물이기 때문에 이를 그 사람의 사유물로 삼을 수 없으며, 혹여 가령 이를 사유물로 정하더라도 실제 그 사람이 쓸 수 없다. 또한 정신의 변동에 따라 생겨난 지식은 단지 본인의 사려思慮에 느껴질 뿐이니, 이를 거둬들여 숨기면 다른 사람이 견문할 수 없는 것이다. 이것이 바로 육체노동과 정신노동이 그 취지를 달리하는 연유인 것이다.

사물이 변화하는 이치를 궁리해 그 법칙(定則)을 발명하기를 바랄 경우에는 비범한 재능을 갖추고 시간과 재산을 소비하지 않으면 그 극에 이르기 어렵다. 그러나 일단 그 법칙을 발명했을 경우에는 평범한 인물에게도

이를 전파해 습득하게 할 수 있다. 여기에 어떤 사람이 있어 하나의 이치를 발명해 이를 주변 사람에게 알리면 돌연 그 사람의 정신을 움직여 지식을 낳게 된다. 그 주변 사람이 역시 이를 다른 사람에게 전파하면 일시에 1,000명의 정신을 움직여 역시 그 지식을 낳으니, 1,000명이 1만 명에게 전하고 1만 명이 1억 명에게 전한다. 특히 그 발명을 책에 써서 판본으로 삼을 경우에는 이러한 전파와 습득이 배가하는 일이 더더욱 제한되는 경우가 없다. 따라서 처음으로 사물의 이치를 발명한 노력과 그 발명 소식을 듣고 이를 다른 사람에게 전파한 노력을 비교하면, 그 어려움의 정도와 소요된 시간을 동일하다고 할 수 없다. 그럼에도 그 발명품을 사유로 삼을 수 없을 뿐만 아니라 이를 매매해 홀로 독점(壟斷)의 이익을 점유할 방편이 없다. 그 까닭은 일단 어떤 사람이 지식으로 발명한 일이 있으면 그 지식을 취해 다른 사람에게 전파하는 것은 본래 노력이 많이 필요하지 않으니, 이를 전파하고 또 전파해 그 수가 일시에 배가되는 일에 한정이 없어 결국 매매의 가치를 잃게 되는 것이다.

이처럼 정신으로 생산한 물건은 그 수요·공급·근로·보수의 취득이 보통의 물건과 완전히 반대되기 때문에 보통의 원칙(常則)으로 이를 제어할 수 없다. 그렇다고 하더라도 무형의 산물인 발명과 연구는 이로써 국가에 큰 이익을 일으키고 세상사람의 행복을 증가시킬 수 있는 지극히 중대한 것이기 때문에 경제학에 자연히 이런 생산물을 처리하는 법이 있으니, 그 발명가로 하여금 열심히 노력하면 이에 따라 반드시 그 보답을 얻게 했다.

문명국에서는 무형의 산물인 발명과 연구(工夫)로 인간의 홍익을 이루는데, 그 발명가는 자칫하면 열심히 노력해도 보상을 얻지 못하는 폐단이 있다는 점을 살펴 곧바로 법을 세워 이런 유의 노력을 행하는 자도 반드시 지당한 보수를 얻도록 조치했으니, 출판면허나 발명면허와 같은 것이 그것이다. 저술가나 발명가는 오직 이 법에 의뢰해 능히 지식의 산물을 처리하고 이에 따라 이윤을 얻을 수 있게 되는 것이다. 혹여 그렇지 않은 경우에는 책을 저술하고 물리를 발명했더라도 그 정신노동으로 얻을 수 있는 보수는 정해진 형식 없이 세상사람이 친절히 그 功을 기리며 그에게 부여한 작은 포상을 얻을 수 있을 뿐이다. 무릇 천하의 사람에게 功이 있는 경우, 그 사업이 유형의 산물에 관계된 것이라면 그 물건으로 이윤을 취하고 나아가 이에 따라 포상도 얻을 수 있다. 그러니 마찬가지로 정신노동을 통해 무형의 물건을 생산하더라도 단지 포상만 받을 뿐 정해진 이윤을 얻을 수 없는 이치는 없는 것이다.

이런 논의에 미루어 생각하건대, 역시 육체노동과 정신노동 사이에는 일종의 구별이 있다. 육체노동으로 생산되는 것은 실물로서 그 많고 적음에 한정이 있고 그 가격에 규칙이 있으니, 이를 다른 나라에 수출할 경우에는 그 가격에 부합하는 다른 물건과 교역할 수 있기 때문에 국내에서 농업·공업·상업에 종사해 생산물이 많아지면 반드시 그 나라가 부유해진다. 그러나 무형의 산물은 이와 다른데, 사람의 지식은 다른 나라에 수출해 다른 실물과 교역할 수 있는 것이 아니기 때문이다. 여기 한 조각의 지식이 있어 이를 전파하고 습득하면 금세 그런 유가 배가돼 사람들의 수요를 충족하게 될 것이다. 따라서 만약 한 나라의 인민이 모두 학자와 선생으로서 궁리, 발명, 그 밖의 교육 업무에만 종사할 뿐 다른 산업에 매진하는 일이 없을 경우에는 그 국민이 부유해질 수 없을 뿐만 아니라 결국에는 굶주림과 목마름의 곤궁함에 빠지게 될 것이다. 원래 이런 직인과 학자들이 생산한 지식은 다른 직업과 합치지 않으면 결코 효용을 이루지 못하는 것이지만 다른 직업과 서로 합쳐 서로 도울 경우에는 그 공功이 가장 큰 것이다. 예컨대 정신노동을 하는 자는 마치 증기와 같고 육체노동을 하는 자는 마치 기관과 같다. 기관의 장치가 적절히 갖춰져 증기의 힘을 시행할 경우에는 그 효험이 실로 사람의 귀와 눈을 놀라게 할 정도지만, 기관을 버리고 단지 그 증기만을 풀어봐야 대기 중에 흩어져 날아갈 뿐이다. 또한 기관의 부분을 살펴보면 그 부품의 쓰임이 서로 맞물려 있지 않은 바가 없더라도 증기로 실제 그 작용을 일으키지 않으면 쓸모없는 장물長物이라고 말할 수 있는 것이다.

이런 까닭에 세상의 직업은 각각 그 종류를 달리함에도 서로 돕지 않을 수 없다. 만물의 이치를 연구해 그 법칙을 아는 자가 없다면 야만인이 되는 것을 면할 수 없고 기계의 사용법에 능숙한 자가 없으면 지식을 갈고닦을 방편이 없으니, 혹여 그 지식이 있어도 이를 실용에 시행할 수 없는 것이다. 따라서 세상사람이 때로는 선입견에 따라 정신노동을 하는 자와 육체노동을 하는 자가 서로 그 직업을 경시하는 일이 없지 않지만 이는 생각 없음이 심한 것이라고 말할 수 있다. 사실 이 양자 간에 터럭만큼도 가볍고 무거움의 구별이 없으니, 쌍방이 서로 힘을 합치고 서로 화합하고 조화하며 이로써 생산의 길을 걸어 세상의 편리를 달성해 사람들의 행복을 증진시킨다면 어찌 인간에게 크게 아름다운 일이 아니겠는가?

발명면허|patent

○ 먼 옛날 세상에 이런 법이 있었다는 말을 듣지 못했으며, 현재도 유럽

과 아메리카뿐으로 다른 나라에는 이런 것이 없다. 잉글랜드에서 시행된 일이 가장 오래된 것이지만 불과 200여 년에 불과하며 프랑스에서는 1791년에 시작됐다. 아메리카합중국에서도 1796년에 처음 이 법을 제정해 이후 1861년에 이를 개정했다. 이 법의 취지는 세상의 선비와 군자가 신기하고 유용한 것을 발명했을 때 이를 숨기는 일이 없고 세상 일반의 이익을 위한 것이기 때문에 세상사람도 역시 보은을 위해 잠시 동안 발명의 이윤을 오직 그 발명자에게만 부여해 전매권을 쥐게 하려는 연유이니, 마치 세상 일반의 사람들과 발명가가 약조를 맺은 것과 같다. 따라서 발명가도 그 면허를 받을 때 거짓으로 발명의 비결을 숨길 경우에는 국법의 취지에 반하는 것이며, 또한 면허를 부여하는 정부도 이미 세간에 행해지고 있는 진부한 일에 대해 전매권을 부여한다면 법이 행해지는 일이 없을 것이다.

필시 정부가 목적으로 하는 바는 세상 일반을 위한 것을 도모하고 발명가에게 전매의 큰 이익을 허함으로써 인심을 고무시켜 세상에 유익한 발명이 많아지도록 하는 데 있으니, 그 법은 다음과 같다. 세상의 선비와 군자가 궁리·화학·기계학 등을 연구해 신기하고 유용한 물건을 발명했을 경우, 그 순서를 책에 기재하고 여기에 물품의 그림을 첨부하거나 그림으로 설명하기 어려운 것은 모형을 만들어서 서면에 발명자의 성명을 기록해 이를 "페이턴트 오피스patent office"라는 발명면허 관청(官局)에 제출하고 점검을 요청한다. 이 관청에서는 연내 면허를 신청한 각종 기관과 기계, 문구와 무기, 의복과 관모·신발, 직물과 모양 등 수많은 그림과 모형을 배열해놓고 새롭게 면허를 신청한 것이 있을 때 그 물품을 관청에 있는 여러 물품과 비교해 전대미문의 새로운 연구(工夫)일 경우에는 곧바로 관청의 증서를 부여하고 그 물품을 제작해 홀로 이를 판매하는 일을 면허한다.

다만 이 면허를 받은 연한의 길고 짧음에 따라 관청에 납부하는 세금에도 많고 적음이 있는데, 그 비율이 아메리카에서는 3년 반의 면허를 받으면 세금 10달러, 7년이면 15달러, 14년이면 30달러를 규정으로 한다. 또한 새롭게 연구를 시작했지만 이를 시험해 성공에 이르기까지 다소 시일을 소비할 수밖에 없어서 그동안에 동일한 발명을 가지고 면허를 신청하는 자가 있는 일이 걱정될 경우에는 그 연구의 사정을 기록해 관청에 호소함으로써 미연에 이를 막을 수 있으니, 이를 "캐비엇Caveat"이라고 칭하며 캐비엇은 예방이라는 의미다. 이미 예방서류를 관청에 제출한 경우에는 관청에서 이를 비밀로 해서 사람들에게 보여주지 않으며, 혹여 1년 내에 동일한 발명으로 면허를 신청하는 자가 있을 경우에는 앞선 사람이 제출한 예방서류를 전후의 증거로 삼아 면허를 부여하는 일이 없다. 예방을 신청하는 경우, 1년간 세금은 10달러를 규정으로 한다. 이미 1년이 지났지만 아직 그 연구를 마치지 못했을 때는 다시 10달러의 세금을 납부해 1년간 기한을 연장할 수 있다.

또한 면허를 얻지 않은 물건에 면허번호를 붙이거나 면허를 얻은 사람의 이름을 훔쳐 위조품을 제작한 자는 그 위조품 한 개당 100달러의 과태료를 지불하게 한다. 발명면허를 부여할 때는 모두 공평하게 하고 편파가 없는 것을 주로 하기 때문에 그 관청에 근무하는 관리는 발명과 연구로 스스로 면허를 받는 것을 금한다.

○ 잉글랜드에서 발명면허를 받는 법은 다음과 같다. 먼저 그 발명의 순

서를 관청(官局)에 보고한 이후 6개월간은 세금을 납부하는 일 없이 그 전매를 허함으로써 그동안 면허를 신청한 이해득실을 시험할 수 있도록 한다. 그 발명품이 실제 능히 세상에 행해졌을 경우, 면허를 받으면 편리한 바가 있다고 하는 자는 다시 이를 신청해 전매기한 14년의 면허를 받을 수 있다. 또한 이 14년을 3개의 기간으로 나눠 우선 25파운드를 납부하도록 해서 초기 3년의 세금으로 삼고, 3년 기간이 끝나면 다시 50파운드를 납부하도록 해서 다음 4년의 세금으로 삼으며, 4년 기간이 끝나면 다시 100파운드를 납부하도록 해서 마지막 7년의 세금으로 삼으니 도합 14년인 것이다. 이처럼 기한을 나누는 연유는 일단 면허를 받은 자라도 전매의 이윤이 적다면 도중에 이를 폐지할 수 있도록 하기 위함인 것이다. 최근 잉글랜드에서 발명면허를 부여한 자가 매년 2,000명에 가깝지만 대개는 중도에 폐지되며 7년 기한 이후에도 지속하는 자는 불과 200명에 지나지 않는다고 한다.

출판면허copyright

○ 이 법은 저술가로 하여금 홀로 그 책을 판본으로 제작하고 전매의 이익을 얻을 수 있도록 하는 것이다. 먼 옛날의 법은 오직 유형의 물건만을 사람의 사유라고 정했으며 이후에는 사람의 지식으로 생산한 무형물로도 자연히 실가實價를 얻는 풍속이 됐지만 거의 근대에 이르러서도 여전히 국법에 상세한 규칙을 게시하지는 못했다. 1769년 잉글랜드에서 때마침 출판의 일에 관련된 사고가 발생해 출판은 영원히 저술가의 사유로

삼아야 할 것인지, 아니면 연한을 제한해야 하는지에 대한 논의가 있었다. 결국 의사원의 평의에 따라 연한이 있는 것으로 정하고 그 연한 동안에는 국법으로 저술가에게 전매권을 부여했다. 1842년 다시 이 법을 개정해 저서 전매의 기한은 저술한 해로부터 42년간을 기한으로 했으며, 이 기한이 끝날 때까지 저술가가 생존한 경우에는 생존 동안 다시금 이를 허했다. 책을 저술한 자는 먼저 책 제목, 저술 연월, 저술가의 성명과 주소를 출판 협회(會所)에 보고하며 출판 후 1개월 안에 그 판본 한 부를 박물관에 납부하고 그 밖에 국내 4개소의 대학교에 이를 납부하게 한다.

○ 합중국에서는 1821년 출판면허의 법을 고쳐 저술가의 전매를 28년으로 정했으며 이 기한 후에도 14년간은 본인이나 처자에게 저서를 재판再版해 전매하는 이익을 독점할 수 있게 했으니, 곧 전후를 합쳐 그 연한이 42년인 셈이다. 프랑스나 벨기에서는 연한에 관계없이 저술가의 생애와 그 사후 20년간 상속자의 전매를 허한다. 바이에른Bavaria과 뷔르템베르크Württemberg, 그 외 게르만 열국에서는 저술가 사후 30년 동안 이를 허한다. 오스트리아는 이탈리아 등 각국과 조약을 맺어 쌍방의 나라에서 책을 저술한 경우에는 그 유고遺稿에 대해서도 40년간 상속자에게 출판과 전매를 허한다. 러시아에서는 저술가의 생애와 사후 25년간 이를 허한다. 잉글랜드에서 출판면허는 서적뿐만 아니라 지도, 신문, 그 외 활자판도 모두 마찬가지로 한다. 합중국에서도 대동소이하니, 서적·지도·족자·악보 등과 모든 조각판彫刻版류가 모두 이에 속한다. 합중국에서 출판면허를 신청하는 법은 다음과 같다. 저서를 출판하려면 먼저 그 책제목을 기입해 저자 거주지의 관청에 보고하고 출판 세금으로 책 한 부당

2분의 1달러 그리고 면허 수수료로 2분의 1달러를 납부한다. 이미 이를 출판했다면 발간 후 3개월 안에 그 판본 한 부를 관청에 납부하고 그 외 스미소니언 도서관과 의사원 도서관에 각각 한 부씩을 납부해야 한다. 이후 국법에 따라 이 출판물을 수호하니, 국내에 위조판을 만드는 자가 없다. 또한 국법을 어기고 관에 보고하지 않은 채 출판한 자가 있으면 그 판매된 판본의 종이 한 장당 2분의 1달러씩 과태료를 취하고, 위조판을 만든 자의 수중에 있는 판본을 모두 몰수하며[이는 활자판으로 만든 책의 경우다], 활자 목판의 경우에는 그 목판을 몰수하고 그 판본의 종이 한 장당 1달러씩 과태료를 취한다. 또한 출판면허를 받지 않은 책인데 거짓으로 이를 받았다고 기록한 경우에는 가령 그 판본을 매매하지 않았더라도 100달러의 과태료를 취한다. 1856년의 법례에 의거하면 각본(戲作狂言)의 저술에도 출판면허가 있어서 그 저술가의 승낙을 얻지 않고 이를 극장에서 시행하는 것을 허하지 않는다. 혹여 그리하지 않고 다른 사람의 작품을 훔쳐 사사로이 극장을 여는 일이 있으면 초범에게는 100달러의 과태료를 취하고 재범에게는 50달러의 과태료를 취한다.

○ 잉글랜드 정부는 자국의 저술가를 보호하기 위해 1838년 의사원의 평의에 따라 각국과 조약을 맺어 상호 출판면허의 법을 지키자는 설을 세웠는데, 프랑스·프러시아·작센Saxony·하노버Hannover·브라운슈바이크 등 각국이 이 설을 채용했다. 이에 따라 이들 나라에서 책을 저술한 자에게는 각국이 상호 면허를 부여하고 전매권을 방해하는 일이 없도록 했으니, 단지 그 책을 서로 수입할 때 해당되는 세금을 취할 뿐이다. 합중국에서도 잉글랜드의 설을 좇아 상호간에 출판의 법을 지키고자 했으니,

이미 1854년 에드워드 에버렛Edward Everett 외국사무집정 시기[7]에 마침내 그 조약을 맺으려고 했지만 상원 안에 이론異論이 있어 오늘날까지 아직 그 일을 마치지 못했다고 한다.

사유를 보호하는 일

국법으로 사람의 사유를 보호하면 국내 빈부의 구별 없이 모두가 그 은덕을 입지 않은 바가 없다. 혹여 부자의 위세에 올라타 난폭한 행동을 자행하며 부정을 저지르는 폐단이 없는 것은 아니지만 이 폐단은 원래 사유를 보호했기 때문에 생긴 것이 아니라 필시 다른 법도에 흠결(欠典)이 있어 그리 된 것이다. 좋은 정부하에서는 한 사람이 부를 이루면 대중이 그 복을 함께한다. 설령 비천한 평민(小民)이라도 각자의 이익을 도모함을 안다면 사유 보호의 취지를 오해하지 않을 것이다. 평민이 스스로 옷과 음식을 충당하고 그 불행을 면하려고 하는 연유는 오직 부자의 여유를 부러워하기 때문이 아니겠는가?

사유를 보호하려면 그 조치 중 첫 번째로 먼저 사람의 근로를 보호해야 한다. 와트가 증기기관을 연구하고 라파엘로Raffaello Sanzio가 그림을 그리며 밀턴John Milton이 시를 지은 것처럼 이 세상에 공功이 있는 자에게는 세상사람이 그 공에 보답하니, 각자 그 보답을 얻을 수 있다. 이를 간략하게 말하면, 심력을 써서 이에 따라 생산된 물건이 있으면 그 물건을 스스로 소지하거나 팔아서 값을 취하는 것은 다른 사람이 이를 방해할 이치가 없는 것이다. 따라서 근로를 보호한다는 것은 곧 그 근로에 따라 생산된 사유물을 보호하는 일이 되니, 예컨대 직인의 급여는 그의 사유인 것이다.

사람들이 심력을 쓰고 이에 따라 보수를 받는 것이 바른 이치(正理)임을 논하는 것은 수심학修心學[8]의 취지로서, 경제학에서 논하는 바는 세상의 형세가 이처럼 바른 이치를 향하게 되면 반드시 일반을 위해 이익이 있는 연유를 보여줄 뿐이다. 만약 사람이 세상을 위해 공을 세우고도 그 보수를 얻으려는 목적이 없다면 어떤 사람이 쓸데없이 힘을 쓰겠는가? 세상에 공을 세우는 자가 없다면 세상 일반에 손해가 되지 않겠는가? 혹여 이 논의에 대해 사욕을 행하려는 핑계일 뿐이라고 말하는 자도 있지만 본래 근거 없는 망언이니 변명의 여지가 없다. 사람으로 하여금 세상을 위해 공을 세우게 하고 이에 따라 지당한 보수를 얻도록 하는 데 있어 어찌 하등의 방해가 있어야 하겠는가? 결코 이를 사욕이라 말할 수 없는 것이다. 무릇 사람이 일신의 봉양을 위하고 그 처자에게 의식을 제공하는 것은 천하의 공통된 이치(通理)다. 지금 이 나라에 태어나 큰 공을 세운 자가 있으면 이에 따라 국익을 이루었을 뿐만 아니라 스스로 그 가산을 일으켜 자손으로 하여금 굶주림과 추위의 걱정을 면하게 해서 불기독립한 생계를 온전히 할 수 있으니, 일거에 공과 사 양쪽의 행복을 이룬 것이라고 말할 수 있다. 무릇 근로해서 보수를 얻으려는 마음이 과연 당연한 이치에서 비롯되는 것인지 혹은 그렇지 않은지, 잠시 그 옳고 그름에

---

8   버튼의 원저에는 '도덕주의자moralist'로 되어 있으나 후쿠자와는 이를 수심학으로 번역했다.

대한 논의는 제쳐두고 시험해서 살펴보라. 천하고금의 인류 중에 누구에게 이런 속뜻이 없겠는가? 지금 혹여 억지로 이 마음을 없애려고 하면 오직 먹지도 자지도 않은 사람에게나 이렇게 강요할 수 있을 뿐이다.

따라서 심력을 써서 그 보수를 받는 것은 확고부동한 바른 이치인 것이지만, 그 보수를 내 사유로 삼을 뿐 이를 다른 사람에게 나누어줄 수 없다면 아직 사유의 취지를 다하기에 충분치 않다. 지금 공을 세운 자가 아닌 그 외의 사람은 결코 보수의 혜택(賜)을 함께할 수 없게 한다면 때로는 이 보수를 받아도 이익이 없으니, 마치 먹어도 맛이 없는 것과 같다. 또한 이처럼 될 경우에는 그 심력을 쓴 자도 단지 일신의 사욕에만 힘쓰게 하는 것이라고 말할 수 있는 것이다. 따라서 가산을 쌓아 자손에게 물려주는 것도 사유를 자유롭게 하는 취지인 것이니, 이를 인생 최후의 자유라고 한다. 사람들이 혹여 이 자유를 잃고 유산을 자손에게 상속하려는 목적을 잃으면 단지 살아 있는 동안 분주히 그 사유를 처분하려 해서 결국 풍속을 어지럽히고 국법을 어기는 폐단을 낳을 것이니, 세상에 혹여 그런 예가 없지 않다.

심력을 써서 가산을 일으킨 자는 생전과 사후 모두 이를 자유롭게 처분하고 다른 사람에게 전해줄 수 있기 때문에 이를 받은 자도 곧바로 자기 사유로 삼아 자유롭게 이를 처분할 수 있음은 그 이전 사람과 다르지 않다.

○ 사람이 유산을 물려줄 때 가장 문제없는 것은 그 자식이며 자식이 없는 자는 가까운 친척에게 물려주는 것 역시 가능하다. 이것이 곧 자연스러운 인정이기 때문에 문명국에서는 사람이 죽으면 유언이 없더라도 사

후에 유물을 처분할 때 망자의 마음을 짐작해 이를 가장 가까운 자에게 전하는 것을 관례(定例)로 삼는다. 나아가 어떤 나라에서는 자식이 없는 자가 일단 그 가산을 다른 사람에게 양도하더라도 나중에 자식을 낳았을 경우에는 곧 이를 반환해 실제 자식에게 주는 것을 허한다. 또한 각국에서 사람의 재산을 처자에게 물려주지 않고 다른 사람에게 주는 것은 국법으로 금하는 바인 것이다.

사유재산을 자유로이 하는 일이 도가 지나치면 국민 일반의 이익을 방해하는 폐단이 있고 국민 일반의 이익을 중시하는 일이 도가 지나치면 사유의 취지에 해가 있다. 양자 사이에 지당한 경계를 세우는 것은 매우 어려운 일이지만 문명국에서는 어느 정도 그 기율을 세웠다. 첫 번째는 사유재산이 풍부하더라도 그 부유함의 위광威光을 자연에 맡겨 도가 지나치는 일이 없도록 하는 것이고, 두 번째는 인민을 보호해 부유함의 위세로 고통받는 일이 없도록 하는 것을 취지로 했다. 세간에 부를 이룬 자가 있으면 그 기세에 올라타 같은 유의 사람을 노예처럼 사역하는 것도 문제없으니, 이런 악습을 일반의 풍습으로 삼는 나라가 있다. 예전 프랑스에서 소란 이전에는 나라에 귀족이라는 자가 있어서 그 부유함이 가장 성대했는데, 사유지를 다스리면서도 세금을 내는 일이 없었다. 그런데 가난한 평민(小民)은 오히려 세금을 납부할 뿐만 아니라 또한 귀족을 위해 덧없이 사역을 당해야 했다. 이것이 곧 부자의 위광을 자연에 맡기지 않아 적절한 도를 지나친 하나의 예인데, 잉글랜드에서는 결코 이런 악습이 없다.

앞서 논한 바가 이와 같지만, 부자의 위광을 자연에 맡겨서 그 힘을 마음대로 하도록 할 뿐 감찰하는 일이 없다면 이 역시 부정하고 난폭한 권력(柄)이 될 것이다. 가난 때문에 나쁜 마음을 가진 자는 뇌물을 탐내며 사람을 참살하거나 때로는 거짓으로 스스로 증인이 되어 사사로이 다른 사람의 악행을 돕는 등의 일을 늘 하는 버릇으로 삼았다. 지금 이탈리아와 포르투갈의 한 귀족이 다른 사람과 불화를 낳았을 경우에는 돈으로 자객을 사서 사사로이 그 원수를 죽이는 일이 대단히 쉬운 것이다. 터키를 비롯한 여타 동양 각국에서 재판소에 소송의 일이 있으면 부자는 관례에 따라 돈을 내고 위증할 사람을 고용해 항상 그 공적인 일에서 이기고 빈민은 항상 잘못(曲)을 뒤집어쓰지 않는 일이 없다. 러시아에서도 재판소의 관리가 걸핏하면 뇌물을 받아서 불공평한 조치를 행하는 일이 있다. 우리 잉글랜드에서 이처럼 부정한 일이 있으면 그 일에 관계된 자는 모두 죄인으로 반드시 형에 처해질 것이다.

사유를 보호하면 빈민도 함께 그 은덕을 입는 것과 같은 일에 대해서는 앞서 이미 논한 바 있다. 가산에 여유가 없고 부족한 자는 본래 다른 사람에게 물건을 나누어줄 수 없기 때문에 가난해서 불행을 마주한 자는 오직 부자의 여분에 의지해 일시적인 곤란을 면하게 될 뿐이다. 즉 이 것이 각 문명국의 풍속으로 사유를 저축하는 혜택인 셈이다. 사유를 보전하는 것은 나라를 위해 대단히 긴요한 일이지만 사람의 생명을 보전하는 데 있어서는 더욱더 중대한 일이니, 이에 따라 빈민이 굶어죽는 곤란을 면할 수 있도록 구휼법을 세웠다. 그 법은 앞서 기재한 바와 같이 남는 재물로 부족한 가난을 구하는 취지인 것이다.

사유를 보호하려고 할 경우에는 이에 따라 또한 그 비용이 발생한다. 나라에 사유재산이 적으면 재판소의 관리(吏人), 시내의 포졸, 감옥의 수 역시 이에 준해 감소할 것이다. 원래 재판과 감옥의 법을 세우는데 그 비용은 모두 국내의 세액에서 나오기 때문에 사유를 축적한 바가 가장 많은 자가 세금을 납부하는 일도 가장 많아야 하는 것이 이치니, 재판과 감옥의 혜택을 가장 많이 입는 자가 사유를 축적한 일이 가장 많은 자이기 때문이다. 이 이치에 따라 생각하면 굶주림과 추위에 고통받는 평민(小民)이 자칫하면 다른 사람을 해칠 수 있기 때문에 나라에 구휼법을 세울 경우에는 부유한 사람도 역시 함께 그 혜택을 입는 이치인 것이다. 또한 인민이 교육을 받아 풍속이 문명으로 향하고 사람들이 사유의 취지를 알며 일신의 직분을 논할 경우, 이로써 국내의 부유한 사람이 이익을 얻는 바는 열거할 수 없을 정도다. 따라서 이런 취지에 따라 세금을 납부하고 돈을 쓰는 것은 부자에게 본래부터 당연한 직분이라고 말할 수 있다.

무릇 부유한 사람은 오직 국법에 따르는 것만으로 그 조치를 다했다고 할 수 없다. 법이 금지하는지 아닌지를 불문하고 대개 그 사유재산을 처치할 때는 마땅히 스스로 악의를 없애고 다른 사람을 해하는 일이 없도록 하는 것을 우선적인 일(先務)로 삼아야 하는 것이다. 이는 곧 부자에게 이익일 뿐만 아니라 혹여 그 직분이라고 말할 수 있다. 원래 사유재산을 보호하는 것이 국내 일반의 편리라고 하지만 주로 보호를 받는 자는 부자인 것이다. 따라서 국내가 일치단결해 다른 사람의 부유함을 보호하면 그 보호를 받는 자도 역시 그 은혜에 감사하고 세상 일반을 위해 선을 베풀지 않으면 안 된다. 국내의 부자가 능히 그 취지를 명심해 지키고 부에 따라 지위와 권위를 얻으면 역시 이에 따라 책임을 져야만 하는 연유의 이치를 안다면 항상 그 나라가 안전하지 않을 일이 없다.

사유의 이익을 보호하는 일

무릇 사유는 어떤 물품이든 이를 다른 사람에게 빌려주면 그 보답으로 다른 물건을 주는 것(帶)을 상식으로 하니, 곧 그 물건은 사유를 빌려준 사람의 이윤인 것이다. 집을 사유하는 사람의 이윤은 집을 빌려주는 것이고 배를 사유하는 사람의 이윤은 배를 빌려주는 것이다. 또한 돈을 사유하는 사람은 이 돈을 빌려주고 이자를 취할 것인데, 단 이자의 많고 적음은 그때의 사정에 따라 똑같지 않다.

상업의 이익이라는 것은 원금을 써서 물건을 매매함에 따라 얻은 이윤인 것이다. 이런 이윤이 발생하는 원인이 대개는 원금의 많고 적음에 있지 않고 그 사람의 노력과 게으름에 관계되기 때문에 혹여 이를 근로의 보수라고 말할 수 있는 것이다. 다만 금전의 이자, 지대, 집세 등과 같이 사유물에서 생겨난 이윤은 완전히 그 취지를 달리하는데, 그 주인이 결코 심력을 쓰지 않아 하등의 공로가 없지만 그 물품에서 스스로 이익이 발생한 것이다. 대개 사유물을 축적하면 그 사람이 어떤 사람인지 불문한 채 그 물건이 무엇인지 논하지 않고 단지 그 물건을 씀에 따라 돈을 얻게 된다.

개화를 입은 나라에서는 사유에 속하는 이윤은 반드시 그 주인에게 부여되니, 그 법이 공정하고 또한 정교하다고 말할 수 있다. 앞서 이미 논한 바와 같이, 사유재산은 재산을 일으킨 본인에게 속해야 하며 본인이 이를 다른 사람에게 준다면 곧바로 다시 그 사람의 사유로 삼기 때문에 그 사유에 따라 발생하는 이윤도 이와 함께 귀속되는 곳을 똑같이 하는 것이 이치다. 혹여 그렇지 않을 경우에는 사유를 대단히 귀하게 여기는 데 충분치 않아서 자연히 이를 얻기 위해 노력(勉强)하는 자가 적어지고 결국에는 국익의 기본이 되는 인생의 근로를 쇠퇴시키게 될 것이다. 무릇 사유에 따라 생긴 이윤도 애초에 인위적으로 다른 사람에게 빼앗은 것일 경우에는 이를 그 주인에게 부여하는 것이 이치에 맞지 않는 일처럼 보인다. 그러나 이윤이 발생한 것은 결코 인위적인 것이 아니라 마치 천연의 이치에 따라 사유라는 것에 결실이 맺어진 것과 같으니, 그렇다면 곧 누가 이 결실을 취해야 하는 것일까? 그 사유의 주인이 아니라면 달리 사람이 없을 것이다.

지대地代는 일종의 이윤으로서 자연히 일종의 사정이 있다. 무릇 세상의 사유물은 그 물품을 사용하고 이에 따라 심력을 써서 그 물건의 가치를 증대시키지만, 땅의 경우에는 그렇지 않다. 지주에게 터럭만큼의 공로도 없는데 급격히 지대가 오르는 경우가 있으니, 대개 그 까닭은 인구가 증가하고 경작이 성행하기 때문에 그렇게 된 것이다. 예컨대 여기에 하나의 섬이 있는데 그 섬의 옥토에서 생산하는 곡물만으로 섬 인구의 두 배를 부양할 수 있고 황무지까지 경작하면 세 배의 인구를 부양할 수 있을 경우에는 그 섬에 살면서 땅을 소유해도 결코 그런 가치가 없다. 그러나 섬의 인구가 점차 증가해 옥토만을 경작하면 겨우 그 인구의 식량을 수급

할 수 있을 뿐 조금도 여유가 없다면 비로소 척박한 토지를 구해 경작하는 자가 생긴다. 인구가 또 증가해 처음에는 30실링으로 밀 한 가마를 샀던 사람이 40실링을 주고 사려 하는 지경에 이르면 사람들이 모두 앞 다투어 황무지를 구해 경작을 업으로 삼으려는 자가 날로 늘어난다. 그런데 황무지를 경작하는 것과 옥토를 경작하는 것은 그 노력이 매우 다르지만 생산된 밀의 가격은 동일하기 때문에 사람들이 모두 돈을 내고 옥토를 경작하는 일을 선호하게 된다. 이것이 바로 지주가 터럭만큼의 노력 없이 이윤을 얻는 연유인 것이다.

따라서 땅을 사서 그 땅의 가치가 올라가면 반드시 이윤이 없을 수 없으니, 소위 지대라는 것이 이것이다. 지대의 이익은 인위적인 국법으로 정해진 것이 아니라 자연히 그렇게 된 바로서 마치 물이 낮은 곳으로 흐르는 것과 같다. 국법의 주재±牽는 단지 그 땅의 주인을 정하고 이를 거래하는 규칙을 올바르게 하는 것뿐이다. 무릇 사소한 공로도 없는데 지대의 이윤을 한 사람에게 부여할 이치가 없는 것처럼 보이지만 그 유래한 바를 더듬으면 애초에 사람의 물건을 뺏은 것도 아니고 다른 사람의 힘을 노역시킨 것도 아니기 때문에 앞서 기재한 도리에 따라 이를 그 주인에게 주는 것을 지당한 조치로 삼는다.

「외편」 제3권 끝

「2편」

—

제1권

머
리
말

일찍이 『서양사정』 「초편」에서 정치·징세법·국채 등 몇 가지 조목을 제
시해서 이를 본편의 비고로 삼았지만 단지 단편적인 내용에 불과했기 때
문에 여전히 이해득실을 상세히 논했다고 할 수 없다. 무릇 우리 나라에
서 처음으로 영어 서적을 번역한 것이라 그 사업이 본래부터 쉽지 않았고
오늘날 당무當務의 요점을 꼽아 학자들이 시급히 외국의 사정을 알 수 있
도록 하는 것에 급급했기 때문에 자연히 엉성하다는 책망을 면치 못했
다. 그런데 이런 책망을 돌아볼 겨를도 없이 바삐 붓을 휘둘러 견문한 실
제 기록과 여러 책에서 발췌·번역한 내용을 옮겨 적어 수십 장의 드넓은
지면에 수많은 사건을 거침없이 기재했던 것이다. 따라서 학자가 이를 읽
고 일의 대강은 엿볼 수 있어도 결코 진미를 맛보고 높은 경지에는 아직
이를 수 없는 것이니, 마치 대청에 올라갔지만 아직 방에는 들어가지 못
한 것과 같다. 따라서 간혹 잘못 이해했더라도 이를 헤아리지 못하고 심
한 경우에는 간혹 이해하지 못한 것을 이해했다고 여길지도 모른다. 내가
이를 우려해서 지금 여기에 여러 법률서와 경제서 등에서 발췌·번역했으
니, 먼저 인간의 통의通義▶와 징세론▶▶의 두 조목을 들어서 그 논의의 상

▶ 블랙스톤William Blackstone 씨의 잉글랜드판 『잉글랜드법 주해Commentaries on the Laws of England』를 초역했다.

▶▶ 웨이랜드Francis Wayland 씨의 아메리카판 『정치경제학의 요소The Elements of Political Economy』를 초역했다.

세함을 제시하고 이를 「2편」의 비고로 삼는다. 학자가 마땅히 이 두 조목을 「초편」의 비고와 「외편」[3책. 작년[1]에 출판]의 논의에 참고하면 점차 그 나라의 풍속과 사정을 알게 될 것이다. 또한 본편 중 각국의 사기·정치 등의 조목을 읽고 신기하면서도 의심스럽다고 생각되는 일이 있다면 이를 등한시하며 간과하지 말고 신중하게 비고를 보고 숙고하면서 서로 참조할 것이다. 그리하여 그 일이 유래한 연유의 연혁을 고찰하고 그 사물이 생겨난 연유의 원인을 상세히 살핀다면 바라건대 큰 과오는 없을 것이다. 다만 「2편」도 「초편」의 체재를 고치지 않고 전편 3책 중에 제1책을 비고로 삼았는데 그 지면상 한도가 있어 「초편」 비고 중 여러 조목을 모두 자세히 논하지는 못했다. 따라서 단지 앞부분의 두 조목만을 다루었으니, 나머지는 제3편에 양보하고 그 비고로 삼고자 한다.

　보천普天의 아래와 솔토率土의 가장자리[2]까지 모두 인류로서 그 천연의 성정은 모든 사람이 동일하지만 그 국체와 풍속은 그렇지 않다. 여기서 가벼이 여기는 것을 저기서는 중하게 여기고 저기서 중한 것을 여기서 가벼이 여기는 차이가 없지 않다. 저들의 일상어 중에도 나의 귀에는 새로운 것이 있으니, 서양 책을 번역함에 있어 간혹 타당한 번역어가 없어 역자가 곤란해 하는 일도 적지 않다. 예컨대 번역서 안에 흔히 자유[원어 "리

1　1868년이다.

2　'보천솔토'는 온 세상이라는 의미다.

버티"]와 통의[원어 "라이트"]라는 글자를 쓴 곳이 많지만 실은 이런 번역어로 본래의 뜻을 다 담기에는 충분하지 않다. 그중에서도 이 편의 머리말은 오로지 자유와 통의의 논의를 기재한 것인데, 특히 먼저 이 두 단어의 뜻을 주해註解함으로써 번역서를 읽는 이가 편히 읽을 수 있도록 했으니 다음과 같다.

제1. 리버티란 자유라는 의미로 중국인의 번역에 자유·자전自專·자득自得·자약自若·자주재自主宰·임의任意·관용寬容·종용從容 등의 단어를 쓰고 있지만 아직 원어의 의의를 다 담기에는 부족하다.

자유란 일신이 좋아하는 대로 일을 함에 있어 거리끼는 생각이 없는 것을 말한다. 옛사람의 말에 일신을 자유롭게 해서 자신을 지키는 것은 만인에게 갖춰진 천성이니, 인정人情에 따르면 가문과 재산의 부귀를 지키는 것보다도 중요하다고 했다.

또한 윗사람이 아랫사람에게 허락해 이 일을 함에 있어 방해되는 바가 없다는 것을 말하기도 한다. 예컨대 독서와 글쓰기를 끝내고 놀러가도 좋다고 부모가 자식에게 허락하거나 공무가 끝나 관청에서 나가도 좋다고 상관이 부하에게 허락하는 것 등이 그것이다.

또한 허가(禦免)된 장소, 허가된 기부(勸化), 살생허가 등에서 말하는 허가라는 단어에 해당한다.

또한 좋고 싫은 것이 생기는 것을 말하기도 한다. 위험한 일인데 하지 않으면 안 된다거나 마음먹지 않은 일인데 억지로 하지 않으면 안 된다는 등 곧 마음에 괴로운 일이 없다는 취지인 것이다.

따라서 정사政事의 자유라고 하면 그 나라의 주민에게 하늘의 도리와 자연의 통의[아래에서 상세하게 설명한다]를 행하게 함으로써 방해하지 않는 것이다. 출판(開版)의 자유라고 하면 어떤 책이든 마음대로 간행하게 하고 책 내용을 책망하는 일이 없는 것이다. 종교의 자유라는 것은 어떤 종교든 사람들이 신앙하는 종교에 귀의하도록 하는 것이다. 1770년대 아메리카 소란[3]의 시기에 아메리카인은 자유를 위해 싸운다고 말하면서 나에게 자유를 주든가 그렇지 않다면 죽음을 달라고 외쳤는데, 잉글랜드의 폭정에 괴로워한 나머지 백성을 도탄에서 구하고 한 나라를 불기독립한 자유로운 것으로 하고자 죽음으로 맹세했던 것이다. 당시 유명했던 프랭클린이 말하기를, 내 몸은 항상 거주하는 곳이 없고 자유가 있는 곳이 곧 내가 사는 곳이라고 했다. 그러니 이 자유라는 글자의 의미는 「초편」 제1권 7엽[본서의 16쪽][4]의 할주에서도 말한 것처럼 결코 제멋대로 방종·방탕하다는 취지가 아니고 다른 사람을 해쳐서 나를 이롭게 한다는 의미도 아니다. 단지 심신의 움직임을 마음대로 하고 사람들이 서로 방해하지 않아 일신의 행복을 이룸을 말하는 것이다. 자유와 방종은 자칫하면 그 뜻을 오해하기 쉬우니, 학자는 마땅히 이를 살펴야 할 것이다.

제2. 라이트란 원래 정직이라는 의미로 중국인의 번역에도 정(正)이라는 글자를 쓰며 때로는 비(非)라는 글자와 대비해서 시비(是非)라고 하는 경우도 있다. 바른 이치(正理)에 따라 인간의 직분을 다하니 바르지 않은 일이 없다는 취지다.

---

3 미국 독립전쟁 시기를 말한다.
4 원전의 페이지를 가리킨다. 본 번역서에서는 29쪽에 해당한다.

또한 이 글자의 의미를 뒤집어서 추구해야 할 이치라는 의미로 쓰는 경우가 있다. 한문 번역에 달의達意나 통의 등의 글자를 썼지만 자세히 이해하기는 어렵다. 원래 추구해야 할 이치라는 것은 마땅히 재촉해야 할 것 또는 추구하는 것이 당연한 일이라는 의미다. 예컨대 지당한 직분이 없다면 추구해야 할 통의도 없다는 말이 있는데, 곧 내 몸으로 해야 할 일을 행하지 않는다면 다른 사람에게 추구하라고 마땅히 재촉할 것도 없다는 의미인 것이다.

또한 일을 할 수 있는 권한이라는 의미가 있다. 즉 죄인을 체포하는 것은 도시 순찰대의 권한인 것이다.

또한 당연히 소지해야 마땅한 것이라는 의미가 있다. 즉 사유私有의 통의라고 하면 사유물을 마땅히 소지할 통의를 말하는 것이다. 이치를 벗어난 물건에 대해서는 나의 통의가 없다는 말은 도리에 부합하지 않는 물건을 마땅히 가질 수 없다고 하는 의미인 것이다. 인생의 자유가 그의 통의라는 것은 사람은 태어날 때부터 불기독립하니 속박을 입을 연유가 없고 마땅히 자유자재여야 할 도리를 가진다고 말하는 것이다.

메이지 2년[5] 기사己巳 늦가을
후쿠자와 유키치 씀

---

5 1869년이다.

목차 ⁶

이 책은 처음 원고를 작성했을 때는 전편이 3책 분량이었지만 프랑스 조목을 번역하면서 그 사기의 사항이 많아서 망령되이 이를 축약하기 어려웠기에 부득이하게 지면을 늘려 4권으로 일을 마쳤다. 이에 따라 서책의 체재가 「초편」의 목록과 부합하지 않고 이 편의 머리말과도 어긋난다. 무릇 프랑스는 유럽 대륙에서 사방으로 통하는 지위를 점하고 있으니, 전유럽 각국의 치란治亂 중 십중팔구는 프랑스와 관계되지 않은 바가 없다. 따라서 프랑스의 사기를 분명히 하면 이로써 다른 나라의 역사를 읽는 데 큰 도움이 될 것이다. 이 편에서 특히 프랑스의 사기를 상세히 다루는 것도 이런 역자의 속뜻이 없지 않으니, 독자는 이를 싫어하지 말 것이다.

「2편」 제1권 후쿠자와 유키치 찬집

---

6 후쿠자와의 원전에는 본래 여기에 목차가 기재되어 있지만 번역의 편제상 제외했다.

인간의 통의

잉글랜드 인민의 자유 ○ 일신을 안온하게 보호하는 통의 ○ 일신을 자유롭게 하는 통의 ○ 사유를 보존하는 통의 ○ 이 통의를 달성하는 연유인 안심安心을 논한다.

국률은 인민이 처신하고 교제하는 규칙으로 바른 이치(正理)에 힘쓰고 악행(邪惡)을 금하는 것이기 때문에 나라의 법률을 논하는 큰 강령은 우선 이치와 그렇지 않은 것을 분별함에 있는 것이다.

이 바른 이치(正理)란 무엇인가? 말하건대, 사람의 통의인 것이다. 여기에는 두 종류의 구별이 있으니 곧 사람의 몸에 관계된 것을 일신의 통의라고 하고, 소유물에 관계된 것을 사물의 통의라고 한다. 악행에도 두 종류의 구별이 있다. 그중 하나를 사적인 악(私惡)이라고 하는데, 이는 한 사람에게 사적으로 해를 끼친 죄인 것이다. 다른 하나는 공적인 악(公惡)이라고 하는데, 이는 천하의 공적인 법(公法)을 어겨 여러 사람(衆人)에게 해

를 끼친 죄인 것이다.◀

이런 연유에 따라 잉글랜드의 법률은 이를 네 조목으로 나눈다.

제1. 일신의 통의를 설명하고 그 득실을 논한다.

제2. 사물의 통의를 설명하고 그 득실을 논한다.

제3. 보통법(常法)을 해하는 사적인 악을 설명하고 이를 고쳐 바르게 하는 연유를 논한다.

제4. 공적인 악의 큰 죄를 설명하고 이를 형벌에 처해 화를 막는 연유를 논한다.

일신의 통의는 천하의 여러 사람 각각이 모두 이를 달성해야 하는 것이 이치니, 대개 이를 인간 당무當務의 직분이라고 부른다. 또한 사람의 몸에는 천연과 인위의 구별이 있으니, 천연의 몸이란 하늘에서 낳은 그대로의 몸을 말하며 인위의 몸이란 결사(同社)[7]나 정부를 세우기 위해 사람의 지혜(人智)로 법률을 세우고 이 법률에 따라 나아가고 물러나는 것을 말한다. 예컨대 어떤 결사라고 하거나 어떤 정부의 관원이라고 하는 것이 모두 이것이다.

◀ 공적인 악을 범한 자는 반드시 사적인 악도 함께 범한다. 예컨대 사람을 죽이고 물건을 도둑질한 것은 공적인 악이다. 한 사람의 생명을 해하고 한 사람의 사유를 빼앗은 죄로서 논하자면 사적인 악이라고 할 수 있다. 그러나 다른 사람을 죽이면 천하에서 한 명의 인원을 줄이는 것이 되고 게다가 이 악한 사례를 좇아서 다시 다른 사람을 죽이는 자가 있다면 결국 천하의 여러 사람에게 큰 해가 될 수 있기 때문에 이를 사적인 악이라고 말할 수 없다. 물건을 도둑질하는 자도 이와 마찬가지로서 그 죄는 물건을 빌려서 돌려주지 않는 자와 같은 수준에서 논할 수 없다. 빌려서 돌려주지 않는 자는 그 재산을 배상하면 죄를 용서할 수 있지만 물건을 훔친 자는 그 물건을 배상해도 도둑질한 죄는 면할 수 없는 것이다.

---

7 블랙스톤의 원문에서는 'society'에 해당한다.

일신의 통의에도 유계有係와 무계無係의 구별이 있다.[8] 무계의 통의란 단지 한 사람의 몸에만 속하고 남에게는 관계가 없는 것을 말하고, 유계의 통의란 세속에 살면서 세상사람과 교제해 서로 관계하는 통의를 말한다. 지금 이 조목에서는 무계의 통의만을 논한다.

이처럼 무계의 통의는 사람의 천부天賦에 속하는 것이기 때문에 천하의 모든 사람(衆人)은 세속 안에서 교제하는 자든 세속의 바깥에 독립하는 자든 모두 마찬가지로 이 통의를 달성해야 하는 것이 이치다. 그러나 일신 당무의 직분은 조금 그 취지를 달리하는 것으로서 인위적인 법률에 따라 사람에게 책임을 지우고 요구해 이를 지키게 해야 할 것이 아니다. 국법이 취지로 하는 바는 오직 사람의 행위와 동작을 바르게 하고 제어하는 것이라고 하지만, 원래 세속의 교제에 대해서만 시행하는 것이기 때문에 일신의 직분에 관계하지 않고 단지 세속 교제의 직분에 대해서만 책임을 지우는 것이다. 예컨대 지금 여기 한 사람이 있는데 그의 마음은 자포자기했고 행동은 제멋대로 사치스럽지만 사사로이 그 악을 가리고 밖으로 드러내지 않아서 결코 치세治世의 모범(典型)을 위반하는 일이 없다면 아무리 법률을 명료하게 해도 그 죄로 벌할 수 없는 것이다. 그러나 이와 달리 만취하고 타락해서 큰 고래처럼 술을 마실 경우에는 오직 홀로 그 사람의 일신을 해칠 뿐 다른 사람의 방해가 되지 않는 것처럼 보이지만, 그 거동이 이미 세간에 널리 알려지게 되면 나쁜 풍속을 퍼뜨리고 인심을 유혹해 결국 세속 일반의 폐단을 배양할 것이기 때문에 국법으로

---

8 '유계'는 'relative rights', '무계'는 'absolute rights'에 해당한다.

이를 멈추지 않을 수 없다. 이에 따라 생각하건대, 각 사람이 당무의 직분을 위반할 경우에 국법이 미치는 바는 사적인 위반(私破)이냐 공적인 위반(公破)이냐에 따라 구별이 있다. 따라서 말하기를, 공적으로 몸을 삼가는 것은 다른 사람에 대한 직분으로서 나라의 법률로 이를 권장하고 징계할 수 있지만, 사적으로 몸을 삼가는 것은 일신 무계의 직분으로서 다른 사람이 관계된 바가 아니기 때문에 세간의 인위적인 법으로 이를 권장하거나 중지시킬 수 없다고 한다.

○ 이는 인생의 직분에 관한 논의이며 그 통의의 경우에는 무릇 이와 다르다. 인생의 통의는 가령 한 사람의 무계의 몸으로서 이를 논하든 세속 교제의 몸에 대해 이를 논하든 공公과 사私의 구별 없이 그 통의는 반드시 그 사람에게 속하는 것으로서 국법에 있어서도 사람의 통의는 움직일 수 없는 것으로 삼았다.

인생 무계의 통의는 그 조목이 많지만 우선 강령에 따라 이름(名義)을 붙이면, 곧 인생 천부의 자유인 것이다. 자유란 무엇인가? 내 마음이 좋다고 생각하는 바에 따라 일을 하는 것을 말한다. 그 일을 함에 있어 단지 하늘과 땅의 정해진 이치에 따라 가지거나 버릴 뿐, 그 밖에 어떤 사정으로도 터럭만큼이라도 감히 속박되는 일이 없고 터럭만큼이라도 감히 굴복하는 일이 없다.◀ 그러나 사람으로서 이미 세속 인간의 교제에 관계된 경우에는 이 교제를 통해 나에게 득이 되는 혜택과 이익도 역시 크기 때문에, 이를 갚기 위해 하늘이 부여한 일신의 자유 역시 조금은 제한하는 바가 없을 수 없다. 예컨대 마치 교역과 무역을 행하는

◀ 이상의 논의는 모두 세간에 관계되지 않는 통의와 자유를 말하는 것으로 생각해야 한다.

것과 같으니, 내 자유의 일부를 버리고 세간의 규제를 따름으로써 그 혜택을 입는 것이다. 이처럼 국법에 순응하는 것은 내 자유를 버리는 것처럼 보이지만, 실제 버리는 것은 야만 인민의 자유이기 때문에 얻은 것으로 잃은 것을 갚고도 넉넉하게 남는다.▶

무릇 가볍고 무거움과 크고 작음의 분별을 이해하는 사람이라면 내 일신을 자기 뜻대로 하기 위해 망령되이 위력을 멋대로 쓰려는 자는 없을 것이다. 만약 한 사람이 이와 같다면 다른 사람도 각각 자신의 힘을 멋대로 써서 서로 자기 뜻에 따라 다투어 결국 생명을 부지하지 못하는 지경에 이를 것이다. 따라서 처세處世의 자유란 사람들이 이 세상에 사는 세속 인간 중 한 사람이라는 신분에 따라 받은 자유로서, 천부적인 자유에 인위적인 법을 더하고 조금 그 취지를 바꿔 천하 일반의 이익을 도모하게 된 것이다. 이에 따라 생각하건대, 법률을 세워 사람을 해친 죄를 제어하는 것은 그 형태가 혹여 사람의 천부적 자유를 감소시키는 것처럼 보이지만, 실은 이로써 처세의 자유를 크게 증가시킨다.

그러나 명확한 사실이나 이유도 없이 함부로 인민의 의지를 속박하는 것은 모두 폭정이라고 말할 수 있다. 게다가 국법으로 인민의 진퇴를 처분할 때 가령 이로써 전혀 그 사람의 이해利害를 바꾸는 바가 없더라도 한층 아름다운 일을 이루려는 목적도 없이 망령되이 일을 일으켜 그 사람을 동요하는 것은 곧 사람의 자유를 방해하는 법이라고 말할 수 있는 것이다. 이에 반해 법률에 따라 한 사람의 진퇴를 처분할 경우 이에 따라 천하 일반의 이익이 생길 것이라는 확실한 전망이 있다면, 그 사람도 역시

▶ 야만 인민의 자유란 무엇인가? 거처가 정해져 있지 않고 잠들고 먹는 것이 일정치 않으며 무지하고 배움이 없는 것에 스스로 편안히 만족하니, 세간 풍속이 어떤 모습인지도 알지 못한 채 하찮게 생애를 보내는 자를 말한다. 무릇 문화가 융성한 세계에서는 허용되지 않는 자유인 것이다.

사심을 버리고 의견을 약간 굽혀 천하의 중요한 일인 일반의 자유를 보존하지 않을 수 없다. 이것이 곧 한 나라 독립의 풍속을 돕는 연유인 것이다. 따라서 국법을 세울 때 신중히 생각하고 조심스럽게 한다면 결코 사람의 자유를 방해하는 것이 아니며, 오히려 사람을 자유로 이끄는 단초가 여기서 생겨날 것이다. 시험 삼아 보라, 세계 만국에 법률을 세우지 않고도 능히 인민의 자유를 보존하는 나라가 있는가? 무릇 정부를 세우고 법률을 세운다는 크고 중요한 일은 인민으로 하여금 스스로 제 몸을 간수하고 처세의 자유를 지키게 하는 데 있지만, 혹여 천하 일반의 큰 이익을 도모해 그 가볍고 무거움에 따라 한 사람의 몸을 제어하고 그 진퇴를 제어하는 것도 역시 문제없다.

우리 잉글랜드 인민의 통의란 무엇인가? 곧 그 일신의 자유인 것이다. 이 자유의 취지를 주장했던 것은 결코 하루 밤낮에 우연히 나온 것이 아니다. 확고히 정부의 체재를 이루었을 때부터 그 기원을 열었으니, 정부의 체재와 국민의 자유가 흡사 함께 서서 나란히 나아간 것이다. 예로부터 수십, 수백 년 동안 폭군 때문에 이 자유를 방해받은 적도 있고 한결같이 자유의 법도(度)를 잃어버리고 겉만 화려하고 실속이 없는 습속(流俗)에 빠져 정치도 군주도 없는 요란에 조우한 적도 있다. 이 시대에는 세간의 흉흉함이 거의 폭군의 정치 때문에 고통받는 것보다도 오히려 심했다. 그러나 종래 우리 잉글랜드 정치가 자주와 자유를 중시했기 때문에 그 성대한 기세에 따라 마침내 인민을 도탄에서 구했고 나아가 쟁란도 다스려졌다. 이에 따라 인민의 통의와 자유를 만회해 그 본분을 얻도록 했으며 나아가 시대의 연혁에 따라 의사원의 논의로 더더욱 그 취지를 주장했으니, 어려움을 극복하고 위기를 무릅써 오늘날의 성대함에 이르게 된 것이라 한다.

잉글랜드 인민이 자유를 얻은 연유를 살펴건대, 그 처음은 1250년 존 왕의 시대에 자유의 큰 법[마그나카르타를 말한다]을 세운 것이다. 그의 아들 헨리 3세 왕의 시대에 의사원에서 이를 더욱 증보하고 정정해 이어서 "콘피르마시오 카르타롬Confirmatio Cartarum"[9]이라는 법령을 내려 마그나카르타의 큰 법을 전국 일반의 보통법(常法)으로 정했으니, 종래 이 큰 법의 취지에 거스르는 여러 재판의 법을 폐지했다. 이후 에드워드 1세[1272년 즉위]의 시대부터 헨리 4세[1399년 즉위]의 시대에 이르기까지 여러 법령을 세웠지만 모두 종래 행해져 온 국민의 자유를 확고히 하는 것이었다. 다시 시대가 지나 찰스 1세[1625년 즉위] 초기에 의사원에서 "페티션 오브 라이트The Petition of Rights"[10]라는 법령을 포고했는데, 이 역시 국민 자유의 취지를 주장한 것이었다. 찰스 2세[1660년 즉위]의 시대에 "헤비어스 코푸스The Habeas Corpus Act"[11]라는 법령을 정했고 윌리엄 3세[1688년 즉위]의 시대에는 "빌 오브 라이트The Bill of Rights"[12]라는 법을 정했으며 이후 1700년대 초 윌리엄이 붕어한 뒤에는 "액트 오브 세틀멘트The Act of Settlement"[13]라는 법을 정했다. 이런 여러 법은 모두 연대의 연혁에 따라 결정된 것으로서 그 취지는 국민의 자유를 유지하고 굳

---

9 에드워드 1세가 내린 것이다.
10 권리청원을 말한다.
11 인신보호법을 말한다.
12 권리장전을 말한다.
13 왕위계승법을 말한다.

게 지키는 것이다.

잉글랜드 인민의 통의와 특권(特典)을 포고한 법령이 많으니, 그 수는 앞 조목에 게시한 것과 같다. 그 통의란 국민 일신의 자주와 자유라고 하지만 무릇 천하의 공리公利를 도모하고 사리私利를 제거하고 천부자유 중에 버려야 할 것은 버리고 나서 일신에 남은 자유가 있으며, 또한 일신 천부의 자유를 버린 대신 얻게 된 처세의 자유가 있다. 지금 이 통의를 구분해서 세 종류로 삼는데, 요컨대 몸을 안온하게 보호하는 통의, 몸을 자유롭게 하는 통의, 사유를 지키는 통의가 그것이다. 대개 인생 천부의 자유를 해한다는 것은 다름 아니라 바로 이 세 가지 통의를 방해하는 일인 것이다. 따라서 이 통의를 보호하는 것이 곧 우리 잉글랜드인이 처세의 자유를 보호하는 취지인 것이다.

제1. 몸을 안온하게 하는 통의란 생명을 보호하고 사지를 보호하며 신체를 보호하고 건강과 안녕을 보호하며 명성과 면목을 보호하는 것을 말한다.

갑甲 생명을 보호하는 것은 각 사람의 천부의 통의인 것이다. 아직 이 세상에 태어나지 않았지만 이미 어머니의 태내에서 태아가 움직이게 된 경우에는 국법에 따라 이를 한 사람의 생명으로 삼는다. 따라서 임산부가 스스로 약을 써서 낙태하거나 임산부를 때리고 이를 해쳐서 그 부인이 이 때문에 낙태하거나 사산아를 낳았을 경우에는 마찬가지로 살인의 큰 죄로 삼는다. 또한 국법에 따라 태아는 아버지와 형제의 유산을 받을 수 있으며 그에게 가산을 양도할 수 있다[태내의 자식이 가명家名을 상속하는 유를 말한다]. 가산을 양도하고 이를 위해 그 후견인을 임명하는 일 역시 이미 태어난 어린아이와 다를 바 없어야 한다. 이런 조목들에 있어서는 세속의 국법과 인생 천연의 법칙(定則) 간에 터럭만큼도 서로 거스르는 일이 없다.

을乙 사람의 사지는 외환을 막고 일신을 보호해 천연의 형체를 보호하는 연유인 것이니, 사지를 자유롭게 쓰는 것은 천연의 통의인 것이다. 따라서 사람으로서 인간 처세의 자유를 깨뜨리지 않는다면 결코 그 사람의 사지를 손상시켜서는 안 된다. 잉글랜드의 법률에서는 사람의 생명과 사지를 가장 중시하는데, 자기의 생명을 방어하고 자기의 사지를 방어하기 위해서는 그 상대를 죽이는 것도 문제없다고 한다. 무릇 생명과 사지를 보호하는 것은 인간 제1의 중요한 일이라고 여겨지는 것이다. 예컨대 여기 한 사람이 있어서 우연히 죽을 위기에 몰려 이를 두려워한 나머지 어쩔 수 없이 가산을 넘기는 증서를 적는 등의 일이 있다고 하자. 가령 증서의 문장은 본래의 규격을 갖추고 있더라도 나중에는 자연히 이 증서를 인정했던 연유가 애초에 본인의 진짜 뜻에서 비롯된 것이 아니기 때문에, 생명을 잃고 사지를 손상시키고자 하는 위험에 쫓겨 부득이하게 이를 인정했다는 증거를 얻을 경우에는 그 증서를 휴지조각으로 여기는 것을 법으로 한다. 대개 국법의 취지는 사람의 생명을 중시하고 이를 보호하는 것만이 아니며, 이를 보살피는 연유의 방편을 갖추지 않으면 안 된다. 따라서 전국에 빈민(窮民)이 없어야 하는 것이 이치지만, 만약 불행히도 빈민이 있을 경우에는 부자의 재물에 의지해 생명을 보살피는 것도 문제로 삼지 않으니, 곧 나라에 구빈법(救窮法)을 세운 연유인 것이다.

생명과 사지의 통의는 오직 죽은 뒤에야 그칠 뿐이다. 옛날 사람들은 사람의 죽음을 두 종류로 구분해 하나를 세속의 죽음이라 하고 다른 하나를 천연의 죽음이라 했다. 세속의 죽음이란 무엇인가? 그 나라에서 도망치거나 출가해 종파에 귀의하는 것을 말한다. 나라에서 도망치거나 종파에 귀의한 자는 국법에 따라 논한다면 죽은 사람과 다를 바가 없는 것이니, 이에 따라 그의 가산은 상속자에게 주는 것을 변하지 않는 규칙(常典)으로 삼았다. 무릇 옛날에 가산을 가져도 천연의 생애 동안 이를 유지하는 것이라는 등의 이야기가 있는 것도 곧 위에서 말한 세속의 죽음과 천연의 죽음의 구별인 것이다. 이 천연의 생애는 다른 사람의 힘으로 감히 해할 수 없으며 자기 뜻으로 자유롭게 해할 수 있는 것도 아니다. 오직 극악한 큰 죄를 범해 인간 세속의 법률을 어기는 자가 있으면 곧 법으로 그 사람의 생명을 빼앗는 일이 있을 뿐이다. 무릇 최근 잉글랜드에서는 사실 부득이한 경우 외에는 사람을 사형에 처하지 않으며 관대한 규칙(寬典)에 따르는 것을 통상으로 한다.

병丙 사지 외에도 인간의 모든 신체발부는 천연의 이치에 따라 이를 보호할 통의가 있다. 즉 사람의 신체는 망령되이 이를 위협해서는 안 되고 아프게 해서는 안 되며 때려서는 안 되고 상처를 입혀서는 안 되는 것이다.

정丁 위험에 다가가지 않고 건강을 지키는 것도 역시 일신을 안온하게 하는 통의인 것이다.

무戊 다른 사람의 무례와 비방을 막고 내 면목을 지키고 내 명성을 지키는 것은 천연의 바른 이치(正理)이기 때문에 사람들이 이 이치를 주장해도 정의(義)에 따라 문제되는 바가 없다. 무릇 사람으로서 일신의 면목을 잃고 명성이 추락할 경우에는 결코 다른 통의를 신장할 수 없기 때문이다.

제2. 잉글랜드의 법에서는 우선 국민 일신의 안온을 중시하고 그의 자유를 중시하니, 자유를 부여하고 그 자유를 보호하는 것을 주된 뜻으로 한다. 일신의 자유는 원래 사람으로서 천연에 갖춰진 통의로, 이를 보존하는 것은 역시 그의 안온을 보호하는 이치와 다를 바가 없다. 따라서 잉글랜드 법률에서는 결코 망령되이 사람의 자유를 억제하는 일이 없다. 가령 관부의 뜻에 따라 사람을 제어하고자 해도 국률에서 허하지 않는 바는 시행할 수 없는 것이다.

일신의 자유를 보호하는 것은 나라를 위한 크고 긴요한 일로 삼는다. 예컨대 마음대로 사람을 투옥할 권한을 한두 관리에게 부여하거나 만약 최상의 군주로 하여금 이 권병을 쥐게 하는 일이 있다면 이와 관련된 여러 통의가 일시에 폐멸할 것이다. 어떤 방식으로도 사람을 강제로 붙들어두는 것은 감금이라고 이름 붙인다. 따라서 사람의 뜻에 거슬러서 사가私家에서 붙들어두거나 도로에서 붙잡아 그의 이동을 방해하는 것은 그 사람을 감금하는 것과 다르지 않다. 잉글랜드 법률에서 일시적으로 다른 사람에게 쫓겨 부득이하게 봉공·노역 등의 증서에 조인한 자가 있는데, 나중에 그 봉공·노역은 본인의 뜻이 아니었지만 만약 이를 받아들이지 않으면 사로잡힐 형세가 있어서 무섭게 위협을 받은 나머지 어쩔 수 없이 증서에 조인한 것이라는 취지를 호소할 경우에는 그 증서를 휴지조각으로 하는 법이 있다. 무릇 까닭 없이 망령되이 사람을 감금하는 폐단을 막기 위해 이 법이 있는 것이다. 따라서 법에 따라 사람을 체포하고자 하는 자는 반드시 재판국의 명을 받거나 다른 사람을 체포할 수 있는 관리의 보증을 얻지 않으면 안 된다. 또한 이 보증이란 그 사람을 체포하는 연유의 취지를 기재하고 여기에 관리의 성명을 기록해 조인한 것이다. 만약 이 문서에 체포의 취지를 명시하지 않을 경우에는 감옥의 간수로서도 반드시 그 사람을 지켜야 할 이치가 없기 때문에 이를 풀어줘도 문제없다.

이처럼 일신의 자유를 보존하기 때문에 무릇 잉글랜드의 인민은 그 나라에 주거하고자 하면 곧 그곳에 주거할 권한을 갖는다. 어떤 사정으로도 죄를 범한 것이 아니라면 강제로 국외로 쫓아낼 이치가 없다. 원래 잉글랜드의 보통법(常法)에서는 귀양(遠謫)의 형벌(科)이 없으니, 만약 있다면 최근 의사원의 평의로 정한 법률인 것이다.

모든 잉글랜드의 법률은 백성의 자유를 중시해서 이를 세운 것이다. 따라서 국내에서는 국왕이 자기 신하에게 명령할 권한을 갖지만 이를 국외에 낼 경우에는 가령 한 나라의 공무라고 하더라도 왕명으로 사람을 강제로 사역할 수 없다. 예컨대 아일랜드의 사단장[14]이나 외국에 주재하는 공사의 경우에는 가령 고위 관료라고 해도 그 본인의 뜻을 거슬러서 임명할 수는 없다. 무릇 그 사람의 본래 뜻이 아닌 자에게 강제로 국외의 사역을 명하는 것은 그 명목은 아름답더라도 실은 이를 경원시하는 것이다.[15] 단, 국왕의 명으로 국외의 사역에 강제로 쓰는 것은 오직 선원과 병졸뿐이니, 선원과 병졸의 직무는 곧 나라의 통상적 규칙(典常)에 규정된 바다.

제3. 잉글랜드인이 가지는 세 번째 통의는 곧 사유의 통의다. 사유의 통의란 각각의 사람들이 사적으로 가지는 물건을 그 사람의 자유에 따라 쓰고 자유롭게 처분하며 자유롭게 즐기니, 나라의 법률에 위배되는 바가 없다면 터럭만큼도 감히 다른 사람의 억제를 받지 않는 것을 말한다. 원래 국법의 취지도 사람의 통의를 방해하는 것이 아니라 곧 이를 보호하

---

14 원문은 '아일랜드 총독lord lieutenant of Ireland'이다.

15 『논어』의 '경이원지敬而遠之'를 말한다.

는 것을 주된 책무로 한다. 무릇 잉글랜드의 법에서는 사람의 사유를 가장 크고 중한 것으로서 지극히 귀하게 여기니, 단지 이를 해하지 않을 뿐만 아니라 가령 전국 인민의 큰 이익을 일으킬 수 있는 사건이 있어도 한 사람의 사유를 해하는 일은 감히 이를 행하지 않는다. 예컨대 지금 새롭게 길을 만드는데 어떤 사람의 사유지 내로 교차될 경우에는 여러 사람(衆人)에게 매우 편리하더라도 주인의 승낙을 얻지 않으면 누구도 감히 그 땅을 침범하지 못한다. 이때 국법으로 시행할 수 있는 조치는 단지 그 사람으로 하여금 지당한 가격으로 이를 팔게 하는 것뿐이다. 또한 정부에서 가령 이 조치를 시행하더라도 마땅히 삼가고 조심하며 결코 위력을 마음대로 쓸 수 없다.

천하 대중(衆人)의 공리公利를 도모하더라도 이 때문에 한 사람의 사유를 강제로 빼앗을 수 없는 사례는 단지 앞 조목의 한 가지 일뿐만이 아니며 잉글랜드 법률 내에는 그런 사례가 극히 적지 않다. 예컨대 잉글랜드의 인민은 가령 그 본국을 방어하고 그 정부를 보호하기 위해서라고 하더라도 국민이 자신에게 완전히 승낙하지 않는다면 이를 재촉해 세금을 내게 할 수 없다. 즉 국민이 자기에게 승낙한다는 것은 의사원에 출석한 국민의 대표자가 이를 허한다는 것을 말한다. 예로부터 재정출납의 일에 관해 계속 의사원에서 법령을 정했는데 그 법령에서 말하기를, 왕실의 특권에 위탁해 의사원의 승낙을 기다리지 않거나 의사원에서 허락한 시한을 위반하거나 의사원에서 정한 법에 반해 국왕을 위해서 돈을 모으는 것은 위법(曲事)이 된다는 것이다.▶

▶ 전곡錢穀의 권병은 하원에 있다. 「초편」 잉글랜드 조목과 의사원에 관한 서술을 보면 이를 알 수 있다.

위의 조목은 각각의 사람이 가지는 일신 무계의 통의를 설명하고 그 요지를 보여준 것으로서 곧 그 통의는 일신을 안온하게 하고 일신을 자유롭게 하며 사유를 보호하는 세 가지 강령의 통의인 것이다. 그러나 나라의 정치를 분명히 하고·다른 상세 항목에 관련된 통의를 보존해 국민에게 부여함으로써 세 가지 강령의 대의를 도와 이를 보호하지 않는다면 법률도 역시 한 조각의 휴지조각에 속하게 되어 정의의 이름이 있다 해도 실은 무익해질 것이다. 무릇 그 상세 항목에 관련된 조목은 다음과 같다.

갑 의사원의 체재·위력·특권이 그것이다.

을 왕실의 특권을 억제하고 그 한계를 정해 국왕으로 하여금 반드시 그의 본분을 지키게 하고, 백성(民人)의 승낙을 얻지 못하면 이 한계를 벗어날 수 없도록 하며, 또한 공공연히 이를 범하는 일이 없도록 하는 것이다.

병 억울한 일을 당하고 해를 입은 자는 곧바로 재판국에 가서 이를 호소할 수 있다. 이것이 곧 잉글랜드 인민이 가진 제3의 통의인 것이다. 잉글랜드에서 사람의 생사를 좌우하고 사유를 여탈할 권한은 오직 법률에만 있을 뿐이다. 따라서 재판국은 항상 이를 열어 국민의 송사를 듣고 법률에 따라 그 옳고 그름을 판단해 마그나카르타의 큰 법을 지키지 않을 수 없다. 다만 이 큰 법의 취지는 사람을 범하고 사람을 해친 자가 있으면 그 죄인은 종파의 사람이건 세속의 사람이건 그 구별을 묻지 않고 반드시 죄를 규명하고 뇌물을 금하며 언로를 열고 시일을 끄는 일 없이 공명정대한 재판을 행해야 한다는 것이다.

정 또한 혹여 통상적이지 않은 침해를 입어서 법률의 정해진 절차(定式)에 따라 불평을 호소할 수 없을 경우에는 역시 일종의 방도(達路)가 있어서 이를 통해 그 억울한 일을 고하고 억울함을 풀 수 있다. 즉 그 방도란 잉글랜드 인민이 가진 통의로서 억울함을 입었는데 어찌할 수도 없을 경우에는 즉시 스스로 국왕에게 호소하거나 의사원에 호소하는 것이다. 그 법령에서 말하기를, 잉글랜드 인민은 곧바로 국왕에게 호소하거나 의사원에 호소할 권한을 갖는다. 만약 이 직접 호소를 책망하는 자가 있다면 위법이라는 것이다. 단, 이처럼 직접 호소를 허할 경우에는 또한 삼가고 조심하며 그 폐단을 막지 않으면 안 된다. 만약 그렇지 않을 경우에는 인민이 혹여 호소에 의탁해 붕당을 맺고 경거망동함으로써 세상을 그르치고 태평을 방해하는 일이 생길 수 있는 것이다.

징세론

한 나라의 공적 비용을 모으는 방법을 논하다

천하 대중이 제작한 재화와 산물은 오로지 사람들이 사적인 필요에 쓸 뿐 아니라 역시 그 일부를 나누어 일반의 공적인 필요에도 보태지 않을 수 없으니, 이를 공적 비용이라고 한다. 단, 이 재화를 모아서 소비하는 것은 대중의 대리인(代人)[16]이다. 대중의 대리인이란 무엇인가? 정부를 말한다.

이 공적 비용을 납부할 때는 세액의 법을 따른다. 예컨대 국가가 지금 한 가지 일을 일으키려고 해서 약간의 돈이 필요할 경우에는 이 금액을 전국의 인민에게 배당하고 각각의 사람들로 하여금 그 일부분을 내게 하니, 이를 이름 붙여 세금이라고 한다. 이미 이 세금을 거뒀다면 이를 써서 사무를 행하는 자가 곧 대중의 대리인인 것이다. 무릇 이 재화를 사용하

---

16 'the agents of the public'의 번역어다.

고 산물을 소비하는 사정은 공적으로나 사적으로나 공히 터럭만큼도 취지를 달리하지 않으니, 물건을 소비할 경우에는 그 물건의 가치(品位)가 소멸되고 그 물건의 쓰임을 잃게 되는 것이다. 지금 여기에 한 사람이 있어서 화약에 불을 붙여 곧 이를 태운다면 처음에 화약을 만들었을 때 쓴 시간의 값[시간은 곧 금과 같다]과 이를 제작할 때 쓴 재료[초석·유황·목탄 등]를 소멸시키니, 완전히 그 가치를 잃어 흔적도 볼 수 없다. 이는 단지 한 명의 점화자에게만 그런 것이 아니며 무릇 수많은 사람이 함께 이를 태워도 가치를 잃는다는 사정은 피차 다를 바가 없다. 또한 여기 토목공사를 일으켜 1,000명의 노동자를 고용해 1,000명분의 식비를 줄 경우에는 그 비용도 역시 커진다. 그런데 이 토목공사를 한 사람이 기획하든 100명이 함께 도모해 이를 기획하든 그 물건을 소비하는 사정은 피차 다를 바가 없는 것이다. 이런 같고 다름은 본래 세 살 먹은 어린아이도 역시 알 수 있는 바이기 때문에 구구절절 설명하지는 않겠다. 주인이 직접 집을 태우지는 않았지만 이웃집의 불이 옮겨 붙은 경우에도 그 집을 잃었다는 사실은 마찬가지다. 주인이 직접 금을 잃어버리지는 않았지만 집사(番頭)[17]의 부정으로 손실을 입은 경우에도 그 재산에 피해를 입었다는 점에서는 마찬가지다. 어찌 반드시 주인이 직접 손을 쓴 경우에만 비로소 집을 무너뜨리고 재산을 잃었다고 말하겠는가? 간단히 이를 말하자면, 원래 정부는 단지 한 나라 인민의 대리인으로서 국민을 대신해서 일을 하는 자이

---

17 반토番頭는 전근대 일본의 공가公家나 무가武家에서 주인 대신에 잡무를 처리하는 사람 중 우두머리를 말한다.

기 때문에 국민이 사유재산을 쓸 때 정부의 손을 빌려 소비하건 국민이 직접 손을 써서 이를 소비하건 그 물건을 없애고 그 가치를 소멸시킨다는 이치는 피차 동일한 것이다.

앞의 설說은 사실에 따른 것이니, 물건을 소비하는 법규도 공과 사가 동일하지 않을 수 없다. 물건을 소비함에 따라 새로 물건을 생산할 경우[흙과 나무를 소비해 집을 짓고 쌀을 소비해 술을 만드는 것 등을 말한다], 생산한 물건이 유형인지 무형인지를 막론하고 단지 처음 소비된 물건보다 더 값이 귀한 것을 생산했다면 이를 유익한 소비라고 이름 붙인다[집과 술은 유형이지만 정치와 형벌의 혜택은 무형이다]. 즉 이를 정치의 측면에서 논하면 국민은 조세를 납부하지만 그 조세의 값보다 더 귀한 정치의 보호를 받는 것이다. 만약 그렇지 않고 생산된 물건이 도리어 소비한 물건보다 하찮을 경우에는 이를 무익한 소비라고 이름 붙인다. 이런 경우에는 국민이 그 세금을 납부하는 것보다 오히려 이를 사적으로 저축하는 것이 낫다. 혹여 그렇지 않고 멋대로 물건을 소비해 그에 상응하는 물건이 생기는 것을 보지 못했다면 이를 완전한 손해라고 이름 붙인다. 이런 경우에는 국민이 세금을 납부하지 않고 바다에 내다버리는 것과 같다. 단지 바다에 내다버리는 것과 같을 뿐 아니라 바다에 내다버릴 때는 수고 없이 할 수 있겠지만 세금을 거두는 데는 자연히 잡비가 없을 수 없기 때문에 오히려 이를 바다에 내다버려서 잡비를 줄이는 것이 낫다. 게다가 이보다 심한 경우가 있으니, 물건을 소비하고 세금을 납부했는데 터럭만큼도 그 응보를 보지 못하고 오히려 세금을 잘못 써서 폭정을 행하는 밑천으로 삼게 된다면 그 해악을 일일이 열거할 수 없다. 인민의 고혈을 짜내고 인민의 사유를 빼앗았는데도 단지 그 보답을 얻지 못했을 뿐 아니라 인민의 재산을 모아 이를 폭군과 탐관오리의 손에 부여해 도리어 이로써 인민을 괴롭히고 둘도 없는 통의를 박탈하는 지경에 이른다면 실로 화가 크다고 말할 수 있으며 불행이 심하다고 말할 수 있다.

세상사람이 걸핏하면 말하기를, 일반의 공적 필요에 돈을 소비할 경우에는 나라의 부를 이룰 수 있다거나 나라를 부유하게 하지는 못하더라도 화폐의 유통을 왕성하게 하고 세상의 편익이 되며 나아가 그 돈은 항상 국내에 있어 외국으로 나가지 않기 때문에 결코 해가 될 이치가 없다고 한다. 그러나 지금 이처럼 편파적인 설을 논파하는 것은 매우 쉽다. 이를 논파하기 위해서는 가령 한 나라의 공적 필요를 두고 그 나라에서 산물이 생산된 처음부터 이를 소비하는 마지막에 이르기까지 종적을 좇아 처음과 끝을 탐문할 것이다. 정부에서 국민에게 세금을 재촉할 경우에 국민은 그 산물을 화폐로 바꿔 세무 관리의 손에 납부하니, 이것이 제1단계다. 그다음으로 정부 관리는 이 돈으로 병졸을 위해 무기와 군복을 사니, 이것이 제2단계다. 이때까지는 아직 물건의 가치를 잃지 않으며 이를 소비한 일도 없다. 다만 물건을 돈으로 바꾸고 돈을 물건으로 바꾼 것일 뿐이니, 국민에게서 거둔 물건은 그 상태가 바뀌어 관아의 무기고에 존재하는 것이다. 그러나 마지막 단계에서 이 무기와 군복을 쓰게 되면 비로소 국민의 손에서 세무 관리에게 납부한 물건은 소멸되고 그 가치가 사라지게 되는 것이기 때문에 이 역시 나라의 부유함을 없애버리는 것이 된다. 어찌 이로 말미암아 나라를 부유하게 한다고 말할 수 있겠는가?

어떤 사람이 말하기를, "앞서 논한 바는 진정 그렇다고 하더라도 소멸한 것은 화폐가 아니고 화폐는 단지 이 손에서 저 손으로 이동하는 것일 따름이니, 국민의 손에서 세무 관리의 손으로 옮겨갈 경우에는 보답이 있을 때도 있고 보답이 없을 때도 있지만 관리의 손에서 사용자의 손으로 옮겨 갈 경우에는 그 보답으로 무기와 군복을 얻는 것이다. 우선 보답의 유무를 제쳐둔다면 화폐는 항상 소멸하는 일 없이 세 번째 손, 네 번째 손, 어떤 경우에는 열 번째 손을 거쳐 간들 그 값은 동일한 것이다. 단지 여기서 소멸해 형체를 잃는 것은 무기와 군복이지만 국민이 몸소 이 돈으로 의복과 무기를 사고 사적으로 이를 소비하더라도 그 사정은 차이가 없으니, 어찌 공사의 차이가 있겠는가?"

이에 답해 말하기를, 그러니 물건을 소비하는 사정은 공과 사의 구별이 없으니, 물건을 소비한다는 것은 물건의 가치를 소멸시키는 일이기 때문에 이를 소멸시켜 그 이익이 있는지 없는지를 결정하는 법 역시 공과 사가 동일하다. 단지 마땅히 주목해야 할 요점은 그 물건을 소비함에 따라 얻은 이익이 실제 소비한 것보다 큰지 소비한 것과 같은지 소비한 것보다 적은지 하는 사항인 것이다.

위에서 서술한 공적 비용의 법칙은 항상 행해져서 문제없다고 하지만 그 상세함을 알고자 한다면 반드시 먼저 마음을 공평하게 하고 앎을 밝게 함으로써 그 실정을 논하는 것을 요한다. 무릇 공적 비용이라고 하든 사적 비용이라고 하든 그 실제는 취지를 달리하는 일이 없는 것이다. 물건을 소비함에 따라 새롭게 물건을 생산하더라도 그 생산한 물건이 반드시 항상 유형이기를 기대해서는 안 되는 것이니, 눈으로 볼 수 없는 것도 있고 손으로 쥘 수 없는 것도 있다. 지금 정부를 유지하기 위해 물건을 소비하고 조세를 납부하는데 그 보답이 되는 생산물 중에 손으로 만질 수 있는 유형물이 없더라도 실제로는 국민이 얻은 바가 대단히 큰 것으로 한다. 즉 여기에서 얻은 바라는 것은 무엇인가? 일신을 안온히 하고 사유를 지키며 치욕을 멀리할 수 있는 선한 정치와 아름다운 풍속의 혜택을 입는 것이 그것이다. 무릇 이 좋은 정치와 아름다운 풍속이라는 물건은 저울로 잴 수 없으며 먹줄로 잴 수 없는 것이지만 인민의 행복을 지키고 그 생산을 편안히 하기 위해 잠시라도 없어서는 안 되는 것이다. 예컨대 국민교육을 위해 세금을 거두는 것도 이런 유에 속하는 것으로서 인민교육을 위해 세금을 내고 그 자식에게 교육을 받도록 하는 것은 혜택을 입는 바가 큰 것이라는 점은 본래 논할 것도 없다. 가령 자식이 없는 자라고 해도 천하 일반의 교육에 따라 사람의 견문을 열고 세상의 풍속을 아름답게 할 경우에는 내 한 몸도 이에 따라 편안해질 수 있고 나의 사유도 이에 따라 공고해질 수 있다. 다른 사람을 사역해 일을 하면 그 일이 아름답게 이루어지고 다른 사람을 위해 물건을 제작하면 그 물건을 구하는 자가 많아지며 그 물건이 널리 쓰인다. 이처럼 될 경우에는 가령 교육을 받을 수 있는 자식이나 형제가 없지만 자신이 얻는 혜택이 이미 크다고 말할 수 있다. 또한 세상사람의 덕성을 밝히고 예의를 중시하며 교제의 풍속을 성대하게 하고 그 취향을 고상하게 하며 국가의 풍속을 닦아 선하고 아름답게 나아가게 하고 인민에게 이익을 주는 풍속을 고무함으로써 이를 권면하기 위해 천하의 재물을 소비하는 것도 역시 이 유인 것이다. 따라서 이런 취지에서 큰 집과 높은 누각을 건설하고[학교와 교회 등을 말한다] 장엄함과 화려함을 지극하게 하고 아름다움을 다하거나 흥망성쇠(治亂興廢)의 큰 사건을 영원하도록 표현하거나[탑과 비석을 세우고 제삿날을 축하하는 등의 일을 말한다] 발명과 연구를 통해 인간 지식의 영역을 넓히고 유익한 기술을 개량하는 것[증기기관·전신기 등의 발명을 말한다]에 보상(恩賞)을 주기 위해 천하의 재산을 소비하는 것도 누가 감히 이를 힐난하겠는가? 이런 공적 비용은 경제가의 논의에서도 본래 허하는 바인 것이다. 다만 경제가의 요점은 이처럼 천하의 재산을 소비함에 따라 이익을 낳고 그 이익과 소비의 가볍고 무거움을 서로 견주기를 바랄 뿐이다.

◀ 이 조목은 아메리카의 원서를 번역했기 때문에 오로지 합중국의 일을 말하지만 유럽 각국에서도 모두 인두세와 물품세를 구별한다.

◀◀ 예를 들어 토지세를 20분의 1의 비율로 정했는데 여기 한 구역의 땅이 있어서 이를 매매하면 값이 1,000냥이고 이를 다른 사람에게 빌려줄 경우 지대 40냥을 취할 수 있다면 이에 따라 정부에 납부하는 세금은 2냥이 된다. 그런데 세무 관리가 이 땅에서 3냥의 세금을 취하려고 할 경우에는 지주가 불평을 호소하며 사실을 기술해 그 세금을 2냥으로 줄일 수 있는 것이다. 그러나 지주라는 자가 속이려는 마음을 품고 사실 1,000냥짜리 땅을 가졌으면서 이를 750냥짜리라고 속여 그 토지세를 1냥 2보步로 줄여달라고 호소할 경우에는 세무 관리가 곧바로 750냥의 금액으로 그 땅을 정부에 매매할 권한을 갖는다. 따라서 지주는 2보의 금을 훔치려다가 250냥을 잃게 된 것이니, 세무 관리는 언제나 이 법으로 국민의 부정함과 사기를 막는다고 한다.

공적 비용을 모으는 두 가지 방법을 논하다

세법에 두 종류의 구별이 있으니, 하나를 인두세라고 하고 다른 하나를 물품세라고 한다. 인두세란 국민이 사유한 물건에 대해 그 사람에게 배당하고 직접 그 사람에게서 취하는 세금이다. 합중국 동북쪽의 여러 주◀에서는 매년 세액의 장부를 만들어 주민州民 아무개에게는 얼마만큼의 세금을 내게 하고 아무개에게는 얼마만큼의 금액을 지불하도록 정하는 것을 규칙(例)으로 한다. 단, 이 인두세의 비율을 정하기 위해 별도로 그 관리를 임명하는데 그를 세무 관리라고 한다. 국민이 만약 이 세금의 비율을 보고 분에 넘친다고 생각할 경우에는 사유한 금액을 호소하고 그 금액에 따라 세금을 줄이는 것을 청할 수 있는데, 이런 경우에는 다시 그 사정을 조사해 감세를 허하는 일이 있다.◀◀

물품세란 물건을 제작하고 이를 소비하기까지 그

동안 이 사람의 손에서 저 사람의 손으로 이동할 때 그 물품의 가격에 따라 거두는 세금을 말한다. 합중국에서는 외국에서 수입한 물품은 그것이 도착했을 때 곧바로 세금을 거두는 것을 규칙으로 한다. 이 세금은 물품을 인수하는 상인이 지불하는데 상인이 다시 그 물품을 다른 사람에게 팔 때 원가 외에 세액을 더하기 때문에 차례로 사람의 손을 거쳐 결국 이 물품을 쓰는 사람의 손에 떨어질 때는 그 물건의 정가보다 정확히 세액을 더한 것만큼 비싸진다. 예컨대 큰 폭의 양복감 1"야드yard"당 2달러의 세금을 거둘 경우에는 이 양복감을 사는 자는 정가 외에 2달러를 지불하게 되는 것이다. 또한 현재[이 원서는 1866년에 출판됐다] 합중국에서는 석탄 1톤당 2달러의 세금을 내기 때문에 이 나라에서 외국의 석탄을 쓰는 자는 정가 외에도 항상 2달러를 지불하게 된다. 이처럼 외국의 석탄에 세금을 거두기 때문에 자국의 석탄도 자연히 가격이 올라 정가보다 2달러 증가하게 되는 것이다.

지금 여기에 한 가지 논의가 있으니, 인두세를 내든 물품세를 내든 마찬가지로 국민의 재산을 천하의 공적 필요에 보탠다는 주의인 것으로서 그 실제는 서로 다를 바 없는데, 그렇다면 두 가지 방법 중 무엇이 좋다고 할 것인가 하는 점이다.

물품세를 내는 방법을 주장하는 자의 설에 따르면, 물품세를 거둘 경우에는 세무 관리와 국민 사이에 쟁론을 일으키는 일이 적기 때문에 인두세를 거두는 것보다 더욱 편리한 것이라고 한다. 예컨대 외국에서 물품을 수입할 경우에 그것이 도착하는 곳은 겨우 정해진 몇 개 항구에 불과하니, 이 항구에 도착하면 일시에 그 수입품의 세금을 거두기 때문에 시간을 쓰는 일이 적고 번거로운 일을 크게 줄일 수 있다. 게다가 수입세를 지불하는 자는 그 물품을 다른 사람에게 팔 때 물건 값에 세액을 더해서 취하기 때문에 세금의 가볍고 무거움에 마음 쓸 일이 없으니, 이 때문에 논의를 일으키는 일도 적다. 이처럼 갑은 을에게 팔고 을은 병에게 팔아 차례로 사람들의 손을 거쳤지만 다시금 자기 손에서 세금을 내는 일이 없기 때문에 그 가격이 비싼 것을 알지 못하고 결국 그 물품을 쓰는 사람에게 이르러서 혹여 가격이 비싼 것을 알게 되더라도 그 이전에 살 때와 비교해 더 비싸지 않을 경우에는 그 사람도 역시 마음 쓰는 일이 없다. 이전 가격보다도 약간 비싼 일이 있어도 모두 물가 수준의 변동이 있는 것이 세계의 통상적인 일이기 때문에 반드시 그것을 정부의 징세 탓으로 돌리지 않거나 다른 일 때문에 일시적으로 가격이 높아졌다고 간주하는 경우도 많다. 이에 어떤 사람이 말하기를, 나라의 인민은 물품세를 내지만 이를 인지하지 못한다고 한다. 그러나 내가 생각하건대, 인민이 감히 이를 인지하지 못하는 것이 아니라 단지 어느 정도의 세금을 내는지 알지 못하거나 언제 냈는지를 알지 못하거나 이를 냈는지 내지 않았는지 알지 못할 뿐이다. 이에 반해 인두세를 낼 경우에는 인민 모두 언제 내는지를 알고 어느 정도의 금액을 내는지 알기 때문에 여기에 마음을 쓰는 일이 심한 것이다. 이 때문에 자칫하면 인민의 불평을 낳아 때로는 정부의 명을 거부하는 일도 있으니, 심한 경우에는 사람들이 모두 인색한 마음을 품고 세금 내기를 싫어해 결국 국내에 시급한 중요한 일도 이루지 못하는 폐단을 낳기에 이르는 경우도 있다.

앞의 설에서 이미 말한 바와 같다고 하지만 물품세를 낼 경우에는 인두세를 낼 때보다 부정에 빠지는 폐단이 많다. 물품에 대해 세금을 취하면 세금을 지불하는 자는 세금의 많고 적음을 알지 못하기 때문에 징세의 취지를 살펴 이를 의논하는 일이 적다.▶ 따라서 세무 관리가 이 기회를 틈타 부정한 조치를 시행해서 불편부당한 대의를 잃는 해가 없지 않다. 사람들 위에서 국가의 사무를 행하는 자가 징세의 일에 있어 다수를 해치고 소수를 이롭게 하는 일이 크게 어려운 것이 아니다. 또한 이처럼 사적인 비리를 행할 때도 그 종적을 은밀하게 할 수 있기 때문에 국민도 자연히 그 조치가 어떠한지 이해하지 못하

▶ 예컨대 술을 운송하거나 수입할 때 세금을 거두면 무릇 그 세금을 지불하는 자는 술을 사서 마시는 사람이겠지만 술을 살 때 별도로 세금이라고 이름 붙인 돈을 내지 않기 때문에 술값이 비싸도 세금 때문에 그렇게 된 것은 생각하지 못하니, 자연히 괴로운 마음을 호소하지 않는 것이다.

니, 부지불식간에 농락당해도 감히 불평을 품는 일이 없는 것이다. 물론 인두세에도 이런 폐단이 없다고 할 수는 없으며 간혹 각 주에서 서로 조세의 부담을 떠넘기는 등의 악폐가 있지만 다만 이 폐단이 행해지는 일이 물품세의 경우처럼 심한 지경에 이르지는 않는다. 또한 이처럼 부정한 조치가 있으면 대중(衆人)이 모두 그 종적을 알 수 있기 때문에 자연히 잘못된 일이 행해지는 경우가 적어지는 것이다.

앞 조목에서 서술한 바와 같이, 물품세의 법이 대단히 정연하지는 않지만 그 논의는 잠시 접어두고자 한다. 그 밖에 또 하나의 폐단이 있으니, 곧 물품세의 법은 국민으로 하여금 공적 비용을 위해 세금을 내지 않게 함으로써 그들이 낸 세금의 많고 적음과 국민의 일신이 받는 보호의 가볍고 무거움이 서로 어긋나게 된다. 원래 물품세는 물건을 소비하는 사람이 지불하는 것이기 때문에 그 사람이 정부에서 받은 혜택의 깊고 얕음에 따라 지불하는 것이 아니라 단지 소비하는 물건의 많고 적음에 준해서 납부하는 셈이다. 따라서 지금 100만 달러의 생산품을 가진 사람이라도 물건을 소비해 일신을 봉양함에 있어 노동자의 생계처럼 할 경우에는

100만 금을 가진 부자든 1달러를 가진 노동자든 천하의 공적 비용에 돈을 내는 금액은 똑같아지는 것이니, 그렇다면 이를 공평하다고 할 수 없는 것이다.

인두세에도 역시 이런 폐단이 없지 않은데 어떤 사람이 말하기를, 인두세를 내는 자가 파는 물건 값을 비싸게 하면 자연히 그 부담을 다른 사람에게 넘기는 모양이 되기 때문에 세액의 일부를 보상해야 하는 것이라고 한다. 이 설은 완전히 불가하다고 할 수는 없지만 그 폐단이 물품세처럼 심한 지경에 이르지는 않는다. 인두세를 낸다고 해서 파는 물건 값을 비싸게 하더라도 그 사람의 사유가 오로지 그 상품뿐인 것은 아니기 때문에 그가 팔 수 없는 물건에 대한 세액은 자연히 지불하지 않을 수 없는 것이다. 따라서 말하기를, 인두세를 일률적으로 거둘 경우에는 그 법이 반드시 물품세보다도 공평하니, 국민이 낸 세금의 많고 적음과 정부에서 받은 혜택의 깊고 얕음이 서로 호응하게 되는 것이라고 한다.

앞의 논의 외에도 인두세의 법을 선하다고 여길 이치가 있으니, 곧 그 법이 합중정치의 취지에 부합한다는 점이다. 무릇 대중회의와 합중정치의 취지는 국민을 국권國權의 기반으로 삼고 사람들이 몸소 자신을 지배하는 것을 큰 강령으로 삼는 것이다. 지금 이런 정부를 세우고자 하는데 도리어 그 국민으로 하여금 어떤 세금을 내는지를 알지 못하게 하고 언제 이를 내는지 알지 못하게 하며 어떤 법에 따라 이를 내는지 알지 못하게 하는 것은 바로 이 정치의 취지에 어긋나는 것이라고 말할 수 있다. 모든 대중회의의 정치에서는 그 국민에게 재정출납 등의 사항을 일절 비밀로 해서는 안 된다. 국민은 단지 납부하는 세액의 많고 적음을 알 뿐 아니라 납부한 세액을 정부에서 모으고 이를 쓰는 조치가 어떠한지도 곁에서 살펴 알지 않으면 안 되는 것이다. 무릇 국민이 이를 점차 상세히 알게 되면 정부가 이를 쓰는 일도 점차 바르게 귀결되니, 비로소 한 나라 인민의 안전을 지킬 수 있게 된다. 이런 과정에 따라 생각하건대, 세상사람 중에 혹여 물품세를 거두는 설을 주장하고 물품세를 거두면서 국민에게는 그 세금의 무게를 인지하지 못하도록 하자고 말하는 자가 있는데 그 설은 대단히 불가한 것이다. 사람들이 이를 알지 못한다고 해서 몽매한 사이에 그 물건을 취할 이치가 있는가? 백성의 세금을 거두면서 백성이 이를 인지하지 못할 경우에는 결코 그 세금을 취해서는 안 된다. 국민이 능히 세액의 많고 적음을 알고 공적 비용의 출납을 살피며 위에서 부정한 조치가 있다면 아래에서 이를 들추고자 해서 규명하고 탐색함으로써 비로소 상하의 화합이 보존될 수 있는 것이다.

징세의 취지를 논하다

앞 조목에서 말한 바와 같이, 한 나라의 인민은 그 정부에서 받은 혜택의 깊고 얕음에 따라 세금을 납부해야 하는 것이 이치다. 예컨대 여기 두 사람이 있는데 한 사람은 가산 10만 달러를 가지고 한 사람은 1,000달러를 가진다. 정부의 법에 따라 똑같이 이 두 사람을 보호할 경우에는 1,000달러를 가진 사람은 10만 달러를 가진 사람보다 100분의 1의 세금을 내면 된다. 이 논의가 이미 옳다고 하겠지만 아직 사정이 충분히 상세하지 않다. 국민의 가산세[인두세]를 거둘 때 부유한 상인은 이 세금을 지불해도 걱정하는 기색이 없고 스스로 사치를 줄이는 지경에 이르지 않겠지만 빈민의 경우에는 그렇지 않으니, 가령 그 가산에서 지불하는 세액이 매우 적다고 해도 간혹 이 비율을 납부하기 위해 옷과 음식이 부족해지는 일이 있다. 지금 이런 폐단을 구제하기 위해 구태여 부자의 가산에서 무거운 세금을 취해야 하는지 아닌지 하는 논의를 일단 제쳐둔다면, 국민이 정부에서 받은 혜택의 깊고 얕음에 따라 지불하는 세금의 많고 적음이 있어야 한다는 이치는 이미 명백한 것이다. 지금 물품세의 비율을 평균해 일률적으로 여러 물품의 세액을 정할 경우에는 곧 국민이 빈부의 구별 없이 일률적으로 세금을 내는 이치가 되기 때문에 그 법이 결코 공평하다고 할 수 없다. 따라서 물품세를 거둘 때는 물건의 종류에 따라 가볍고 무거움의 차등을 세우고 생활에 없어서는 안 되는 필수품은 면세로 정하거나 면세는 아니더라도 극히 가볍게 해야 한다. 이에 반해 사치에 속하는 물품은 그 세금을 무겁게 함으로써 한 나라 공적 비용의 태반은 이 세금을 밑천으로 삼아야 하는 것이다.

지금 이 논의를 넓혀 상세히 할 경우에는 다음의 조목들을 결정할 수 있을 것이다.

제1. 국민 사유의 금액에 한계를 세워 그 한계보다 적은 자에게는 세금을 취하는 일이 없어야 한다. 빈민이 써야만 하는 의복과 침구, 기르는 소·말·돼지와 같은 것은 면세품으로 분류해야 한다.

제2. 인생의 필수품은 면세가 돼야 한다. 만약 부득이하게 세금을 취할 경우에는 극히 그 비율을 가볍게 해야 한다. 이런 물품을 소비하는 많고 적음은 빈민이든 부자든 마찬가지지만 부자는 이를 살 때 단지 재산의 일부만을 쓸 뿐이나, 이에 반해 빈민은 필수품인 옷과 음식을 사기 위해 평생 얻은 이익을 거의 다 쓰고도 항상 충분하지 않은 자가 있다. 어떤 나라에서든 오곡·땔감·베·철 등의 세금을 거둘 경우에는 그 나라 인민이 이 때문에 안락을 잃을 뿐만 아니라 끝내 생활을 지탱하지 못하는 심한 지경에 이르게 된다는 것이 바로 이것이다.

제3. 사치와 방탕에 속하는 물품은 그 세금을 가장 무겁게 할 수 있다. 그러나 그 취지는 감히 사람이 뜻대로 하려는 바를 방해하려는 것이 아니니, 일신의 사치를 위해 재산을 낭비하는 자에게 이로써 정부의 비용을 돕게 하는 것이기에 결코 문제가 될 이치가 없는 것이다. 다음으로는 생활을 안락하게 하고 축재를 추구하는 물품에서 세금을 취해야 한다. 그 까닭은 사람이 의식주를 안락하게 할 때 그 사유재산의 일부를 나누어 정부의 공적 비용에 보태도 우려할 것이 못 되기 때문이다. 또한 축재의 방법을 가진 자는 정부의 보호를 받는 대신 매년 얻은 이익의 일부를 나누어 정부의 비용으로 삼아도 자연히 그 이치가 있는 것이다. 따라서 양탄자[생활을 안락하게 하는 물건이다]는 오곡과 땔감[생활에 필요한 물건이다]보다 세금을 무겁게 해야 한다. 농부의 짐수레와 상인의 화물선[축재를 위해 쓰는 물건이다]은 세금을 거둬야 하지만 도시의 선비와 상인이 올라타는 수레[18]는 이와 동등한 세액을 걷을 수 없다.

○ 앞 조목에서 말한 바와 같이, 한 나라의 공적 비용은 한 나라 인민의 부담이지만 결코 이를 싫어해서는 안 된다. 무릇 양민良民된 자로서 기꺼이 이 무거운 부담을 져야 하는 것이다. 그 까닭은 그 보답으로 얻는 것이

---

18 원문은 '신사들이 타는 마차gentleman's coach'다.

매우 크기 때문이니, 사람들이 만약 이를 의심스럽다고 생각한다면 시험 삼아 스스로 돌이켜 생각해보라. 지금 안전하게 정부 아래에 서서 매우 적은 세금을 지불함으로써 대단히 큰 보호를 받는 것이 아닌가? 가령 지금 이 보호를 폐지하고 몸소 그 자신을 지키고 스스로 그 사유를 보호하고자 한다면 얼마나 많은 돈을 지불해야 그 비용에 충분하겠는가? 사람 중에 즐거움을 위해 여행하는 자도 있고 아름다운 옷과 성찬을 위해 돈을 쓰는 자도 있으며 심하게는 방탕하고 음란에 빠져 나쁜 일을 행해 집안을 무너뜨리는 자도 있다. 이런 낭비를 정부에 납부하는 세액과 비교하면 본래 그 많고 적음과 가볍고 무거움을 논할 필요도 없는 것이다. 따라서 한 나라의 양민은 사리를 밝게 보는 눈(活眼)을 열고 공적 비용의 출납을 잘 살펴서 결코 그 부정함에 맡길 이치는 없지만 세간 일반의 이익이 될 만한 일이 있다면 결코 비루하고 인색한 마음을 품지 말고 용기 있게 재산을 내어 한마음으로 협력함으로써 그 일을 조성하지 않으면 안 된다.

또한 여기에 몇 마디 말을 덧붙임으로써 정부에서 축재하는 폐단을 논하고자 하니 다음과 같다. 대개 정부에 세금을 내는데 그 수입이 지출보다 많아서 잉여금을 저축할 경우에는 반드시 미워할 만한 폐단을 낳게 된다. 정부에 돈이 있으면 국내 화폐의 권한을 쥐고 그 기세에 올라 마침내 편파적이고 부정한 짓을 마음대로 하는 지경에 이르는 일이 많다고 한다. 따라서 정부로 하여금 잉여금을 저축하도록 하면 그들에게 유해무익한 권위를 부여하고 폭거를 자행하게 하는 밑천이 된다고 말할 수 있다. 만약 이 돈을 함부로 거둬들이지 않고 국민의 손에 있게 한다면 이익을 내는 밑천으로 삼을 수 있는데, 저쪽에서 취해 그곳에 축재해둔다면 무익한 쓰임에 보태는 것일 뿐만 아니라 심한 경우에는 나쁜 일을 행하는 밑천으로 삼는 일이 있으니, 어찌 슬퍼하지 않을 수 있겠는가? 무릇 세계가 넓다고 하고 세워진 나라도 많다고 하지만 정부에서 잉여금을 축재했는데 사리사욕의 폐단에 빠지지 않은 사례는 예로부터 지금까지 아직 보지 못했다.

한 나라의 재정을 지출해야 할 공무를 논하다

나라의 재정을 모아 지출해야 할 공무의 조목은 다음과 같다. 정부를 유지하고 보호하기 위해 재정을 지출하는 경우, 인민을 교화하고 육성하기 위해 재정을 지출하는 경우, 종교를 보호하고 보존하기 위해 재정을 지출하는 경우, 국가의 건설(營繕)을 위해 재정을 지출하는 경우, 빈민의 구제를 위해 재정을 지출하는 경우, 국방(軍國)의 비용에 재정을 지출하는 경우 등이 모두 그것이다. 지금 이 순서대로 건마다 이를 논하고자 하니 다음과 같다. 단, 재정을 지출하는 취지는 앞 논의에서 이미 상세히 설명했기 때문에 이 조목에서는 단지 그 요점을 선명히 해서 비고에 보탠다.

정부를 유지하기 위해 재정을 지출하는 경우

이 조목은 공적 비용 중에서 가장 긴요한 것이다. 세상에 정부가 없으면 결코 인간교제도 있을 수 없고, 인간교제가 없으면 잘못된 일을 당해도 이를 호소할 곳이 없고, 사유를 얻어도 이를 보호할 길이 없을 것이다. 그러나 정부를 세우고자 하면 관원이 없을 수 없고, 관원을 쓰고자 하면 급여를 주지 않을 수 없다. 만약 급여를 주지 않으면 관직에 종사하는 자가 없을 것이니, 이에 따라 정부를 유지하기 위한 비용을 논하는 것은 그 이치가 매우 공공연하고 분명한 것이다.

　갑　경제가[19]에게 긴요한 일은 정부의 관원을 쓸 때 각각 그 직무에 종사하고 소임을 잘 감당함으로써 사업을 이룰 수 있을 만한 인물을 선발하는 데 있다. 무릇 정부의 직무는 상당히 어려운 일이 많기 때문에 비상한 재간을 가지지 않으면 그 소임을 감당할 수 없다. 즉 박학다식하니 책을 읽고 교육을 받았으며 의리를 지키고 절개를 알며, 확고부동하니 세간에서 일류의 명성을 가진 인물이어야 비로소 사업을 이룰 수 있는 것이다. 그런데 지금 만약 이 긴요한 취지를 잃고 잘못해 하류의 인물을 쓴다면 마치 좋은 직공이 이룰 만한 일을 서툰 직공에게 맡겨 결국 그 일을 그르치는 것과 같으니, 어찌 불경제不經濟[20]가 심한 것이 아니겠는가?

　을　앞 조목의 까닭으로 형법관·의정관·위정관과 같은 것은 그 직무를 감당할 수 있는 인물을 선발하고 그 재간에 상응하는 급여를 주지 않으면 안 된다. 예컨대 제3계급의 변호사(訟師)에게 줄 만한 급여를 형법관의 대장大長에게 주고 그의 재간을 쓰고자 하는 것은 실로 무지무식한 인색함이라고 말할 수 있다. 사람을 쓸 때 그 사람이 몸소 개인 사업을 경영해 얻을 수 있는 돈보다도 급여를 더 적게 주면서 도리어 그 사람에게 천하의 사무를 담당하게 하는 것은 어찌 비루하고 인색한 조치가 아니겠는가?

　어떤 사람이 말하기를, 정부의 관원에게 급여를 많이 줄 경우에는 세상

---

19 원문은 'economy'인데, 후쿠자와는 이를 의역하고 있다.

20 원문은 'bad economy'다.

사람이 모두 다투어 벼슬살이를 구하고 돈을 탐하는 폐단을 낳을 수 있다고 한다. 내가 대답하기를, 관원의 급여를 줄이더라도 결코 이 폐단을 제거하기에 충분하지 않다. 벼슬살이에 열중하는 자의 많고 적음은 이전과 다름없을 것이며, 단지 급여를 많이 주면 학자와 선비·군자가 열중하도록 하고 급여를 적게 주면 하인이나 소인(小夫)이 열중하도록 할 뿐이니, 군자를 쓰면 세상의 이익이 되고 소인을 쓰면 세상의 해가 되는 차이가 있을 뿐이다. 지금 가령 급여를 크게 줄여서 정부 요직을 맡은 자에게 그 급여를 겨우 소인의 임금만큼 주는 일이 있겠는가? 곧 이처럼 하더라도 이 관직을 얻고자 열중하는 자는 항상 이전과 다름없으며 옛날처럼 많을 것이다. 다만 벼슬살이에 열중하는 다툼은 하인이나 소인 사이에서나 벌어지고 학자나 선비·군자는 결코 이를 다투고자 하지 않을 뿐이다.

앞 조목의 급여에 대한 논의는 반드시 행해져도 문제없이 편리하고 유익한 것이다. 예컨대 정부의 직책을 맡았을 때 본인의 신분에 작위를 부여하거나 혹여 이를 학자나 선비·군자의 영예로 삼는 국풍國風이 있다면 벼슬살이의 급여를 다른 직업보다 적게 할 수 있고, 재직연한이 없는 자는 연한이 있는 이보다 급여를 적게 할 수 있다. 따라서 한 나라 인민의 지위를 일률적으로 동등하게 정해 정부의 직책에 종사하는 자라도 그에게 작위를 부여하는 일이 없고 그를 존경하는 일이 없어야 한다는 이치를 주장하고 그러한 풍속이 성행하는 나라에서는 관원의 급여가 반드시 많지 않을 수 없는 것이다. 또한 재직연한이 있다면 이 때문에 퇴직 후에는 생계를 영위할 길도 잃게 되기 때문에 급여도 역시 이에 준해 높지 않을 수 없다. 이런 사람이 재직 중에 능히 신실함을 다해 공무에 임한다면 그 공을 보상하기 위해 퇴직 후에 부조금을 주지 않을 수 없다.

인민을 교육하기 위해 재정을 지출하는 경우

인민의 교육에는 두 종류의 구별이 있으니 하나를 보통교육(常敎)[21]이라고 하고 다른 하나를 과학교육(學敎)[22]이라고 한다. 보통교육이란 무엇인가? 사람이 이 세상에 태어나 통상적인 산업을 영위하기 위해 없어서는 안 되는 견문과 지식을 지도하는 가르침이다.◀ 이 가르침을 세울 때는 공적으로 한 나라의 세금을 거두어 그 비용을 충당해야 하는데, 그 까닭은 국민 각각이 학문 일반을 알면 서로 그 이익을 얻게 되기 때문이다. 특히 대중회의의 정치에서는 사람을 교육해 그 혜택을 입는 일이 가장 큰 것이다.

◀ 어학·서화·수학·지리·역사·물산학物産學·궁리학·경제학·심학心學 등의 일반一班을 말한다. 이들은 모두 일반인이 항상 습득해야 할 학과로서 반드시 학자·선생이라야 비로소 아는 가르침은 아닌 것이다.

이처럼 보통교육을 세우기 위해 세금을 거둘 경우에 이를 거두는 방법과 이를 지출하는 방법을 논하지 않을 수 없다. 교육의 세금을 거둘 때는 다른 세금을 거두는 것처럼 이를 모아 관청의 금고에 쌓아두고 교사에게 급여를 줄 때도 일반 관리에게 급여를 주는 것과 같아야 하니, 이를 첫 번째 법으로 삼는다. 또는 시·정井·향·리에 학교를 세우고 그 땅의 대표[쇼야莊屋나 나누시名主 부류]로 하여금 그 땅에서 비용만큼 금액을 모으도록 해서 이를 그 대표의 손에 맡기고 그가 학교를 감독하고 교사를 취급하게 하니, 이를 두 번째 법으로 삼는다. 이상 두 가지의 이해득실을 살피니, 두 번째 법을 상책으로 한다. 이 방법에 따르면 각 지역의 인민이 모두

---

21 '일상적 교육common education'의 번역어다.

22 '학문적 교육scientific education'의 번역어다.

자기 집안의 이해득실을 도모해서 학교에 마음을 쓰는 일이 깊고 간절해지니, 돈을 쓰는 일도 역시 소홀히 하지 않는다. 이에 따라 교사를 선임할 때도 스스로 그 재주와 덕망을 쓰니, 인선을 그르치는 일이 없을 것이다. 이에 반해 일개 중앙정부(本政府)에서 다수의 교사를 뽑아 국내 여러 곳에 보내고자 하면 인선할 때 실수가 많거나 성실한 뜻을 잃는 일이 생기는 것을 피할 수 없다. 국민은 본래 그 선발(選擧)의 일에 관여하지 않고 그 급여의 많고 적음도 알 수 없기 때문에 자연히 그 가르침의 좋고 나쁨이 어떠한지를 주의하는 일이 없으니, 결국 생도 교육의 본래 취지를 그르칠 폐단을 낳게 될 것이다.

앞 조목에서 논한 두 번째 법에 따르고자 할 경우에는 그 조치가 매우 간단하고 쉽다. 시·정·향·리의 크고 작음을 헤아려 그 인구의 많고 적음에 따라 한 곳에 학교를 세워야 할 경우에는 반드시 세우게 하고, 그 비용을 마련하기 위해서는 정부의 권한으로 세금을 거두며, 거둔 세금은 모아서 그 땅의 인민에게 맡겨 출납의 책임을 다하도록 해야 하는 것이다. 무릇 그 인민은 자기의 고혈을 짜내어 모은 돈이기 때문에 이 돈을 쓸 때도 궁리(工夫)를 다해 불경제의 조치를 행하지 않을 것이 분명하다.

○ 또한 이처럼 학교를 성대하게 할 경우에는 교사도 역시 이에 따라 인원을 늘리지 않을 수 없다. 따라서 교사가 될 인물을 육성하기 위해 또 일종의 학교를 세우지 않을 수 없다. 이처럼 온 나라 안에 교화의 큰 근본을 정립한다면 그 취지가 서로 어긋나는 일 없이 여러 학문의 진보 역시 이에 따라 한결같아질 것이다.

두 번째의 교육을 과학교육이라고 하는데, 과학교육을 닦아 천하에 널리 퍼뜨리면 대중의 이익을 이룬다는 점은 본래 논할 것도 없다. 시험 삼아 보라, 오늘날 각국에서 발명과 연구의 공적이 많고 인간의 지식이 점점 열리고 혜택이 점점 커지는 것은 모두 과학교육의 선물이 아닌가? 따라서 과학교육을 성대하게 하기 위해 천하의 재물을 소비하는 것은 그 행하는 바가 실로 공명정대하다고 말할 수 있으며 나아가 지식이 있는 것이라고 말할 수 있는 것이다.

학문의 길을 연구하고 닦는 것과 학문의 길을 공포하고 널리 퍼뜨리는 두 가지 일은 동일한 한 사람으로서도 이룰 수 있는 것이다. 게다가 거기에 쓰는 기구도 양자가 서로 같기 때문에 이 두 가지 일은 항상 서로 결부돼 하나의 과科를 이룬다. 또한 과학교육을 세우는 데도 두 조목의 요점이 있으니, 첫째는 이미 소유한 지식과 학문을 세상에 퍼뜨리는 것이고, 둘째는 이미 소유한 것에 새롭게 지식과 학문을 더하는 것이다. 이 두 조목은 모두 긴요한 것으로서 반드시 함께 갖추지 않으면 안 된다. 여러 지방의 학교를 보건대, 그중 하나를 잊고서 두 개를 이룬 경우는 아직까지 보지 못했다.

○ 위의 논의는 잠시 제쳐두고, 지금 여기서는 정부에서 과학교육을 위해 높은 수준의 학교를 세우고 학문을 닦을 길을 넓히는 데 힘쓰고자 할 경우에 그 비용을 줄이고 일을 훌륭하게 하는 연유의 법을 보여주고자 할 뿐이다.

학교를 열기 위해 필수적인 기계와 서적을 구입하고 가옥을 세우는 데는 통상적이지 않은 많은 비용이 들기 때문에 일반인이 능히 이룰 수 있는 일이 아니다. 간혹 우연히 일반인으로서 학교를 여는 자가 있어도 원금을 갚기 위해 자연히 생도의 학비를 비싸게 하기 때문에 부자가 아니라면 입학해 가르침을 받을 수 없다. 따라서 정부에서 학교를 세우는 것은 애초에 부자를 위해서가 아니라 단지 빈민으로서 배움에 뜻을 뒀지만 학비가 부족한 자에게 혜택을 주는 취지이기 때문에 정부의 직분으로서 과학교육에 필요한 도구[서적·기계·가옥 부류]를 갖추지 않으면 안 되는 것이다.

이처럼 정부에서 기계·서적·가옥을 제공해 이 물품을 써서 과학교육을 받게 하는 경우에 그 교사는 이 물품을 쓰기 위해 대여료를 정부에 내야 하는 것인지 아닌지에 대한 논의를 결정하는 것은 매우 쉽다. 단지 대여료를 낸다면 가르치는 급여를 높게 하고 내지 않는다면 급여를 낮게 하면 될 뿐인 것이다.

교사에게 주는 급여는 그 사람의 재능·학식과 기량에 따라 많고 적음이 있어야 한다. 학술교수 산업▸을 고무·진작하고 그 사람으로 하여금 반드시 학력의 깊고 얕음과 성실함의 두터움과 얇음에 따▸ 가르치는 것으로 돈을 버는 것은 농·공·상업을 영위하는 것과 다르지 않으니, 이에 따라 이를 산업이라고 한다.

라 생계의 길을 얻도록 하고자 함에 있어 급여의 많고 적음으로 이를 제어하는 것만 한 것은 없다. 생각하건대, 우리 아메리카합중국에서 대학교 교사에게 급여를 줄 때 그 금액을 일정하게 해서 결코 형편에 알맞은 조치가 없음은 교육을 위해 크게 불편한 것처럼 보인다. 따라서 지금 일종의 학문을 성대하게 하기 위해 그 비용의 원금을 갖춘 경우에 이를 쓰는 법은 마땅히 본론의 취지에 따라 사람의 재능·학식과 기량에 준해서 그 급여를 늘리거나 줄여야 할 것이다.

또한 가난한 학생(貧生)을 교육하기 위해 그 원금을 갖춘 경우에 이를 시행하는 법은 다음의 취지에 근거해야 한다.

첫째, 단지 가난한 서생에게 혜택을 주기 위해 학교 일반의 수업료를 낮춰서는 안 된다. 예컨대 교수의 급여가 높아서 갑 아무개의 자력으로 그 가르침을 받을 수 없을 경우에는 이를 부조해 교육을 받도록 해야 하니, 이는 천하의 아름다운 일인 것이다. 그러나 빈민은 오직 갑 한 사람뿐이고 을·병·정이라는 학생은 모두 지당한 수업료를 납부할 수 있는 자라면 가난한 학생 한 명을 위해 다른 사람의 학비를 삭감할 이치는 없는 것이다.

둘째, 앞 논의에서 말한 바와 같이, 교사에게 주는 급여는 그 학력의 깊고 얕음과 성실함의 두터움과 얇음에 따라 많고 적음이 있어야 한다는 취지를 잃어서는 안 된다. 예컨대 지금 여기에 하나의 학교를 세워 그 학비를 저렴하게 하고 그 때문에 생도가 언제나 충만한데 이 학교는 교사를 처우하는 법이 마땅함을 잃어 가르침의 직장職掌에 힘쓰는 자나 태만한 자나 그 급여를 주는 것이 동일하다면 이 학교는 단지 교육의 풍속을 돕지 않을 뿐만 아니라 반대로 세상의 학문을 쇠미하게 할 것이다.

셋째, 학교에 대·중·소의 순서가 있으니, 하등下等의 학교에서 열심히 공부하는 이를 뽑아 그 포상으로 상등 학교에 진학하도록 해야 한다. 이처럼 할 경우에는 크게 하등 학교의 생도를 권면하고 바로 그 인물에게 재능 여부에 준해서 학비를 주니, 명분과 실제가 서로 어긋나는 일이 없을 것이다.

또한 여기에서 논해야 할 한 가지 일이 있으니, 과학교육을 진보시키기 위해 천하의 대중(衆人)이 각자 스스로의 힘을 쓸 경우에 그에 따라 생겨나는 효과는 그 힘을 쓰는 방향에 따라 같고 다름이 있다는 것이다. 대중이 만약 재물을 사랑해서 교육의 비용(冗費)을 줄이고자 할 경우에는 그 바라는 바에 따라 이를 줄일 뿐이며 달리 얻는 바가 없다. 생도가 학비를 내는 것이 극히 적으면 교사가 급여를 받는 것도 극히 적어질 것이니, 이에 따라 그 가르침의 가치도 역시 극히 낮아지지 않을 수 없다. 지금 5냥의 돈으로 25냥의 베와 비단을 살 방법이 있다고 스스로 자랑하는 사람이 있다면 사람들 중 누군가는 이를 어리석다고 말하지 않겠는가? 만약 이처럼 어리석은 사람이 있다면 시험 삼아 그가 바라는 바에 따라 그 물건을 사게 해보면 결국 자기도 이를 분명히 알게 될 것이다. 5냥의 돈을 들여 살 수 있는 물건은 과연 5냥의 값보다 귀할 수 없으니, 인민 교육의 값에서도 이와 다를 바가 없다. 교사의 급여가 1년에 500달러인 사람이 있고 1,000달러인 사람이 있으며 2,000달러나 3,000달러인 사람도 있다. 그런데 지금 500달러의 돈을 들여 3,000달러의 교사를 사역하기를 바란다면 어찌 큰 착오가 아니겠는가? 시험 삼아 물어보건대, 이 돈으로 이 사람을 사역한다 한들 과연 일이 실제 행해지겠는가? 천하에 예로부터 아직 이처럼 기묘한 셈법이 있다는 말은 듣지 못했다.

오직 교육의 비용을 줄이는 것을 취지로 삼을 경우에는 교육의 분량은 증가하더라도 그 가치는 하락하지 않을 수 없다. 예컨대 어떤 물품이라도 그 가치가 하락할 경우에는 이에 따라 이를 구하는 사람도 줄어들지 않을 수 없는 것이니, 따라서 단지 그 물건이 아름답지 않을 뿐만 아니라 결국 그 분량도 역시 함께 감소하게 될 것이다.▶

▶ 세상의 물건은 어떤 것이든지 간에 이를 구하는 자가 적으면 만드는 사람도 역시 적어지니, 자연히 그 물건이 감소하는 것이 이치다. 인민교육에서도 마찬가지로 가르침의 법이 마땅하지 않고 그 풍속이 바르지 않을 경우에는 세상사람 중에 이를 배우는 이가 적다. 이를 배우는 자가 적으면 이를 가르치는 자도 자연히 줄어들어 마침내 세상의 학문을 쇠미하고 무너지게 하는 지경에 이르게 된다는 말이다.

앞의 논의와 반대되게 천하의 대중이 힘을 쓰는 바가 교육의 법을 닦고 그 풍속을 바르게 하는 것에 있을 경우에는 자연히 그 가치를 높이고 인심을 고무하니, 배움에 뜻을 두는 자가 많고 학문의 풍습(風規)을 진작하고 그 가르침을 받고자 하는 자가 나날이 늘어나기 때문에 단지 교육의 가치를 높일 뿐만 아니라 그 분량도 함께 크게 증가할 것이다. 이에 따라 말하기를, 인민교육의 법은 그 값을 저렴하게 하는 것보다 오히려 그 가치를 아름답게 하는 일을 귀중한 것으로 삼는다.

종교를 보호하기 위해 재정을 지출하는 경우

종교를 보호하기 위한 비용(冗費)은 결사(會社結盟)의 단체[즉 우리가 말하는 강중講中[23]이다]에서 함께 마련해야 하는 것이기 때문에 반드시 정부 아래에 있는 세속의 대중(衆人)에게 모조리 그 책임을 지우기를 요하는 이치는 없다. 대개 종교의 가르침은 예로부터 정부의 존망에 관계없이 항상 번영했던 것이기 때문에 반드시 정부의 도움을 바라지 않아도 되는 것이다. 어떤 사람이 말하기를, 종교에 귀의하면 그 사람의 덕의德誼를 닦고 지식을 열며 세상의 풍속을 아름답게 함으로써 사람이 각각 그 혜택을 입으니, 이 법을 보호하기 위해서는 역시 각각의 사람들에게 재물을 내게 해야 한다고 한다. 내가 대답해 말하건대, 그렇지 않다. 종교를 세웠기 때문에 사람 각각이 그 혜택을 입는다는 설에 대해서는 진정 그렇다고 하겠지만 본래 종교를 세운 뜻은 사람들이 혜택을 입도록 하기 위한 것이 아

---

23 신불에 참배하거나 축제에 참가하기 위해 만든 신앙인들의 단체를 말한다.

니며 단지 사람들이 함께 종교의 가르침을 받아 스스로를 위하려고 했을 뿐이지 다른 사람을 위해서가 아니다. 간혹 이에 따라 자연스럽게 세상의 풍속을 새롭게 하고 그 혜택을 다른 사람에게 퍼뜨리는 일도 있지만, 이는 그렇게 되기를 도모하지 않고 그렇게 된 것으로서 그 본인으로서는 터럭만큼도 이에 관계한 바가 없으니, 지금 우연히 그 혜택을 입었다고 해서 강제로 이를 위해 재물을 내게 할 이치는 없는 것이다. 예컨대 이웃사람이 자기 땅에 집을 세웠는데 우연히 그것이 내 집의 해자와 담이 되는 바람에 나에게 이익 되는 일이 생겼더라도 본래 이웃사람이 집을 세운 취지는 자기의 편리를 도모한 것이므로 가령 내 집에서 그 혜택을 입었다 한들 내가 돈을 내서 그 건축비를 보상할 이치가 없다. 따라서 종교 보호의 논의도 이웃집과 다를 바 없어야 하는 것이다.

종교를 보호하기 위해 공연히 국민의 세금을 거둬야 한다는 설을 주장하는 자가 있어 말하기를, 정부를 유지하기 위해서는 종교의 가르침이 없어서는 안 되고 종교의 가르침을 지키기 위해서는 권력으로 그 비용을 모으지 않을 수 없다고 한다. 이 논의는 결코 그렇다고 말할 수 없는 것이다. 종교를 보존하면 정부를 세우는 데 한 가지 큰 도움이 된다고 하지만 이를 위해 굳이 국민의 재물을 거둬야 한다는 설은 이치에 어긋나는 바가 큰 것이다. 나의 논의에 의거하면, 어떤 사정이 있더라도 결코 종교를 위해 세금을 거둘 수 없다. 국민이 자기 정부에 요청해 결사를 맺어서 종교(宗旨法敎)에 종사하는 것도 다른 상인 등이 조합을 세워 상업을 영위하는 것과 다르지 않다. 정부에서 그 결사를 인준하는 뜻도 감히 종교를 중시하기 때문에 이를 명하는 것이 아니라 단지 종교의 신앙심은 일신의 행복을 구하는 것일 뿐이며 세상에 해가 되지 않기 때문에 인준하는 것이다.

국내의 건설을 위해 재정을 지출하는 경우

해안을 측량하고 여러 항구를 건설(營繕)하는 것처럼 외국과의 무역을 위해 필수적인 일은 한 나라의 공적 비용으로 정부(官府)의 손에 맡기지 않을 수 없다. 또한 도로를 열고 배가 다닐 수 있도록 하천을 뚫고 증기차를 위해 철도를 부설하는 것과 같은 국내(內地)의 건설은 일반인에게 맡겨 사적으로 하도록 하는 게 좋다. 이런 공사(工役)를 계획하고 원금을 지출해 이익을 얻을 수 있다는 목적이 있다면 여러 사람(衆人)이 모두 기꺼이 이를 행하겠지만, 만약 이익으로 손실을 충당하기에 충분하지 않을 우려가 있을 경우에는 정부든 일반인이든 결코 이를 계획하는 일이 없어야 한다. 단지 국내 건설의 경우에 공사 규모가 커서 평범한 사람이 자기 힘으로 원금을 충당할 수 없거나 그 공사에 관계된 권력이 몹시 중대해져서 이를 일반인의 회사에 위임하기 어려운 일이 있을 경우에는 정부에서 손을 써서 이를 계획해야 한다. 단, 정부의 공적 비용으로 계획하더라도 그 출납을 제어하는 법은 일반인의 사적 비용의 경우와 결코 서로 다를 바 없다.

빈민 구제를 위해 재정을 지출하는 경우

홀아비·홀어미·고아·자식 없는 자·불치병에 걸린 자를 구제하는 것은 종교(宗旨法教)의 직분이니, 마땅히 스스로의 뜻에 따른 조치에 맡겨야 한다. 따라서 풍속이 양순하고 인정이 두터워 종교를 중시하는 나라에서는 빈민을 구제할 때 사람들 스스로의 뜻에 맡기니, 사유재산을 나눠 옷과 음식을 주거나 여러 사람(衆人)이 함께 도모해 구빈의 결사를 맺는 일도 있다.

앞 조목의 논의는 이미 당연한 이치이나, 때로 사정에 따라 일반인이 자력으로 속히 구제 조치를 취할 수 없는 경우가 있거나 이를 시행할 수 있어도 비용이 커서 소임을 능히 당해내지 못하는 경우가 있다. 따라서 노약자나 병자와 같이 살 길이 없는 이에게는 한 나라의 공적 비용으로 옷과 음식을 제공하는 것도 이치상 거리낄 것이 없다.

이처럼 다른 사람의 부조를 바라는 자라고 해서 모두 폐인은 아니며 태반은 이를 써서 육체노동에 복무시킬 수 있는 자로서 간혹 기예에 통달한 자도 적지 않다. 무릇 그 본인을 위해서는 행동을 나태하게 하는 것보다 오히려 지당한 육체노동에 힘쓰게 하면 도리어 마음에 뿌듯함을 느낄 것이다. 따라서 빈민에게 직업을 주고 힘쓰게 하는 것은 인애仁愛의 취지로서 또한 경제의 요점이다. 빈민이 힘을 쓰고 기술을 쓰도록 정교하게 조치하면 그가 얻는 이익으로 대체로 구제의 비용을 충당하기에 충분할 것이다. 따라서 구빈법을 세우고자 할 경우에 충분히 원금을 갖추고 육체노동의 장소를 설치해 부조를 바라는 자가 있으면 이를 사역하고 그에게 옷과 음식을 주니, 곧 이로써 방책을 얻은 것이라고 말한다. 합중국 동북의 여러 주에서는 한 읍 또는 한 군의 공적 비용으로 밭을 사서 빈민 부조의 밑천으로 구비하는 경우가 있다. 실험에 따르면 이 법으로 빈민을 부조하면 처음 밭을 살 때 원금을 지출할 뿐 이후에는 법을 바르게 하고 조치를 시행해 빈민을 사역해서 그 땅을 경작시키고 그가 얻은 이익으로 여러 잡비를 충당할 수 있다. 간혹 단지 이를 충당할 뿐만 아니라 때로는 출납을 평균하고도 남는 바가 있다고 한다. 모두 이런 부류의 법에 따라 이를 쓰면 빈민 부조의 비용은 크게 적어지고 실제 육체노동을 할 수 없는 자에게도 도타운 부조를 더할 수 있을 것이다.

국방의 비용으로 재정을 지출하는 경우

많은 돈을 지출하지 않고도 나라를 지키는 법은 바른 이치(正理)를 지키고 일을 처리함에 있어 관대함이 있도록 하는 것을 상책으로 한다. 그러나 만약 부득이하게 전쟁에 종사하게 될 경우에 경제의 긴요한 일은 방어의 책략을 원대하게 하고 이를 학식에 근거해 일을 함에 있어 빈틈이 없도록 하는 데 있다. 따라서 변방과 해안을 측량해 지리를 상세히 알고 적군이 침입할 만한 땅에는 성대하게 성채를 쌓아 방어를 엄중하게 하며 식량과 병사를 충분히 해서 결핍될 걱정이 없게 해야 한다. 또한 평소에도 군족軍旅의 학교를 세워 나라의 공적 비용으로 지원하고 이 학교에서 교육을 받아 능히 임무를 달성한 자에게는 평시에도 공적 비용으로 옷과 음식을 제공하고 일단 일이 있으면 군역을 명할 채비로 삼아야 한다. 이런 모든 조치와 구획은 이를 시행하기에 앞서 이해와 손익을 살펴야 하는데, 실제 이 취지를 달성해 완전히 이익이 있을 것임을 안다면 비용의 크고 작음은 본래 물을 것도 없는 것이다. 즉 그 돈을 지출하는 방법은 본래 경제학에서 관계하는 바가 아니기 때문에 마땅히 군사학(兵學) 교사의 설에 따라 이를 채용해야 할 것이다. 다만 경제학의 핵심은 재물을 인색하게 하지 않고 일류의 인물을 등용하며, 방어의 책략을 세우고 이를 실제 시행하도록 하며, 이를 통해 얻은 실효와 잃은 비용의 가벼움과 무거움이 마땅히 서로 균형을 이루기를 바라는 것일 뿐이다.

「2편」제1권 끝

「2편」

—

제 2 권

러시아

사기

옛날 러시아 지방에는 "스키타이Scythians"라고 하는 야만 민족이 있었는데 황야에 거주하며 물과 풀을 구해 배회했다고 한다. 생각하건대 당시의 행적은 모두 우매한 것에 속했으니, 정사正史라고 할 만한 것이 없었다. 기원후 800년대 중반에 덴마크인 류리크Rurik라는 자가 북해에서 해적이 됐는데 노브고로드Novgorod[지금의 상트페테르부르크의 남동쪽 100리에 있다] 사람들의 권유를 받아 함께 여러 지방을 침략해서 결국 나라의 태반을 지배했다. 883년 올레그Oleg of Novgorod라는 자가 류리크를 죽여 그 나라를 빼앗고 키예프Kiev의 땅을 취해서 수도로 삼았다. 기원후 904년 올레그는 2,000척의 목선木船에 8만 명의 병졸을 태우고 드네프르 강Dnieper River을 내려가서 콘스탄티노플Constantinople[지금 터키의 수도이며 당시 로마제국의 수도였다]을 공격하려 했지만 태풍 때문에 실패했다. 941년에 류리크의 자식인 이고르Igor of Kiev가 다시 거병해 콘스탄티노플을 공격했지만 역시 이기지 못했다. 980년 블라디미르Vladimir

the Great라는 사람이 형을 죽이고 국위에 올라 그리스 황제[1] 바실리우스
2세Basilius II의 여동생을 아내로 맞이했고 처음으로 예수의 법교法教[2]를
믿게 되면서 나라의 형세가 면목을 고쳤다. 이후 그 신민도 군주의 선례
에 따라 개종하는 자가 많았고 국력이 점차 강성해져 그 군주를 대공大公
이라고 칭했다. 1015년 블라디미르 사망 후에는 그의 자식들이 서로 왕
위를 다투어서 결국 내란이 발생했는데 싸움이 그칠 시기도 없이 200년
의 세월이 흘렀다.

이때 아시아 대륙의 몽골에 칭기즈칸Genghis Khan이라는 자가 있었다.
원래 작은 종족의 추장이었지만 어릴 때부터 용기와 지모가 있었다. 14세
때 부친의 지위를 계승했는데 근방의 야만족들을 공격해 멸망시키고 추
장 70명을 삶아 죽였다. 이때부터 점차 강성한 기세를 이뤄 사방으로 원
정해 아시아 대륙을 거의 병합하고 동서 7,000리와 남북 3,500리의 땅을
한 정부하의 영토로 삼았다. 1227년 칭기즈칸이 사망하고 그 자식 주치
Jochi가 유업을 이었는데 50만의 대군을 일으켜 서방 각국을 정벌했다.
점차 진격해 러시아에 이르렀는데 남동쪽의 국경으로 침입해서 아조프
Azov 인근에 주둔하며 러시아와 동맹한 여러 군주를 물리쳐 크게 병위兵
威를 휘둘렀지만 폭사暴死해서 일을 다 하지 못했다.[3] 1236년 주치의 자
식 바투Batu가 다시 거병해 침략했는데 사람을 살육하고 방화했으며 가
는 곳마다 죄다 무찔러 죽이고 약탈했으니, 결국 전국이 몽골에 속박당

---

1 동로마제국 황제를 말한다.
2 동방정교를 말한다.
3 후쿠자와의 오류다. 주치는 1227년 2월, 즉 칭기즈칸보다 6개월 먼저 사망했다.

하게 됐다. 몽골인은 볼가 강Volga River의 주변에 도시를 세워 국민에게 호령을 내리고 국내의 여러 군주를 귀족과 신하의 법식(例)에 따르게 했다고 하나 그들을 능욕함이 매우 심했다. 매년 몽골 왕이 흠차대신欽差大臣[4]으로 하여금 국내를 순행하도록 파견했는데, 공물을 걷을 때 러시아의 여러 군주가 몸소 대신을 맞이해 말의 재갈을 잡고 그를 인도하고 묘당廟堂의 의식에 쓰이는 술잔에 보리를 넣어 말이 먹도록 하는 것을 법식으로 삼았다.

이와 같은 몽골의 가혹한 정치에 시달린 것이 200여 년으로서 이 사이에 몽골의 영역을 벗어난 것은 오로지 노브고로드 한 주州뿐이었다. 이 지방은 처음부터 독립된 합중정치를 행하고 게르만 한자 동맹Der Hansabund[『서양사정』 「외편」 제2권 16쪽을 참조하라[5]]에 들어가 오로지 무역에 힘써서 부강에 이르렀으니, 인구가 증가해 50만 명에 달했다고 한다. 1361년 몽골 왕 바투의 혈통이 끊어져서 왕위를 둘러싸고 다투는 자가 많았다. 러시아인 중에 이를 틈타 회복을 도모하며 몽골의 명령에 따르지 않는 자가 있었다. 1380년 러시아의 한 제후인 드미트리 돈스코이 Dmitry Donskoy가 거병해 몽골의 추장 마마이Mamai라는 자와 싸워서 승리했지만 몽골의 위세는 여전히 쇠퇴하지 않았으니 러시아인이 결국 화친을 청했다. 그 후 몽골 종족에 내란이 발생했는데 칭기즈칸의 외손자인 티무르Taymūr[일명 "타메를란Tamerlane"이라고 한다]라는 자가 거병해 여

---

4 원전의 페이지를 가리킨다. 본 번역서에서는 232쪽에 해당한다.

5 1869년이다.

러 지방을 정복하고 결국 러시아에 있는 몽골의 땅도 공격해서 승리했다. 그러나 몽골의 위세를 다시 회복하지 못했고 러시아인도 점차 저항하면서 호각으로 전쟁을 치를 수 있게 됐다. 1462년 모스크바의 군주인 이반 3세가 즉위하면서 점차 강성한 세력을 이뤘는데 몽골과 싸우고 거듭 이겨 1480년에 몽골인을 모조리 쫓아냈으니, 몽골의 흔적이 러시아 국경 내에서 사라졌다.

러시아의 역사는 이반 3세에 이르러 면목을 바꿨으니, 이 군주는 단지 몽골이라는 외적을 쫓아냈을 뿐만 아니라 폴란드·리투아니아Lithuania 등 각국을 정복하고 노브고로드를 병합했다. 그 위명이 점차 서방에 퍼지자 유럽 각국에서 사절을 보냈으니, 그 수도인 모스크바에서 그들을 맞이해 비로소 각국과 나란히 서는 형세를 이루게 됐다. 이반은 평민(平民)을 극히 각박하게 제어했으니, 자비 없이 사사로운 마음으로 제멋대로 위력을 행사했다. 그러나 그 규모가 광대하고 그 성공이 아름다웠기 때문에 러시아 조종祖宗의 이름을 욕보이지 않았던 것이다. 1505년 이반 3세가 사망하고 그의 자식인 바실리 3세Vasily III가 즉위했다. 그가 재위 28년에 사망하고 태자가 즉위했는데 이를 이반 4세라고 한다. 당시 3세에 불과했지만 장성하자 재능이 있었다. 이반 3세의 유업을 이어서 밖으로는 근방의 땅을 병합하고 안으로는 귀족의 폭위를 압도해서 명성이 날로 높아졌다. 다만 그 성정이 맹렬했기 때문에 세상사람이 그에게 존호(尊號爵號)를 붙여 테리블 이반Ivan the Terrible이라고 불렀는데 "테리블"이란 두려워할 만하다는 뜻이다. 테리블 이반의 재위 동안 시베리아[아시아 대륙 북방의 땅]를 영토에 병합하고 처음으로 "차르Tsar"[러시아 군주의 칭호]라는 존호를 정했다.

1584년 이반 4세가 사망하자 태자 표도르Fyodor I Ivanovich를 세웠는데 어리석고 나약해서 나랏일을 감당하지 못했다. 1598년 표도르가 사망했는데 자식이 없었으니, 류리크의 후손 가운데 남자의 혈통이 여기서 비로소 끊어졌다. 무릇 류리크가 가문을 일으킨 이후 햇수로 700여 년이 흘렀고 세대로는 56대가 이어진 셈이다. 표도르 사후에는 권신權臣 보리스Boris Fyodorovich Godunov라는 자가 국위를 찬탈해 폭위를 자행했다. 국위를 찬탈한 지 6년이 됐을 때 폴란드에 한 남자가 있었으니, 표도르의 자식[태어난 지 4년 만에 보리스에게 살해당한 자]이라고 칭하며 거병해 보리스를 무찌르고 그 국위를 빼앗았다. 이처럼 수년간 전국이 군주도 없고 정치도 없이 혼란했지만 1613년에 국민이 분노해 가짜 군주 디미트리False Dimitri I를 죽이고 서로 함께 도모해서 미하일 로마노프Mikhail Feodorovich Romanov를 군주로 삼았다.

로마노프가의 가계는 여자의 혈통으로 국조國祖 류리크의 후손과 관계됐으니, 곧 현재 러시아 황가皇家의 조종祖宗인 셈이다. 로마노프가 즉위했을 때 17세였는데 그의 아버지 필라레트Patriarch Philaret of Moscow가 총주교(宗旨統領)의 전권을 가지고 어린 군주를 보좌했다. 혼란 이후에 나랏일을 잘 처리했으며 문文을 닦고 무武를 강구했으니, 국민이 비로소 태평의 혜택을 누릴 수 있었다. 필라레트는 특히 학문에 마음을 써서 당시 러시아 수도인 모스크바에 인쇄국을 재건했으니, 저서가 날로 성대해졌다[러시아에서 처음으로 서적을 인쇄한 것은 1564년 3월의 일이다]. 1645년 로마노프가 사망하고 알렉세이Alexei Mikhailovich가 즉위했다. 이 군주는 재혼했는데 두 아내에게서 모두 자식이 있었다. 첫 번째 왕비는 표도르 Fyodor와 이반Ivan V Alekseevich을 낳았고, 두 번째 왕비는 표트르Peter the Great를 낳았다.

1676년 표도르가 부친의 국위를 계승했고 1682년 사망할 때 자식이 없어서 유언으로 표트르에게 국위를 전했는데 아마도 이반이 허약했기 때문일 것이다. 그의 사후에 전국의 사족士族 중에 선왕의 명을 받들어 표트르를 세우고자 하는 자도 있고 이반을 도와서 국위를 얻게 하고자 하는 자도 있었는데 국론이 비등해 오래도록 정해지지 않았다. 그 소란의 경위를 살피건대, 이반의 누이[이반의 배다른 누이다] 소피아Sophia Alekseyevna라는 자가 간교한 재주가 있어 이반의 어리석음과 무력함을 이용해 그를 즉위하게 하고 몸소 정권을 장악하려는 음모를 꾸몄으니, 결국 이런 소란을 만들게 된 것이었다. 같은 해 5월에 전국의 논의가 점차 정해져 이반과 표트르를 세워 한 나라의 두 군주로 삼았고 나라의 대권은 소피아의 손에 들어갔다. 두 어린 군주의 후견인이라고 칭하며 모든 일이 그의 판단을 거치지 않은 것이 없었다.

표트르는 거짓으로 나태와 방탕함을 일삼고 전혀 조정에 참여하는 일도 없이 오로지 나중의 일을 생각하며 근심과 괴로움의 기색을 내비치지 않았다. 7년의 세월이 지나 17세에 국내 한 귀족의 딸을 아내로 맞았으니, 이것이 사업의 시작이었다. 이후 누이의 속박을 점차 벗어나자 이미 용의 기세가 있어 역시 연못에 머물 인물이 아니었다. 이때 스위스의 사족 레포르트Franz Lefort와 스코틀랜드의 사족 고든Patrick Gorden이라는 자가 있었는데, 표트르는 이 두 사족을 키워 심복으로 삼고 함께 도모해서 일을 행했다. 지혜로운 결단으로 소피아를 붙잡아 교회에 가두고 그의 총애를 받는 신하인 골리친Vasily Vasilyevich Golitsyn을 추방했다. 이반도 역시 스스로 퇴위하면서 전국의 정치가 비로소 표트르 황제의 친정

(親裁)으로 돌아갔다.

이때에 이르기까지 표트르는 전혀 교육을 받은 일이 없었으니, 성정이 매우 사나웠고 주색에 빠지는 악습을 가지고 있었다. 그러나 천성으로 과단을 내리는 재능을 품고 있었기에 일시에 국내의 개혁에 종사하고 새롭게 군사제도를 세워 장교의 계급을 정했다. 또한 천자 스스로가 병사의 법식(例)에 따라서 실제 단련한 공에 따라 점차 계급을 올렸으니, 국내의 귀족 모두가 그 선례를 본받도록 했다. 또한 예로부터 러시아에 선박이 없었던 것을 우려하며 네덜란드와 웨일스의 선박장인을 고용해 작은 배를 만들게 해서 이를 페이푸스 호Lake Peipus에 띄웠는데, 아마도 이것이 러시아 해군의 시초일 것이다. 또한 이때 러시아의 항구 아르한겔스크Arkhangelsk에 네덜란드와 잉글랜드의 배가 정박한 일이 있었는데, 표트르가 몸소 이 배에 타서 근해를 도항해 실천적 기술을 시험했고 이어서 국내의 소년 몇 명을 선발해 웨일스와 네덜란드에 파견해서 항해술을 배우게 했다. 1696년 터키를 공격해 아조프 해Sea of Azov의 땅을 병합했는데, 이는 자국에 해군을 만들려는 목적이었다[같은 해 표트르는 황비와 이혼했는데 해군의 일에 관해 황비가 이의를 건언했기 때문이라고 한다].

또한 표트르는 그 국민의 풍속을 보고 아직 야만의 냄새를 벗어버리지 못했음을 우려했으니, 이를 문명으로 인도하기 위해 오로지 유럽 서방의 각국과 외교를 맺어 그 물품을 보고 말을 들으며 풍속을 자국으로 옮기고자 했다. 또한 자신이 무학이라는 것을 알고 이를 깊이 부끄러워했으니, 항상 말하기를, 사람을 가르치기 위해서는 먼저 스스로 이를 배우지 않으면 안 된다고 했다. 이에 국사를 버리고 남몰래 외국에 유학했는데 이때가 1697년이었다. 가까운 신하 몇 명과 함께 나라를 떠났는데 먼저 네덜란드에 가서 잔담Zaandam의 조선국造船局에 들어가 역부役夫가 됐다. 전하기를, 당시 표트르는 매일 아침 일찍 일어나 스스로 차를 타서 마셨고 식후에는 일을 했는데 하루 종일 열심히 일하고 임금을 받는 것이 보통의 역부와 다를 바가 없었다고 한다. 또한 신체가 장대하고 힘이 있으며 걸음이 빨라서 작업이 경쾌했고 얼굴이 크고 둥글고 눈썹은 갈색이며 머리카락은 곱슬곱슬해서 그 용모가 언뜻 봐도 무서워할 만했다고 한다.

○ 이와 같이 조선과 관련된 여러 기술을 배우는 도중에도 궁리·천문·지리학에서 의술·해부에 이르기까지 모두 연구하지 않은 바가 없었다. 1698년 1월 네덜란드에서 잉글랜드로 건너가 8월까지 체류했고 다시 네덜란드에 돌아갈 때 잉글랜드 왕 윌리엄 3세가 작은 배를 선물해서 학술 교사 몇 명을 태워 함께 떠났다.

○ 잉글랜드와 네덜란드 양국에 유학하는 동안 이미 조선과 항해술의 심오한 뜻을 터득했지만 또한 육군의 법을 배우고자 했으니, 오스트리아의 군사제도가 전 유럽 대륙에서 가장 뛰어나다는 것을 전해 듣고 곧 그 수도 빈에 가서 오스트리아 황제 레오폴트 1세Leopold I와 대면하고 육군의 일에 대해 이야기했다. 그리고 이곳을 떠나 이탈리아로 가려고 했을 때 국내의 사족이 반란을 일으켰다는 소식을 듣고 급히 빈을 떠나 남모르게 모스크바로 돌아갔으니, 그때가 1698년 9월이었다. 황제가 아직 귀국하기 전에 장군 고든이 거병해서 역적을 타도해 1만 명을 죽이고 7,000명을 붙잡았으니, 일이 이미 평정됐다. 그러나 황제는 여전히 이것만으로 만족하지 못했기에 포로 7,000명을 모조리 교수형이나 참수형에 처했으니,

전대미문의 잔혹함이 극에 달했다고 한다. 이후 여전히 국내의 논쟁이 안정되지 않아 두 번이나 반란이 일어남에 따라 황제가 곧 뜻을 정해 사족의 군대를 폐지하고 새롭게 게르만의 군사제도[오스트리아의 제도다]를 모방해 편제방식을 정했으니, 이에 따라 러시아의 군사제도가 새롭게 바뀌었다.

○ 황제가 이미 각국을 유람하며 그 문명의 풍속을 본받아 자국의 백성을 개화하고자 원했으니, 스스로 말하기를, 러시아인으로 하여금 다른 나라의 학술을 배우게 할 때는 그 복장 역시 다른 나라의 풍속에 따르지 않으면 안 된다고 했다. 이에 따라 서방 각국의 풍속을 좇아 의복의 제도를 고치고 수염을 잘라야 한다는 명령을 국내에 내렸다. 좌우의 가까운 신하들은 재빨리 명을 따랐지만 완고하고 우매한 백성은 이를 기뻐하지 않았다. 이에 황제는 새로운 법을 세워 긴 옷과 긴 수염에 세금을 정했는데 여러 도시의 관문에 의복의 견본을 내걸고 세금을 내고 싶지 않은 자는 이 제식에 따라 의복을 짧게 하고 그 수염도 잘라야 할 것이라는 엄명을 포고했다.

○ 원래 러시아에서는 외국인과 무역하는 자를 사형에 처하는 것이 법이었지만 표트르에 이르러서 이 법을 폐지하고 오로지 외국과의 무역을 장려했으며, 외국의 서적을 가져와서 번역하도록 하고 법칙을 세워 출판을 성대하게 했으며, 해군과 그 밖의 학교를 여는 일이 매우 많았다.

○ 국내의 개혁이 점차 정리되자 곧 외국과의 사무에 주의했으니, 러시아

의 옛 땅인 잉그리아Ingria와 카렐리야Karelia[당시 스웨덴의 영지가 됐다]를 회복하기 위해 폴란드와 덴마크의 군주와 친목을 도모해 스웨덴을 공격하려는 일을 도모했다. 황제가 몸소 6만 명의 병사와 대포 145문을 이끌고 나르바Narva 성을 포위했으며 장군 크로이Charles Eugène de Croÿ와 돌고루코프Knyaz Vasily Lukich Dolgorukov에게 일을 맡겨놓고 자신은 노브고로드로 퇴진했다. 이때 스웨덴 왕 칼 12세Karl XII는 아직 18세에 불과했고 즉위한 지 불과 2년으로 국사에 익숙지 않았지만 천성이 용맹해 용기와 지모가 있었다. 외적이 오는 것을 듣고 곧 일어나 몸소 군대를 지휘해 달려 나갔으니, 먼저 러시아군의 선봉을 격파한 뒤 진격해 나르바에 이르러 불과 8,000의 병졸과 10문의 대포로 6만의 대군에 맞섰다. 마침 눈보라로 어둡고 흐려진 것을 기회로 삼아 눈을 이용해 본진으로 다가가 접전을 펼쳤으니, 대오를 흩트리고 달리는 자를 쫓고 머무는 자를 베어 살상한 수가 알 수 없을 정도였다. 무기를 버리고 항복한 자가 3만 명이었는데 그 장교도 항복 후에야 비로소 적이 불과 8,000의 적은 병력이었음을 알았다고 한다. 이때가 1700년 11월의 그믐날이었는데 이때부터 칼 12세의 위명이 전 유럽에 널리 알려져 그를 쫓는 자도 있고 두려워하는 자도 있었으니, 일시에 사람들의 눈과 귀를 놀라게 했다고 한다.

　러시아군이 이미 전대미문의 패배를 당했음에도 황제는 결코 그 절개를 바꾸지 않고 침착하게 말하기를, 적국인 스웨덴이 잠시 이익을 얻었지만 나의 스승이니 나는 반드시 그들에게 이기는 방법을 그들에게서 배웠을 뿐이라고 했다. 이후 더욱더 병사를 모으고 무기를 만들며 훈련을 게을리 하는 일이 없었고, 대포를 만들면서 돈을 들이지 않고 곧 교회의 종을 녹여 이를 주조함으로써 대포 100문과 야전포 143문을 얻었다. 이때부터 러시아의 군사력이 점차 커졌는데 한편 스웨덴 왕은 오로지 남쪽을 정벌하며 뒤를 돌아보지 않았기 때문에 러시아인이 이 기회를 틈타 북쪽 국경의 땅을 침략해 스웨덴군과 싸워 서로 승패가 있었다. 1701년에 말보르크Malbork[상트페테르부르크 남서쪽 200여 리에 있다]의 땅을 취하고 이듬해에 또한 네바 강변Neva River의 땅을 지배해서 새로운 수도 상트페테르부르크를 건설하기 시작했다.[6] 이때까지 상트페테르부르크의 땅은 습한 불모지로 한기가 심해서 사람이 살 수 있는 곳이 아니었다. 따라서 신하 중에 수도를 옮기는 논의를 멈추어야 한다는 자가 많았지만 황제는 이를 듣지 않았다. 군무(兵馬)가 혼란할 때 큰 토목공사를 일으켰고 그 공사가 아직 절반에 이르기도 전에 거듭 스웨덴의 공격이 있었으니, 러시아군에게 이익이 없었다. 1707년 카르스Kars 전투에서 러시아의 장군 멘시코프Aleksandr Danilovich Menshikov가 비로소 승리를 얻었을 뿐이었다.

○ 러시아와 스웨덴이 전쟁한 지 오래였고 프랑스 정부가 그 사이에서 원수를 갚고자 거듭 스웨덴에 서한을 보냈지만 스웨덴 왕 칼은 이미 러시아의 수도인 모스크바 성에 가서 러시아의 군주와 서약을 맺고자 결심했기에 프랑스의 설에 따르지 않았다. 표트르는 이를 듣고 웃으며 말하기를, 칼은 알렉산더 대왕의 일을 하려고 하는데 다리우스Darius III가 없으니 홀로 어찌하겠는가라고 했다.▶ 1707년 8월 스웨덴 왕 칼이 4만 5,000의 병

▶ 다리우스 3세는 옛날에 페르시아의 군주로서 알렉산더 대왕에 멸망당한 자다.

6 후쿠자와의 원전에는 본래 여기에 「2편」의 목차가 기재되어 있으나 번역의 편제상 제외했다.

사를 이끌고 크게 거병해 러시아로 들어갔다. 이전 나르바의 전투에서 8,000의 병사와 마주해 패주했던 러시아인이었기 때문에 칼은 이를 경시함이 심했으니, 스스로 말하기를, 나의 채찍 하나로 러시아인을 모스크바 밖으로 내쫓을 수 있을 뿐만 아니라 천지 사이에 그들이 있을 곳을 얻지 못하게 할 수 있다고 했다. 그리하며 먼저 드레스덴Dresden으로 침입해서 폴란드를 거쳐 다음 해 2월 흐로드나Grodno에 이르렀다[러시아 서쪽 국경의 땅이다].

표트르 황제는 변경의 인민을 내지內地로 퇴거시키고 만전을 기하며 적이 오기를 기다리는 형세였는데 칼은 개의치 않고 더욱더 진격해 뒤를 돌아보지 않고 점차 깊이 들어갔다. 이에 따라 지리와 방향을 알지 못하고 산림 가운데서 길을 헤매고 강과 못을 건너려고 하다가 대포를 잃는 등 그 고난이 적지 않았으니, 아직 적을 만나기도 전에 손해를 입은 바가 이미 심했다. 점차 시일이 지남에 따라 식료품도 역시 부족해졌고 식량을 적에게서 얻으려고 해도 러시아인이 재빨리 그 땅을 떠나 내지로 퇴거했기 때문에 식량을 빼앗을 수도 없었으며 가옥도 머물 만한 것이 없었으니, 바로 러시아인이 잘 구사하는 책략에 빠진 것이었다.◀

◀ 이로부터 100년 뒤에 프랑스 황제 나폴레옹이 러시아를 공격했을 때도 러시아는 수도 모스크바를 태우고 내지로 퇴거했으니, 프랑스 군대가 이 때문에 괴로워했다.

처음에 칼은 곧바로 모스크바로 들어가려는 목적이었지만 겨울이 될 때까지 아직 결전의 기회를 얻지 못하고 한기가 점차 다가와 병사가 괴로워하는 일이 심해지자 그 책략을 바꿨다. 이에 먼저 폴타바Poltava 성[모스크바 남서쪽 100여 리에 있다]을 함락시켜 성 안에 있는 옷과 음식을 취하고 봄에 눈이 녹는 것을 기다려 일을 도모하고자 했으니, 드네프르Dniepr 강을 건너 하디아치Hadiach

에 진을 쳤는데 당시 병사 중에 굶주림과 추위로 사망한 자가 매우 많았다. 표트르가 은밀히 기뻐하며 말하기를, 때가 왔다고 하면서 곧 출진해 방어전을 펼쳐 서로 승패가 있었다. 6월 중순 친히 정예병 7만 명을 이끌고 보르스클라 강Vorskla River[도네프르 강의 지류]가에 주둔했는데 스웨덴군은 중과부적으로 이미 상대가 되지 못했다. 게다가 칼은 며칠 전에 정강이에 상처를 입어 몸소 지휘할 수 없었고 그의 두 장군인 렌셸드Carl Gustav Rehnskiöld와 레벤하우프트Adam Ludwig Lewenhaupt에게 일을 맡겼지만 호령이 한곳에서 나오지 않아 병사가 나아가고 물러나는 것이 뜻대로 되지 않았다. 단 한 번의 전투로 승패가 정해졌으니, 칼은 겨우 몇 명을 데리고 터키로 도망갔고 장교와 병졸 중에 러시아군에 항복한 자가 1만 8,000명이었다. 이를 폴타바의 전쟁이라고 하는데 당시 1709년 7월 8일이었다. 칼이 터키로 도망쳐 머문 것이 5년인데, 거듭 터키의 대신大臣을 설득해 군대를 일으켜 러시아를 공격하고자 했지만 그 뜻을 끝내 이루지 못했다.

○ 표트르 황제는 폴타바에서의 한 번의 전투로 외환을 제거하고 이후에는 오로지 국내 사무에 집중했다. 상트페테르부르크에 방비防備를 마련했고 조선국을 세워 선박과 군함을 만들었으며 부두를 만들고 항구를 정리했으니, 무역의 길을 열고자 토목공사에 4만 명의 역부를 썼다고 한다. 1713년 정부 관리官吏들을 모스크바에서 새로운 수도로 옮겼고 1715년에 황궁이 완성되어 비로소 천도가 이루어졌다. 다음 해 황비 예카테리나Catherine I of Russia와 함께 유럽 각국을 여행했는데 네덜란드 암스테르담Amsterdam에 가니 18년 전에 타향살이했던 집이 여전히 존재했다.

예전에는 혈혈단신의 선박장인이었지만 지금은 한 나라의 지존인 황제로서 예전에 알고 지내던 친구들을 만나 옛날이야기를 나누었는데 모두 감격의 눈물을 흘리지 않는 자가 없었다. 그 모습이 마치 금의환향한 것과 같았으니, 프랑스에 이르렀을 때도 정부의 대우가 매우 후했고 거기에 머무르는 동안 많은 서적과 기계를 사서 돌아갔다고 한다.

○ 러시아와 스웨덴 사이에 불화가 생긴 지 이미 햇수가 오래됐다. 1718년 스웨덴 왕 칼 12세가 사망하고 점차 평화가 회복됐는데 1721년 뉘스타드 Nystad에서 화친조약을 맺고 스웨덴 동쪽 국경의 땅을 러시아에 할양하자 양국 사이의 호감이 비로소 서로 통했다.

○ 이후 표트르는 부국책에 마음을 썼으니, 수도에 가도를 정비하고 배가 지나갈 강을 팠으며 제조국製造局을 세우고 물산의 법을 권장했다. 또한 도량형을 통일하고 재판형법을 바로잡았으며, 학교를 개설하고 병원을 세우는 한편, 1723년에는 수도 상트페테르부르크에 대학교의 기반을 세웠다. 또한 정부 관리의 인정人情을 부드럽게 하고 예의범절을 닦도록 하기 위해 귀족 소년들에게 그들의 부인과 함께 서유럽 각국을 유람하도록 명했다.

○ 1722년부터 다음 해에 이르기까지 남쪽의 페르시아를 정벌해서 카스피 해 주변의 땅을 병합했다. 이것이 표트르 1세의 마지막 전쟁이 됐으니, 돌아가는 길에 병에 걸려 오랫동안 낫지 못했다. 태자 알렉세이는 역모에 관여돼 감옥에 들어가 1718년에 이미 사망했기 때문에 황비 예카테리나

에게 황위를 양위했다. 그는 1년이 지난 1725년 2월 8일 상트페테르부르크에서 붕어했는데 나이 52세로 재위 43년이었다.

○ 표트르 황제는 여러 지방을 유람하고 집에 돌아온 후에 밖으로는 전쟁을 일삼고 안으로는 국내의 사무를 정비했으니 학문을 이룰 겨를이 없었지만, 러시아 개혁의 실효를 살펴보면 그 학업의 소득을 증명하기에 충분하다. 황제는 항상 아침 5시에 일어나 종일 열심히 일해서 틈이 없었는데 밤이 되어 일을 마치면 독한 술병 옆에 앉아 홀로 큰 술잔을 기울이고 인사불성이 될 때까지 멈추지 않았다. 타고난 성질이 맹렬했으니, 술에 취했을 때는 평소 친애하는 자라고 해도 해를 가하는 것이 적을 제압하는 것 같았다. 황제가 항상 말하기를, 나는 자국의 잘못을 고쳤다고 하지만 여전히 자신의 잘못은 고칠 수 없다고 했다. 황제에 대해 무례한 자가 있으면 곧바로 채찍질하고 관직이 높은 귀족이라 해도 결코 그 죄를 용서하지 않았으니, 심한 경우에는 황비 예카테리나도 채찍질을 면할 수 없었다고 한다. 누이를 체포하고 자식을 살해했으며 초혼인 황비와 이별하고 죄 없는 사족을 물리치는 등 그 죄가 작지 않지만 황제의 명예는 항상 다른 여러 황제와 왕보다 높았다. 무릇 자국의 부강을 도모하고 인민의 행복을 이루기 위해 천신만고한 자들이 있다지만 표트르 황제와 같은 경우는 역시 매우 드물기 때문일 것이다. 러시아의 역대 군주들을 열거해도 나라를 위해 선을 시행한 실적을 논한다면 표트르 이전에 표트르 없고 표트르 이후에 표트르 없으니, 실로 전무후무할 영명한 군주라고 칭할 수 있다.

○ 여황 예카테리나는 즉위 후에도 전 황제의 유업을 계승해서 노신 멘시코프Aleksandr Danilovich Menshikov, 브토르린[7]과 함께 도모해 더욱더 나랏일을 정리했으니, 육해군을 성대하게 하고 세금을 줄였으며 유배된 사람을 시베리아에서 귀환시켜 오로지 관대하고 인자한 취지를 보였다. 또한 오스트리아와 화친해 외환을 막고 중국에 사절을 보내 무역조약을 맺었다[청나라 옹정년雍正年이었다]. 예카테리나가 재위 2년 만에 죽었고 유언으로 표트르 1세의 손자에게 황위를 전했는데 나이 11세인 그를 표트르 2세Peter II라고 했다. 어린 군주를 보좌할 여러 대신을 임명했지만 단지 이름만 있을 뿐이었다. 사실상 권병은 멘시코프의 손에 있었고 안과 밖의 일 중에 그의 재단을 바라지 않는 바가 없었던 것이다. 그러나 내의內議[8] 대신 돌고루코프Knyaz Vasily Lukich Dolgorukov와 권한을 다투다 죄를 지어 시베리아로 추방당했다.

1730년 어린 군주가 천연두에 걸려 갑자기 죽자 쿠를란트Kurland 공의 부인 안나Anna Ivanovna를 받들어 여황제로 삼았는데 표트르 1세의 이복형인 이반의 딸이었다. 안나 황제 즉위 초기에 국내의 사족이 황실의 세력을 죽이고 권한을 나누는 일을 계획했지만 황제의 지혜로운 결단으로 그 음모를 파훼했으니, 돌고루코프 등 대신들을 퇴진시켰고 내의의 관직을 폐지해 조정 집정관의 체재를 새롭게 바꾸었다. 1731년 키르기스Kirghiz의 땅을 병합했고[지나의 서쪽, 카스피 해의 동쪽] 이어서 시베리

---

7 후쿠자와는 원전에서 '브토루린ブトルリン'이라고 쓰고 있는데 누구인지 확실하지 않다.

8 최고추밀원Supreme Privy Council을 말한다.

아 지방을 모조리 병합해서 동북쪽 해안에 도달해 알류샨 열도Aleutian Islands와 베링 섬Bering Island을 발견하기에 이르렀다[이 두 섬은 캄차카 Kamchatka와 북아메리카 사이에 있다].

1740년 안나가 죽었고 그의 조카딸 이반 7세Ivan VII[9]는 태어난 지 아직 1년도 되지 않았다. 그를 세워서 즉위식을 거행하고 총애받는 신하인 쿠를란트 공을 후견인으로 임명했는데 모두 전 황제인 안나의 유언에 따른 것이었다. 이반이 즉위한 후 1년 만에 표트르 1세의 딸 엘리자베타 페트로브나Elisabeth Petrovna가 거병해 어린 군주를 폐위하고 스스로 황제라고 칭했으며, 같은 해 스웨덴과 싸워 승리하고 핀란드의 땅을 병합했다. 이때부터 러시아의 법률이 점차 관대해졌으니, 사형을 폐지하고 잔혹한 고문의 법을 멈췄다. 또한 엘리자베타는 학문에 마음을 써서 각 도시에 대학교를 세웠으니, 한 나라의 문화가 점차 융성하게 됐다.

1762년 엘리자베타가 죽고 누이의 자식이 황위를 계승했는데 이를 표트르 3세Peter III라고 한다. 재위한 지 수개월 만에 내란이 일어나 그를 폐위시키고 결국 독살했는데, 바로 황비 예카테리나의 음모였다. 표트르 3세가 폐위되자 황비가 이를 대신했으니, 곧 그가 예카테리나 2세 Catherine II다. 예카테리나는 군주인 남편을 죽인 큰 죄를 저질렀지만 타고난 치국治國의 재능이 있었다. 황위를 찬탈한 후에는 오로지 나랏일에 뜻을 뒀는데 자국의 부강을 도모함에 있어서는 외국과의 화친이 급무라는 것을 알고 7년의 전쟁에 관계된 병사를 풀어줬으니, 밖을 고려하지 않

---

9 실제로는 이반 6세다.

고 안을 다스리는 정책을 시행했던 것이다. 이때 러시아의 조정에는 인물이 많았기에 문관과 무관 모두 그런 사람을 얻었으며 국방(兵備)이 더욱 더 정비되고 학문과 교육이 점차 닦아져 유럽 내에서 대국의 반열에 올랐으니, 이를 두려워하지 않는 자가 없었다.

또한 1772년부터 1795년 혹은 1796년 사이에 폴란드인을 선동해 내란을 일으키게 하고 그 기회를 틈타 그 국토의 3분의 2를 러시아에 병합했으며, 터키와 싸우고 거듭 이겨서 흑해의 북쪽 해안이 모조리 러시아의 영토에 귀속됐다. 1783년에는 그루지야 지방[흑해와 카스피 해 사이에 있다]도 러시아의 보호를 바라게 됐고, 1793년에는 지토미르Zhytomyr[게르만 북방의 땅]도 병합했으며, 1795년에는 쿠를란트Kurland도 속국으로 삼았다. 예카테리나 2세는 재위 동안 22만 5,000리의 토지를 개척했고 인구를 수백만 명 늘렸으며, 또한 남쪽의 풍요로운 땅에는 외국에서 이주하고 왕래하는 자도 있었으니, 그 수가 5만 명 이상이었다. 국내 각지에 인민교육의 학교를 설치하고 빈민 구제의 법을 세웠으며, 무역을 넓히고 항해를 성대하게 했으며 농업과 공업을 권면했으니, 전국의 제도가 한층 면목을 새롭게 바꿨다. 1766년에는 새로운 법에 대해서 논의하기 위해 각 주州를 대표하는 의원을 소집한 일도 있었는데, 러시아의 정치에서 전대미문의 거동이라고 칭할 수 있다.

1796년 예카테리나 2세가 사망하자 태자를 옹립했는데 그를 파벨 1세 Pavel I라고 한다. 파벨 1세가 즉위했을 때는 바야흐로 프랑스 소란의 때였으니, 전 유럽 대륙에서 전쟁이 일어나지 않은 곳이 없었다. 파벨 황제는 잉글랜드·오스트리아·나폴리·터키와 연합해서 프랑스를 적대했고 1799년 3월 대군을 일으켜 프랑스를 공격했다. 이 출병 중에 러시아 장군 스보로프Alexandr Vasiljevich Suvorov가 군략에 뛰어났기에 그 명성을 각국에 떨쳤으며 본국에서의 명성도 이에 따라 배가됐다고 한다. 이후 러시아는 연합한 각국과 불화가 생겨 철병하고 덴마크와 스웨덴과 약속을 맺어 국외중립을 지켰지만 은밀히 프랑스를 돕는 세력도 있었기에 잉글랜드와 오스트리아 정부에서 첩자를 보내 러시아 귀족을 부추겨 국내에서 난을 일으켰다. 또한 파벨 황제도 근래에 난폭함을 자행해서 인심을 잃었기 때문에 두세 명의 귀족이 서로 모의해 황제를 암살했으니, 그때가 1801년 3월 23일이었다.

파벨 황제가 죽은 뒤 태자인 알렉산드르 1세Aleksandr I가 즉위해 점차 내란을 다스리고 평화를 회복했다. 즉위 후에 오스트리아·잉글랜드·스웨덴·나폴리 각국과 연합해서 프랑스와 대적했으니, 1805년 장군 쿠투조프Mikhail Illarionovich Golenishchev-Kutuzov가 대군을 이끌고 모라바Morava[오스트리아의 땅]로 진격했다. 오스트리아군과 연합해 프랑스군과 아우스터리츠Austerlitz에서 싸웠지만 패주했고 1807년 2월 아일라우 전투Battle of Eylau에서는 승패를 서로 나눴지만 같은 해 6월 14일 프리틀란트의 혈전Battle of Friedland에서 크게 패해 어쩔 수 없이 화친을 애걸하며 이오니아제도Ionian Islands[지중해 그리스의 서쪽 해안에 있다]와 제웰[10]의 땅을 프랑스에 할양했다.

이미 프랑스와 화친한 것이기 때문에 잉글랜드와의 화친을 깨지 않을

---

10 후쿠자와는 원전에서 '제웨루ゼウェル'라고 쓰고 있는데 정확히 어디를 말하는지 확실하지 않다. 프리틀란트의 혈전 이후 러시아는 이오니아제도와 코토르Kotor를 반환했으며 왈라키아Wallachia와 몰다비아Moldavia에서 철군했다.

수 없었으니, 잉글랜드인이 이에 분노해 러시아의 무역에 해를 입히는 일이 매우 많았다. 또한 스웨덴 왕 구스타브 4세Gustav IV도 러시아와 연합했던 까닭에 그 왕위를 잃고 나라가 망하게 됐으니, 이에 따라 그들 또한 러시아의 적이 됐다. 그러나 러시아 황제는 오직 나폴레옹과 신뢰를 나누고 세상의 변화를 틈타 각지의 땅을 병합했으니, 결코 다른 나라의 이익을 돌아보는 일이 없었다. 이처럼 한 지 5년 만인 1810년에 러시아와 프랑스의 화친이 다시 깨졌는데, 그 이유는 프랑스 황제가 폴란드에 정부를 일으키려는 것에 대해 러시아인이 이를 거부하고 조약을 파기했기 때문이다. 1812년 프랑스 황제 나폴레옹이 50만의 대군을 이끌고 러시아를 공격했고 프러시아·이탈리아·작센 등 여러 나라의 왕들도 모두 출병해서 프랑스군을 따랐으니, 9월 7일 모스크바의 혈전에서 러시아의 수비병을 크게 격파했다. 또한 더 진격해서 옛 수도인 모스크바에 들어갔을 때 러시아인이 스스로 방화하고 깊숙이 내지內地로 퇴각했는데, 이에 따라 프랑스군이 식량을 얻지 못해 굶주림과 추위로 생명을 잃은 자가 열에 여덟아홉이었다. 나폴레옹이 남은 병사를 이끌고 돌아갔는데 이후 프랑스는 병위兵威를 회복하지 못했다. 결국 1815년에 워털루 전투Battle of Waterloo로 나폴레옹은 세인트헬레나 섬에 유배됐는데 같은 해 유럽 각국의 사절이 빈에 모였고 1818년에는 아헨Aachen에서 동맹해 각국이 서로 화친을 맺었으니, 러시아의 위명이 특히 빛났다.

○ 이때 유럽 각국에서 대중회의의 정치론(政論)을 주장하는 자와 군주특권의 설에 가담하는 자로 논의가 서로 나뉘었다. 러시아 황제는 원래 특권의 설을 취해서 흔들리지 않았지만 역시 국내의 개화를 소홀히 하

지 않고 오로지 부강책을 시행했으며 종교를 개혁하고 평민(下民)의 교육을 장려했으니, 풍속이 점차 두터워지고 인구가 날로 증가해 게르만에서 이주하는 사람이 수천 명에 이르렀다고 한다. 1825년 알렉산드르가 죽고 그 동생이 즉위했는데 그를 니콜라이 1세Nicholas I라고 한다. 이보다 앞서 러시아 육군병사 중에 불만을 품은 자가 많았고 전국 일반에서 이미 반란의 싹이 있었기 때문에 국상國喪을 틈타 일을 저질렀다. 그러나 새로운 황제가 뛰어난 역량으로 곧바로 이를 제압하고 그 수괴를 체포해 죽이거나 유배 보냈으니, 사태가 빠르게 평정됐다. 페르시아 정부도 러시아 군주의 사망소식을 듣고 모반을 일으켰기에 장군 이반 파스케비치Ivan Paskevich를 파견해 이를 토벌해서 이기고 카스피 해 근방의 땅을 취했으며 8,000만 루블의 배상금으로 그 죄를 면했다[1루블은 38문 2푼 5리에 해당한다].

1828년 터키를 공격해 역시 이를 이겼으니 이듬해에 화친을 맺어 도나우 강변의 몇 개 성을 취하고 거액의 배상금을 지불하도록 했다. 1830년 폴란드인이 거병해 그 나라의 독립을 회복하고자 했지만 러시아 황제의 위력에 이기지 못했으니, 1832년 러시아 정부에서 법령을 내려 이후 폴란드를 러시아 여러 주州의 반열에 올렸다. 또한 그 의사원議事員과 국방(兵備)을 폐지하고 그 인민으로 하여금 점차 러시아의 풍속에 감화되도록 해야 한다는 취지를 포고했다. 이 밖에 수백 년 동안 러시아가 병합한 땅이 매우 넓었는데 그 인민의 풍속이 곳곳마다 서로 달랐기 때문에 이를 일치시키기 위해 근래에는 빈번히 러시아의 국어를 확산시키고 교회를 건립해 사람들을 교화했다.

1853년 종파의 일 때문에 터키에 사절을 파견해서 러시아 정부가 요청하는 바의 취지를 설명했는데 터키인들은 이에 따르지 않았으니, 결국 양국의 화친이 깨졌다. 같은 해 7월에는 러시아의 대군이 터키의 북쪽 국경으로 침입해서 결국 터키 정부를 타도하려는 형세가 있었다. 잉글랜드와 프랑스 정부가 이를 보고 묵인할 수 없었으니, 러시아가 터키를 이기도록 두면 유럽 각국 간에 위력의 평균[11]을 잃게 되고 그 화가 반드시 자국에 미칠 것이라고 생각했다. 이에 따라 거병해 터키를 도왔으니 수년간의 큰 전쟁이 됐는데, 이를 세바스토폴Sevastopol의 전쟁이라고 한다.

러시아는 잉글랜드·프랑스·터키 3대국을 적으로 삼고 교전했는데 해상과 육상의 전쟁에서 서로 승패가 있었다. 일이 여전히 종결되지 않았는데 1856년 3월 러시아 황제 니콜라이가 사망했고 태자 알렉산드르 2세 Aleksandr II가 즉위하면서 비로소 잉글랜드·프랑스와 화친을 맺었다. 이 전쟁에서 러시아는 겨우 베사라비아Bessarabia의 작은 땅을 잃었고 흑해에 해군을 마음대로 하는 권한을 잃었지만 잉글랜드군과 프랑스군도 역시 잃은 바가 많았다고 한다. 1858년에서 1860년 사이에 일본·중국과 무역조약을 맺었고 이후 중국 정부로부터 만주 땅을 취했으니, 흑룡강 근방의 땅이 모조리 러시아의 영토에 귀속됐다.

○ 예로부터 러시아는 사방의 땅을 잠식해서 경계를 넓히는 것을 국정의 취지로 삼았으며 역대로 그 정책에 매진했고 게을리 하지 않았다. 다음 표는 연대에 따른 영토의 크기를 보여주는 것이다.

---

11 세력균형balance of power을 말한다.

연대	사방 1리를 1평으로 한 수
1462년	39만 4,000
1505년	79만 2,000
1584년	267만 6,000
1645년	542만 7,000
1689년	563만
1725년	584만 1,000
1763년	681만 6,000
1825년	705만
1837년	750만
1855년	782만 1,546

북아메리카에 있는 39만 4,000리의 영토는 1867년 6월 20일의 조약에 따라 합중국 정부에 매각됐으며 그 가격이 720만 달러였다고 한다.

정치

러시아에서 생사여탈의 권병은 황제의 한 손에 있다. 본래 예로부터의 풍습에 따라 각각의 사람들에게 신분을 허했고 망령되이 인심에 반할 수 없었다고 하지만, 법을 가지고 논하자면 황제의 권위에는 한계가 없으니 황제의 뜻이 곧 나라의 법이었다. 1811년 알렉산드르 1세는 새로운 영을 내려서 러시아의 국법이 황위보다 귀하다는 취지를 포고했으며 "세네트

senatus"[12]의 관원[자세한 내용은 아래에서 설명한다]으로 하여금 거리낌 없이 건언하도록 했으니, 천자의 조칙이라도 이를 논파할 수 있는 권한을 허했다. 그러나 이는 이름이 있을 뿐 그 실제가 없는 것으로 그 새로운 영으로도 아직 러시아 군주의 특권을 제어하기에는 충분하지 않았다. 다만 최근 러시아의 상태를 살피건대, 지금의 정체를 폐지하더라도 달리 채용할 만한 책략이 없을 것이다. 즉 지금의 정체는 평민(下民) 일반이 기뻐하는 바이기 때문에 그 민심에 반해서 정치를 시행할 수 없음은 본래 논할 것도 없다. 또한 국민을 위해 도모하더라도 정치가 한곳에서 나와 권위가 빛나지 않으면 그 개화를 추진하고 안전을 확보할 방책이 없다.

무수한 백성이 생업도 없고 지식도 없으며 또한 위력도 없다. 그런 평민(小民)을 지배하는 정부가 그 정권을 국내의 귀족 등에게 나눠주면 백성이 폭정에 괴로워하게 되는 일이 오늘의 백배가 되니, 결국에는 폴란드의 전철을 밟아 나라를 망하게 할 것이 틀림없다. 이처럼 황제의 권위가 대단히 성대하지만 상하가 서로 그 자리를 잃지 않고 개화가 날로 나아가고 문명이 점차 새로워지니, 학문과 기술의 선비·군자가 점차 증가했다. 황제가 두려워하는 자는 오직 귀족이지 평민(下民)이 아니니, 평민은 항상 황제를 신과 같이 존중한다. 1862년에서 1865년 사이에 국내에서 노예법을 폐지한 것도 평민(小民)이 기뻐하는 바로서 귀족 등은 이 때문에 크게 권한을 잃었다.

오늘의 사정에 따라 생각하건대, 러시아 같은 나라를 다스리기 위해서

---

12 원로원을 말한다.

는 오직 문명개화의 특권을 성대히 한다는 하나의 방책이 있을 뿐이다. 현재의 러시아에서 갑작스럽게 대중회의의 정치를 실시하려 해도 이름만 대중이지 실제 대중이 아니니, 함부로 쓸모없는 사람에게 쓸모없는 권위를 부여해 나라에 이익이 없다는 점은 마치 잉글랜드에서 군주특권(君上特權)의 정치를 실시하는 것과 같은 것이다.▸

러시아 정무政務는 4대 관청(四大官)에 나뉘어 있고 그 중심은 황실에 있는데 모든 일이 황제의 친재親裁에서 비롯되지 않는 것이 없다. 매사에 대해 그 논의를 시작하는 자는 황제이고 매사에 대해 그 의론을 끝내는 자도 역시 황제다. 따라서 러시아의 황제라는 자는 그 사무가 극히 번거롭고 임무가 극히 무겁다. 위 4대 관청들은 각기 국국局이 다르지만 직무의 구별이 혹여 명확하지 않은 일이 많으며 그 순서는 다음과 같다.

▸ 문명개화의 특권이란 군주의 특권으로 평민을 보호하고 이들을 문명으로 인도해서 덕을 쌓고 지식을 여는 취지를 알게 하며 강대함을 억제하고 약소함을 고양함으로써 사람들을 독립불기하게 하기 위해 군주가 폭위暴威를 휘두르는 것을 말한다. 그러나 중국인이 입버릇처럼 말하듯이 이를 따르게 할 수는 있어도 알게 하기는 어렵기 때문에[13] 권모술수로 평민을 어리석게 하고 백성을 흙이나 쓰레기처럼 보고 오직 군주와 정부의 위광을 펼쳐야 한다는 것은 아니다. 이것이 곧 러시아와 중국의 풍속이 서로 같지 않고 두 나라의 강약이 서로 대적할 수 없는 연유인 것이다.

제1등 태정관太政官은 1810년에 개혁된 것으로서 각로閣老는 한 명이고 그 이하의 대신은 정원이 없다. 1866년에는 관원이 39명이었는데 사무집정과 황가의 자제도 태정관에 출석할 권한을 갖는다. 태정관은 5국局으로 나뉘어 있는데 의정·군무·상무·회계·인민교육이 그것이다. 태정관의 직무는 국내 일반의 정무를 감독하고 행정의 옳고 그름을 살피며

---

13 「논어」「태백泰伯」의 '민가사유지民可使由之 불가사지지不可使知之'를 말한다.

법과 제도의 개혁을 건언하는 등 모든 일에 관계되지 않는 일이 없다.

제2등의 정관政官을 "세네트"라고 하는데 1711년 표트르 1세 황제가 설치한 관청으로 그 권위가 가장 무겁다. 의정議政과 위정爲政 양쪽에 관계하고 중대한 범죄를 재판함에 있어 상위를 차지하며 국내의 재판소를 지배한다. 그 관원은 황제의 명에 따라 선거되며 현재 관청에 있는 자는 100명으로 1년 급여는 7,000루블이다[1루블은 38문 2푼 5리에 해당한다]. 세네트는 8개 국으로 나뉘는데 5국은 수도 상트페테르부르크에 있고 3국은 옛 수도 모스크바에 있다. 각각의 국이 송사를 듣고 재판할 전권이 있지만 때때로 그 재판에 불복할 경우에는 황제에게 월소越訴해도 무방하다. 그 관원은 대개 모두가 신분이 높은 사람들이지만 매 국마다 반드시 유명한 변호사(訟師) 한 명을 선발해 황제의 대리인으로서 장관의 지위에 세우고 이 장관의 날인이 없으면 일을 결정할 수 없게 한다. 또한 세네트의 관청은 송사와 재판을 담당하는 것 외에 국비의 출납을 점검하고 공무의 부정을 따지며 황제에게 간쟁諫爭할 권한을 갖는다. 국局 내의 사무는 매달 신문에 기재해서 포고하는 것을 규칙(例)으로 한다.

제3등은 교회관(寺院官)으로서 국내 종교의 일을 담당한다. 그 관원은 교회의 대사제지만 모두가 천자의 명에 따라 사무를 처리하니, 칙허를 얻지 못한 일을 결정할 수 없다.

제4등은 집정관이며 12국으로 나뉘어 있는데 그 순서는 다음과 같다.

제1 궁내宮內사무집정

제2 외국사무집정

제3 군무(兵馬)사무집정

제4 해군사무집정

제5 내국사무집정

제6 교육사무집정

제7 회계사무집정

제8 형법사무집정

제9 왕토王土사무집정[황제의 사유지를 다스리는 것이다]

제10 건설(營繕)사무집정

제11 우편장 사무집정

제12 감찰사무집정

위의 여러 국에는 집정 1인 외에 참정參政이라는 자가 있어서 집정의 병환이나 부재 시에 본래 업무를 돕는다.

○ 집정관은 직접 황제를 만나거나 황실에 출입해 일을 도모할 수 있는 권한를 갖는다. 단, 황실은 제도와 법률의 영을 내리는 근원으로서 황실 안을 4개 국으로 나눈다. 제1국은 다른 2국을 감독하고 직접 황제를 만날 권한을 가지며, 제2국은 의정의 사무를 담당하고, 제3국은 군무와 기밀의 정치에 관계하며, 제4국은 인민의 교육과 교회의 사무를 지배한다.

국내 여러 주州의 정치는 그 곳에 따라 하나같지 않다. 무릇 예로부터 각 지방의 땅을 병합했을 때 그 토지 종래의 옛 법과 풍속을 살펴서 러시아 본국 정부에 해가 없을 경우에는 이를 남겼기 때문이다.

국내에 총봉행総奉行이 지배하는 곳이 14개소이고 봉행이 지배하는 곳이 51개소이며 그 외 320개 주州가 있다.[14] 이 외에도 황무지가 많지만 민가가 매우 적기 때문에 아직 주州와 군郡의 이름을 내리지 않았다.

○ 총봉행은 황제의 대리인으로 그 관할지에서 문무의 사무를 총괄하고 호령을 시행하는 일이 군주와 다르지 않다. 예하의 관리는 그의 명을 받고 매사에 대해 그의 재판을 바라지 않는 바가 없다.

○ 봉행은 역시 총봉행의 대리인으로 각자 지배하는 곳에 살면서 총봉행의 명을 받들어 일을 행한다. 그 사무 중에 결정하기 어려운 일이 있을 경우에는 임시로 봉행의 독단에 따라 처리하고 그 후 다시 황제의 친재親裁를 청원하는 것을 규칙으로 한다. 부봉행副奉行은 봉행의 부재나 병환 시에 이 관직을 맡는 자다. 봉행의 관할지에는 반드시 회계국을 세워서 황제의 사유지를 지배하고 세금을 징수하는데 그 장관이 바로 부봉행이다. 또한 구휼국(賑給局)이라는 것이 있는데 이 국의 직무는 구빈법을 감독하고 감옥제조국을 지배하고 빈민을 교육하는 학교를 지휘하는 것이다. 또한 의국醫局이 있는데 인민 일반의 위생에 주의하고 관할 내 여러 주의 의사에게 명해 의약의 좋고 나쁨을 살피게 한다.

○ 각 주州에는 각기 그 토지에 거주하는 관리가 있다. 각 읍邑에는 사적인 회의가 있어서 읍 사람들이 그들 중에 인물을 선거해서 의원으로 삼

---

14 봉행은 윗사람이 시키는 대로 받들어 행한다는 뜻으로 일본 무가武家 시대에 행정 사무를 담당한 각 부처의 장관을 지칭하는데, 여기에서는 지방행정관의 의미로 쓰였다.

는다. 또한 각 읍 정부에서 장관을 한 명 임명해 읍 내부를 통제(取締)하고 공용 창고를 지키며 형벌과 감옥의 일을 담당하게 한다.

러시아의 재판과 형법은 극히 복잡해서 자국인이 아니면 그 상세를 아는 자가 없다. 재판의 일에 관해서는 러시아 독재정치의 불가사의라고 부를 만한 한 가지 일이 있으니, 각 지방의 재판국에서 형법을 담당하는 관원 중에 절반은 정부가 임명한 자가 아니고 사족과 평민(土民)이 선거한 인물이다. 예컨대 한 주의 재판소에서 형법관 한 명과 서기관 한 명은 정부가 임명하는 자고, 그 외 두 명의 보좌역(助役)은 귀족이 선거하며 또 두 명은 농민이 이를 선거하는 것이다. 무릇 러시아의 국법에 송사를 듣는 관리 중에는 반드시 그 소송하는 자와 동종동격同種同格의 인물이 없어서는 안 된다는 취지 때문일 것이다. 먼 옛날에는 형법관의 급여가 매우 적었지만 예카테리나 2세 황제 시대에 이를 늘렸다. 그러나 관리의 풍속이 대단히 적절치 못해서 뇌물을 공공연히 주고받았으니, 돈을 내면 재판을 한없이 끌 수 있거나 바르지 않은 것으로 바른 것을 이기는 일도 역시 할 수 있었다. 그 후 1826년에서 1833년 사이에 거듭 법령을 포고해서 이 폐단을 점차 제거했지만 아직 완전하지 못했다.

원래 재판법을 개혁해서 올바르게 되돌리기 위해서는 우선 관리가 될 만한 자를 가르치고 그 인물을 선발해 급여를 많이 주어야 한다. 또한 국내의 민심을 참작해서 자유롭게 논의를 내도록 하고 출판법을 관대하게 해서 저서를 성대하게 함으로써 그 논의를 살피고 저서를 고려해서 형법을 처리하는 것 외에 다른 방편이 없는 것이다. 그러나 러시아에서는 백성의 사정과 형편(民情)이 여전히 위로 통하지 않고 저서도 여전히 자유롭지 않으니, 나라의 큰 흠결이라고 할 수 있다. 천하의 어느 나라든 재판하는 관청에서 평민의 사사로운 논의를 두려워하지 않고 저서의 비판과 책망을 거리끼지 않을 경우, 그 관리는 소위 정부의 기계가 되어 그 음모를 돕고 계략을 이루며 윗사람을 기쁘게 하기 위해 부정하고 불의한 죄라도 감히 이를 범하지 않는 일이 없게 되는 것이다.

러시아의 인민은 그 계급을 네 개로 나누는데 바로 귀족·사제·상인·농민이다.

제1계급 귀족: 러시아의 귀족은 먼 옛날 제후의 후손으로서 그 문벌에 부여된 토지를 다스리며 영구히 작위와 녹을 지키는 자다. 표트르 1세가 국정을 개혁하려 했을 때 귀족 등이 패역하고 불손한 것을 보고 깊이 이를 우려했으니, 옛 폐단을 일변해서 그 권병을 빼앗기 위해 새롭게 귀족을 임명하는 법을 세웠다. 이에 따르면 무릇 국정에 관계하는 문무의 관리를 모두 귀족의 반열에 포함시키고 국내의 귀족은 신구新舊의 구별 없이 그 작위를 14등급으로 나눠서 상위 8등급은 그 작위를 세습하게 했으니, 그 외에는 종신 작위를 지키는 자도 있었고 단지 사족이라고 불리는 자도 있었다. 이를 개혁의 시작으로 삼아 예카테리나 2세의 시대에도 새로운 영을 내렸지만 그 큰 뜻은 표트르의 법과 다르지 않았다.

러시아 정부의 공보에 따르면 국내의 귀족은 70만 명인데 그중에 60만 명은 작위와 녹을 세습하는 것이라고 한다.

○ 귀족 가문에 태어난 자는 그 자제도 귀족 작위를 받는 일이 주인과 다르지 않다. 귀족의 반열에 오른 자는 일신의 국역國役을 면하고 병졸의 적籍을 벗어나며 형벌이 그 신체에 미치지 않는다[채찍질을 면하는 것 등의 일을 말한다]. 또한 자택에 쓸 독주를 증류할 권한을 가지며 영지의 광물을

팔 권한을 가지며 산물을 제조할 권한을 갖고 무역을 할 권한을 갖는다.

러시아의 귀족은 죄가 있어서 가업家業을 몰수하더라도 이를 관이 회수하는 것이 아니라 가족에게 나눠주는 것을 법으로 한다. 또한 귀족은 사적으로 관리에게 명해 그 영지 내의 일을 다스리도록 할 권한을 갖고 한 주州의 귀족 등이 서로 집회해서 사적인 일에 대해 의논하는 법이 있으니, 정부의 관리라도 이 집회에 관계할 권한은 없다.

러시아의 귀족을 보고 그 인물됨을 평가하기는 매우 어렵다. 대략적으로 이를 논하면 그 학문이 화려하되 실속이 없다고 하지만 성취를 이룬 인물도 적지 않다. 잉글랜드·프랑스·게르만의 국어에 능통한 자도 대단히 많은데 그중에서도 각 지방을 유람한 자는 예의에 익숙해서 능히 사람을 포용하고 즐겨 학자·선비·군자와 교제하는 기풍이 있다. 원래 그 나라의 풍속이 호사스럽고 방탕 무도해서 낮은 지위의 사람을 경멸하고 군자의 체재를 잃어버린 악폐는 면하기 어려우니, 잉글랜드와 프랑스 등 각국의 사람들에 못 미치는 것처럼 보인다. 그러나 반대로 국내의 사정을 살피면 러시아 국내에서 그 귀족은 이미 공명과 청운의 뜻을 버렸고 그들이 교제하는 자 중에 중등中等의 사람이 없으니, 사유한 영지 내에 거주하며 사역하는 자는 모두 한 가문의 노예이기 때문에 스스로 사는 곳에 따라 그 뜻을 바꾸거나 야만의 자취를 완전히 일소하지 못하는 것도 역시 이치가 없지 않은 것이다. 오직 놀랄 만한 것은 표트르 1세 황제의 시대부터 오늘날에 이르기까지 100여 년 동안에 예의를 닦고 지식을 열며 풍속을 새롭게 바꿔 지금의 경황에 이르렀다는 한 가지 일뿐이니, 어찌 이를 황제가 남긴 은덕이라고 말하지 않을 수 있겠는가?

제2계급 사제: 러시아의 사제 27만 4,000명 중에 25만 4,000명은 그릭

교라는 종파[15]로서 그 처자식을 합하면 전국에 사제의 종류에 속하는 자가 54만 명 이상이다. 이 인원수는 모두 인두세를 면제받고 죄가 있어도 형벌이 그 신체에 미치지 않는다.

제3계급 상고商買[16]: 이 부류는 귀족과 농민 사이에 위치하는 자다. 여제 예카테리나의 시대에 조칙을 내려서 말하기를, 상고는 귀족도 아니고 농민도 아닌 일종의 독립된 자라고 했다. 선비도 아니고 농민도 아니며 학술에 뜻을 품고 항해를 일로 삼으며 상업을 하는 자는 상고의 종류라고 할 수 있다. 또한 평민의 자식이라도 황제와 황제의 선조가 연 학교나 교회 등에서 교육을 받는 자는 상고의 종류라고 할 수 있으며, 장교와 서기관의 자제도 상고의 종류라고 할 수 있다고 한다.

○ 전국의 모든 상인은 모두 이 종류에 속하는데 그 가산의 크고 작음에 따라 상사商社를 결성하고 정액의 세금을 지불하고 각기 그 신분에 따라 특수한 권한을 받을 수 있다.

○ 또한 시민이라고 부르는 자는 상고의 종류에 속하고 농민보다 높은 지위에 서지만 상고와 나란히 설 수는 없다. 예컨대 상인은 육해군에 사역되는 일이 없지만 시민은 이 군역을 면할 수 없다. 외국에서 이주해 러시아 영내로 들어온 자나 국내 각 지방에 거주하며 논밭을 소유해 스스로

---

15 그리스정교회Greek Orthodox Church를 말한다.

16 후쿠자와는 앞서 상고를 상업의 의미로 썼기 때문에 주로 상업으로 번역했지만 여기서는 상인을 포함하는 하나의 계급을 지칭하는 말로 쓰고 있기 때문에 원문 표현을 살렸다.

이를 경작하는 자도 시민의 지위(格式)인데, 요즘 러시아에 이런 유의 백성이 대략 300만 명이 있다.

제4계급 농민: 예로부터 대부분의 러시아 농민은 노예법에 따라 다른 사람에 의해 부양되며 스스로 독립된 생계를 행하지 못했는데 정부에 소속된 자가 2,100만 명이고 부자와 귀족에 소속된 자가 2,300만 명이다. 귀족 가문에서 부양되는 노예의 수는 그 가문의 빈부에 따라 많고 적음이 있다. 1861년 인신매매를 금하는 영을 내리고 1863년부터 그 명을 시행함으로써 국내 노예법이 폐지됐는데 노예주의 손해를 보상하는 법은 다음과 같다. 노예를 산 원금에 대해서는 1년에 6푼의 이자를 얻을 수 있는 것으로 정한다. 예컨대 노예 한 명을 사역시켜 매년 6루블[러시아의 화폐로서 우리의 38문 2푼 5리에 해당한다]을 얻는다고 했을 때 이를 이자로 어림하니, 노예가 그 원금으로 100루블을 주인에게 지불하면 영구히 노예 해방(身請)의 허락을 얻을 수 있는 것이다. 이 100루블 중에 즉시 20루블을 노예가 내도록 하고 나머지 80루블은 정부에서 지불하고 49년의 기한으로 노예가 정부에 반납해야 한다는 약조를 정한다. 이처럼 법을 세웠지만 노예와 그 주인이 서로 사적으로 이야기를 나눠 노예에서 해방된 자도 매우 많았다. 1863년 정부의 부조로 해방된 노예의 수는 단지 10만 6,409명뿐이었는데 이를 위해 국고 돈 1,145만 7,000루블을 썼다. 그러나 정부는 이 돈을 한꺼번에 내지 않으니, 반액은 지폐로 지불하고 반액은 정부가 차용해서 이자를 낼 뿐이다. 1865년의 기록에 따르면 새로운 법이 더욱더 시행되면서 러시아 전국에서 노예의 습속이 이미 없어졌다고 한다.

러시아 농민은 골격이 강고하고 신장은 중간 등급이다. 집은 나무로 만들고 대개 2층은 없으며 일상적으로 쓰는 집기도 나무로 만든 것이 많고 단지 12개의 접시가 있을 뿐이다. 집 안에 침상을 갖춘 곳이 적어서 밤에는 바로 바닥에서 자거나 의자를 침상으로 삼고 화로에 의지해 자는 일이 있다. 의상은 변변치 않고 긴데 겨울에는 양피를 입어 추위를 막는다. 바지는 거친 천으로 만들고 버선을 신는 일이 없으며 모포로 발을 덮고 가죽신 대신 나무껍질 신발을 신는다. 그 음식물은 보리로 만든 빵과 채소국만 있으면 스스로 충분한 것으로 여기니, 축일祝日이 아니면 육류를 먹을 수 없다. 계란, 소금에 절인 생선과 고기, 짐승의 기름 등과 같은 것을 먹는 일은 매우 드물다. 평소의 식량으로는 채소를 절인 반찬이 많아서 국내 사람들이 이를 저장하거나 매매하는 일이 매우 성대하다. 무릇 러시아인이 오로지 채소를 쓰는 연유를 살펴보면 국민이 신앙에 치우친 경우가 매우 많아서 제삿날이 많기 때문이다. 어떤 사람이 말하기를, 1년 360일 중에 러시아인의 제삿날은 300일이고 고기를 먹을 수 있는 것은 겨우 60~70일뿐이라고 한다.

그 제사(淫祀)에 혹닉惑溺[17]하는 일이 다음과 같다. 각 방마다 성수(靈水)가 담긴 용기를 천장에 걸고 방구석에는 신단(神棚)을 설치하며 등을 켜서 수호신에게 제를 올리고 가족은 노인이든 어린아이든 구별 없이 매일 아침 일어나면 먼저 이에 절하고 밤에도 이에 절한 뒤 잠자리에 드니, 결코 게을리 하는 일이 없다. 다른 사람의 집에 갈 때도 먼저 신 앞에 절한 뒤에 그 집안사람에게 인사하는 것을 예禮로 한다.

---

17 후쿠자와의 유명한 표현으로 몹시 반해 제정신을 잃고 빠진다는 의미다.

또한 러시아의 평민(小民)은 그 지위가 천하기 때문에 벗어나지 못한 나쁜 풍속이 있다. 그 천성은 능히 고난을 견디고 다른 사람의 장점을 취해 이를 본받는 재주가 있지만 자기의 목적을 달성할 수 있는 활발한 용기가 없다. 권력이 있는 사람을 만나 그 사람에게 의뢰해 자신의 이익을 얻으려고 생각한 경우에는 몸을 납작하게 하고 머리를 조아려 그에게 아양을 떠는데 그 추태가 못 볼꼴이지만 결코 이를 부끄러워하지 않는다. 이미 돈을 얻었다면 땅에 묻어 저축하는 것을 상식(常)으로 한다. 무릇 사유의 통의通儀를 중시하지 않는 나라에서는 반드시 일어나는 나쁜 폐단인 것이다.

러시아에서 인민교육의 법은 아직 성대하지 않으며 단지 최근 56년 이래로 점차 진보했을 뿐이다. 1802년 알렉산드르 황제 시대에 조칙을 내려서 국내 선교宣敎의 법을 세웠으며 학교를 위해 전국을 구분하고 매 구역마다 대학교 한 곳을 열었는데, 그 이하 여러 학교의 수는 구역 안의 인원과 토지의 넓고 좁음에 따라 많고 적음이 있다. 이 학교 중에 "리시움 Lyceum"이라고 부르는 곳이 있는데, 소년 중에 문관을 목표로 하는 자를 모아서 가르치는 학교다. 최근 러시아 전국에 학교가 있는 구역이 10곳이 있지만 구역 내에 대학교가 있는 곳은 단지 5곳뿐이다. 1860년의 기록에 따르면 전국에 대학교와 소학교의 수가 8,937곳이고 생도는 95만 명이 있다고 하는데, 이에 따라 계산해보면 국내의 인구 77명당 학문을 배우는 생도가 한 명인 비율인 셈이다. 옛날에 러시아에는 사숙私塾을 열어서 사람을 가르치는 자가 매우 많았지만 정부가 여러 법을 세워 관의 학교에서 양성된 자가 아니라면 관직(仕官)에 오르기 어려운 풍속이 생긴 이래로 사숙에서의 가르침이 점차 쇠퇴했다.

육해군

러시아에서 육해군을 열었던 것은 표트르 1세의 은덕(賜)이며 그 밖에 모든 문명개화가 황제의 공적이 아닌 바가 없다. 표트르가 즉위하기 전에는 전국에서 아르한겔스크Arkhangelsk[북방 항구의 이름]를 빼면 한 곳의 항구도 없었고 한 척의 군함도 없었는데, 황제의 책략에 따라 발트 해Baltic Sea의 땅을 점령한 이후[현 수도 인근의 스웨덴 영지를 병합한 것을 말한다] 오로지 해군에 마음을 썼다. 또한 몸소 네덜란드와 잉글랜드를 유람하고 해군학을 연구하며 조선술을 시험해 비로소 그 기반을 열었는데, 이후 역대 황제들이 그의 유업을 소홀히 하지 않았기에 예카테리나 2세와 지금 황제의 시대에는 성대한 세력이 거의 극에 달했다.

전국의 해군을 두 개의 큰 부대로 나누어 한 부대는 발트 해에 배치하고 다른 한 부대는 흑해에 배치한다. 그 함대가 백기대白旗隊·청기대靑旗隊·홍기대紅旗隊로 나뉘는 것은 잉글랜드의 해군과 다르지 않은데 아마 그 시작은 네덜란드의 법을 모방한 것으로 보인다. 옛 방식에 따르면 삼층함three-deckers 1척, 이층함two-deckers 8척, 프리깃함 6척, "코르벳함 corvette"[18] 1척, 소함小艦 4척을 합해서 하나의 함대로 삼는다.

해군선원도 육군병사처럼 부역賦役으로 명하는 법이 있지만 대개 이를 강요하는 일 없이 사람들의 선호에 따라 그 사람을 사역하는 일이 많다.

---

18 경무장을 한 소형 선박의 일종으로 보통 프리깃보다는 작고 슬루프보다는 크다. 초계함이라고 번역하기도 한다.

	증기선	범선
리니함[19]	9척	10척
프리깃함	22척	6척
코르벳함	24척	3척
브리그함	12척	5척
건보트	85척	2척
슬루프와 스쿠너	96척	36척
합계	248척	62척

복무연한은 21년이지만 1859년부터 법을 고쳐 14년을 기한으로 정했다.

1868년 1월 1일 공보에 따르면, 러시아 해군에는 증기선 263척과 범선 29척이 있다. 이 숫자 중에 태반은 발트 해에 배치했고 그 나머지 중에 흑해에 배치된 것이 41척이고 카스피 해에 배치된 것이 39척이며 시베리아의 동쪽 바닷가인 태평양에 띄운 것이 30척이고 유럽 각국 해안에 배회하는 것도 역시 몇 척이 있다. 1862년 1월 1일 해군사무집정의 공보에 따르면, 당시 러시아 해군은 다음과 같다.

증기선과 범선을 합하면 310척이고 여기에 구비된 대포 수가 3,691문이다. 위의 표와 1868년의 공보를 비교하면 범선의 수가 점차 감소하고 증기선의 수가 점차 증가하는데 그 개혁이 더디다는 것을 알 수 있다. 1868년 장갑함[20]의 수는 24척인데 그 종류는 다음과 같다.

---

19 전열함ship of the line을 말한다.

프리깃 2척

부태장浮台場[21] 3척

코르벳 2척

철탑함鉄塔艦[22] 11척

모니터monitor[23] 6척

위의 24척의 철선鉄船에 구비된 대포 수가 149문이며 같은 해 해군선원 수가 6만 230명이고 장교가 3,791명인데 이 장교 중에 해군제독의 수는 119명이다. 해군의 법칙은 모두 프랑스풍을 모방했다고 한다.

○ 러시아의 육군을 두 종류로 구별해서 갑을 편성대編成隊라고 하고 을을 무가대武家隊라고 하는데 그 체제를 크게 달리한다. 무가대란 "카자크Cossack" 등의 인종으로서 세록을 받는 가문에서 군무에 사역하는 자다.◀ 편성대는 농민과 직공 중에서 사람을 모집하는데 병졸의 자식을 병졸로 삼기도 하고 스스로 좋아서 군역에 나서는 자도 있지만 농민·직공과 병졸의 자식은 그 골격이 적합하고 연령이 적당하

◀ 카자크란 러시아의 남쪽 경계 흑해 근방의 땅이다. 이 지방의 사람들은 밭을 경작하지만 세금을 내지 않고 오직 군역에 종사한다.

---

20 철갑함ironclad warship을 말한다.

21 다이바台場는 에도시대 말기에 바다를 방비하기 위해 만든 포대를 지칭하는 말이다. 따라서 부태장은 부유(浮)하는 다이바, 즉 부유포대floating battery를 말하는 것으로 보인다.

22 후쿠자와는 원문에서 '철탑함'에 '터리트십turret ship'이라고 위첨자를 달아두었다.

23 비교적 작고 낮은 건현의 선체에 상대적으로 대구경 주포를 포탑에 탑재한 군함을 가리킨다. 남북전쟁 당시 미국 군함USS Monitor의 이름에서 유래했다.

면 마음대로 군역을 면할 수 없다. 모병 수는 남자 500명 중에 12명을 뽑는 것을 법으로 하지만 전쟁 시에는 이를 늘려서 500명 중에 23명을 취하고 사태가 급박해지면 45명을 사역하는 일도 있는데, 단 그 인원수는 이전의 호적에 따라 정한다.

○ 국내의 귀족도 그가 지배하는 사람을 군역에 내보내는 것을 법으로 한다. 그 사람을 뽑는 것은 주인이 마음대로 하지만 병사의 체격이 군무에 적당하고 연령이 18세 이상 40세 이하가 아니면 안 된다. 넓은 토지를 지배하는 자는 병사를 내는 수 또한 대단히 많으니 3,000명이나 5,000명, 가장 많게는 6,000명의 병사를 내는 자도 있다.

○ 군역을 면제받는 자는 귀족·관리·사제 그리고 학문과 기술의 생도 등이 이에 해당한다. 상인도 회사를 결성한 자는 이에 준하고, 또한 농민이라도 형제가 없고 부모를 부양하는 자나 혹여 부모 없이 세 자식 이상을 부양하는 자는 군역을 면한다. 카자크병을 모집하는 데는 별도의 법이 있으니, 러시아 영토 내에 있는 야만적이고 미개한 백성은 골격이 작아서 쓰기에 적당하지 않거나 용기와 힘이 없어 군무를 두려워한다면 모두 군역을 면한다. 국내 인구를 평균해보면 대략 남자 500명 중에서 2명을 사역시키면 9만~10만의 병사를 얻을 수 있다.

병사의 복무연한은 친병親兵이 22년이고 다른 병사는 25년을 기한으로 한다. 1840년 이래로 다시 영을 내려서 복무 10년이나 15년 후에는 그 성명을 병사의 군적(籍)에 남기고 고향으로 돌려보내서 일이 있을 경우에는 이를 소환하는 법을 세웠다. 바로 그 인원을 예비병으로 삼는데 복무

갑 편성대	평시	전시
보병	36만 4,422명	69만 4,511명
기마	3만 8,306명	4만 9,183명
포병	4만 1,731명	4만 8,773명
공병(土工兵)	1만 3,413명	1만 6,203명
을 제1 예비대	10만 285명	12만 7,925명
병 제2 예비대	25만 4,036명	19만 9,380명
합계	81만 2,096명[24]	113만 5,975명

10년이 되는 자를 제1예비라고 이름 붙이고 15년이 되는 자를 제2예비라고 이름 붙이니, 합해서 21만 5,000명이 있다.

매년 여름에 명을 내려서 병사의 수를 정하고 겨울인 11월부터 병사를 모집해서 다음 해 1월 1일에 일을 끝내는 것을 규칙(例)으로 하는데 흉년에는 모병의 명을 멈추는 일이 있다. 1836년에는 전국에 일시에 명을 내려서 1,000명 중에 5명의 병사를 모집했고 1837년에는 나라의 남쪽에 명을 내려서 또 1,000명 중에 5명을 모집했으며 1838년에는 북쪽에 명을 내려서 1,000명 중에서 6명을 모집했고 1839년에는 서쪽에 명을 내려서 1,000명 중에 5명을 모집했다. 1840년에는 전국에 일시에 명을 내려서 25개 부(府)는 1,000명 중에 6명을 모집했고 22개 부는 1,000명 중에 5명을 모집했으며 나머지 4개 부는 흉작 때문에 이를 면했다. 위의 인원

---

24 후쿠자와의 착오다. 정확히는 81만 2,193명이다.

수를 평균하면 1,000명 중에서 5명의 비율이니, 그 후 20년 동안 이 규칙에 따랐다. 1865년 군무국의 공보에 따르면 육군의 총수는 다음과 같은데, 다만 이 인원수는 이름뿐인 것으로 실제로는 그렇지 않은 바가 있다.

러시아의 병졸은 아내를 맞이한 자가 많은데 그 정부의 법이 병졸이 아내를 맞이하도록 편의를 베푸니, 다른 유럽 각국과 풍속을 달리하는 것이다. 한 가지 일을 말하자면 러시아에서는 병졸에게 주택을 주고 자식이 있는 자에게는 옷과 음식을 주며 교육에도 부조를 하는데 다른 나라에서는 절대로 없는 일이다. 이는 혜택처럼 보이지만 그 밖에 역시 부자유한 일도 있으니, 즉 그 부자유란 병졸의 자식은 반드시 병졸의 군역에 쓰고 다른 직업에 사역할 수 없도록 하는 일이다. 어릴 때부터 무武로써 기르고 아버지와 함께 주둔지에 잠시 머물다가 이를 떠나 육군국에 들어가 병졸의 업무를 전수한다. 이런 유의 병졸이 대단히 많아서 1842년에는 거의 30만 명에 달했으며 이후에도 점차 증가했다. 무계급 장교 등은 이 인원 중에서 발탁되는 자가 많다고 한다.

수도 상트페테르부르크에는 소년병·공병·포병장교·친병 하급 장교를 위해 설치된 학교가 몇 곳이 있다. 소년 병사 중에 학업을 마친 자에게는 장교 지위를 부여하고 신분이 있는 자의 자식에게는 복무 2년 후에 장교 지위를 허하는데, 이는 하급 학교의 경우다. 이 외에 "코프스 데 카뎃Corps de Cadets"[25]이라는 육군사관학교가 한 곳 있는데, 이 학교는 1731년에 건립된 것으로서 생도 수는 700명이고 모두 귀족과 장군의 자

---

25 군사교련단Cadet Corps을 말한다.

제다. 학생의 계급은 5등급으로 나뉘는데 학업을 마치고 학교를 떠나는 자는 모두 장교 지위에 세운다. 또한 이 학교에서는 오로지 소귀족小貴族의 자제를 가르치는 것을 취지로 하는데 아마도 좋은 장교가 될 만한 인물이 많기 때문일 것이다. 옛 수도 모스크바와 그 외의 도시에도 모두 군사학교가 있어 그 가르침이 매우 성대하다.

러시아의 육군은 해마다 증가하니, 장교의 숫자 역시 증가하지 않을 수 없다. 1863년에 새로운 영을 내려서 육군장교가 될 만한 자가 벼슬길에 나가는 것을 편리하게 했다. 이 새로운 영에 따르면 국내의 소년 중에 대학교에서 수학한 자는 곧바로 육군에 들어가서 검토 없이 무계급 장교가 되도록 허하고 3개월 후에 검토를 받으면 장교 지위에 세운다. 또한 이런 학생은 기존 군역의 결원을 기다리지 않고도 계급을 올릴 수 있다. 중학교에서 수학한 자는 입대 6개월 후에 장교가 되는 것을 허한다. 그 외에 스스로 좋아서 입대하려는 자는 귀족과 평민의 구별 없이 모두 검토를 받고 입대 후 1년이 지나야 장교가 될 수 있다.

러시아 육군사관의 급여는 다른 나라의 풍속과 비교하면 매우 적은데 1년 급여의 비율이 다음과 같다. 총독 1,116루블, 부총독 838루블, 대대장 560루블, 부대대장 419루블, 메이저[부대대장의 차관] 336루블, 중대장 307루블, 제1등 장교 238루블, 제2등 장교 224루블, 하급 장교 209루블, 무계급 장교 10루블에서 123루블이다.

무가武家의 비정규 부대 중에서 가장 성대한 것은 카자크의 병사다. 돈 강Don River[남쪽 국경 카스피 해 주변에 있다] 주변에 있는 카자크의 인구는 67만 명인데 일이 급할 때는 15세에서 60세인 자는 모조리 군에 종사하는 것을 법으로 한다. 그러나 평시 상비군은 기병 54개 대隊로 나누는데 각 대의 병사는 1,044명으로 모두 합쳐 5만 6,376명이다. 이 외에 각지에 있는 카자크의 인종을 합하면 인구 87만 5,000명으로서 군에 사역할 수 있는 사람은 12만 9,000명이다. 카자크의 인종은 노예의 속박을 벗고 독립된 자로서 스스로 그 밭을 경작하고 산과 숲에서 사냥을 하며 정부에 세금을 납부하지 않고 군역으로 세금을 대신한다.

그 사람들을 3등급으로 나누는데 태어나서 17세까지를 유년으로 해서 군역이 없고 18세에서 42세까지 25년 동안을 장년으로 하니 오로지 군에 사역한다. 43세부터 47세까지를 퇴역(退老)이라고 이름 붙이지만 여전히 군역이 있고 완전히 군역을 면하게 되는 것은 48세 이후다[비상시에는 이 규칙에 따르지 않을 수 있다]. 또한 카자크의 병사는 자비로 무기와 무장을 갖추고 각 집에서 군마를 기르지 않으면 안 된다. 다만 대포와 그 훈련 비용은 정부에서 나오고 국경을 넘어서 군역에 종사할 경우에는 정부에서 급여를 지급하며, 또한 그 밖에 매우 적은 돈을 준다. 돈 강 주변에 있는 카자크 사람의 경우에는 토지세를 내지 않을 뿐만 아니라 오히려 정부에서 돈을 내어 매년 병사의 부조금으로 2만 1,310루블을 베푼다고 한다.

재정출납

러시아는 아직 문명이 흡족하지 않고 제조·생산하는 물품이 그다지 많지 않기 때문에 그 토지의 넓음과 인민의 수에 비하면 세입의 금액이 매우 적다. 1862년 회계국의 공보에 따르면 세입이 2억 9,586만 1,839루블이고 세출이 3억 1,061만 9,739루블로서 출입의 차이가 1,475만 7,900루블이다.

같은 해 세입의 비율은 다음과 같다.

인두세	2,825만 8,826루블
토지세	2,525만 6,733루블
광산·황토弄土[26]·산림	1,179만 8,032루블
상업면허의 세금	2,422만 8,978루블
관세	3,180만 루블
주세酒稅	1억 2,302만 2,580루블
그 외의 매매세	3,498만 7,624루블
작은 항목의 세금	1,650만 9,030루블
합계	2억 9,586만 1,839루블[27]

같은 해 세출의 비율은 다음과 같다.

국채 이자	5,429만 6,188루블
군무국	1억 657만 5,892루블
인민교육	415만 6,824루블
해군국	2,058만 9,831루블
재판국	550만 2,896루블
교회	466만 1,098루블
문무관료文武官老 중 퇴직한 자에게 주는 부조금	1,318만 69루블
철도회사에 대한 대부貸付	775만 9,662루블
이 외의 잡비	9,389만 7,279루블
합계	3억 1,061만 9,739루블

1867년의 기록에 따르면 황제 가문 비용은 891만 9,741루블이라고 한다.

1861년 회계사무집정의 공보에 국채의 금액을 기재한 것이 다음과 같다.

외국의 채권	3억 5,359만 7,700루블
국내의 채권	2억 2,661만 6,997루블
금고의 어음과 폴란드, 핀란드의 채권	4억 1,800만 루블

이 밖에 정부에서 지폐를 낸 것이 7억 5,000만 루블 이상인데, 단 이 지폐는 전국의 외환 거래소와 정부의 보증으로 통용되는 것이다. 그 원금으로 9,624만 1,618루블을 저축하는데, 이는 회계사무집정의 권한에 속한다. 근래는 지폐의 통용이 더욱더 많아져서 국내의 정금正金[28]은 줄어들었다고 한다.

「2편」제2권 끝

---

26 황제가 통치하는 토지를 말한다.
27 후쿠자와의 착오로 정확히는 2억 9,586만 1,803루블이다.
28 지폐에 대해 금은 따위로 만든 정화正貨를 말한다.

「2편」

|

제3권

사기

프랑스의 나라이름은 라틴어의 "프랑키아Francia"에서 유래한 것으로 프
랑키아란 속박을 벗어난 사람이라는 뜻이다. 옛날 로마시대에는 이 지방
을 골Gaul이라고 불렀지만 로마가 쇠퇴함에 따라 게르만의 여러 지방에
있는 야만족이 로마에 반기를 들고 골 지역을 침략해서 스스로 "프랑크
Franks"족이라고 이름 지었는데 이것이 프랑스 나라이름의 시초다. 기원
후 486년 프랑크의 추장으로 클로비스Clovis라는 자가 있었는데 19세에
로마의 사단장 시아그리우스Syagrius를 공격해 크게 이기고 로마의 속박
을 벗어나 독립된 체재를 이뤘다. 이 사람이 프랑스의 시조로서 이 혈통
을 "메로빙거Merovingian" 시대라고 칭한다. 클로비스가 죽은 뒤에 그의

---

1   후쿠자와가 주로 영문 서적을 저본으로 삼았으며 발음 역시 영어식으로 표현한 경우가 많기 때문에
    이하 프랑스와 관련된 인명과 지명의 대부분을 영어로 표기했다.

네 자식이 나라를 네 개로 나눠 각각 하나씩 점령한 이래로 곧 내란의 단초가 생겨나 이후 수십 년간 형제가 서로 공격하는 골육상잔骨肉相殘의 난에 빠졌으니, 왕실의 권위가 점차 쇠퇴했다.

옛날 게르만에서는 공을 세운 장수에게 도끼나 군마를 하사해 그 공을 치하하는 풍습이 있었는데, 프랑크가 골로 이동한 이후부터 이러한 관례(例)를 폐지하고 전공을 치하할 때 도끼나 군마 대신으로 식읍을 줬다. 본래 이처럼 영지를 하사하는 것도 단지 본인 생애 동안에만 해당하는 것으로서 사후에는 다시 정부에 반환하는 것이 법이었다. 그러나 시대가 지남에 따라 이를 자손에게 전하는 것을 허하게 되면서 결국 봉건세록이 세력을 이뤘으니, 세록이 있는 귀족은 점차 성대해지고 왕실의 권위는 점차 쇠퇴했다. 기원후 600년대에 이르면 국왕은 단지 그 이름과 지위만을 가질 뿐 실제 위력은 없었으며 조정의 정권은 모두 대신의 손에 있었다.

이때 대신 피핀 헤르스탈Pepin of Herstal이라는 자가 있었는데 아우스트라시아Austrasia 땅을 점령한 지 27년으로 권위가 가장 강성했으니, 안팎의 일이 모두 그의 재단을 바라지 않는 바가 없었고 국왕은 궁궐 안에 생포된 포로와 다름없었다. 피핀이 죽고 그의 자식 카를 마르텔Karl Martell이 아버지의 위를 세습했는데 여러 번 전공을 세웠다는 기록이 있다. 기원후 741년 마르텔이 죽고 자식인 피핀Pippin III[할아버지와 같은 이름]이 섰다. 이때 로마 교황이 그리스와 롬바르드Lombards로부터 괴롭힘을 당해 황위皇威가 날로 쇠퇴하는 형세였다. 피핀이 이 기회를 틈타 교황을 돕겠다고 몰래 약속하고 교황의 칙허勅許를 얻어 프랑스 왕 킬데리쿠스 3세Childeric III를 폐하고 스스로 국위國位에 올랐으니, 이 혈통을 "카롤링거Carolingian" 시대라고 하며 메로빙거 가문은 이에 따라 멸망하게 된다. 피핀은 즉위 후 출병해 로마를 원조했는데 롬바르드·그리스와 전쟁을 벌여 거듭 이기고 그 땅을 취해 교황에게 줬다.

기원후 763년 피핀이 죽고 큰아들 샤를Charles이 즉위했는데 나중에 그를 샤를마뉴라고 칭하니, 곧 샤를 대군大君이라는 뜻이다. 문무를 겸비해서 병사를 이끌면 적을 물리쳤고 정사를 베풀면 나라를 잘 다스렸다. 재위 동안에 로마 교황과 우호를 두텁게 했고 사방의 나라를 공격해 이기지 못한 적이 없었으니, 프랑스는 게르만의 두 나라를 통일하고 이탈리아 남쪽의 태반을 그 영토에 귀속시켰다.

기원후 799년 교황 레오 3세Pope Leo III는 반란(亂賊)으로 로마에서 쫓겨나 프랑스로 도망쳤다. 프랑스 왕이 그를 극진히 대우하고 호송해 본국으로 돌려보낸 이후 이듬해 친히 병사를 이끌고 로마에 들어가니, 국란이 금세 평정됐다. 교황이 이를 기뻐하며 샤를마뉴에게 제위帝威의 관을 씌워주고 로마 황제라는 칭호를 부여했는데, 이후 콘스탄티노플Constantinople의 군주를 동로마 황제라고 칭하고 샤를마뉴를 서로마 황제라고 칭했다. 기원후 814년 황제가 붕어했는데 그의 나이 72세였다.

샤를마뉴 재위기에 나라를 세 개로 나눠 세 자식에게 줬는데, 첫째와 둘째가 제위에 오르지 못하고 죽었기 때문에 막내인 루이Louis가 제위에 올랐다. 무릇 나라를 분할해 형제들에게 나눠주는 것은 예로부터 프랑스의 폐단이어서 매번 쟁란의 단초가 되어왔는데 영명한 샤를마뉴도 이를 고쳐야 함을 알지 못했다. 다만 다행히도 두 자식이 요절했기 때문에 내란에 이르지 않았을 뿐으로 루이의 시대에 다시 그 선례를 답습해 결국 한 나라의 쟁란을 빚어내게 된다. 황제에게 세 자식이 있었는데, 첫째는 로타르Lothar I라고 하고 이탈리아 왕에 봉했고, 둘째는 루이Louis II[아버지와 같은 이름]라고 하고 게르만 왕에 봉했으며, 셋째는 아버지를 계승해 프랑스 왕에 즉위했으니 그 이름을 샤를 더 볼드Charles the Bald라 한다. 이후 형제가 서로 거병해서 쟁란이 그치는 날이 없었기에 군주의 권위는 날로 쇠퇴했고 봉건의 귀족은 점차 함부로 날뛰었으니, 천하의 사람들은 왕실이 있음을 알지 못했다.

이에 앞서 북방의 오랑캐로 노르만이라고 칭하는 종족이 있었으니, 그 본국은 지금의 덴마크와 스웨덴 등에 해당한다. 그 야만족이 배를 타고 계속 프랑스 연해를 약탈해서 프랑스인이 괴롭힘을 당한 지 이미 오래였다. 기원후 900년대 초에 프랑스 왕 샤를 더 심플Charles the Simple은 서북쪽의 땅을 할양해 노르만에 주고 그의 딸을 노르만의 추장 롤로Rollo에게 시집보내 화친을 도모했다. 노르만인은 이 땅을 얻고 점차 강대한 세력을 이루었는데 식민지로 삼은 땅을 노르망디Normandy라고 부르고 명목상으로는 프랑스의 관할 내에 있었지만 그 실상은 독립된 하나의 강국이었으니, 국내의 여러 귀족보다 높은 지위를 가지고 결코 왕명을 따르는 일이 없었다.◀ 이처럼 왕실의 권위가 날로 쇠퇴하면서 게르만인도 프랑스에 반란을 일으켜 작센Saxony의 군주를 받들어 황제로 즉위하게 했다. 이 때부터 서로마 황제의 칭호는 게르만에 귀속됐으니, 샤를마뉴의 유업을 이어서 게르만 황제라는 명칭이 비로소 생겨난 것이다.

◀ 이후 노르만의 국력이 점차 성대함의 극에 달하자 기원후 1066년 그 군주인 윌리엄William the Conqueror이 잉글랜드를 정벌해 이를 복종시켰다. 즉 지금의 잉글랜드 왕은 노르만의 후예인 셈이다.

○ 샤를 더 심플이 폐위되고 부르고뉴Burgundy의 군주 루돌프Rudolph of

Burgundy가 제위에 올랐지만 왕위는 전혀 행사되지 않았으니, 공연히 왕토를 분할해 귀족에게 수여함으로써 한때나마 신하의 복종을 살 뿐이었다. 이때 파리Paris의 군주 위그Hugh the Great라는 자가 있었으니, 그의 숙부 외도Odo of France는 프랑스의 절반을 지배하며 왕이라 칭했는데 이후 그 명칭은 폐지됐지만 그 실상을 잃지 않았다. 샤를 더 심플이 폐위됐을 때 위그에게 이를 대신할 만한 위명이 있었지만 일부러 왕위를 양보해 루돌프를 옹립했고 루돌프가 죽자 다시 다른 군주를 선택해 즉위하도록 함으로써 그 스스로 국권國權을 쥐었다. 이처럼 한 것이 3세대였는데 기원후 987년 루이 5세Louis V가 죽게 되자 위그의 자식인 위그카페Hugh Capet가 비로소 프랑스 왕위에 올랐다. 이 혈통을 "카페Capetian" 시대라고 칭하는데 무릇 그 명칭은 시조인 카페에게서 취한 것이다.

○ 카페의 시조부터 지금 황제에 이르기까지 역대 황제의 순서와 즉위년을 살펴보면 다음과 같다.

위그카페가 국위에 오르고 카페의 시대가 이때부터 시작됐지만 봉건 귀족이 여러 지방에 할거割拠해 왕명에 따르는 자가 없었다. 이에 더해 카페의 천품은 중인中人 이상의 인물이 되지 못했으니, 다만 세상의 일을 잘 알아서 물러나 지키는 방책을 행할 뿐이었다. 기원후 996년 카페가 죽고 태자 로베르Robert가 섰는데 그 사람됨은 아버지와 다르지 않았다. 이후 두 세대 동안 기록할 만한 사건이 없는데 이때 노르만의 세력이 점차 성대해지면서 남쪽으로는 이탈리아를 공격해 무찔렀고 북쪽으로는 잉글랜드를 정벌해 그 나라를 통일했다. 또한 유럽 각국에서 예수교를 신봉하는 군주들이 신정神征의 군대[2]라며 대군을 일으켜 팔레스타인Palestine

기원후 987년	위그카페	1483년	샤를 8세Charles VIII
996년	로베르Robert	1498년	루이 12세Louis XII
1031년	앙리 1세Henry I	1515년	프랑수아 1세Francis I
1060년	필리프 1세Philippe I	1547년	앙리 2세Henry II
1108년	루이 6세Louis VI	1559년	프랑수아 2세Francis II
1137년	루이 7세Louis VII	1560년	샤를 9세Charles IX
1180년	필리프 오귀스트Philippe Augustus	1574년	앙리 3세Henry III
1223년	루이 8세Louis VIII	1589년	앙리 4세Henry IV
1226년	루이 9세Louis IX	1610년	루이 13세Louis XIII
1270년	필리프 3세Philippe III	1643년	루이 14세Louis XIV
1285년	필리프 4세Philippe IV	1715년	루이 15세Louis XV
1314년	루이 10세Louis X	1774년	루이 16세Louis XVI
1316년	장 1세Jean I	1793년	합중정치
1316년	필리프 5세Philippe V	1799년	의원집권
1322년	샤를 4세Charles IV	1804년	나폴레옹 1세Napoleon I
1328년	필리프 6세Philippe VI	1814년	루이 18세Louis XVIII
1350년	장 2세Jean II	1824년	샤를 10세Charles X
1364년	샤를 5세Charles V	1830년	루이 필리프Louis Philippe I
1380년	샤를 6세Charles VI	1848년	합중정치
1422년	샤를 7세Charles VII	1852년	나폴레옹 3세Napoleon III
1461년	루이 11세Louis XI		

땅을 공격해 재물을 허비하고 사람을 죽였으니, 국력이 피폐해지지 않은 곳이 없었다. 그러나 오직 프랑스의 군주만이 조용히 나라를 지키고 세간의 치란治亂에 전혀 관계하지 않았는데 무위無爲로써 자국의 왕위를 공고히 할 수 있었던 셈이다.

1108년 루이 6세가 즉위해 선조 이래 전대미문의 지혜와 용기를 품고 귀족의 권한을 크게 제한했다. 무릇 이때에 이르러서 서민(民庶)의 옷과 음식이 점차 충족되고 예의(禮讓)가 흥기했으며, 또한 옛날처럼 노예 됨을 감내하지 않고 불기자유不羈自由의 취지를 달성하고자 하며 국왕을 도와 귀족을 멸했던 것이다. 1180년 필리프 오귀스트가 즉위해 역시 봉건 귀족을 멸했으며 그 외에 프랑스에 있는 잉글랜드 영지[노르망디 등은 잉글랜드의 본토였다]를 몰수해 크게 왕토王土를 개척했으니, 그 경계가 전대前代에 비하면 거의 두 배가 됐다. 1214년 국내의 한 귀족인 플랑드르의 군주가 거병해 잉글랜드 왕 존John I, 게르만 황제 오토Otto IV와 연합해 프랑스를 공격했지만 이기지 못했다. 프랑스 왕은 약간의 적은 병력으로 적을 격파해 게르만 황제를 쫓아냈고 플랑드르 군주를 붙잡았으니, 부빈 Bouvines에서 치른 한 번의 전투로 일을 마무리 지었다. 이때부터 프랑스의 위명이 유럽 전역에 떨쳤으니, 이를 두려워하지 않는 자가 없었다.

이후 그 유업을 계승한 자는 루이 9세인데 이 군주의 재위는 1226년에 시작해 1270년에 끝났다. 루이는 즉위한 이후 조종祖宗으로부터 전래된 법에 따라 왕위를 드높이는 방책에 눈을 돌렸다. 종래 프랑스에서는 지위

2   십자군을 말한다.

가 없는 평민은 제3등의 민종民種[3]으로 경멸하는 풍습이 있었지만 점차 이를 드러내고 바르게 해 왕실의 제어에 따르도록 했다. 로마의 옛 법을 채용하고 의사원의 제도를 바르게 하며 재판과 형법의 큰 국局을 세우고 점차 귀족의 권병을 박탈했으니, 왕위가 행사되는 것이 예전에 비해 백배가 됐다. 평민(下民) 중에 불평을 호소하는 자가 있으면 속히 조치해 그 폐해를 제거하고 귀족 중에 난폭한 위세를 자행하는 자가 있으면 이를 엄하게 벌해 후환을 방지함으로써 천하의 한 사람이라도 그 조치를 받지 못하는 자가 없도록 했다. 그리하니 모두가 왕의 인덕仁德을 우러르고 그 지혜와 용기를 감탄하며 그를 귀히 여기지 않는 자가 없고 그를 숭모하지 않는 자가 없었다.

후세의 여러 왕이 일을 할 만한 재주와 덕망이 부족하더라도 능히 왕실의 전권을 고수하고 이를 잃지 않았던 것은 다름이 아니라 모두 선왕이 자손에게 남긴 은덕 덕분이었다. 후세에 왕실에서 귀족이 함부로 날뛰는 것을 제한하고자 할 때는 항상 평민의 힘에 의뢰하지 않는 일이 없었다. 예로부터 프랑스의 국의國議에 관계한 자는 단지 귀족과 사제뿐이었지만 필리프 4세 때 의사원에 평민의 출석을 허했으니, 왕실을 우러르는 자가 점점 많아졌고 중대한 사건이 있을 때마다 왕의 위세가 행해지지 않는 바 없었다. 1302년 로마 교황 보니파시오Pope Boniface가 프랑스 왕을 능욕해서 신하로 복종시키고자 했지만 프랑스 왕이 결코 굴하지 않고 능히 그 국위國威를 유지했을 뿐만 아니라 오히려 교황을 괴롭힐 수 있었던

---

3 제3계급Third Estate을 말한다.

것도 모두 평민회의의 힘 덕분이었다.

○ 1328년 샤를이 죽었는데 자식이 없어서 발루아Valois 제후의 자식을 맞이해 왕으로 세웠으니, 그를 필리프 6세라고 하며 무릇 왕실의 먼 자손이었다. 전에 샤를의 누이 이사벨라가 잉글랜드 왕 에드워드 2세Edward II 에게 시집가서 아들 에드워드 3세Edward III를 낳았다. 샤를이 죽자 잉글랜드 왕이 외가라는 인연을 가지고 프랑스 왕위를 계승해 전국을 잉글랜드에 병합하려는 설說을 내세워 결국 전쟁의 단초를 열었는데 전쟁이 오래도록 그치지 않았으니, 이를 백년전쟁이라고 한다.

1340년 잉글랜드 군함이 슬로이스Sluys에서 프랑스 배를 물리쳤으며 1346년에는 잉글랜드 왕 에드워드가 2만 4,000명의 병사를 이끌고 침입했는데 프랑스 왕 필리프는 정예병력 10만으로 그를 크레시Crécy의 들판에서 맞이했다. 프랑스군이 이익을 얻지 못하고 잉글랜드의 강노強弩[4]에 괴롭힘을 당해 사망자가 대단히 많았으니, 하루 동안의 전쟁에서 프랑스가 보병 3만 명과 기사(武士) 1만 2,000명을 잃었다고 한다. 이때부터 프랑스는 다시금 위세를 떨치지 못했다. 이후 10년이 지나 1356년에 잉글랜드의 태자 블랙 프린스Black Prince가 겨우 8,000의 병사로 프랑스에 들어와서 프랑스 왕 장John II과 푸아티에Poitiers와 싸워 그들을 다시 무찌르고 왕을 포로로 삼아 잉글랜드로 돌아갔다. 이때 프랑스의 형세가 사분오열됐으니, 외국에서 고용한 병사는 국내를 약탈하며 거리끼는 바가

---

4 소노小弩·중노中弩·강노 중 크기가 가장 큰 쇠뇌를 말한다.

없었고 농민과 상인은 귀족의 학정에 고통받아 여러 지방에서 봉기했으니, 정부의 위급함이 절박한 지경이었다.

1364년 장 2세가 잉글랜드에서 죽고 태자가 즉위했는데 그를 샤를 5세라고 한다. 샤를의 재위 동안에 잉글랜드 왕 에드워드 3세가 죽어서 국내가 다스려지지 않았다. 샤를이 이 기회를 틈타 대신大臣 두 게클랭Bertrand du Guesclin과 공모해 잉글랜드인을 몰아내고 옛 땅의 태반을 회복했지만 1380년 샤를이 세상을 떠나고 게클랭도 역시 죽으면서 국난이 다시 일어났다. 태자 샤를 6세가 즉위했지만 정신착란으로 나랏일을 살필 수 없었다. 왕족인 대제후 오를레앙의 군주Duke of Orléans와 부르고뉴의 군주가 권한을 다퉈 당파가 서로 나뉘어서 전쟁하거나 암살했으니, 사태의 혼란함이 이전에 비해 두 배가 됐으며 국력은 크게 쇠퇴했다. 결국 다시 잉글랜드인을 불러오게 됐는데 1415년 잉글랜드와 프랑스의 대군이 아쟁쿠르Agincourt에서 싸워 프랑스군이 패주했고 1419년 부르고뉴의 군주 장 더 피어리스John the Fearless라는 자가 오를레앙의 군주에게 속아 살해되면서 그 자식인 필리프는 부르고뉴 땅을 가지고 잉글랜드에 항복했다.

이보다 앞서 왕비 이자보Isabeau de Bavière는 자못 간계를 품고 군주인 남편의 권한을 이미 박탈하고 그의 소생인 태자를 폐하고자 했다. 이에 따라 부르고뉴에 가담해 잉글랜드와 프랑스 간에 화친조약을 맺고 공주 카트린Catherine of Valois을 잉글랜드 왕 헨리 5세Henry V에게 시집보내 헨리를 프랑스 왕의 후사로 정했으며, 또한 프랑스 왕의 재위 동안에는 점차 헨리에게 집권직을 맡겼다. 그 실상은 전국을 적에게 바치는 것이었지만 왕은 정신병 때문에 전혀 그런 사정을 알지 못했으니, 가령 알았더라도 이를 거부할 권한이 없었다. 수개월이 지나 왕이 병으로 죽었는데 이 일로 프랑스라는 나라는 완전히 멸망에 이르게 됐으니, 왕실·교회·귀족·민족이 하나같이 와해되지 않는 자가 없었으며 태자는 다만 오를레앙의 고성孤城을 지킬 뿐이었다.

위급함이 절박한 지경에 이르러 모든 회복의 희망이 끊어졌지만 여기에 한 여자가 있었으니, 잔다르크Jeanne d'Arc라고 한다. 나이 18세로 스스로 천사라고 칭하며 프랑스 회복의 명을 하늘로부터 받았다고 하면서 보국진충報國盡忠의 대의大義를 주창했다. 결국 오를레앙의 포위를 깨고 태자를 받들어 랭스Reims에 도달해 즉위식을 거행했으니, 그를 샤를 6세라고 하고 1429년의 일이었다. 이후 여장군은 용맹한 의지를 가지고 점차 여러 성을 회복했지만 콩피에뉴Compiègne 성의 위급함을 도울 때 성의 장군이 일개 부인과 함께 공명을 얻는 것을 수치로 여겨서 잔다르크를 속여 적군 중에 빠뜨렸으니, 잉글랜드인이 그를 포박해 불살라 죽였다.

○ 잉글랜드와 프랑스가 교전한 지 이미 오랜 세월이 흘렀으니, 쌍방이 단지 그 국력을 피폐하게 할 뿐이었다. 나중에 부르고뉴의 군주가 프랑스 왕과 화친을 맺은 이후에는 프랑스인의 세력이 순식간에 면목을 바꿨다. 1435년 파리의 인민이 성문을 열고 국왕을 맞이했는데 이때부터 국내의 여러 도시가 모두 수도의 사례를 모방했으니, 항복하는 곳이 점차 많아지고 몇 년 만에 옛 땅을 회복해 칼레Calais 한 도시를 제외하고는 프랑스 국내에 잉글랜드인의 흔적이 없어졌다.

○ 백년전쟁이 비로소 그치자 인구가 순식간에 증가하고 여러 공업이 점차 번영해 인민이 생업에 종사했으니, 역시 왕년의 고난을 알지 못했다.

왕실은 조종祖宗으로부터 전래된 시책을 그르치지 않고 점차 봉건세록의 권한을 제한했으니, 루이 11세 시대에는 왕위가 점차 강성해지기에 이르렀다. 루이는 사람됨이 교활하고 간계에 능해 다방면으로 책략을 써서 귀족을 죽였는데 1477년에는 부르고뉴의 군주 샤를 더 볼드를 속여 죽음에 빠트리고 그 영지의 태반을 나눠서 왕실에 병합했다. 무릇 부르고뉴의 군주는 프랑스의 대제후로서 수백 년간 함부로 날뛰었다. 그 외 앙주Anjou · 멘Maine · 프로방스Provence 등의 땅을 취하고 남쪽으로 지중해에 이르기까지 모두 왕토에 귀속시켰다. 또한 서북 지방은 브리타니Brittany 제후가 영지에서 수년간 독립된 세력을 이루었지만 샤를 8세는 브리타니의 공주 안Anne을 아내로 맞아 그 영지 전부를 왕실의 영토에 귀속시켰다.

이 시대에 화기火器의 용법이 세상에 널리 퍼지고 궁마弓馬의 활용(道)이 점차 폐기됨에 따라 봉건세록의 귀족 등도 역시 예전의 안색을 잃었다. 종래 세록의 가문에 태어난 기사는 가령 박봉에 춥고 가난하더라도 군역軍役의 중요성에 따라 크게 권위를 떨칠 수 있었지만 당시의 시세에 따라 이를 보면 그 효용이 돈을 주고 고용한 보병만 못했다. 이때부터 봉건제도가 갑자기 무너졌는데 잉글랜드에서는 나라의 권병이 아래로 돌아가서 자유롭고 관대한 정체가 섰고, 프랑스에서는 그 권위가 위로 모아져 일군친재一君親裁의 정부를 견고하게 했다.

○ 샤를 8세 시기에는 나라가 이미 부유해졌고 군대도 강해졌다. 샤를은 타고난 기력은 없었지만 그 나라의 부강함에 기대어 망령되이 큰 뜻을 품었으니, 알렉산더 왕과 샤를마뉴 같은 일을 이루고자 했다. 1494년 거

병해 이탈리아로 원정을 떠나 나폴리Napoli에서 이겼지만 승리가 빨랐던 만큼 그것을 잃는 것 역시 빨랐다. 이때부터 수년간 프랑스인은 이탈리아와의 전쟁으로 분주해서 재물을 허비하고 생명을 잃으니, 얻은 것으로 잃은 것을 상쇄하기에 충분하지 않았다. 세간에서 말하기를, 이탈리아라는 나라는 프랑스인의 묘지라고 했는데 그 말이 맞아떨어져 1498년 샤를이 죽었다.

자식이 없었기에 육촌동생인 오를레앙의 군주를 맞이해 즉위하게 했는데 그를 루이 12세라고 한다. 루이 역시 선왕의 뜻을 계승해 이탈리아를 취하려고 했지만 성공하지 못했으며 1515년에 죽었는데 자식이 없었다. 루이 왕은 검약하고 능히 백성을 사랑했으니, 즉위 이후 예로부터의 세액을 반으로 줄였고 전쟁을 위한 정부의 비용이 많았지만 결코 국민을 괴롭히지 않았다. 왕이 항상 말하기를, 짐이 인색해 조정 신하들의 비웃음을 사더라도 사치해서 만민을 울게 하는 일은 없기를 바란다고 했다. 병에 걸리게 되자 발루아의 군주를 초대해 후사로 정하고 그의 손을 잡고서 말하기를, 짐이 지금 죽으면 남은 백성을 너에게 맡긴다고 했으니, 무릇 죽을 때까지 백성을 잊지 않았던 것이다. 재위 동안 실책은 오직 이탈리아 전쟁 한 가지뿐이었다.

발루아의 군주가 왕위를 이었는데 그를 프랑수아 1세Francis I라고 한다. 프랑스는 초기에 이탈리아에 이겨서 이를 거의 지배하는 형세였지만 이때 게르만 황제 카를 5세Charles V[에스파냐 왕으로서 게르만 황제로 선출되어 두 나라를 모두 가진 군주다]가 천품이 영민하고 비범해 이미 에스파냐는 부강을 이루었으며 또한 게르만 황제에 올라 위명이 빛났으니, 유럽 각국을 떠들썩하게 했다. 프랑스 왕이 이탈리아에 이기는 것을 보고 이를 기뻐하지 않았으니, 거병해 프랑스를 공격했고 결국 양 대국大國 간에 전쟁의 단초가 열렸다. 프랑스 왕이 사납고 강인해 잘 싸웠지만 카를의 침착함과 용맹스러움에 적수가 되지 못했으니, 1525년 파비아Pavia의 전투에서 패배해 포로로서 마드리드Madrid[에스파냐의 수도]로 보내졌다. 프랑스인은 그 군주를 잃었지만 국체國體를 잃지 않았고 힘을 합쳐서 적을 막았으니, 결국 치욕을 입는 일이 없었다.

프랑수아는 구금에서 풀려나 제 나라로 돌아온 뒤에도 결코 그 신념을 바꾸지 않았으니, 게르만 여러 나라의 권세를 죽이고자 오로지 그러한 시책만을 행했다. 뒤이은 앙리 2세의 시대에도 프랑스의 국론은 게르만에 대적하는 것을 취지로 했으니, 군대를 준비한 지 30년 만에 마침내 프랑스의 독립을 확고히 했을 뿐만 아니라 유럽 각국 역시 프랑스의 힘에 의뢰해 안전을 지키는 경우가 많았다. 이때 프랑스의 풍속이 점차 아름다움에 이르렀는데 귀족(王公)과 부자들이 모두 학문의 귀함을 알아 그 가르침을 조성助成했고 여러 학파의 문인이 끊임없이 배출되어 프랑스어의 아름다움을 극에 다다르게 했다. 도서·조각·토목의 학문이 매한가지로 진보하지 않는 바가 없었으니, 1500년대 초부터 50년간은 프랑스의 역사에 있어 문명의 시대라 칭할 만하다.

치세(治)가 극에 달하자 역시 난세(亂)가 일어났다. 1500년대 중반부터 종교개혁의 논쟁에 따라 결국 국내에서 전쟁이 일어났으니, 50년 세월은 다시 암흑의 난세로 빠지게 된 것이다. 처음 프랑수아 1세의 시대 무렵부터 종교개혁의 논의가 점차 프랑스에서 행해졌는데 그중에서 교사 칼뱅 Jean Calvin이라는 자가 그 설을 주창해 뜻을 같이하는 무리가 대단히 많았으니, 이를 "위그노Huguenot"의 도당(黨)이라고 한다. 그 초기에는 신교

新教에 귀의하는 자는 오직 귀족과 대가大家뿐이었 ▶ 곧 신교를 말한다. 평민이 귀
지만 점차 전국에서 유행해 배우지 못한 하류의 평 의하는 종교는 천주교인데 오
민(小民)을 제외하고는 나라 안 태반의 사람이 모두 늘날에 이르기까지 프랑스인은
프로테스탄트▶로 개종하려는 싹이 있었다. 천주교를 믿는 자가 많다.

　프랑수아 1세와 앙리 2세는 신교의 유행을 그치게 하고자 금제禁制의
영을 내렸지만 인정人情이 향하는 바를 어찌하지 못했다. 금지령을 내린
것이 오히려 그 유행을 촉진시켜 신교로 개종하는 자가 날로 많아지고
그 세력이 점차 성대해진 것이다. 그들은 단지 자유롭게 종교를 신봉하려
는 것뿐만 아니라 심하게는 정치의 권한까지 종교 안에서 농락하려는 세
력을 이루었으니, 마치 국내에 별도로 공립共立한 하나의 정부를 세운 것
같았다. 당시 프랑스 같은 일군친재의 나라에서 이런 신교의 세력을 보고
정부가 안심하지 못했다는 점은 말할 필요도 없다. 조정의 사람들이 변통
책을 올리거나 이를 진압하려 한 일도 있었지만 진압책은 본래 영구할 수
없는 것이기에 일이 끝내 이루어지지 못했다. 이에 그 시책을 고쳐 왕실
은 천주교를 돕기로 결의했으며 이때부터 천주교도와 신교도가 서로 나
뉘어 각자 그 수괴를 믿었다. 그런데 논의가 날로 비등해지면서 1560년
프랑수아 2세의 시대에 처음으로 전쟁의 단초가 열렸으며 1598년에 점
차 평정을 회복했다.

　샤를 9세와 앙리 3세의 재위는 2대를 합쳐도 겨우 28년에 지나지 않는
데 그동안 쌍방의 당파가 교전한 것이 여덟 번이니, 재물을 허비하고 생명
을 떨어뜨린 일을 들자면 헤아릴 수 없다. 신교의 수괴로서 가장 유명한
자는 해군제독 콜리니Gaspard II de Coligny고 천주교 도당은 듀크 오브
기즈Duke of Guise를 수괴로 삼는데 쌍방이 서로 그 설說을 고집해서 화

해하지 못했다. 1572년 샤를 9세 시대에 천주교의 여러 수장이 은밀히 회동해 신교 당파를 모두 살육함으로써 갈등을 근절하기로 결의했다. 8월 24일 파리 시내에서 불시에 거병해 먼저 수군제독의 집에 들어가 그를 죽이고 그 외 신교에 관계된 자는 행적이 분명하지 않더라도 귀천과 노소를 불문하고 도륙했다. 백발의 병든 노인이 선혈에 물들고 갓 태어난 아기와 어미도 함께 죽임을 당했으며 시체가 산을 이루고 유혈이 절굿공이를 뜨게 할 지경이었으니, 그 참혹함을 말로 다할 수 없었다. 8일간 5,000명을 죽였다고 하며 후세에 이를 "바르톨로메오Bartholomew"의 도륙이라고 이름 지었으니, 무릇 8월 24일은 바르톨로메오의 축일이기에 이러한 이름을 붙인 것이다.

　이런 살육을 자행했음에도 신교도는 여전히 절개를 고집해 움직이지 않았으며 1589년 앙리 3세Henry III of Navarre가 자객에게 죽임을 당했다. 자식이 없었기에 유언으로 사위인 나바라Navarre의 군주에게 왕위를 전했는데 그를 앙리 4세라고 한다. 무릇 나바라의 군주는 그 성姓을 "부르봉Bourbon"이라 칭하며 루이 9세의 후손이기 때문에 앙리 4세부터 그 이하 역대 황제를 부르봉의 혈통이라고 한다. 앙리는 본래 신교 위그노 도당에 속해 그 수괴의 이름을 얻은 사람이기 때문에 천주교 도당은 그에게 복종하지 않았다. 다만 그의 천품이 강하고 용맹해 은인恩仁이 두터움에 따라 점차 인심을 얻었지만 결국 천주교가 아니면 전국의 인심을 장악하기 어렵다는 것을 알고 스스로 개종해서 천주교에 귀의했다. 또한 새로운 영을 내려 국내에 프로테스탄트 종교를 허하고 신교를 믿는 자라고 하더라도 공적이거나 사적인 직업에 나아갈 수 있으며 나라 안의 모든 곳에 출입하는 것도 천주교인과 다른 바 없다는 취지를 포고했다. 이때부터 쌍방의 신도가 각기 그 자리를 얻었으니, 수십 년의 논쟁이 처음으로 평정됐는데 이 새로운 영을 "낭트Nantes"의 영이라고 부른다.

○ 앙리는 대란大亂의 뒤를 이어 왕위에 즉위해 즉시 종교논쟁을 화해시 켰고 이어서 나라의 부강을 회복하고자 했다. 시해자인 재상 쉴리Duke of Sully와 공모해 백관百官을 정비하고 형법을 바르게 했으며 세금을 감면 하고 나라의 비용을 절감했으며 농업을 권장하고 공업을 장려했으며 학 문을 닦고 예술을 인도했으니, 비로소 정부의 체재를 이루었고 풍속이 점차 두터워졌으며 옷과 음식이 날로 풍요로워졌다. 또한 선왕 프랑수아 1세의 뜻을 이어받아 게르만제국의 권한을 제어하려는 일을 기획했으니, 4만의 군대를 모집해 친히 장군으로 당당히 나아가려고 했을 때 자객에 게 살해당해 끝내 일을 맺지 못했다.

그때가 1610년이었으니, 태자가 뒤를 이어 즉위했는데 그를 루이 13세 라고 한다. 나이가 9세였기에 태후가 청정했는데 선왕이 남긴 신하들을 물리치고 간신 콘치니Concino Concini를 기용하면서 조정과 정치가 다시 혼란스러워졌다. 루이가 장성해 어머니의 거동을 보고 내심 이를 기뻐하 지 않았으니, 1619년 간신 콘치니 일당을 잡아 이를 주살했으며 태후는 도망쳐서 블루아Blois에 숨어 살았다. 이때부터 모자 사이가 점점 나빠 졌으니, 태후는 은밀히 가까운 신하와 모의해 무력으로 지난날의 권한을 회복하고자 했지만 이를 두 번이나 시도했음에도 끝내 일을 이루지 못했 다. 도당이 서로 분열하고 논쟁이 날로 늘어갔지만 다행히 이름난 신하인 리슐리외Cardinal Richelieu의 힘에 의뢰해 어미와 자식 사이의 원한을 풀 게 되면서 점차 나라의 세력을 만회할 수 있었다.

리슐리외는 원래 귀족의 자식으로 약관의 나이에 천주교에 입문해 곧 뛰어난 명성을 얻었다. 이후 정부에 출사해 태후의 신용을 얻어 점차 승진했고 1624년 재상의 지위에 올랐다. 루이 왕도 역시 천품이 우둔하고 나약해 나랏일을 감당하지 못했기에 오로지 재상에게 위임했으니, 안팎의 사무와 일체의 모든 일에 대해 리슐리외의 재단을 바라지 않는 바가 없었다. 그가 재직하는 동안 시행했던 정치책략의 목적을 살펴보면 그것을 3개조로 나눌 수 있다. 즉 루이 11세의 유업을 이어받아 봉건세록의 잔재를 제거해 귀족을 압도하고 국력을 왕실에 집중시키고자 한 것이 제1의 목적이었다. 또한 당시 프로테스탄트[신교, 즉 위그노다]의 신도가 다시금 성대해져서 마치 하나의 정부로서의 체재를 이루어 왕명에 따르지 않는 자가 있었기 때문에 그 기세를 죽이고자 한 것이 제2의 목적이었다. 또한 게르만의 제위를 계승한 자는 오스트리아가에 한정됐으며 그 권위가 점차 증대되어 각국을 병합하고자 하는 기세가 있었기 때문에 그 기세를 제어해 프랑스의 국위國威를 빛내는 것이 제3의 목적이었다.

이상 3개조의 목적 중에 하나도 그 시책을 그르치지 않았는데 법률을 엄하게 해서 귀족을 제한하고 법을 위반하는 자는 반드시 형벌을 가해 그 가문을 몰수했으며 왕실의 친족이라 하더라도 결코 죄를 눈감아주지 않았으니, 이에 따라 봉건세록의 옛 폐단이 비로소 일소됐다. 1626년 신교의 신도를 공격해서 그 소굴을 뒤집어놓기 위해 로셸La Rochelle 성을 포위하고 결국 이를 함락시켰는데 이때부터 국내에 신교를 주장하는 자가 없어졌다. 재상의 권위는 단지 국내에서만 행해진 것이 아니었으니, 그 시야가 일찍이 외국의 일에도 미쳐 기회에 편승할 수 있으면 결코 이를 그르치지 않았다. 게르만의 난亂[5]에 투신해 라인 강 동쪽 땅을 취했으며 오스트리아를 복종시키고 에스파냐를 정벌했으니, 그 위명이 멀리 유럽 각국에 울려 퍼져 이를 두려워하지 않는 자가 없었다. 일찍이 공功을 세우고 명성을 얻었지만 1642년에 병으로 죽었다.

이듬해 루이 13세 역시 치세를 끝냈으니, 재위 33년 동안 전혀 정무에 관여하지 않고 오직 재상에게 위임해두고 의심하지 않을 뿐이었다. 리슐리외의 사람됨은 잔인하고 권모술수가 많았으며 그 일신의 행실도 오만 불손해 보고 있을 수 없을 지경이었다. 그러나 국난의 시기에 당면해 정부의 대권을 쥐고 그 일을 행하는 것에 있어서는 규모가 항상 거대했으며 공을 이룬 것 중에 아름답지 않은 바가 없었다. 결국 입군독재立君獨裁의 정체를 굳건히 하고 왕의 위세가 빛나게 되는 기반을 열어놓은 것은 그의 위업 역시 크다고 말할 수 있다. 일찍이 사람들이 말하기를, 새로운 법을 세우는 것은 옛 제도를 실제로 시행하는 것만 못하고 나라의 나쁜 폐단을 제거함에 있어 핵심은 언어에 있지 않고 실행 여하에 있다고 했는데, 이것이 바로 재상이 마음에 둔 일이었던 셈이다. 러시아 황제 표트르 1세가 프랑스에 있을 때 일찍이 리슐리외의 묘비를 보고 탄식하며 말하기를, 오호! 대인이여, 당신이 만약 나를 가르쳐 내가 나라의 절반을 통치할 기술을 가졌다면 남은 절반을 당신에게 주었을 텐데, 라고 했으니 영웅이 서로를 사모하는 정을 볼 수 있는 것이다.

○ 루이 14세가 즉위했을 때 나이가 겨우 5세였으니, 선왕의 유언에 따라

---

5 30년 전쟁Thirty years' War을 말한다.

태후가 섭정하고 왕의 숙부인 오를레앙의 군주가 이를 보좌했다. 또한 이후 태후의 명으로 이탈리아인 마자랭Cardinal Mazarin을 기용해 재상직에 임명하고 국사를 맡겼는데 그의 권위가 리슐리외와 다르지 않았다. 이때 프랑스는 게르만·에스파냐와 적대해 국사가 다단했지만 군대를 지휘하는 자로 그랑 콩데le Grand Condé 등의 인물이 있어 밖으로는 싸우고 안으로는 재상 마자랭의 경세제민(經濟)으로 재물과 비용을 처리하니, 국왕이 어렸음에도 안팎의 모욕을 받지 않았다.

1662년 마자랭이 죽자 정부의 권병이 비로소 국왕에게 돌아왔는데 루이의 사람됨이 아버지와 다름없어서 천품이 호탕하고 고매했으니, 지혜롭게 결단했다. 항상 스스로 말하기를, 하늘이 임금(人君)을 낳은 것은 하늘을 대신해 일을 하도록 하기 위한 취지이기에 필히 그에게 일종의 명덕明德을 부여하는 것이라 했는데, 이 설說은 거의 몽상에 가까운 것이지만 이를 믿어 의심치 않았다. 단지 자존심이 생겨 공功을 탐하는 것에 그치지 않고 어려움에 맞닥뜨려도 두려워하지 않았으니, 결국 한 시대의 성대함을 이루게 됐다. 마자랭이 사망한 날부터 모든 일이 모두 왕의 친재親裁에서 나왔으니, 재상·대신 같은 자는 서기書記의 일에 사역하고 왕명을 전달할 뿐이었다. 콜베르Jean-Baptiste Colbert와 르부아Marquis de Louvois 등은 얼마간 재상의 권한을 가진 자였지만 왕의 농락籠絡에서 벗어나 스스로 공을 드러내지는 못했다. 그러나 당시 프랑스에서 부국과 이용利用의 정책을 시행해서 정부의 세입 역시 부유할 수 있었던 것은 실로 재상 콜베르의 공이었다. 옷과 음식이 점차 넉넉해지고 지식과 학문 역시 점차 나아가니, 문명개화를 기대해 맞이할 수 있을 만한 형세가 있었다.

○ 1667년 잉글랜드와 네덜란드 사이에 일이 일어났는데 프랑스는 네덜란드를 원조해 군함을 출진시켰다. 네덜란드의 해군총독 라위터르Michiel de Ruyter가 잉글랜드의 수도로 들어갔고 잉글랜드인이 패주함으로써 일이 곧 평정됐지만 각국의 정부는 프랑스가 날로 강성해지는 것을 보고 스스로 안심하지 못했다. 이에 잉글랜드·네덜란드·스웨덴 3국이 은밀히 조약을 맺어 프랑스 왕을 압박했고 피레네Pyrenees에서 맹약해 각국이 그 침략지역을 반환하도록 함으로써 크게 프랑스의 국위國威를 제한했다.

프랑스 왕은 본래 이 조약을 기뻐하지 않았고 특히 네덜란드인의 거동에 크게 분개했다. 이에 먼저 책략을 시행해 잉글랜드와 네덜란드의 관계를 끊어놓기 위해 1672년 10만의 군대를 일으켜 친히 장군으로서 네덜란드에 들어가 힘을 다해 이를 공격했지만 네덜란드인도 역시 약한 적이 아니었다. 전국에서 한 사람도 보국報國의 도리를 잊은 자가 없어서 죽음으로 지키며 프랑스군을 막았으니, 육상전에서는 이익이 없었지만 해전에서는 네덜란드가 본색本色을 잃지 않았다. 명장 라위터르가 지혜와 용기를 가지고 잉글랜드와 프랑스의 해군에 대적했으니, 결국 본국의 명예를 더럽히는 일이 없었다. 당시 유럽 각국의 정부가 네덜란드를 구하고자 하는 마음이 간절하지 않았지만 프랑스 왕의 위세를 보고 순망치한脣亡齒寒의 우환을 두려워했다. 이에 게르만·덴마크·에스파냐 3국이 출병해 네덜란드를 원조했고 잉글랜드도 역시 시책을 바꿔 동맹에 가담함으로써 다시 한번 커다란 전장이 됐다.

이때 당시 프랑스의 장군으로 그랑 콩데와 튀렌Viscount of Turenne이 있었으며 게르만의 장군으로는 몬테쿠콜리Raimondo Montecuccoli가 있었고 네덜란드의 장군은 곧 윌리엄 3세William III였다. 천하에 유명한 네

명의 대장은 각각 그 지략을 떨쳐서 이기거나 졌지만 전쟁이 난관에 이르자 오직 용병술의 우열(巧拙)을 다퉈 망령되이 사람을 죽이며 전쟁의 본래 뜻을 잊어버린 일이 많았다. 수년 동안 각국의 힘이 완전히 피폐해져서 모두 전쟁에 지친 기색이 있었는데 잉글랜드 왕의 주선에 따라 화의和議가 점차 이루어졌으니, 1675년 네덜란드의 네이메헌Nijmegen에서 회동해 각국이 화친조약을 맺었다. 이번 전쟁은 원래 네덜란드가 일으킨 것이지만 화의가 이루어질 때 네덜란드는 전혀 옛것을 잃지 않았으며 땅을 할양해 국위를 떨어뜨린 나라는 오히려 에스파냐와 스웨덴뿐이었다. 프랑스 왕은 화의 당시 맹주가 됐으니, 왕의 뜻으로 조약의 조항을 정해 땅을 얻은 것이 적지 않았고 의기양양해 천하에 적수가 없는 것 같았다.

네덜란드 합중정치의 대통령인 윌리엄[곧 윌리엄 3세다. 당시 네덜란드는 합중정치였다] 같은 자는 프랑스인이 은근히 경멸하는 바였다. 그런데 윌리엄은 예상치 못한 모략으로 다시금 각국을 연합해 프랑스가 함부로 날뛰는 것을 제어하고자 했다. 아우크스부르크Augsburg에서 서로 모여 맹세했는데 연합국은 오스트리아·네덜란드·스웨덴·사보이아 공국Duchy of Savoy[게르만의 한 나라]이었다. 프랑스 왕은 이를 듣고 적보다 앞서 일을 벌였으니, 황태자로 하여금 10만을 이끄는 장군으로서 게르만에 들어가게 했다. 필립스부르크Philippsburg·마인츠Meainz·스페이어Speyer 등 여러 도시를 공격하고 선 곳에서 이를 불태우려 했으니, 프랑스군의 칼날에 당할 자가 없었다.[6]

사태가 아직 평정되지 않았는데 1680년 마침 잉글랜드에서 난亂이 발생했으니, 국민들이 잉글랜드 왕 제임스 2세James II의 악정에 분개해 그를 쫓아내고 왕의 사위인 네덜란드의 윌리엄을 맞이해 왕위를 바친 것이다. 이때부터 윌리엄 3세는 잉글랜드의 왕위에 있으면서 네덜란드의 정치를 겸했으니, 두 나라가 한 군주의 세력으로서 프랑스의 호적수가 됐다. 제임스 2세는 프랑스로 도망쳤는데 프랑스 왕은 그를 지원해 잉글랜드에 들어가도록 하려 했지만 그러지 못했다. 이때 유럽 본토(本州)[잉글랜드의 두 섬을 제외한 나머지를 본토라고 한다]에서는 마침 전쟁이 절정에 이르렀다. 프랑스 육군이 항시 이익을 얻어 윌리엄도 역시 패주하게 됐지만 라오그 곶Cape La Hougue 근해에서 잉글랜드와 네덜란드의 군함이 프랑스의 군함을 진멸殄滅시킨 이후로 프랑스 해군은 다시금 기세를 떨치지 못했다.

전쟁의 햇수가 이미 오래됐고 각국 정부가 구태여 화의를 맺을 뜻이 없었다고 하지만 사실 국력이 고갈되고 군색한 나머지 일시적인 평화(無事)를 희망하고 있었다. 이에 네덜란드의 레이스베이크Ryswick에 모여 화의를 맺고 프랑스로 하여금 모조리 그 침략지역을 반환하도록 했으니, 실제 1697년이었다. 프랑스 국민은 그 조약을 반기지 않았지만 루이의 심사는 이 기회를 틈타 잠시 동안 태평을 사고 다른 하나의 일을 기획하려는 것에 있었다.

무릇 그 하나의 일이라는 것은 바로 에스파냐의 왕위상속 논의였다. 에스파냐 왕 카를로스 2세Carlos II가 연로했지만 자식이 없었는데 유럽인 모두 그 장래의 상속에 이목을 집중하지 않는 자가 없었다. 카를로스의

---

6 프랑스–네덜란드 전쟁 직후 프랑스와 유럽 연합국 간의 이른바 9년 전쟁에 관한 기술로 이 전쟁은 1688년에서 1697년까지 이어졌다.

혈육을 살피니, 가장 가까운 친척이 바로 프랑스 왕 루이 14세와 게르만 황제 레오폴트Leopold I였다. 프랑스와 게르만의 양 군주가 은밀히 모의해 에스파냐 왕 사후에 그 나라를 양분하고 양 군주의 자식에게 물려주어야 한다는 일을 약속했다. 에스파냐 왕이 이 모의를 알아차리고 크게 분개해서 바이에른의 군주를 맞아 후사로 정했지만 이 군주가 일찍 죽었다. 이후 왕도 이전의 분함을 잊고 프랑스 왕의 자손인 앙주Anjou의 군주를 선택해 에스파냐의 국위를 잇게 했으니, 이를 펠리페 5세Felipe V라고 한다.

게르만 황제는 전혀 별다른 방책도 없었고 득 되는 바도 없었기 때문에 프랑스에 대해 원한을 품었지만 아직 각국의 응원을 얻지 못했다. 이때 선대 잉글랜드 왕 제임스 2세[나라에서 쫓겨난 자]가 프랑스에서 죽었고 프랑스 왕이 다시 제임스의 자식을 도와 잉글랜드로 들어가려고 하는 모략이 있었는데 잉글랜드인은 이를 듣고 크게 반기지 않았다. 원래 잉글랜드 정부는 에스파냐의 일에 관여하지 않았지만 프랑스 왕의 조치에 분노해 거병했으니, 잉글랜드와 네덜란드가 힘을 합쳐 게르만을 응원하게 된 것이다. 당시 게르만군을 이끈 자는 외젠 왕자Prince Eugene of Savoy이고 잉글랜드와 네덜란드 양국군을 지휘한 자는 잉글랜드 장군 말버러1st Duke of Marlborough였는데, 그가 전권을 가지고 호령하니 나아가고 물러나는 것이 뜻대로 되지 않는 바가 없었다.

반면 프랑스 조정에서는 루이 14세가 그 부인인 맹트농Marquise de Maintenon에게 혹닉되어 나라 안의 신하를 일에 쓰고 장군을 임명함에 있어 확고하지 않았다. 이에 따라 군대를 통솔하는 자가 영역 밖의 권한을 마음대로 할 수 없었으니, 걸핏하면 기회를 놓쳐 이익을 잃는 일이 많았다. 1704년 프랑스의 장군 탈라르duc de Tallard와 마르생comte de Marsin이 6만의 병력을 이끌고 바이에른의 군주를 쫓았고 게르만·잉글랜드·네덜란드 연합군 6만과 회흐슈타트Höchstädt에서 교전했지만 프랑스군에 이익이 없었다. 같은 해 지브롤터Gibraltar라는 요충지[에스파냐 남쪽 지중해의 입구다]도 잉글랜드인에게 빼앗겼다. 이탈리아 지방에서는 프랑스군이 다소 세력을 얻어 한때 게르만군에게 이겨 토리노Turin를 포위했지만 게르만의 장군 외젠이 이곳에 부임해 홀연히 그 포위를 부수면서 프랑스군은 다시금 위세를 떨치지 못했다.

프랑스 국내에서는 왕실의 자제가 빈번히 병사했고 왕의 기운과 담력이 이미 떨어졌으며 이에 더해 기근이 불러온 재난까지 덮치자 어쩔 수 없이 결국 화친을 구하는 담판에 이르렀다. 동맹 각국도 처음에는 프랑스의 요청을 거절했지만 게르만 황제의 죽음을 기회로 잉글랜드 정부가 먼저 정책을 바꿔 화의를 설파했고 네덜란드와 게르만도 그 예에 따라 쌍방이 화친조약을 맺었다. 이를 위트레흐트Utrecht[네덜란드의 도시] 회의會議라고 하는데 이때가 1712년이었다. 에스파냐의 상속에 따라 각국이 병력을 움직이기 시작해 위트레흐트 화의에 이르기까지 12년이나 계속되는 동안 프랑스군이 이익을 잃은 바가 많았지만 아직 그 나라의 면목을 더럽히지는 않았다.

에스파냐의 왕위는 결국 부르봉[프랑스 왕가의 성]으로 돌아갔다.

○ 1715년 루이 14세가 죽었는데 향년 77세로 재위 72년 만이었다. 태자가 어려서 죽고 그 밖에 왕실의 친족 역시 사망한 자가 많았으니, 왕위를 이을 만한 자가 없었다. 이에 왕의 증손자인 부르고뉴 군주를 옹립했는

데 그를 루이 15세Louis XV라고 한다. 나이가 5세에 불과했기에 선왕의 조카 오를레앙의 군주 필리프Philippe II가 후견인을 맡아 섭정했다. 루이 14세 때부터 수년간의 전쟁으로 전국이 빈곤에 이르렀으며 루이 15세 초기에 이를 구휼하려 했지만 오히려 피폐가 한층 극에 달했다.

스코틀랜드인 로John Law라는 자가 지혜가 있고 경제에 밝았다. 본국에서 망명해 프랑스에 와서 후견인 필리프를 알현하고 지폐로 국채를 배상하는 정책을 헌상했으니, 필리프의 신임을 크게 얻어 즉시 그 정책을 시행했다. 또한 정부의 권한으로 상인회사를 결성해 북아메리카에 있는 프랑스 영지와 무역을 열었는데 한때 사사롭게 농단해 이익을 얻는 일이 많았다. 국내의 사람들이 그 이윤의 크기를 보고 별안간 탐욕스러운 마음을 갖게 되어 앞 다투어 상사의 어음을 샀는데, 이에 따라 어음의 가격이 올랐음에도 이를 사려는 자가 더욱더 많아졌다. 상사는 이 기회를 틈타 망령되이 어음을 발행했고 국민 중에 산업을 비우고 오로지 그 어음만을 모으는 자도 있었다.

이에 따라 나라의 금과 은이 점차 감소했고 어음은 점차 늘어났는데, 결국 어음의 가격이 하락하게 됐고 한번 하락의 싹이 있으니 그 기세를 멈출 수 없었다. 상사에 가서 상환을 요구해도 상사는 애초에 이를 상환할 방법이 없었기 때문에 어음의 통용이 돌연 중지됐다. 명목은 1,000만의 가치를 갖지만 그 실상은 한 조각의 휴지조각을 품은 것과 같았으니, 산업이 망하고 의식을 잃은 자가 헤아릴 수 없었다. 로는 국민의 분노를 두려워해 은밀히 프랑스에서 도망쳤다. 처음 로가 프랑스에 왔을 때는 일찍이 도박으로 번 일금 50만 달러를 소지했고 그 후 상사의 전권을 가지고 엄청난 부를 이루었지만 도망칠 때는 겨우 그 생명을 온전히 했을 뿐

몸에 지닌 것은 800금金에 불과했다고 한다.

○ 위트레흐트의 화친 이래로 수년간 천하가 평화로운 나날이 이어졌지만 에스파냐에 모략에 능한 신하로 알베로니Giulio Alberoni라는 자가 있어 망령되이 거사를 기획했으니, 잉글랜드 왕을 폐하고 그 옛 군주[제임스 2세]의 자식을 세우고 게르만에 등을 돌리고 에스파냐의 옛 땅을 회복하며 에스파냐 왕을 프랑스 왕의 후견인으로 정해서 결국 에스파냐와 프랑스 양국을 병합하려는 책략을 꾸민 것이다. 그러나 일이 아직 시작되지도 않았는데 은밀한 모의가 먼저 들통 났고 잉글랜드·프랑스·게르만이 연합해 그 죄를 물으니, 에스파냐 왕이 이에 대적할 수 없어 바로 알베로니를 추방하고 사죄해 일이 빠르게 평정됐다.

○ 1734년 폴란드 왕 아우구스트Augustus II가 죽자 국민이 함께 의논해 스타니스와프Stanislaus I[이전에 도망친 폴란드 왕이다]를 맞이해 왕으로 세웠다. 게르만 황제는 아우구스트에 가담해 러시아와 모의했으니, 군대를 보내 스타니스와프를 쫓아내고 아우구스트의 자식을 세웠다. 프랑스 왕이 외척이라는 이유로 스타니스와프를 도왔기 때문에 결국 프랑스와 게르만 사이에 전쟁이 일어나게 됐다. 그러나 프랑스의 재상 플뢰리André-Hercule de Fleury가 전쟁을 좋아하지 않았고 게르만 황제 역시 연로해 오직 여식이 하나 있을 뿐이어서 남자에게 제위를 전하는 옛 법을 고치기를 바라고 있었다. 이에 화의를 맺어 프랑스는 침략지역을 갖고 게르만 황제는 여자에게 제위를 전할 수 있도록 약정했다. 이 조약에는 각국 정부도 모두 조인했는데 게르만의 장군 프린스 외젠이 홀로 이를 반기지 않으

며 말하기를, 약속을 이행하기를 바란다면 1만 권의 조약서로 이를 확고히 하는 것은 100명의 병사로 이를 지키는 것만 못하다고 했으니, 그 말이 과연 그러했다.

1740년 게르만 황제가 죽고 그 여식 마리아 테레지아Maria Theresia가 즉위했다. 능묘가 채 마르지도 않았는데 4개국의 군왕君王이 일찍이 제위를 노리고 있었으니, 폴란드·바이에른·에스파냐·사르데냐Sardegna의 군주가 각각 구실을 들어 서로 다투는 형세였다. 그러나 전쟁은 아직 일어나지 않았는데, 먼저 전쟁의 단초를 연 자는 프로이센 왕 프리드리히 2세Friedrich Ⅱ였다. 원래 프로이센은 미미한 일개 소국으로 아직까지 전혀 유럽의 큰일에 관여한 적이 없었다. 40~50년 이래로 은밀히 부강책을 시행했으니, 1740년 프리드리히 1세Friedrich Ⅰ가 죽었을 때 저축이 일금 600만 달러였고 병사가 7만 2,000명이 있었다. 프리드리히 2세는 불세출의 뛰어난 재능을 품고 조부의 유업을 이었으니, 이미 날개를 완성해 실로 날아오르려는 기세가 있었지만 사람 중에 이를 아는 자가 없었다.

같은 해 게르만 황제가 죽고 2개월 만에 프로이센 왕 프리드리히 2세가 3만의 정예병을 이끌고 돌연 실레시아Silesia[게르만 황제의 영지]의 땅에 나타나서 처음으로 천하의 이목을 놀라게 했다. 프로이센 왕이 근거 없는 논의를 주장해 이 지방을 취하려 했기에 그 구실은 선하지 않았지만 국방(兵備)의 선함으로 홀연히 이를 이겨냈다. 이후 천하 일반에 소란을 일으켰는데 이를 오스트리아 상속 전쟁이라고 한다[오스트리아가는 바로 게르만 황제가다]. 프랑스 정부는 이 기회를 틈타 게르만 황제가의 권위를 압도하고자 했으니, 곧바로 바이에른의 군주를 옹립해 게르만 황제로 삼고 대군을 일으켜 게르만에 쳐들어가 싸워 이기지 못한 적이 없었다.

여제女帝는 도망쳐 헝가리에 숨었고 게르만의 존망이 절박함에 처하게 됐는데 여제가 이동한 곳에서 군대를 모아 결국 프랑스군을 격파하고 바이에른의 군주를 쫓아낼 수 있었다.

이때 잉글랜드 왕 조지 2세George II는 옛 나라라는 이유로 하노버를 지배했고▶ 하노버는 게르만의 동맹국이었기 때문에 잉글랜드 정부도 역시 게르만 황제를 응원했다. 프랑스는 본래 바이에른을 응원하는 취지로 거병했지만 재상 플뢰리가 죽은 뒤에는 주전론을 거부하는 자가 없어 오로지 국력을 다해 병력을 동원했으니, 흡사 최강의 기세를 이루었다. 잉글랜드인도 역시 다른 것을 생각하지 않고 프랑스에 대적했으니, 쌍방이 전쟁의 본래 뜻을 잊고 단지 양 대국의 강약을 다투기에 이르렀다. 1743년 데팅겐Dettingen 전투에서는 프랑스인이 패주했고 1745년 퐁트누아Fontenoy에서는 폴란드 왕자 삭스Maurice de Saxe가 프랑스군의 장군으로서 잉글랜드인을 격파했으니, 잉글랜드 육군이 다시금 기세를 떨치지 못했지만 해전에서는 잉글랜드인에게 상당한 이익이 있었다.

▶ 조지 1세는 본래 하노버의 군주로서 잉글랜드 왕에 즉위했고 이후 잉글랜드와 하노버 양국은 한 명의 군주를 가졌다.

그 후 잉글랜드 국내에 사변이 있어 외국에 출병할 수 없었고 프랑스도 역시 화의를 바랐으니, 1748년 게르만의 엑스라샤펠Aix-la-Chapelle에서 회동해 화친조약을 맺었다. 본래 이 조약의 시작과 끝은 실로 대단히 비웃을 만한 것이라 할 수 있다. 전쟁을 일으킨 이유는 오스트리아의 땅을 분할하고 그 여제를 폐위하려 한 취지였는데 화의를 맺게 되자 오스트리아는 단지 실레시아 땅을 프로이센에 빼앗긴 것뿐이며 그 외에 잃은 바가 없었다. 여제는 제위를 유지하고 각국 정부 역시 이를 인정했으니,

잉글랜드도 잃은 바 없고 프랑스도 얻은 바 없이 단지 쓸데없이 수년간 싸웠을 뿐이다.

○ 엑스라샤펠 조약 중에 언급할 만한 일이 있으니, 다른 일은 모두 전쟁 이전 상태로 하며 이를 지켜야만 한다고 운운한 것이다. 그런데 아시아와 아메리카에 있는 잉글랜드와 프랑스의 식민지가 서로 이웃해 있음에도 아직 그 경계를 정하지 못한 것이 많았다. 1749년에 프랑스인이 북아메리카 캐나다 경계에 잉글랜드인이 차츰 침입하는 것을 비난했고◀ 잉글랜드인은 오히려 프랑스인이 잉글랜드령에 침입하는 것을 비난했으니, 논쟁에 결론이 내려지지 않은 지 오래였다.

◀ 이때 합중국은 아직 독립하지 않았고 캐나다는 프랑스령으로서 잉글랜드령과 이웃하고 있었다.

1755년 잉글랜드 정부가 불시에 군함을 동원해 캐나다를 수호하는 프랑스 배를 습격했는데 프랑스 왕도 역시 바로 거병했으니, 이것이 바로 7년 전쟁의 시작이었다. 소위 7년 전쟁에서는 프랑스와 오스트리아가 연합했는데 무릇 이 양국은 200년 이래의 오랜 적이었다. 또한 잉글랜드는 프로이센과 힘을 합쳤는데 이 양국도 서로 강성함을 시샘한 지 오래였다. 친구와 적의 변화가 이와 같으니, 그 사정의 혼잡함 역시 미루어 알 수 있을 뿐이다.

전쟁 초기에는 프랑스인이 번번이 이겨 캐나다에서는 잉글랜드인이 함부로 날뛰는 것을 제압했고 게르만에서도 잉글랜드 장군 컴벌랜드Duke of Cumberland가 프랑스와 강화해 하노버의 땅을 잃었으며 프로이센 왕 역시 오스트리아의 장군 다운Leopold Joseph von Daun에게 격파당했지만 1757년 로스바흐Rossbach에서의 승패로 전쟁의 형세가 다시금 일변했다. 이 전쟁에서 프로이센 왕이 그 군략을 마음껏 펼쳤는데 불시에 프 랑스와 오스트리아 진영을 습격해 교전하지 않고도 두 대군을 격파했다. 나아가 로이텐Leuthen 전투에서 승리한 기세를 타고 이전에 잃었던 실레 시아 땅을 회복했는데 잉글랜드인 역시 하노버를 수복했다. 프로이센 왕 은 번번이 전장에서 승리했지만 그 국력은 날로 피폐해졌고 러시아도 오 스트리아에 동조해 양 제국군을 연합해 프로이센에 임했으니, 그 멸망의 시기를 기다리는 수밖에 없는 형세였다.

하지만 때마침 러시아의 여제 엘리자베타Elizabeth of Russia가 죽고 표 트르 3세Peter III of Russia가 즉위하게 됐다. 종래 표트르는 프로이센 왕 의 사람됨에 심취해 그를 도우려는 마음이 간절했으니, 이를 위해 오스 트리아와의 관계를 단절했을 뿐만 아니라 나아가 러시아 전국의 군대로 프로이센을 구원할 것을 약속했다. 그러나 미처 그 약속을 완수하지 못 하고 표트르는 폐위됐으며 예카테리나 2세의 시대에는 국외 중립을 지 켰다.

프로이센 왕은 사변에 처하고도 기력을 굴하지 않았으니, 7년간 소득 이 대단히 컸다. 해외에서는 잉글랜드인이 승리하지 못한 곳이 없었는 데 인도 지방에서는 프랑스의 영지 찬다나가르Chandannagar, 푸두체리 Puducherry 등을 취했고, 아프리카에서는 세네갈Senegal 성과 고레Gorée 섬을 빼앗았으며, 아메리카에서는 서인도의 여러 섬과 캐나다 지방도 모 두 잉글랜드인의 손에 떨어졌다. 에스파냐의 정부가 잉글랜드 해군이 날 로 강성해지는 것을 보고 이에 놀라 그 기세를 제어하기 위해 프랑스와 조약을 맺고 원군을 보냈지만 오히려 득이 없었고, 또한 잉글랜드인에게 해외 식민지를 빼앗기고 무역권을 박탈당했을 뿐이다.

○ 전란이 오래 지속되자 각국 사람들이 태평을 희망했으니, 화의가 점차 이루어져 1763년 프랑스의 수도 파리에서 조약을 맺었다. 이 전쟁에서 이익을 얻은 것은 오직 잉글랜드와 프로이센뿐이었으며 잉글랜드가 해외 식민지를 점유하고 전 세계의 무역을 전횡하는 형세 역시 이때 한층 성대해졌다.

○ 7년 전쟁으로 프랑스는 점차 해외 식민지를 잃었고 해군도 극히 쇠퇴했으니, 여러 곳의 바다에서 또한 한 척의 프랑스 배도 볼 수 없었다. 국내 풍속에 있어서는 그 추악함이 거의 말로 할 수 없을 정도였다. 음주와 여색을 밝히고 사치스럽고 음탕했는데 국왕이 본을 보이고 신하가 이를 본받으니, 정치와 형벌은 황폐하고 국고는 곤궁했으며 상하가 서로 신뢰를 잃어 백성은 그 자리를 편히 하지 못했다. 심하게는 병원건립을 위해 기부한 돈마저도 빼앗아 관리가 주색에 제멋대로 쓰는 지경에 이르렀다. 문무의 관직이나 교회의 성직자도 돈으로 매매했으니, 명목은 관직이지만 실상은 탐욕스러워 배부름을 알지 못하는 자의 먹이에 불과했다.

무릇 프랑스의 역사 중에 나라의 풍속이 선하지 않았던 것으로 루이 15세 말년을 최고로 꼽는다. 간략히 이를 언급하자면 루이 15세는 죄도 정치도 예의도 없는 나라를 그 자식에게 물려준 자라 할 것이다. 1774년에 루이 15세가 천연두로 죽었는데 연령 64세로 재위 59년 만이었다. 그 인물의 불량함은 그 시대의 사업을 보면 알 수 있는데 그가 사망했을 때 인민이 모두 한 나라의 행복이라며 그 죽음을 축하하지 않는 자가 없었다고 한다.

태자가 일찍 죽어서 직계 손자를 세웠으니, 그를 루이 16세라 한다. 이 군주는 유년시절부터 조부의 행실을 기뻐하지 않았으니, 즉위한 20세에 이미 인망이 있었다. 루이 15세의 말년에는 프랑스 정부가 안팎의 전쟁에서 패배해 정치의 붕괴가 극에 달했다. 그러나 그 학문은 결코 쇠퇴하지 않았을 뿐만 아니라 더욱더 아름다움에 이르러서 각국을 압도했으니, 마치 무武에서 패하고 문文에서 승리한 형세였다.

루이 16세 시대에 이 학문으로 옛 폐단을 새롭게 하려고 했지만 어떠했는가 하면, 국내에 중인中人 이상의 종족이 제멋대로 비뚤어져 사악하고 사치스러운 습속을 이미 그 성性으로 삼았기 때문에 옛것의 편안함에 만족하며 새로운 법을 반기지 않았고, 국왕의 천품이 아름답다고는 하나 과단을 내릴 용기가 없었다. 또한 새로운 법을 행하려는 자도 성실한 대의를 잃고 참혹함이 지나쳤으니, 일단 일을 시작하게 되면 취하거나 미친 것처럼 일하는 것만 알 뿐이며 일을 거둘 줄 몰랐으니, 결국 수십 년간 전국이 대란大亂에 빠지게 됐다.

그러나 이 대란의 근본이 빚어진 것은 이미 오래된 일로서 별개로 또한 그 근원이 있는 것이다. 1776년 아메리카에 있는 잉글랜드 식민지의 인민이 본국의 학정을 혐오하며 독립군을 양성해 스스로 아메리카합중국이라고 칭하고 잉글랜드인과 전쟁했는데 계속해서 이익이 없었기에 사절을 프랑스에 보내 원군을 애걸했다. 프랑스 왕은 이를 돕고자 하는 뜻이 없었지만 국내 인민과 정부 관리가 항상 잉글랜드에 대한 오랜 원한을 갖고 나라의 치욕을 설욕코자 했으니, 이처럼 좋은 기회를 날려버릴 수는 없었다. 결국 아메리카인의 요청에 응해 1778년 파리에서 아메리카-프랑스 양국의 조약을 맺었는데, 그 후 에스파냐와 네덜란드도 역시 이에 참여해 함께 아메리카인의 독립을 도왔다.

해전에서는 잉글랜드인이 번번이 승리를 얻었고 동인도에 있는 적국의
식민지는 태반을 빼앗았으니, 네덜란드의 경우에는 해외 관할의 땅을 거
의 다 잃는 지경에 이르렀다. 그러나 프랑스인은 서인도의 여러 섬을 취했
고 유럽 여러 곳에서도 잉글랜드와 프랑스·에스파냐 간에 서로 승패가
있었다. 아메리카에서도 전쟁이 오래도록 결론나지 않았지만 독립군이
점차 강성한 기세를 얻어 1781년 합중국의 장군 워싱턴과 프랑스의 장군
라파예트Marquis de La Faytte가 아메리카·프랑스 양국군으로 잉글랜드
장군 콘월리스Charles Cornwallis와 싸워 크게 이김에 따라 잉글랜드 정부
도 합중국의 독립을 허하고 각국이 강화해 그 이전으로 돌아갔다.

프랑스인은 아메리카 전쟁에서 공을 세웠지만 그 성공 때문에 오히
려 자국에 소란騷亂이 촉발됐다. 이때 프랑스의 재상으로 네케르Jacques
Necker라는 자가 있었으니, 경제(理財)에 뛰어났다. 전쟁 비용을 갚기 위해
국채법으로 재물을 모았기에 국채가 점점 많아졌으며 징세법도 역시 몹
시 가혹했던 탓에 평민(下民)이 원망했다는 점은 본래 말할 것도 없으니,
나아가 돈을 내서 정부에 빌려준 자는 국채가 붕괴되는 것을 두려워해
논쟁이 날로 쌓였다. 또한 먼저 아메리카에 가서 그 독립을 도와 싸운 자
는 수년간 아메리카인과 접촉해 고락을 함께하면서 스스로 불기자유不
羈自由의 풍속에 젖어서 귀국한 뒤에도 그 기상을 벗을 수 없었다. 이미 본
국의 학정을 염려하면서 생각하기를, 한발 떨어져 잉글랜드를 조망하면
아메리카의 전쟁에서 이익을 잃었다고 하지만 자국의 정체는 전혀 변동
하지 않았고 인민이 모두 자유의 풍속에 빠져 의기양양하게 태평을 즐기
고 있었다. 프랑스인이 안팎의 경황을 비교하고 이쪽과 저쪽을 살피며 생
각해보니, 스스로 역시 관대하고 자유로운 기풍을 사모하지 않을 수 없

었던 것이다.

이에 따라 당시의 재상 칼론Charles Alexandre de Calonne이 하나의 의론을 내서 종래 귀족과 성직자라 칭하며 세금을 면제받은 자에게도 국내 일반의 법에 따라서 정해진 금액을 내게끔 하려 했다. 그러나 베르사유Versailles에 귀족을 모아서 상의한 지 며칠에 이르렀지만 일이 끝내 행해지지 않았고 민심은 더욱더 불평했다. 재상 칼론은 그 설說을 행하지 못한 탓에 퇴직했고 브리엔Étienne Charles de Loménie de Brienne이 이를 대신했지만 2년이 지나지 않아 또 사직했으니, 이내 또다시 전 재상 네케르를 소환해 복직시켰다.

처음에 네케르는 귀족과 성직자의 분노를 촉발해 지위를 잃었기 때문에 복직 후에는 오로지 대중의 논의에 가담해서 그 지위를 확고히 하고자 했으니, 왕에게 말해 대중회의를 열었는데 실제 1789년이었다. 5월 5일 베르사유[파리의 서남쪽 10리에 있다]에서 회의를 시작했을 때는 국왕도 그 자리에 임하고 상황이 평온하며 후환이 없을 것 같았지만 실상은 그렇지 않았다. 귀족과 고관 중에도 오를레앙의 군주 같은 경우에는 도당이 많았으니, 은밀히 대중을 선동해 일을 일으키게 하려 했다. 또한 사제로서 미천한 자도 평생 성직자의 교만을 증오했기에 모두들 하류의 사람에 동조했으니, 대중이 점점 세력을 얻으면서 회의에 출석한 대표자들은 스스로 국회[내셔널 어셈블리National Assembly]라고 칭하며 독립된 체재를 이뤘다.

정부는 권위로 이들을 위협하고자 크게 병사를 모았고 이 사단을 일으킨 것은 재상 네케르의 죄라고 하며 그 관직을 박탈했으니, 인심이 점차 동요하며 온화하지 않았다. 곧바로 큰일이 일어날 것 같은 형세가 있었지만 프랑스 귀족은 종래 평민(下民)을 경멸하는 기풍에 익숙해 귀하고 천한 자를 보는 것이 개와 말을 보는 것 같았으니, 오직 무력(兵威)으로 제압해야 할 것이라 생각했다. 전혀 경계심이 없이 우연히 시가지에서 국회의 군집을 보고 관병을 파견해 이를 공격했으니, 곧바로 사변이 일어났다. 한 도시의 거동이 마치 한 몸과 같아서 잠깐 사이에 시민이 변해 병사가 됐고 스스로 호국병[내셔널 가드National Guard]이라고 칭하며 크고 작은 대포를 모았으니, 무기를 가진 자가 3만 명으로 노병老兵을 부조하는 병원에 주둔했다. 같은 해 7월 4일 바스티유Bastille 성을 습격해 성의 장수들을 죽였는데 그 강성함을 거의 당할 수 없었다.

이때 프랑스 전국에서 도당이 두 개로 나뉘었는데 그 경계가 매우 분명했다. 조정에 부속된 귀족과 국내 여러 곳에 있는 봉건세록의 무리는 어려움을 헤치고 그 신분의 권한을 지키려 했고, 중인中人 이하의 무리는 일단 성공을 거두었기 때문에 파죽지세를 타고 귀족의 폭권暴權을 일소하려 할 뿐이었으며, 국왕은 그 중간에 끼어 주저하니 돌아갈 곳을 알지 못했다. 8월에 두 명의 귀족 노아유Louis Marc Antoine de Noailles와 에기용 duc d'Aiguillon이라는 자가 민심을 진압하기 위해 종래 귀족 신분에 부여된 특권을 버리고 프랑스 국내에 봉건세록의 흔적을 끊으려는 설說을 주창했고 이에 동의하는 자가 많았지만 결코 그 이익이 없었으며 단지 서민의 업신여김을 받았을 뿐이었다.

국회 편에 선 사람들은 그 성공을 확고히 하려고 베르사유에서 국왕을 맞이해 파리로 돌아갔는데 이를 마치 포로처럼 다루며 새로운 정체를 세우고 왕에게 요구해 새로운 정치에 종사해야만 한다는 취지를 서약하도록 했다. 이보다 앞서 귀족과 왕족 중 탈주한 자가 다수 변경에 모여 콩데Condé의 군주를 받들어 근왕勤王을 위해 거병했는데 그 세력이 본래 미미했다. 그러나 국왕은 간신히 처자와 함께 궁내에 있을 뿐 답답해 즐겁지 않았기에 이내 도망쳐 탈주한 군대로 돌아갈 것을 모의했는데, 그 은밀한 모의가 발각돼 구금당하면서 한층 더 고난이 늘어났다.

1792년 브라운슈바이크Braunschweig의 군주가 오스트리아·프로이센과 탈주군의 장군으로서 국회의 소굴을 뒤엎으려 한다는 소식이 있었다. 프랑스인이 이를 듣고 크게 분노해서 왕궁에 난입해 먼저 국왕과 왕비와 왕자를 체포하고 정치개혁의 설說을 반기지 않는 자는 그 죄를 불문하고 모조리 죽였으니, 그 참혹함이 미치지 않은 곳이 없었다. 그중에서도 당통Georges Danton과 로베스피에르Maximilien Robespierre라는 자가 그 수괴가 된 "자코뱅Jacobin"의 당파는 그 살벌함이 극에 달했다고 한다. 소란 초기에는 주로 국회의 논의도 평온을 주主로 했으니, 그저 프랑스의 옛 법을 개혁해 서민의 통의를 확고히 하고 왕실의 권위에 한계를 정해 상하가 한 모양으로 그 자리를 얻도록 하기 위한 취지로 오로지 경거망동을 제어했다.

특히 라파예트[아메리카에서 돌아온 장군으로 앞에 나온다]의 경우에는 호국병의 장관으로서 본래 서민공의(民庶共議)의 대의를 주장하긴 했지만 프랑스의 인정과 풍속을 살펴서 결코 근왕의 뜻을 잃지 않았다. 위기 시에 계속해서 왕족의 생명을 구하는 등의 조치를 시행하고 힘을 다해 개혁의 성공을 온전히 하려고 노력했지만 사변이 한번 일어나니 그 뒤에 다시 멈출 수 없었다. 자코뱅의 도당이 점차 폭위를 떨치면서 결국 국왕을 폐한다는 논의를 발해 12월 20일 국왕을 재판국으로 끌어내어 정체의 취지에 따르는지 믿을 수 없다며 근거 없는 죄를 강요했으니, 이듬해 1월

20일 형장에서 참수했다. 향년 39세로 이를 보고 눈물을 흘리지 않는 자가 없었다.

○ 국왕을 살해한 후에는 공화정치라고 칭하며 자코뱅 당파가 일을 벌였는데 정부의 거동이 마치 미친 것 같았지만 그 광기에 휩쓸린 자는 이를 죽이니, 국내의 사람들 모두 두려워하지 않는 자가 없었다. 잔인함이 이미 심해 불신감도 따라서 생겼으니, 당시 일을 벌인 자의 설說에 예수의 종교는 헛되이 인심을 혹닉하는 것이기에 이를 폐지해야 한다며 교회를 훼손하고 교회 땅을 몰수했으며 교회의 보물을 녹여 돈을 주조했다. 그 돈을 병사에게 주며 국내에 포고해 말하기를, 이후 프랑스인은 자유불기의 취지를 믿고 공명정대한 이치에 귀의하니, 이 대의로서 천신을 대신한다고 했다. 난폭함도 역시 심했으니, 명목은 자유였지만 실상은 그렇지 않았다. 이번 혁명으로 프랑스 정치는 폭거로 폭거를 대신했을 뿐 아니라 개혁을 바라는 자도 자유를 추구하다 오히려 잔학함을 입었다고 말할 수 있다.

○ 유럽 각국의 사람들도 프랑스의 경황을 방관할 수 없었으니, 각국이 동맹해 거병하려 했으며 국내에서도 정부의 폭거를 악이라며 반역하려는 자가 있었다. 프랑스 정부는 가만히 이를 기다리지 않았으니, 적에 앞서 일을 일으켜 안팎의 혈전에서 계속 이익이 있었다. 이후 파리 사람들도 점차 자코뱅의 흉악함을 싫어해 1794년 그 당파를 잡아 사형에 처했는데, 이때부터 공화정부의 체재가 점차 평온하게 돌아갔고 군세(兵威)는 더욱더 성대해졌다.

1795년 네덜란드를 정벌해 일거에 전국을 상하게 했는데, 프로이센은 국론을 바꿔 국외局外 중립을 지키고 에스파냐도 프랑스 편에 섰기 때문에 동맹군으로 프랑스인과 싸운 자는 오직 잉글랜드와 오스트리아뿐이었다. 같은 해 프랑스군은 여섯 번 크게 싸워 여섯 번 이겼으니, 도성都城 124군데를 공격해 취했다고 한다. 다만 해전에서는 항상 잉글랜드인에게 이기지 못했으니, 1796년 프랑스와 오스트리아 간에 잠시 휴전을 약속하고 크게 국방(兵備)을 정돈해 다시 싸우려 했다. 이때 프랑스 공화정부군을 지휘한 자가 나폴레옹 보나파르트였다.

나폴레옹은 프랑스의 부속도서 코르시카Corsica 사람이다. 1769년 8월 15일 아작시오Ajaccio에서 태어나 어릴 때부터 세상에 드문 재주가 있었으니, 브리엔Brienne-le-Château 유년군사학교에 들어가 16세 때 포대장교의 지위를 얻었다. 1794년 툴롱Toulon을 공격할 때[프랑스의 영지에서 정부에 반역한 것이다] 처음으로 전장에 나가 공을 세우면서 세상사람들이 모두 그의 비범함을 알게 됐다. 그 후 사정이 생겨 관직에서 물러나 파리에 거주했던 5년간은 빈곤이 극히 심했지만 용기는 결코 쇠하지 않았고 그 뜻이 행해지지 않는 것에 분개했다.

혹여 동양의 여러 나라로 갈 것을 생각하며 홀로 한탄하면서 말하기를, 아시아 대륙에는 6억 인구가 있고 세계 중에 일을 벌일 만한 땅인데 유럽은 이미 쇠퇴해 볼 만한 것이 없다고 했다. 얼마 지나지 않아 1796년 프랑스 정부가 거병해 오스트리아와 승패를 매듭지으려 했을 때 다시 나폴레옹을 기용해 이탈리아[이탈리아의 북방이 오스트리아의 영지였다] 정벌의 장군으로 임명했으니, 이때 장군의 연령이 26세였다.

나폴레옹은 처음으로 대군을 지휘해서 곧바로 남쪽으로 출발해 해안

지역에서 알프스Alps 산을 넘으려 했는데, 그 절정에 이르렀을 때는 병사가 모든 피곤해 걸음을 옮길 수 없었다. 나폴레옹이 분노하며 말하기를, 굶주림과 추위와 피로는 병가지상사兵家之常事로서 그 고통을 일찍이 숙련해야 하는 것인데 어찌 이를 두려워할 것인가, 이탈리아 땅에 이르면 옷과 음식의 풍부함을 얻을 것이며 공명功名의 아름다움을 가질 것이라며 말을 채찍질해 산에서 내려왔다. 그 기세가 폭포와 같았으니, 홀연히 오스트리아와 피에몬테Piemonte의 연합군을 격파해 토리노Torino[피에몬테 수도]의 성 아래에 이르러 이를 항복시켰고 이탈리아 남쪽 땅을 취해 프랑스에 병합했다. 오스트리아 황제도 화가 자국에 미치는 일을 두려워해 화친을 애걸했으니, 프랑스에 적대한 것은 오직 잉글랜드 한 나라뿐이었다. 프랑스 해군은 1794년 전쟁에서 잉글랜드 해군제독 리처드 하우Richard Howe에게 격파당했고 에스파냐 군함도 1797년의 전쟁에서 모두 잃었기 때문에 잉글랜드 해군에 대적할 만한 것이 없었다.

나폴레옹은 이미 스위스에서 이기고 로마 교황도 폐위했으니, 천하에 적이 없다고 하지만 오직 뜻대로 되지 않는 것은 잉글랜드뿐이었다. 이내 궁리(工夫)를 거듭해 이집트Egypt[아프리카의 동북쪽]를 취해서 잉글랜드인 중 동인도에 왕래하는 자를 방해하고 그 무역로를 끊음으로써 잉글랜드 부강의 원천을 경색시키려는 책략을 세웠다. 1798년 육해군을 위장해 이집트를 공격하고 머지않아 그 북쪽 땅을 취했는데 잉글랜드 군함이 그 자취를 쫓아 지중해로 들어왔다. 8월 1일 아부키르Abukir 항에서 프랑스 군함을 만난 잉글랜드 해군제독 넬슨이 하룻밤 전투에서 프랑스 함대를 격파해 불태우거나 빼앗았다. 프랑스 선박 중 물러난 것은 겨우 두 척뿐이었는데 이 두 척도 이후 역시 잉글랜드인에게 빼앗겼으니, 실로 전대미문의 대승리였다.

　나폴레옹은 홀로 변경에 있었고 본국과의 병참선을 잃었지만 마음에
두지 않고 점차 이집트 내지로 들어갔다. 또한 동쪽으로 향해 소아시아
[터키의 영지]의 땅을 공격했는데 가는 곳마다 이기지 못한 적이 없었다.
1799년 본국 정부에 사고가 있다는 것을 듣고 나폴레옹은 기회를 틈타
큰일을 꾀하려 했으니, 군대의 지휘를 부장副將에게 맡기고 몰래 파리로
돌아갔다. 돌아가는 길에 지중해에는 잉글랜드의 순찰 군함이 많았지만
이를 아는 자가 없었다.

　이에 앞서 프랑스 정치는 옛날로 돌아가 왕정체재를 이루고 의사관을
양국으로 나누었는데, 하나를 구의원舊議員이라 하고 하나를 오백의원
五百議員이라고 이름 지었다. 별도로 "디렉토리Directory"라는 자를 세워
두 국局의 위에 위치시키고 행정권은 디렉토리의 관원에 속하게 했다. 나
폴레옹이 귀국했을 때는 오스트리아와 나폴리Napoli[이탈리아의 한 나라]
가 동맹해 다시금 프랑스와 적대했고 러시아도 역시 오스트리아에 가담
해서 프랑스의 형세가 대단히 위태로웠다. 국민 모두가 나폴레옹의 영명
함을 흠모해서 이 사람에게 의뢰해 국위國威를 드높이고자 하는 마음이
있다는 것을 알고 이내 대의大義를 발해 옛 정체를 새롭게 바꾸고 디렉토
리의 관원을 폐해서 스스로 프랑스 공화정부의 대통령이 됐다.

　무기를 쓰지 않고 전국의 권병을 탈취했으니, 이때부터 15년 동안 프랑
스의 역사는 나폴레옹 한 사람의 전기(傳)가 됐다. 나폴레옹이 국권을 잡
은 뒤에 마침 러시아와 오스트리아 간에 불화가 생기면서 동맹의 세력이
점차 위세를 떨치지 못했다. 나폴레옹은 이 기회를 틈타 대군을 일으켰
고 알프스 산맥을 넘어 생베르나르Grand Saint-Bernard 고개[해발 8,000척

으로 사시사철 눈이 있다]에서 곧바로 내려와 적의 후방에 나타났다. 오스트리아군은 불의의 습격을 당해 오가지도 못해서 여전히 힘을 다해 싸웠지만 결국 나폴레옹의 예봉을 당할 수 없어 무기를 버리고 항복했다. 이한 번의 전투로 오스트리아 황제 역시 다시 화친을 애걸하고 프랑스에 적대하는 자는 또한 잉글랜드 한 나라가 됐다.

나폴레옹이 이미 각국의 군대를 격파했으며 그 바람은 오직 잉글랜드를 압도하는 한 가지 일이었지만 잉글랜드 해군은 넬슨의 용기와 지략 덕분에 가는 곳마다 이기지 못한 적이 없었다. 간단히 말해 프랑스는 육지에 적이 없고 잉글랜드는 바다에 적이 없는 셈이었으니, 사자가 산에서 포효하고 교룡蛟龍[7]이 물에 서려 서로 자웅을 겨루되 서로 다가갈 수 없는 형국이었다. 쌍방이 승패를 결정하기 어려움을 알고 비로소 화친의 담판에 이르러 1801년 아미앵Amiens에서 잉글랜드와 프랑스의 화의가 이루어졌다.

○ 잉글랜드와 프랑스의 화친 후에 나폴레옹은 오로지 국내의 사무에 마음을 쓰고 종교의 법을 관대히 해서 인심을 휘어잡았다. 나라의 정치를 점차 입군체재로 바꿔 대통령 재직을 생애의 기한으로서 정했으니, 모든 일이 대통령의 독재에서 나오지 않는 바가 없었다.

---

7 상상 속 동물로 용의 일종이다. '교룡운우蛟龍雲雨'처럼 영웅이 때를 만나 큰 뜻을 이룬다는 고사성어에 주로 쓰인다.

○ 아미앵 조약에 따르면 잉글랜드인은 지중해의 몰타Malta 섬을 포기해야 한다는 것이 약속이었지만 무역권을 잃을 것을 두려워해 그 약속에 따르지 않았다. 나아가 1803년 5월 잉글랜드 정부로부터 강상의 영[초편 제2권 16쪽에 나온다[8]]을 내어 잉글랜드 식민지에 있는 프랑스 선박을 단속했는데, 나폴레옹은 프랑스 국내에 거주하는 잉글랜드인을 붙잡아 선비와 농민의 구별을 불문하고 모조리 옥에 가두어 그 원수를 갚았으니, 잉글랜드와 프랑스의 적대가 다시 새롭게 바뀌었다. 프랑스는 대군을 일으켜 잉글랜드를 공격하려 했는데 군사태세(軍裝)를 정돈할 때 마침 국내에서 난亂이 일어나 나폴레옹을 죽이려는 자가 있었다. 이내 그 당파를 붙잡아 형에 처했는데 나폴레옹은 이 기세를 타고 제위에 오르려 했으니, 로마에 사절을 파견해 교황을 초대하고 1804년 12월 2일 파리에서 즉위식을 행해 프랑스 황제 나폴레옹 1세Napoleon I라고 칭했다. 유럽인 중 경악하지 않은 자가 없었다.

「2편」제3권 끝

---

8 원전의 페이지를 가리키며 본 번역서에서는 94쪽에 해당한다.

「2편」

—

제 4 권

사기

1805년 러시아·스웨덴·잉글랜드 3국이 동맹해서 프랑스 황제 나폴레
옹과 적대했고 이후 오스트리아와 프로이센도 동맹에 가담해 황제의 야
심을 제어하려 했으니, 오스트리아 황제가 먼저 거병해 바이에른에 들어
가 프랑스 국경에 이르렀다. 프랑스에는 작년부터 잉글랜드를 공격하려
고 했기에 군사태세(兵備)가 이미 갖추어져 있었으니, 이내 거병해 오스트
리아를 토벌했고 곧바로 그 수도 빈Vienna에 이르러 이를 항복시켰다. 이
어서 또한 오스트리아의 잔병殘兵이 러시아 대군과 연합해 아우스터리
츠Austerlitz의 평원에서 프랑스군과 맞서 싸웠지만 역시 패전했으니, 오
스트리아와 러시아 두 황제는 정중하게 화친을 애걸하고 프랑스의 새 황
제에게 귀순함으로써 오직 명에 따를 뿐이었다. 프랑스 황제는 아우스터
리츠의 육상전에서 큰 승리를 얻었지만 같은 해 트라팔가르Trafalgar[에스
파냐 남서쪽 경계] 해전에서는 프랑스와 에스파냐군의 함대가 잉글랜드 해
군제독 넬슨에게 격파됐으니, 양국이 해군을 거의 모두 잃었다.

○ 프로이센 왕은 앞서 상황이 뒤집히는 것을 보고도 이를 경계하지 않았으니, 1806년 러시아와 오스트리아의 선례에 따라 프랑스를 공격하려 했다. 프랑스 황제가 병력을 이끌고 이를 맞아 측면에서 그 진영에 돌격해 병참을 끊었고 한 번의 전투로 프로이센군을 격파했으니, 다시금 적이 없어졌다. 기세를 타고 수도 베를린을 취했으며 한 달도 되지 않아 프로이센 전국이 프랑스 황제의 손에 떨어졌다. 이듬해 러시아 황제가 다시 거병해 프로이센의 잔병을 모아 프랑스군과 프리틀란트에서 싸웠는데 승패가 결정되지 않았지만 이 한 번의 전투로 러시아는 면목을 고쳤다. 이에 따라 러시아와 프랑스의 두 황제가 몸소 틸지트Tilsit에서 회동해서 쌍방이 호각을 이루는 조약을 맺었으며 프로이센 왕도 러시아 황제의 주선으로 옛 땅의 절반을 얻었다.

○ 프랑스 황제는 베를린에서 각국에 명을 내려 잉글랜드의 생산물을 유럽 대륙에 수입하는 것을 금했으니, 무릇 무역을 막아 잉글랜드인을 괴롭히려 한 시책이었다. 이때 프랑스의 국력이 성대함의 극에 달해 점차 국내의 건설(營繕)에 마음을 썼는데 다리를 설치하고 하천을 팠으며 도로를 수리하고 전당殿堂을 건립했으니, 도시의 장엄함이 옛날 파리와 달랐다. "코드 나폴레옹Code Napoléon"[1]이라 칭한 율령도 이때 정해진 것인데 이 율령이 한번 시행되면서부터 프랑스 정치가 악함의 극치에서 선함의 극

---

1 1804년 나폴레옹 1세 때 제정되고 공포된 프랑스의 민법전을 말한다. 1807년에 '나폴레옹 법전'으로 명칭이 바뀌었다.

치로 바뀌었으니, 법령의 정연함이 유럽 각국 중에 으뜸이었다. 무릇 프랑스 황제의 천품은 용병술에 뛰어날 뿐만 아니라 치국의 재능 역시 범상치 않았던 셈이다.

○ 에스파냐 군주 카를로스Carlos IV는 우둔하고 나약해 국정이 크게 혼란했다. 프랑스 황제가 기회를 틈타 별도로 에스파냐와 조약을 맺고 포르투갈을 압박해 잉글랜드와의 관계를 단절시켰으며, 나아가 포르투갈 왕실을 폐하는 명을 내렸다. 이에 포르투갈 군주가 잉글랜드 선박에 타고 남아메리카의 브라질로 도망쳤으니, 나라가 망했다. 프랑스 황제가 또한 에스파냐 내란을 틈타 에스파냐 왕을 속여 붙잡고 부르봉 성姓의 군주는 에스파냐 왕이 될 수 없다며 황제의 동생을 세워 에스파냐 왕에 봉했다[에스파냐 상속에 관한 일은 앞에 나온다]. 에스파냐 인민이 이에 분노해 여러 곳에서 봉기했는데 잉글랜드 정부도 출병해 이를 도왔지만 프랑스 황제가 친히 정벌하니, 에스파냐 군대는 모두 패주했으며 잉글랜드인도 겨우 대오를 보전해 돌아갈 수 있었을 뿐이었다.

황제가 에스파냐에 있을 때 오스트리아가 다시 거병하려 한다는 보고를 받자 급히 군대를 돌려 파리를 지나지 않고 바로 게르만 땅으로 진격했으며, 군략으로 오스트리아군을 분산시키고 이리저리 이를 정벌해 모두 격파했다. 마침내 오스트리아 수도 빈의 성 아래에 이르러 바그람Wagram에서의 전투로 승패가 결정됐으니, 오스트리아 황제가 역시 화친을 애걸했다. 이 한 번의 패배에 따라 사람들이 모두 오스트리아의 멸망을 기대하지 않는 자가 없게 됐지만 어찌 생각이나 했겠는가. 화친의 조문이 대단히 관대해서 다시금 천하의 이목을 놀라게 했으니, 무릇 프랑스 황제의 권모술수였다. 앞서 황제가 한 귀족의 과부 조제핀Joséphine de Beauharnais을 아내로 맞았지만 자식이 없어서 이를 근심한 지 오래였다. 또한 옛 나라의 왕족과 혼인해 자기의 권위를 확고히 하고자 했으니, 바그람 전쟁 후에 아무런 잘못도 없는 황비와 이별하고 오스트리아 황제의 딸 마리 루이즈Marie Louise를 아내로 맞았다. 이때가 1810년이었는데 이일에 따라 프랑스 황제가 크게 인망을 잃었다고 한다.

○ 러시아 황제는 프랑스와 오스트리아가 화친한 것을 보고 반드시 러시아와 프랑스가 서로 적대하는 형세에 이를 것임을 알았으니, 이미 프랑스와의 조약을 중시하지 않았다. 당시 러시아인 중에 은밀히 잉글랜드의 생산물을 국내에 수입하는 자가 있었지만 러시아 황제가 구태여 이를 꾸짖지 않았다. 나폴레옹이 이 사정을 듣고 크게 분노해서 바로 거병해 러시아를 공격하려 했는데 뭇 신하들이 이를 멈추라고도 했지만 듣지 않았다. 이때 프랑스에는 50만의 병력이 있었으며 장교의 용감무쌍함과 병졸의 숙련됨이 천하고금에 비할 바가 없었다. 전 유럽에서 러시아·에스파냐·잉글랜드를 제외하면 모두 프랑스의 명에 복종했으니, 프랑스 황제는 마치 여러 왕 중의 왕과 같았고 각국의 군주 위에 군림해 나아가고 물러남에 있어 뜻대로 하지 못하는 바가 없었다.

본래 러시아를 멸시했기 때문에 출진 전에 이미 필승을 기대했는데 이내 오스트리아에 명해 3만의 병력을 내도록 했고 프로이센에도 2만의 출병을 명했다. 1812년 프랑스 황제가 대군을 이끌고 동쪽으로 나갔는데 5월 16일 게르만의 드레스덴에서 회동해 군사회의를 열고 러시아 정벌의 격문을 포고했다. 러시아인은 싸우지 않고 적을 괴롭히려는 책략을 결정했으니, 아직 프랑스군을 보지도 못했는데 먼저 스스로 화약고를 훼손하고 가옥을 부쉈으며 식량을 다 쓰고 깊은 내지로 후퇴했다.

처음 프랑스 황제는 러시아 수도 페테르부르크Saint Petersburg로 들어가려는 계획이었는데 해군이 이익이 없었기 때문에 계획을 바꿔 옛 수도 모스크바를 공격하고자 스몰렌스크Smolensk에 이르렀다. 이 땅에서 러시아군이 처음으로 나타나 방어전에서 계속 이익이 있었지만 길게 싸우지 않고 스스로 읍성邑城을 불태우고 강을 건너 후퇴했다. 러시아 장군 드 톨리Michael Andreas Barclay de Tolly는 각 군에 호령해 점차 내지로 끌어들이려 했지만 병사의 논의가 비등해 상명上命에 따르지 않았다. 마침 드 톨리가 군무재상에 임명되어 수도로 돌아갔고 쿠투조프Mikhail Kutuzov라는 자가 대신 지휘했지만 결국 병사의 논의를 진정시키지 못했으니, 전투하는 것으로 논의를 결정했다.

9월 7일 보로디노Borodino와 모스크바에서 프랑스군을 맞이해 혈전을 벌였는데 새벽부터 해질녘에 이르기까지 승패를 서로 가르지 못했으니, 쌍방의 사망자가 8만 명 이상이었다. 러시아인이 잔병을 모아 조용히 퇴각했으니, 모스크바의 도로에 적을 막을 것이 없었고 프랑스 황제가 이를 틈타 도시에 들어가 그 경황을 보니 시민들은 일찍이 이미 집을 비웠고 그 행방을 알 수 없었다. 밤이 되어 도시 내 여러 곳에서 일제히 불이 붙었는데 프랑스인이 이를 구하려 했지만 러시아의 간첩이 미리 수도관을 끊어 물을 끌어올 방편이 없었으니, 화염이 더욱더 거세져 가까이 다가갈 수 없었다. 나흘 동안 거의 도시 내 집을 모조리 불태웠으니, 남은 것은 겨우 5분의 1뿐이었다. 프랑스군은 점차 식량이 떨어졌고 북녘 땅의 겨울에 익숙하지 않아 굶주림과 추위가 함께함에 따라 나아갈지 물러날

지 생각한 끝에 화친을 구하려 했지만 러시아인은 이를 듣지 않았다. 이내 군대를 선회하기로 결의했으니, 10월 22일 모스크바에서 출발했는데 질병과 부상으로 군대를 따라가지 못하는 자는 모두 적지에 남겨졌다.

러시아 장군 쿠투조프는 일찍이 이미 그들이 돌아가는 길을 알고 말로야로슬라베츠Maloyaroslavets에서 먼저 이를 공격했고, 이어서 또한 프랑스군의 측면을 따라 이와 나란히 군대를 움직이며 틈이 보이면 측면에서 이를 돌파했다. 카자크의 군대[본편 러시아 항목을 참조하라]도 앞뒤에서 일어나 도로를 막았으니, 프랑스인은 한 걸음 나아갈 때마다 적과 마주치지 않을 수가 없었다. 수만의 병졸이 대오를 어지럽히면서 군수품을 버리고 대포를 빼앗겼으며 얼음을 밟아 물에 빠진 자도 있고 다리를 건너다 추락한 자도 있었으니, 그 고난을 말로 다할 수 없었다. 프랑스 황제도 간신히 생명을 보전해 12월 5일 파리에 돌아갈 수 있었는데 처음 황제가 출사出師했을 때는 전체 인원이 60만 명에 가까웠지만 이 대군 중 살아 돌아온 자는 10분의 1에 불과했다.

○ 이 패전을 틈타 프로이센인이 그 독립을 회복하려고 했으니, 프랑스를 등지고 스웨덴과 러시아에 가담했다. 프랑스 황제는 전쟁에 졌음에도 아직 국민의 신뢰를 잃지 않았기에 새롭게 모병해 이미 35만의 병력을 얻었다. 3월 중에 이 대군을 이끌고 4월 18일 다시금 게르만 땅으로 출발했는데 러시아는 아직 전군을 출병시킬 겨를이 없어서 그 병력의 절반으로 프로이센과 연합해 결전을 두 차례 치렀다. 그러나 결국 프랑스에 패했고 서로 휴전을 약속했지만 그 후 오스트리아도 역시 동맹에 가담하게 됐다.

○ 수년 전부터 잉글랜드 장군 웰링턴1st Duke of Wellington은 군대를 이끌고 포르투갈과 에스파냐 땅에 상륙해 양국 인민을 도와 프랑스군을 막았으니, 서로 승패가 있었다. 1813년 5월부터 다시 전쟁이 시작되어 6월 하순에 프랑스군을 크게 격파했으니, 포르투갈과 에스파냐 양국의 땅에서 다시는 프랑스군을 볼 수 없었다.

○ 게르만 땅에서는 프랑스 황제가 드레스덴에 본진을 정했는데 동맹군이 이를 공격했지만 이기지 못했다. 8월부터 10월까지 동맹군이 점차 증가했는데 같은 달 라이프치히Leipzig 전투에서는 프랑스 황제가 원진圓陣을 형성해 각 방향에서 적을 맞이했으니, 아군 진지에 이르는 길을 가깝게 해 응원을 편하게 한 것이다. 동맹군은 그 바깥을 둘러싸면서 또한 스스로 원진을 이루게 되니, 둘레가 멀어 응원이 불편했지만 거듭 이겨 나아가면서 15일에는 극에 이르렀다. 실로 이 한 번의 전투에서는 프랑스 황제도 최후의 힘을 다했으니, 용병술의 묘기가 극에 이르러 지난날의 명예를 욕보이지 않았지만 중과부적이었다. 16일부터 18일까지 고전했으나 일을 이루지 못할 것을 알고 이내 포위를 돌파해 군대를 이끌었다.

○ 라이프치히에서의 패전에 따라 시세의 형세가 곧바로 변했으니, 게르만의 여러 나라인 하노버·브라운슈바이크·헤센Hesse 등이 모두 독립회복을 주창했고 네덜란드도 옛 대통령을 잉글랜드에서 불러와 프랑스의 속박에서 벗어났다. 심하게는 프랑스 본국에서도 이미 도당이 생겨나서 부르봉 왕실을 일으키려 한 자도 있었고 공화정치로 되돌리려는 자도 있었다. 1814년 3월 동맹군이 파리로 들어가 수비군을 격파했고 동시에 잉

글랜드 장군 웰링턴이 에스파냐에서 점차 군대를 진격시켜 이미 프랑스 남쪽 국경에 이르렀다. 동맹군은 오직 프랑스 황제의 죄일 뿐이라며 프랑스인을 적대시하지 않는 취지였으니, 파리에 들어간 후에도 난폭한 조치가 없었다. 의사원의 관원에게 명해 임시로 정부를 세웠으며 4월 11일 제위를 폐하고 지중해의 엘바Elba 섬으로 보냈다. 단 그 대우는 제법 후했으니, 그 외 황가의 친족에게도 상당한 부조를 주고 관대한 뜻을 보여줬다.

5월 3일 루이 16세의 동생을 맞이해 즉위식을 거행했으니, 그를 루이 18세Louis XVIII라 한다. 같은 달 그믐에 파리에서 동맹한 각국과 화친조약을 맺었으니, 만세의 태평을 기대할 수 있을 것처럼 보였다. 루이 18세는 온화하고 선량한 군주였으니, 즉위 후 오로지 외국과의 관계를 두텁게 하고 그 힘을 빌려 국내를 진압하는 일에 마음을 썼다. 그러나 인민은 수십 년의 전쟁에 익숙해져서 태평의 조용함을 참을 수 없었고 노장과 용사 모두 실력이 여전함을 한탄하지 않는 자가 없었다. 또한 외국에 압박당해 루이를 옹립한 일을 나라의 심한 치욕으로 여겼으니, 기회만 있다면 일을 일으키려고 하는 자가 많았다.

나폴레옹은 이 사정을 살펴 은밀히 엘바 섬을 탈출해 1,000명 정도를 거느리고 프랑스 남안의 칸Cannes에 상륙했는데 실제 1815년 3월 1일이었다. 전국의 사람들이 황제의 상륙을 듣고 아직 그 거동을 보지 못했음에도 이미 그 이름에 복종했으니, 황제의 깃발이 향하는 곳마다 단식호장簞食壺漿[2]하며 이를 맞이하지 않는 자가 없었다. 병사가 운집해 여러 곳

---

2 도시락밥과 병에 담은 음료수라는 뜻으로 간소한 음식을 마련해 군대를 환영함을 이르는 말이다.

에서 그 숫자를 불렀고 같은 달 20일 직접 파리에 들어갔는데 도시 내의 군대도 모조리 이에 응했으니, 한 발의 탄환도 쓰지 않고 한 방울의 피도 흘리지 않았다. 재기 이래로 아직 한 달이 지나지 않았지만 프랑스 전국은 다시 나폴레옹의 손에 돌아갔고 루이 왕은 몰래 도망쳤다. 이때 각국 공사가 오스트리아 수도 빈에서 회동했는데 마침 이 보고를 받고 이내 특별히 조약을 맺어 나폴레옹을 폐위시킬 때까지는 오스트리아·러시아·프로이센·잉글랜드 4개국이 각각 15만의 병력을 준비해야 한다는 논의를 정해 프랑스 황제가 제위에 복귀하는 것을 허하지 않았다.

○ 잉글랜드와 프로이센의 군대가 우선 벨기에 국경에 모였는데 잉글랜드 장군 웰링턴은 벨기에 수도 브뤼셀Brussels을 본진으로 정했고 프로이센 장군 블뤼허Gebhard Leberecht von Blücher는 나뮈르Namur에 포진했다. 오스트리아군도 이탈리아 북방에서 진격해 오는 길이었고 에스파냐군은 남쪽에서 압박했으며 러시아군도 바로 전장으로 오고 있었다. 프랑스 황제는 자국에서 적의 공격을 받는 것이 불리하다는 사실을 알고 동맹군보다 먼저 일을 일으키고 불시에 전투를 벌여 공을 이루기를 바랐으니, 6월 10일 25만의 병력을 이끌고 파리를 떠났다. 출진할 때 사람들에게 고백하며 말하기를, 나는 웰링턴을 상대로 나의 용병술의 우열(巧拙)을 시험하기를 바랄 뿐이라고 했다.

　같은 달 15일 프러시아의 선봉대를 정벌하고 진격해 리그니Ligny에 이르러 그 본진에 이르렀는데 프랑스군의 신속함이 거의 사람의 지식으로 잴 수 없을 정도였다. 15일 초저녁에 이르기까지 잉글랜드 막사에서는 조금도 그 동정을 알지 못했으니, 마침 진중陣中에서 연회를 열어 주흥酒興

이 한창일 때 먼 곳의 포성이 가무歌舞를 놀라게 해서 야밤에 갑작스럽게 전쟁 채비를 갖추었다고 한다. 16일 오전 프랑스 황제가 친히 본대를 이끌고 프로이센군을 공격했고 혈전이 이어져 끝내 이를 후퇴시켰지만 다른 장군 미셸 네Michel Ney는 잉글랜드군과 싸워 이익이 없었다. 이튼날 17일 웰링턴이 프로이센을 가까이서 응원하기 위해 워털루로 후퇴했는데 폭우를 무릅쓰고 산 위에 포진해서 방비를 견고히 하고 이를 지켰다. 18일 아침 어제처럼 비가 내렸는데 프랑스 황제도 역시 산에 포진해 웰링턴을 상대했다. 바로 이것이 천하의 두 영웅이 중원中原에서 서로 사슴을 쫓으니 누구의 손에 떨어질지 알지 못하는 날이었던 것이다.

 오늘 두 장군이 싸운 바는 단지 시간이었을 뿐이니, 웰링턴은 때를 노리며 프로이센군이 이르기를 기다렸고 나폴레옹은 이에 앞서 승리를 결정지으려 했다. 한낮에 프랑스 진영에서 격렬히 대포를 쏘고 연기를 틈타 잉글랜드군을 공격했지만 이익이 없었다. 2회전은 흉갑기마대胸甲騎馬隊와 보병대로 잉글랜드의 중군中軍을 공격한 것이었는데 흉갑기마대가 중간에 잉글랜드 기마대와 마주치자 물러나 포병대 뒤로 후퇴했다. 잉글랜드 기마대가 이를 너무 멀리까지 쫓아갔는데 프랑스군이 오히려 다시 그쪽으로 돌격해 잉글랜드 기병을 크게 격파했지만 보병대는 진격하다 잉글랜드에 격파됐다. 3회전은 잉글랜드 진영의 우익右翼을 공격한 것이었는데 잉글랜드 보병은 여러 개의 방진方陣으로 나뉘어 바둑판 형태로 배열했고 대포 30문을 준비해 그 전면을 지키면서 적이 오기를 기다렸다. 프랑스 기마대가 바로 그 포병대를 격파하고 진격해 방진에 가까이 다가갔지만 잉글랜드 보병은 때를 노리며 움직이지 않았다. 점차 압박해 보병과 기병의 거리가 약 10"야드yard"[1야드는 3척이다]에 이르자 수만의 탄환이 일제히 발사됐으니 쓰러진 자의 수를 알 수 없었지만, 그럼에도 한 명의 기병도 등을 보이며 물러서는 자가 없었다. 더욱 진격해서 방진 사이로 난입해 직접 총칼을 맞대고 사력을 다했지만 결국 잉글랜드 보병대를 흩뜨릴 수 없었다.

3회에 걸친 접전으로 일곱 시간을 소비했지만 모두 공功을 아뢰지 못했다. 잉글랜드 진영의 양 날개가 점차 진격해서 처음에는 그 진열陣列이 철형凸形이었던 것이 점차 변해 요형凹形이 됐으며 프로이센의 선봉대도 멀리 삼림 사이로 보였다. 나폴레옹은 스스로 이르기를, 프랑스제국의 존망이 오늘의 한 번의 전투에 있다고 했다. 이내 황제의 친위대를 나누어 2부대의 종진縱陣을 이루고 장군 네에게 그 지휘를 명했다. 이에 말하기를, 적이 만약 격렬하게 발포하는 경우에는 우리가 필승이라 했다. 프랑스 정예병은 먼저 대포를 쏘고 바로 잉글랜드 진영을 공격하려 했지만 잉글랜드 군대는 웰링턴의 호령에 따라 결국 발포하는 일 없이 지면에 엎드려 탄환을 피했다. 그러다 적병이 근처에 이르자 바로 일어나 전후 4열의 횡진橫陣을 세워 일제히 발포했는데 탄환이 소나기 같았고 오래도록 멈추지 않았다. 결국 프랑스 대오가 흐트러졌고 프로이센군도 그곳에서 만나 끝내 완승을 거뒀다. 이날의 승리는 오직 잉글랜드인의 공이라 하겠지만 그 잃은 바도 역시 적지 않았으니, 사상자의 수가 장교 600명에 보병 1만 5,000명이었다고 한다.

○ 프랑스 황제가 파리로 돌아갔는데 어떤 사람이 아메리카로 도망칠 것을 권했지만 주저하며 결심하지 못했다. 나중에 그 방책에 따라 로슈포르Rochefort 해안에 이르렀지만 이미 때를 놓쳐 항해편이 없었으니, 7월

15일 잉글랜드 선장 메이틀랜드Frederick Lewis Maitland에게 항복했다. 며칠 지나지 않아 각국이 논의를 정해 다시금 나폴레옹의 제위를 폐하고 아프리카 서방의 무인도 세인트헬레나에 유폐했으니, 구금 6년 만인 1821년 5월 섬에서 죽었다.

루이 18세가 다시 제위로 돌아왔지만 이번에는 각국 정부도 프랑스를 대우하는 일에 관대하지 않았다. 다시 조약을 맺어 외국 군대를 프랑스 국내에 주둔시켰고 나폴레옹 시대에 각국에서 빼앗은 물품을 그 본국으로 돌려줬으며 국경의 여러 성을 외국에 맡기고 워털루의 군비를 각국에 배상해야 한다는 약속을 정했다.

○ 프랑스의 위명이 갑작스럽게 쇠퇴해 인민이 불평한 것은 본래 말할 것도 없다. 그런데 국왕은 외국인의 힘 덕분에 자리로 돌아왔고 이전에 잉글랜드로 도망쳤을 때 그 대우가 후했기 때문에 오로지 잉글랜드 정부만 친하게 여겼으니, 이미 인심을 잃었다. 나아가 국내 정치도 옛날의 왕정으로 돌아갔고 인민의 자유를 빼앗으려 하는 조치가 많아서 논쟁이 더욱더 평온하지 않았으니, 은밀히 도당을 나눠 또한 쟁론을 빚어내는 형세가 있었다.

1824년 루이 18세가 죽었는데 자식이 없어서 동생이 섰으니, 이를 샤를 10세Charles X라고 한다. 샤를 즉위 초에는 정치가 자못 관대한 것처럼 보였지만 그 실상은 그렇지 않았다. 왕이 크게 바라는 바는 오직 조정의 위신을 드높이려 하는 것에 있을 뿐이었으니, 출판의 자유를 금하고 대중회의를 폐하며 인물선거의 법을 고치는 등의 조치 때문에 국민 중에 불평을 주창하는 자가 대단히 많았다. 1830년 아프리카 북쪽 연안의 알제

리국을 정벌하고 이를 멸망시켰는데, 이 일로 다시 프랑스의 위명이 해외에 빛나게 됐지만 여전히 인심을 화합하는 데 충분치 않았다. 같은 해 5월 신문사의 활판을 몰수해 신문 출판을 중지시키려 함에 따라 결국 다시 쟁란의 단초를 열었으니, 파리 시민이 호국병의 군복을 걸치고 점차 관군을 압박했으며 관군의 부대도 관을 떠나 호국병에 귀의하는 자도 많아서 조정의 권위만으로는 이를 제어할 수 없었다. 호국병은 라파예트[앞에 나온다]를 받들어 장군으로 삼고 임시로 정부를 설치했는데 이번 난亂은 5월 27일에 시작해 29일에 끝난 것이기에 3일의 소란이라고 칭한다. 6월 그믐에 오를레앙의 군주를 맞아 왕위에 봉했는데 그를 루이 필리프 Louis Philippe I라 하며 샤를 10세는 처자를 동반해 잉글랜드로 도망쳤다.

이때 프랑스 인민 중에 합중정치를 바라는 자가 많았고 라파예트도 원래 합중정치를 좋아해서 아메리카합중국의 정체를 지극히 선하고 아름다운 것이라고 하며 마음속으로 이를 사모했다. 그러나 생각하건대, 프랑스의 풍속을 살피면 교육이 아직 흡족하지 않았고 사람들의 지식이 아직 열리지 않았으니, 다른 사람에게 제어되는 것에 익숙하고 스스로 제어함을 알지 못했다. 그런데 이런 인민을 가지고 갑자기 자주자제自主自制한 합중정치를 행하는 것은 반드시 완전한 시책이 아님을 예견했으니, 이내 그 뜻을 굽혀 국왕을 세우고 그 권위에 한계를 정해야 한다는 설說을 주장했다. 그리고 의회(會議) 사람들도 라파예트의 설에 동의했으니, 이것이 곧 루이 필리프가 왕위에 오른 연유인 것이다. 루이 필리프 즉위 첫해에는 자신을 비우고 서민의 이득과 손해를 살폈으니, 농업을 권장하고 상업을 장려했으며 외교를 지켜 군대를 움직이지 않았기에 점차 나라가 부강을 이루어서 민심이 복종하게 됐다. 그러나 이 군주는 소위 시작은 있으되 끝이 없는 자였으니, 만년에 점차 그 사욕을 추구해 오로지 왕실의 친족에게 권위를 주려고 했으며 국민의 고락도 묻지 않았다.

1848년 2월 의사원이 개회했을 때 정부의 명으로 파리 시내 모처에서 서민의 회의를 금한다는 의사議事를 결정했다. 무릇 이 집회는 종래 시민의 풍습으로서 개혁의 연회라고 이름 짓고 의원선거의 일 등을 이야기하기 위해 설치된 것이기 때문에 정부의 명이 있다 하더라도 이를 듣지 않았다. 이에 그날에 시내의 사람들이 일부러 그 모임에 출석해 평민(下民)의 결의를 보여주려고 한 형세가 있었는데 정부는 이를 무력(兵威)으로 압도하려고 했으니, 급히 대오隊伍를 꾸려 10만의 병력으로 시내를 지키려고 했지만 병사들은 본래 시민에게 적대해 싸우려는 뜻이 없었다. 무리지은 백성들이 여러 곳에서 봉기해 인심이 점차 온화하지 않아졌을 때 마침 부대가 발포해서 52명의 시민을 죽였으니, 이 하나의 거동에 따라 갑자기 전투의 단초가 열렸고 파리 시내가 다시 하나의 전장이 됐다. 도시의 상공인이 빈부와 노소의 구별 없이 각기 무기를 가지고 왕궁으로 다가갔는데 수비 부대는 이를 방관할 뿐 막는 자가 없었다. 국왕도 일이 급하다는 것을 알고 겨우 생명을 온전히 하며 가족과 함께 잉글랜드로 도망쳤다.

루이 필리프가 도망친 뒤에는 프랑스의 정체가 다시 새롭게 바뀌어 합중정치가 됐고, 뒤퐁 드 뢰르Jacques-Charles Dupont de l'Eure, 라마르틴Alphonse de Lamartine, 아라고François Arago, 롤랭Alexandre Auguste Ledru-Rollin, 라뫼르테Henri Georges Boulay de la Meurthe, 파제스Étienne Joseph Louis Garnier-Pagès, 카베냐크Louis-Eugène Cavaignac, 데코타리아스[3] 등과 같이 국내의 인물을 배출해 일을 행했지만 인심이 일치되지 못

했다. 라마르틴Alphonse de Lamartine의 경우에는 오로지 민심과 풍속을 살피며 당시 시행되어야 할 합중정치를 세우려고 했다. 그러나 롤랭의 도당은 그 논의가 대단히 지나쳤는데 귀천과 상하의 구별을 폐할 뿐만 아니라 나라의 재산을 균등히 나눠야 한다고 하며 부자의 물건을 취해 빈자에게 나눠주고 국내 빈부의 구별을 없애고자 한 설을 주창했다. 논쟁이 계속됐지만 결정되는 일이 없었으니, 명목은 합중정치였지만 그 실상은 정담가政談家가 도당을 나눠 군사력을 가지고 놀며 권병을 빼앗는 정책을 시행했을 뿐이었다. 같은 해 겨울 의원선거 시기에 여러 국局에서 루이 나폴레옹 보나파르트Charles-Louis Napoléon Bonaparte를 기용하려는 발의를 했고 급히 그를 소환해 12월 10일 서민의 투표로 합중정치의 대통령에 임명했으니, 곧 지금의 프랑스 황제 나폴레옹 3세Napoleon III다.

나폴레옹 3세는 나폴레옹 1세의 남동생 루이[Louis Napoléon Bonaparte [나폴레옹 1세 때 네덜란드 왕에 봉해졌다]의 막내로 1808년 4월 20일 파리에서 태어나 유년기에는 오로지 어머니에게 교육을 받았다. 1815년 워털루 전투의 패배 이후에는 가족을 따라 게르만의 아우크스부르크에 숨었는데 이 땅에서 게르만어를 배웠고 다음으로 스위스에 갔다. 또한 이탈리아에서 유람했는데 르바Philippe Le Bas를 좇아 합중정치의 취지를 들어 자못 소득이 있었다. 1830년 소란의 때에 귀국을 탄원했지만 프랑스 왕 루이 필리프가 이를 허하지 않았다. 이후 잉글랜드에 갔다가 다시 돌아와 어머니의 고향 투르가우Thurgau[스위스의 지역]로 돌아갔을 때 마침

---

3 후쿠자와는 원전에서 '데코타리아스デコータリアス'라고 쓰고 있는데, 누구인지 확실하지 않다.

나폴레옹 1세의 친자식 라이히슈타트Duke of Reichstadt가 병에 걸려 죽었는데 후사가 없었다. 이에 루이 나폴레옹을 그 상속인으로 정했는데, 무릇 루이 나폴레옹이 큰 뜻을 세워 황가의 옛것을 회복하려 했던 속마음은 이미 이때 마련되어 있었던 것이다.

이후 빈번히 책을 저술해 정치의 득실을 논했고 나폴레옹 1세의 책략을 기록하며 그 책략이 프랑스국에 적당한 연유를 칭찬하면서 암암리에 인심을 선동했다. 1836년 프랑스 동쪽 국경인 스트라스부르Strasbourg의 파수병과 공모해 거병했지만 이기지 못하고 포로로 붙잡혀 아메리카로 추방됐다. 이듬해 어머니의 병환 소식을 듣고 몰래 고향으로 돌아갔지만 프랑스 정부가 이를 허하지 않았다. 이내 다시 잉글랜드로 가서 1840년에 나폴레옹 1세의 옛 신하 50명과 함께 배를 타고 프랑스 북쪽 연안의 불로뉴Boulogne-sur-Mer에 상륙해 모병했지만 응하는 자가 적어 또 붙잡혔으니, 종신형의 벌을 받아 함Ham 성 안에 갇혔다. 이 구금 중에 한가함을 얻어 저술이 대단히 많았는데 모두 정치형세에 관한 논의였다. 성 안에 있은 지 6년 만에 수위의 느슨함을 틈타 한 의사의 도움을 받아 노동자의 의복을 입고 함께 성문을 나와 잉글랜드로 탈주했다. 2년 동안 가만히 있다가 1848년의 소란에 이르러 비로소 청천백일青天白日[4]의 때를 만나 파리에서 초빙되어 대통령직에 취임했으니, 수년 동안의 염원을 이룰 만한 지위를 얻은 것이다.

이때부터 대통령은 오로지 인심을 얻고 가문의 위력을 확고히 하기 위

---

4 맑게 갠 하늘에서 밝게 비치는 해라는 뜻으로 훌륭한 인물은 모든 사람이 다 알아본다는 의미다.

한 방책을 실시했는데 권모술수가 이르지 않는 곳이 없었으니, 국내 태반의 사람들이 모두 이에 농락됐고 대통령의 위명은 날로 성대해졌다. 당시 재직한 관원도 모두 유명한 인물이었지만 나폴레옹의 지략에 압도되어 거의 길을 잃은 형세에 이르렀던 것이다. 1851년 봄에 장군 샹가르니에 Nicolas Changarnier를 면직하고 병권兵權을 대통령이 손에 쥐었고, 같은 해 12월 2일에는 불시에 일을 일으켜 의사원을 폐하고 의원 180명을 체포했으며 그 수괴인 자는 바로 하옥했다. 이런 기세에 올라타 대통령 재직연한을 10년으로 정했으며 1852년에는 대통령이 제위에 올라가는 의론을 내었는데 국내 인민이 모두 이 논의에 응하는 자가 많았으니, 12월 2일 즉위식을 거행해 프랑스 황제 나폴레옹 3세라고 칭했다. 이후 프랑스의 국력이 점차 성대해짐에 따라 황제의 명성과 위세가 전 유럽에 울려 퍼졌고 각국 정부는 프랑스 황제의 안색을 살피며 자국의 화복을 점치기에 이르렀다. 1854년 잉글랜드와 함께 터키를 구하고 러시아를 공격했는데 2년의 큰 전쟁이 됐고 1856년 화의를 이루었다. 1859년 황제가 친히 군대를 이끌고 이탈리아로 출정해 사르데냐 왕[지금의 이탈리아 왕이다]의 도움으로 오스트리아와 싸워 이를 이겼는데 같은 해 7월 화의가 이루어지면서 프랑스는 롬바르디아Lombardy의 땅을 취했다.

정치

1830년 프랑스 정체가 크게 변했으니, 입군정률立君定律의 법에 기반을 두어 왕가 혈통의 남자가 왕위를 계승하고 상하 양국의 의사원을 설치해 정치를 했다. 1848년 2월의 소란에 따라 이 정체가 다시 새롭게 바뀌어 합중정솝衆政이 됐으니, 국민 일반의 투표로 750명의 의원을 선거해 정치를 했지만 1851년 이후 계속 체재를 바꿔 국정의 권병이 결국 나폴레옹 한 사람의 손에 돌아갔다. 1852년 1월 14일의 법령에 따르면 정부의 체재는 다음과 같다.

제1 행정권은 황제에게 있다.

제2 사무집정은 황제가 임명한다.

제3 원로원(國議) 의원[5]은 집정의 명에 따라 국법의 논의를 입안한다.

제4 입법원(議政) 의원[6]은 국민 일반의 투표로 선거해 정치를 의논한다.

제5 국무원(二等會議) 의원[7]은 국내 유명한 인물을 모아서 정체를 보호하고 인민의 자유를 돕는 권위절중權威折衷[8]의 취지를 논하게 하는 것이다.

황제는 과실過失이 있어도 죄가 그 신체에 미칠 수 없다.

집정관을 축출할 권한을 갖는다.

죄인을 사면할 권한을 갖는다.

관리를 임명할 권한을 갖는다.

---

5 'Sénat'를 말하며 상원에 해당한다.

6 'Corps législatif'를 말하며 하원에 해당한다.

7 'Conseil d'État'를 말한다.

8 절중은 어느 편으로 치우치지 않고 이것과 저것을 취사해서 그 알맞은 것을 얻는다는 의미다. 여기서 권위절중은 정체를 보호하는 것과 인민의 자유를 돕는 것 두 가지 사이의 절충을 말한다.

작위를 수여할 권한을 갖는다.

육해군을 호령하고 화친을 의논하며 전쟁을 일으키고 외국과 조약을 맺어 무역을 행하거나 외국을 응원해 공격과 방어를 함께하는 등은 모두 황제의 권한이다.

또한 황제는 의정에 관여할 때 급히 논의를 내 이를 결정할 권한을 갖는다.

어떤 법령이라도 황제의 승낙을 얻지 못하면 이를 시행할 수 없다.

어떤 관원이라도 황제에 대해 맹세하지 않는 자는 일을 하는 것을 허하지 않는다.

○ 황제의 1년 사비(自用費)는 2,500만 프랑을 한계로 하지만 이 외 황실의 토지에서 세금을 거두기 때문에 별도로 1,200만 프랑이 있다. 유럽 여러 제왕 중에서 한 해의 급여가 가장 많은 것이다.

사무집정은 황제가 임명하는 자로서 황제의 뜻에 적합하지 않으면 곧 그 관직을 면할 수 있다. 각 국局의 집정이 각각 그 국의 사무를 관할하며 서로 상관하지 않지만 당국의 사무 때문에 과실이 있을 경우에는 책임을 지지 않을 수 없다. 사무집정의 죄를 고할 수 있는 자는 오직 국무원의 의원뿐이다.

원로원의 의원은 40~50명인데 황제가 임명하는 자로서 1년의 급여는 2만 5,000프랑이다. 그 직장職掌은 황제와 집정의 명을 받들어 법령의 의론을 입안하고 이를 입법원의 의원들과 국무원의 의원들에게 부여하는 일을 담당하는 것이다. 또한 원로원의 의원은 정부에서 낸 의안의 취지를 주장하는 것이 직분이기 때문에 회의 때 황제의 명에 따라 의원 중에서 몇 명을 선택해 국무원과 입법원의 의원들에게 정부가 안을 낸 취지를 해명하게 한다.

입법원의 의원은 국민이 선거하는 자인데 그 인원수는 3만 5,000명이 투표해 한 명을 뽑는 비율로 1866년에는 국내에서 투표하는 자가 997만 5,615명이었다. 의원의 재직은 6년을 기한으로 하며 회의 동안 한 달 급여를 2,500프랑으로 정한다. 그 직장職掌은 원로원의 의원이 낸 법령의 의안에 대해 상의하고 재정출납의 일을 논하는 것이지만 국민의 탄원서를 받을 권한은 없다. 의정의 회기(會席)는 매년 6개월을 기한으로 하는데 회의를 여러 사람들(衆人)이 들을 수 있도록 허하지만 의원 5명의 청구가 있을 경우에는 비공개로 회의(密議)해도 무방하다. 의장과 부의장은 천자가 이를 임명하는데 재직 1년을 기한으로 한다. 회의를 명하고 이를 연기하거나 해산하는 것은 모두 천자의 권한이지만 의회 해산 뒤에는 6개월 안에 다시 선거하지 않으면 안 된다.

국무원의 의원은 권위절중의 취지를 주장하는 자로서 고위관리(縉紳)의 회의라고도 하니, 곧 성직자와 육해군 총독 등이 바로 그 의원이다. 의원 수는 150명에 지나지 않는데 천자가 임명하는 자로서 1년 급여가 3만 프랑이다. 이 의원은 의원직을 사임해도 그 작위는 사람에게 부여된 것이기에 생애 동안 이를 잃지 않는다. 입법원의 관원이 의안을 내도 고위관리의 회의에서 승낙을 얻지 못하면 제정되어 법령이 되는 것을 허하지 않으며, 또한 고위관리의 회의는 국민의 탄원서를 받을 권한을 갖는다. 사무 집정과 공모해 국법개혁의 논의를 낼 권한을 가지며 천자의 윤허를 얻어 그 개혁을 시행할 권한을 갖는다. 또한 나라의 정체·종교·예의·풍속을 살펴 인민의 자유와 부자유, 재판의 옳고 그름에 주의하고 법령에 실수가 있을 경우에는 이의를 제기할 권한이 있다. 이 의원의 재직연한은 모두 황제의 명으로 이를 정한다. 단, 의장과 부의장의 재직은 1년으로 제한한다.

사무집정을 11국으로 나누는데 제1 대각로大閣老는 직접 황제에 접해 여러 국局의 집정·의원과 황제 사이에 서서 상하의 소통을 담당한다. 제2 형법사무집정, 제3 회계사무집정, 제4 황실사무집정은 황실 영지의 세입을 처리하고 여러 의원과 회계·출납의 일을 도모한다. 따라서 그 직무가 간혹 회계사무집정과 같은 바가 있으며, 또한 때로는 대각로가 황실사무집정을 겸하는 일이 있다. 제5 원로원의 통령統領, 제6 병마兵馬사무집정, 제7 해군·해외식민지의 사무집정, 제8 외국사무집정, 제9 내국사무집정, 제10 교육사무집정, 제11 농업·상업과 토목 관할의 사무집정이 있다.

최근 프랑스에서는 교육의 방법(道)이 크게 진보했고 문화가 점차 성대해졌다. 1865년 교육사무집정에서 포고된 공문에 의거하면 1832년에는 초급 학교에 출입하는 생도 수가 인구 1,000명당 59명이었는데 1847년에는 99.8명, 1863년에는 116명의 비율이 됐다. 학교의 수도 대단히 많은데 1847년부터 1863년까지 16년간 새롭게 학교를 연 곳이 8,566개소로 생도 80만 6,233명을 교육했다. 이를 햇수로 평균하면 이들 신설 학교에서 가르침을 받은 자가 매년 9만 9,000명인 비율인 셈이다.

○ 전국을 3만 7,510구區로 나누고 이를 "코뮌commune"이라고 한다. 매 구마다 많고 적은 학교가 있는데 적어도 반드시 한 곳을 설립하는 것을 법으로 한다. 여전히 학교가 없는 곳은 국내에서 겨우 818개 구뿐이다. 단, 학교가 없는 구에 사는 자라도 반드시 그 근방에 가서 배울 수 있는 방편이 있다. 국내 인구를 집계하니 8세 이상 11세 이하의 아동인데 학교에 가지 않는 자는 20만 명에 불과했다. 1863년에 학교를 졸업한 아동을

시험하니 100명 중 60명은 모두 능히 책을 읽고 글자를 썼으며 산술에도 지장이 없었는데 나머지 40명은 검토를 받아 탈락한 자다.

공보에 따르면 1863년 10월 프랑스 전국에 초급 학교가 8만 2,135곳이 있었으니, 대개 1848년 이래로 1만 6,136곳을 늘린 셈이다. 학교에 출입하는 인원은 1848년에는 377만 1,597명이었던 것이 1862년에는 473만 1,946명이 됐으니, 곧 14년의 전후를 비교하면 약 125만 명이 늘어난 셈이다. 국내 3만 6,499개 구 중에 합병교육合倂敎育을 하는 학교가 4만 1,426곳이 있다. 그중에서 3만 7,895곳은 세속의 가르침에 따르는데 생도 수가 214만 5,420명이고 그 3만 7,895곳 이외의 학교는 교회 단체(講中)의 가르침에 따르는데 생도 수가 48만 2,008명이다.[9] 양쪽을 합해 262만 7,428명의 학동을 가르치는 셈으로 전체 인원의 3분의 1은 학비를 내지 않고 교육받는 자다. 이 외에 여자를 가르치는 학교가 2만 6,592곳인데 이중에 1만 3,491곳은 세속의 가르침에 따르고 그 1만 3,491개소 이외는 종파의 부인이 가르침을 담당한다.[10] 이 학교에 들어가 가르침을 받는 여자의 수가 160만 1,213명인데 그 전체 인원의 3분의 1은 세속의 학교에 속하고 3분의 2는 교회의 학교에 속한다.[11] 또한 전체 인원의 4분의 1은 학비를 내지 않고 가르침을 받는 자이며 1년 동안에 부인인 교사에게 주는 급

---

9 전체 학교가 4만 1,426곳이라고 했는데 세속의 가르침에 따르는 학교가 3만 7,895곳이기 때문에 교회 단체의 가르침을 받는 곳은 3,531곳이 된다.

10 여자를 가르치는 학교가 2만 6,592곳이라고 했는데 세속의 가르침에 따르는 학교가 1만 3,491곳이기 때문에 있다면 교회 단체의 가르침을 받는 곳은 1만 3,101곳이 된다.

11 160만 1,213명의 3분의 1은 약 53만 3,204명, 3분의 2는 약 106만 6,408명에 해당한다.

여가 916만 9,030프랑이니, 이를 평균하면 한 명의 부인에게 655프랑을 주는 비율인 셈이다.

프랑스에서 학문교육(文敎)이 성대하다는 것은 그 군정軍政을 봐도 역시 알 수 있다. 1866년 군무집정의 공보를 보면 전국의 병졸 중에 글자를 모르는 자는 100명 중에 30명뿐이었다. 단, 국내 교육의 성공과 실패는 곳에 따라 똑같지 않으니, 남쪽의 학문은 모두 동북쪽의 성대함에 미치지 못한다고 한다.

육해군

프랑스 해군은 최근 100년 이래로 계속해서 성쇠가 있었으니, 루이 14세와 루이 15세의 시대에 한번 성대함이 극에 달했고 그 후 점차 쇠퇴했지만 1855년 개혁에 따라 다시금 옛날의 성대함을 회복했다. 1780년[루이 15세의 시대에 해당한다]의 해군은 제1등함 60척, 제2등함 24척, 이하 소형 군함 182척, 합계 군함 266척, 대포 1만 3,300문, 해군 7만 8,000명이었지만, 1790년에는 그 수가 감소해 군함 246척, 해군 5만 1,000명, 대포 1만 문에 못 미쳤다. 이후 한층 더 쇠퇴해 1805년 트라팔가르전[4권 1장을 보라]에는 프랑스 군함을 모두 동원했음에도 그 수가 겨우 18척이었고 대포는 1,352문에 불과했다. 1844년[루이 필리프의 시대]에는 범선 226척, 증기선 47척, 대포 8,639문, 해군 2만 4,513명이었으며, 1855년에 이르기까지 증감이 없었다. 같은 해 나폴레옹 3세 황제가 해군 개혁의 명을 내려 군함을 크게 제조했는데 그 종류는 다음과 같다.

제1 범선 중 형태가 바뀐 겠증기선으로 바뀐 것을 말하는 것이다], 이를 제 1종으로 한다.

제2 비선飛船 40척, 통상의 프리깃함으로서 원양으로 항해할 수 있는 것이 20척, 그 이하의 선함船艦이 90척으로 합계 150척으로 한다.

제3 운송선 75척, 병사 4만 명, 군마 1만 2,000필을 실을 수 있다.

제4 소선대小船隊, 대략 125척.

제5 각 항구를 수비하는 군함, 대략 30척.

이상 군함 수가 합쳐서 380척이고 이 밖에 범선인 운송선 20척이 있으니, 이 수를 더하면 총 400척의 군함이 있는 셈이다. 1865년 봄에는 프랑스 해군에 철갑함 34척이 있었는데 이에 구비된 대포가 776문이고 증기력을 합하면 1만 9,075마력이다. 철갑함 중에서 가장 큰 것으로 2척이 있어서 하나를 "마젠타Magenta"라고 하고 다른 하나를 "솔페리노Solferino"라고 하는데 각각 대포 25문을 구비했으며 증기력은 1,000마력이다.

프랑스에서 해군이 사람을 모으는 법은 육군과 다르지 않으니, 1683년부터 이미 그 법칙이 있었다. 국내에서 뱃일을 업으로 생계를 유지하는 남자의 성명을 기록하고 연령 18세 이상 50세 이하의 자를 선발해 이를 사역시키는 것이다.

1863년 해군사무집정의 공문에 따르면 프랑스 해군장교는 제1등 해군 제독 2명, 제2등 현역 해군제독 12명, 동同 예비 해군제독 14명, 제3등 현역 해군제독 24명, 동同 예비 해군제독 20명, 제1등 군함 지휘관 130명, 프리깃함의 지휘관 270명, 제1등 장교 750명, 제2등 장교 600명, 제1등 사관후보생 300명, 제2등 사관후보생 270명, 그 외 각처에 상주하는 장교 75명으로 전체 인원을 합해 2,467명이며 선원 수 3만 2,854명, 이 외에 또한 증기 담당·의사·교사 등을 합해 해군에 관계하는 인원이 3만 9,254명이다. 해군학교는 툴롱Toulon, 로리앙Lorient, 브레스트Brest에 있고 브레스트에서는 큰 배를 계류해 배 안에 생도를 넣고 가르친다고 한다. 이 밖에 해군의 소학교는 국내에 44개소가 있다.

○ 프랑스 상비병은 루이 14세 시대부터 시작됐다고 하지만 현행법은 소란의 시대와 나폴레옹 1세의 시대에 그 기반을 세운 것이다. 병사를 모으는 법은 국내 남자 21세 미만인 자는 군역을 면할 수 없도록 하는 것이다. 예전에는 매년 8만 명을 모집하는 것이 법이었지만 1853년부터 1855년에 이르는 동양전쟁 시기에는 모병 수를 늘려 매년 14만 명이 됐고 1857년에는 다시 이를 줄여 10만 명으로 정했다. 이탈리아 전쟁 때 다시 14만 명이 됐지만 그 후 1861년 이래로는 옛 법에 따라 10만 명으로 정했다.

○ 병사의 복무연한은 7년을 정해진 법으로 하지만 6년보다 긴 것은 드물며 대개 6년 후에는 집에 돌려보내고 새로운 모병과 함께 예비군으로 삼는다.

○ 매년 새로운 모병 수가 많지만 상비군의 인원에 더해지는 자는 그중 일부뿐이니, 그 외에는 모두 주둔지에서 6개월간 훈련업에 종사한다. 이 6개월의 훈련을 3년간 하기 때문에 훈련병 시기는 매년 평균하면 2개월에 불과하다. 이 법에 따라 1860년에는 후보생으로 숙련된 자가 3만 955명이었고 1861년에는 3만 3,234명을 얻었다. 무릇 이 법칙은 나폴레

옹 3세가 스위스에서 친히 실험한 것을 1860년 이래 프랑스 육군에서 시행한 것이다.

병사로 모집된 자는 돈으로 대리복무(陳代)할 사람을 살 수 있다. 예전에는 이 대리복무를 구할 때 상대와 담판해 가격을 정했지만 1855년 8월 새로운 영을 내려 정부에서 이 매매권을 독점했으니, 대리복무의 값을 정부에서 취하고 정부의 명으로 노련한 병사에게 그 군역의 연한을 연장하게끔 하는 법을 정한 것이다. 이때부터 군역으로 생활하는 자는 기꺼이 다른 사람의 대리복무로 복무하니, 상비병 내에 저절로 노련한 병사를 증가시키게 됐다. 대리복무의 가격은 정부에서 정하기 때문에 매년 높고 낮음이 있다. 1855년에는 그 가격이 2,800프랑이었던 것이 1857년에는 하락해 1,800프랑이 됐고 그 후 다시 올라서 2,800프랑이 됐지만 1863년 군무집정의 명으로 2,300프랑으로 정했다. 정부는 이 돈을 거두어 군비의 원금으로 삼고 훈련병이 연장할 경우에는 약간의 금액을 주는데 복무 7년 후에는 급여를 늘려주고 14년 후에는 다시 이를 늘려준다. 이처럼 해서 45년의 군역에 복무한 자에게는 군역을 면하고 하루에 1프랑의 부조금을 주는 것을 법으로 했다. 모든 병졸은 그 근육과 골격의 쓰임에 적합한 동안에만 군역의 연한을 연장하는 것을 허한다.

급여가 없는 향병은 그 수가 점차 감소했는데 1852년 이전에는 향병의 수가 매년 1만 명으로 그 수가 점차 증가해 1855년에는 2만 1,955명이 됐지만 1860년에는 겨우 2,192명에 불과했다. 다음의 표는 1864년 프랑스 육군의 군비를 보여주는 것이다.

프랑스 전국을 네 개의 큰 구역으로 나눠서 군사태세(兵備)를 세우고 매 구역마다 한 사람의 총독이 있어 이를 지배한다. 이 4대 구역 안을 나

	평상시		전쟁시	
	사람 수	말 수	사람 수	말 수
장교부	7,173	160	1,841	200
보병	25만 2,652	324	51만 5,937	450
기병	6만 2,798	4만 8,143	10만 221	6만 5,000
포병	3만 9,882	1만 6,646	6만 6,132	4만 9,838
공병	7,486	884	1만 5,443	1,400
중기병重騎兵	2만 4,535	1만 4,769	2만 5,688	1만 5,000
"어드미니스트레이션 Administration"의 병졸[12]	1만 5,066	5,442	3만 3,365	1만 2,000
합계	40만 4,192명[13]	8만 6,368두	75만 7,727명[14]	14만 3,238두[15]

누어 다시 이를 세분화해서 각각 군사태세를 담당하는 국局이 있다.

○ 국내 119개의 성城이 있다. 그중 제1등은 8곳으로 파리·리옹Lyon·스트라스부르·메스Metz·릴Lille·툴롱·브레스트·세르보르흐[16]가 이에 해당하며 제2등의 성은 12곳, 제3등은 23곳, 제4등은 76곳이다. 파리의 성을 쌓기 위해 2억 프랑을 썼고 세르보르흐 성에 1억 7,000만 프랑을 썼

---

12 행정병을 말한다.

13 후쿠자와의 착오로 정확히는 40만 9,592명이다.

14 후쿠자와의 착오로 정확히는 75만 7,627명이다.

15 후쿠자와의 착오로 정확히는 14만 3,888두다.

16 후쿠자와는 원전에서 '세르보르흐セルボルフ'라고 쓰고 있다. 맥락상 '스트라스부르Strasbourg'일 가능성이 있지만 발음이 달라 확실하지 않다.

다고 한다. 프랑스에서 상비병을 양성하는 비용이 잉글랜드의 국방비(兵備)보다 적으니, 잉글랜드에서는 평균 병사 1명당 1년에 101파운드를 쓰는 비율이지만 프랑스에서는 겨우 43파운드 1실링에 불과하다. 1864년 프랑스 육군의 비용이 3억 7,000만 프랑, 즉 잉글랜드 화폐로 1,480만 파운드였다.

재정출납

1789년의 소란 이전에는 프랑스의 세법이 나쁜 폐단의 극에 이르렀으니, 그 법은 대개 사람의 가산에 따라 인두세를 징수하는 것이었지만 귀족·부자·사제의 경우에는 이 세금을 면하고 묻지 않았다. 또한 물품세의 법이 있었지만 그 규칙이 극히 바르지 않았다. 또는 부역이라고 주창하며 강제로 사람을 사역시키는 법을 만들었는데 그 고역을 당하는 자는 오직 가난한 농민뿐이었다. 간단히 말해 한 나라의 세법이 편파적이고 부정해서 가혹했다고 할 수 있는 것이다.

소란의 때에 이 나쁜 폐단을 새롭게 바꿔 다시 영을 내렸으니, 국내 인민은 신분의 구별 없이 오직 빈부에 준해 나라의 비용을 도와야 한다는 법을 정했던 것이다. 이 법을 시행하기 위해 처음에는 오로지 인두세로 시험해봤지만 행해지기 어려웠다. 이 때문에 이내 다시 물품세의 법을 써서 과거의 폐단을 제거함으로써 온전히 바르게 돌아갔으니, 오늘날에 이르기까지 프랑스에서는 인두세보다도 물품세의 금액을 많게 한다. 현재 인두세 중 주된 것은 제1이 토지세와 가세로서 그 임대료(즉 지대와 점포

비]의 금액에 따라 이를 거둔다.

둘째, 잡세雜稅, 그중에서 "프루타키스"[17]라고 하는 것은 사람별로 거두는 세금으로 남자 18세 이상인 자에게 이틀 중 하루 일당을 세금으로 납부하게 하는 법이다. 또한 "모빌리에mobilière"라고 하는 것은 셋집의 크고 작음에 따라 그 임차인이 납부하게 하는 세금이다. 또한 "라이센스 튜티"[18]라고 하는 것은 상업면허의 세금인데 그 금액은 본인이 거주하는 집세의 높고 낮음과 도시 인구의 많고 적음에 따라 정한다. 또한 국내 여러곳에 관국官局을 설치해 여러 증명서의 수수受授를 살펴 세금을 거두니정부의 세입이 되는 바가 많다. 이 밖의 세법은 대개 잉글랜드와 같다.

앞서 기록한 것 외에 프랑스에는 관문세라는 것이 있으니, 어떤 물품이라도 밖에서 와 여러 도시에 들여올 때 그 관문에서 세금을 거두는 것이다. 그 금액은 도시의 크고 작음과 인구의 많고 적음에 따라 정한다. 이세법은 크게 상업과 공업에 방해가 되어 불편한 것 같지만 병원·구빈원등 지방의 잡비를 충당하기 위해 여전히 이를 폐지할 수 없는 것이다.

1861년 새롭게 출납의 법을 정해 회계사무집정의 명에 따라 세금을 세종류로 구별했으니, 상세常稅·비상세·별세라고 이름 지었고 세출에서도역시 상비常費·비상비·별비로 세 종류를 구별했다. 매년 회계할 때는 먼저 상세와 상비의 출납을 기록하고 이를 입법원에 내려 상의하도록 하고입법원에서 이론이 없을 경우에는 다음으로 비상세의 출납을 논의시키

---

17 후쿠자와는 원전에서 '프루타키스プルタキス'라고 쓰고 있는데 원어가 무엇인지 확실하지 않다.

18 후쿠자와는 원전에서 '라이센스 츄치ライセンス·チューチ'라고 쓰고 있는데 원어가 무엇인지 확실하지 않다.

고 또 다음으로 별세와 별비의 출납을 의논하도록 한다.

다음의 표는 1865년 재정출납의 금액을 보여주는 것이다.

세입		세출	
상세	17억 9,880만 1,062프랑	상비	17억 9,726만 5,790프랑
비상세	1억 875만 프랑	비상비	1억 865만 프랑
별세	2억 2,949만 3,035프랑	별비	2억 2,949만 3,035프랑
총계	21억 3,804만 4,097프랑[19]	총계	21억 3,540만 8,825프랑

최근에는 상비를 위해 많은 돈을 써서 매년의 수입만으로 지출을 충당하기에 충분치 않았다. 나폴레옹 3세 즉위 이래로 전쟁에 돈을 쓴 것이 20억 2,600만 프랑이다. 멕시코 정벌의 비용은 이 금액에서 빠져 있는데 1865년 겨울까지 멕시코 전쟁에도 2억 7,000만 프랑을 썼다.

국채 금액도 역시 대단히 큰데 1865년 봄에는 총계 119억 200만 프랑의 국채가 있었으니, 곧 잉글랜드 화폐로 하면 4억 7,608만 파운드가 된다.

프랑스에서는 소란 이래로 세입의 금액을 크게 증가시켰지만 세출 역시 따라서 증가해 오히려 그 지출을 충당하기에 충분치 않았다. 1761년 세입은 5억 8,200만 프랑이었지만 1804년에는 8억 프랑이 됐고 1865년에는 다시 증가해 17억 9,900만 프랑이 됐다[상세常稅만을 말하는 것이다].

---

19 후쿠자와의 착오로 정확히는 21억 3,704만 4,097프랑이다.

두 세대 동안 나라의 세입이 세 배 정도 증가했으니, 그 부강을 미루어 알 수 있을 뿐이다[회계의 상세한 내용은 동료(社友)인 오바타小幡篤次郎 씨가 소장한 『전곡출납표錢穀出納表』 한 권이 있으니, 함께 볼 것이다].

「2편」 제4권 끝

감사의 글

이 책의 번역은 연세대학교 정치학과 대학원에서 정치사상을 함께 공부했던 연구모임의 공동 작업으로 시작되었다. 이 작업 초기에 공동 역자 외에 당시 서울대학교 외교학과 석사과정생이던 최정훈 선생이 참여하기도 했다. 일련의 작업이 원활하게 이루어질 수 있었던 것은 연세대학교 일반대학원 정치학과라는 학문적 울타리가 존재한 덕분이다. 특히 이 책의 번역과정에서 전폭적인 지원을 아끼지 않으셨던 김성호, 최연식 두 교수님께 감사드린다. 게이오대학교 후쿠자와 센터慶應義塾福澤研究センター의 후쿠자와 유키치 저작 외국어 번역 조성外國語翻訳助成 사업 덕분에 번역 초고가 사장되지 않고 출판될 수 있었다. 그리고 여문책 소은주 대표님과 디자이너를 비롯한 여러분의 노고가 있었기에 이 번역이 근사한 책의 형태로 세상에 나올 수 있었다. 마음 깊이 감사드린다.

역자 일동

492

ㅂ

ㅅ

ㅇ

인명

서양사정西洋事情

2021년 4월 16일 초판 1쇄 발행

지은이 | 후쿠자와 유키치福澤諭吉
옮긴이 | 송경호·김현·김숭배·나카무라 슈토中村修人
펴낸곳 | 여문책
펴낸이 | 소은주
등록 | 제406-251002014000042호
주소 | (10911) 경기도 파주시 운정역길 116-3, 101동 401호
전화 | (070) 8808-0750
팩스 | (031) 946-0750
전자우편 | yeomoonchaek@gmail.com
페이스북 | www.facebook.com/yeomoonchaek

ISBN 979-11-87700-41-8 (93340)

여문책은 잘 익은 가을벼처럼 속이 알찬 책을 만듭니다.

이 책은 게이오대학교 후쿠자와 센터慶應義塾福澤研究センター의
후쿠자와 유키치 저작 외국어 번역 조성사업의 도움을 받아 출간되었습니다.